한반도의 기억

한반도의 기억

전순영 지음

한국전쟁이 빚어낸 인간의 얼굴들

한울
아카데미

차례

책머리에   8

제1장   왜 지금, 다시 한국전쟁인가   17

그들의 전쟁, 우리의 전쟁, 나의 전쟁   19
상처를 싸매줄 이가 없다   22
살아남은 자들의 분노   26
왜 지금 한국전쟁을 말하는가   31
문화적 기억이 말해주는 것들   39

제2장   한반도의 트라우마   43

우여곡절이 많았던 트라우마 연구사   47
트라우마의 세대 간 전이   50
확장되는 트라우마 개념   54
역사적 트라우마   56
기억은 트라우마를 촉발한다   59
한반도의 상처는 치유되지 않았다   61
식민지배가 남긴 트라우마   63
분단 트라우마   67
전쟁과 이산 트라우마   70
독재 트라우마   72

제3장   역사적 트라우마 기억   77

트라우마는 문화적으로 구성된다   79
기억 연구로 밝혀진 사실들   80

기억의 사회화 현상	84
기억과 역사는 어떻게 다른가	87
한국전쟁의 공식기억과 대항기억	92
기억과 망각의 선택	96
재기억이란 무엇인가	98
역사적 트라우마의 재기억	104

제4장 한국전쟁은 우리에게 무엇이었는가 107

한국전쟁의 기원과 성격	109
한국전쟁이 남긴 것	115
국민국가 형성과 민간인 학살	118
왜 그토록 많은 사람들이 공산주의로 쏠렸을까	121
전쟁기 경험이 남긴 증오의 이데올로기	130
호소하는 핏소리	134
인간인가, 악마인가	141
역사 앞에서는 모두가 피해자	146
통일이 폭력이 되지 않으려면	151

제5장 전쟁이 빚어낸 인간의 얼굴들 155

참전 군인과 경찰의 트라우마와 도덕적 손상	159
전쟁은 여자의 얼굴을 하지 않았다	171
빨치산은 역사의 패배자인가	177
전쟁미망인에서 윤락여성까지	181
전쟁고아와 혼혈아	183
피학살자 유족	191

돌아온 포로들, 돌아오지 못한 포로들	197
납북 피해자와 가족	207
억류된 사람들	215
납남자도 있다	221
월북자는 모두 공산주의자였을까?	224
이산가족은 어떻게 다시 하나가 되는가	228
비정규군과 북파공작원	232
간첩조작 사건	239
재일조선인은 왜 북으로 갔을까	247
피해자, 가해자, 화해자의 다면성을 가진 기독교인들	257

제6장 외국인들이 겪은 한국전쟁 285

외국인들이 말하는 참전의 의미	289
트라우마는 국적을 가리지 않는다	292
미군과 유엔군 포로들의 이야기	298
중국군 포로들과 '전쟁 쓰레기'	302

제7장 북한사회의 전쟁기억 309

공습의 공포	313
민간인 학살과 세균전 의혹	321
신천박물관의 사상교양	329
북한 아이들은 무엇을 배우는가	335
북한 문학에 나타난 한국전쟁	337
음악과 영화가 보여주는 전쟁기억	344
증오는 두려움을 먹고 자란다	352

중국은 정말 혈맹이었는가 357
'본받을 나라' 소련 362
미우면서도 부러운 일본 366
사회주의 국가들로 보내진 전쟁고아들 371
북한의 이산가족 379
전쟁기억은 핵개발의 원동력 385
단일한 공식기억이 무너질 때 389

제8장 함께 살아갈 한반도 393

문화적 기억의 변천 396
치유를 위한 기억의 재구성 400
진실과 정의의 추구 406
회복적 정의 413
기억하는 목적이 처벌인가, 화해인가 415
한반도 평화로 가는 길 425
올바르게 기억하기 427
공동체적 기억 치유 432
기억의 화해 437
다음 세대를 위하여 444

참고문헌 447

책머리에

내가 청소년기를 보낸 전라북도 군산은 일제강점기에 쌀 수출(수탈) 항으로 기능했다가 해방 이후 쇠락한 도시였다. 한국관광공사 웹사이트는 근래 관광명소가 된 군산근대박물관을 소개하면서, '상처투성이' 역사를 보여주고 있다고 설명한다. 군산근대박물관에서는 채만식의 『탁류』(1949)에 나오는 미곡취인소(미두장)를 비롯, 일제의 대륙 진출 목적으로 건설된 어청도등대, 옥구 농민항쟁 역사관 등을 둘러볼 수 있다. 군산에는 해방 직후인 1945년 미군 부대가 들어왔다가 철수했는데, 한국전쟁을 계기로 아예 미군 부대가 상시주둔하게 되었다. 1960년대에는 부대 주변에 기지촌과 술집, 각종 상점이 우후죽순으로 들어섰다. 성매매와 유흥업 종사자를 포함해 줄잡아 수천 명이 미군에 생계를 의지했다. 1970년대 들어 주한미군이 감축되고 1980년대 한국경제가 성장하면서 미군 부대의 경제적 가치는 하락했다. 게다가 토지수용에 따른 사유지 무단점유, 주민 강제이주, 비행장 소음피해, 오폐수 배출과 기름 유출 등의 환경오염, 미군 범죄 발생 등 갖가지 문제가 지금도 지속되고 있다.

나는 내가 나고 자란 도시가 이런 역사적 배경을 갖고 있는지 별 관심이 없었다. 일제가 남기고 간 적산가옥에 사는 친구들이 있었지만(군산은 일본식 가옥이 많이 남아 있기로 유명하다) 그저 다다미방이 여름에는 시원하고 겨울에는 따뜻하다는 소감을 들었을 뿐이었다. 아빠나 엄마가 미군 비행장에서 일하는 친구들도 있었다. 그 집에 갔을 때 처음 먹어본 케이크 맛이 오래도록 기억에 남았다. 일반 한국 먹거리에 비해 지나치게 달았다. 시내 한복판 영화동 거리에는 미군 부대에서 나온 물건들이 수두룩했다. 군용담요는 아마도 모든 가정에 하나씩 있었을 텐데, 판판하게 깔아 놓으면 어른들 화투 치기에 딱이었다. 그냥 이 모든 것이 자연스러운 배경을 형성하고 있었고, 나는 그것에 별다른 문제의식을 갖지 않았다.

내가 역사의 씨줄과 날줄에 얽혀 있는 존재임을 깨닫게 된 것은 북한과의 조우를 통해서였다. 어릴 적 "공산당이 싫어요"를 외치다가 죽었다는 이승복 어린이의 동상이 학교 운동장 화단에 있었다. 초중등 시절에는 반공 포스터, 반공 표어, 반공 글짓기, 반공 웅변대회가 교육과정에 포함되어 있었다. 지방에서 자란 나의 생애 최초 서울 나들이는 중학생 반공 글짓기 대회에서 입상해 시상식 참여를 위해 상경한 것이었다. 고등학교 시절에는 '안보의식 고취 및 전시 징병을 위해 운영'된 학도호국단 훈련을 받았다. 심지어 여학생인데도 1주일 간 군부대에 입소해 소총 사격까지 체험했다. 1980년 광주민주화운동 당시에는 언론에 보도된 대로 그저 폭도들의 격렬한 데모가 일어난 줄 알았고, 판문점 도끼 만행 사건(1976년), 아웅산 묘역 테러 사건(1983년), KAL기 폭파 사건(1987년) 때는 북한의 만행에 분노했으며, 1994년 '서울 불바다' 발언이 있었을 때는 전쟁이 나지 않을까 두려움에 떨었다. 당시 생필품 사재기 광풍이 불었던 것을 보면 전국적인 분위기가 그랬던 것 같다. 지방에서 올라와 서울에 있는 대학에 입학했던 1986년과 이듬해인 1987년까지 연일 격렬한 시위가 이어지고 드디어 6·29선언이 발표되었을 때도 민주화운동이 반미(당시에는 미문화원을 점거하거나 방화하는 사건 등이 있었다)와 방북사건(당시에는 또한 임수

경과 문익환 목사의 방북이 화제였다)과 어떻게 연결되는지 맥락을 잡지 못했다. 장안을 눈물바다로 만들었던 이산가족 상봉도, 남북 정상의 첫 만남도, 금강산 관광을 간다고 분위기가 들썩이던 일들도 나와는 무관한 것이었다.

그런데 2015년 북한에서 온 사람(북한이탈주민)을 처음 만났을 때 나도 모르게 반사적으로 긴장되고 심박동이 빨라지는 경험을 했다. 전라도 농촌 지역에서 두어 달 동안 인공 치하를 지냈을 뿐인 내 부모님은 전쟁 얘기를 거의 하지 않으셨고, 내 주변에는 6·25 때 죽거나 다치거나 행방불명된 사람이 없었는데도 그랬다. 이상한 일이었다. 사람이 사람을 만난 것뿐인데 나는 왜 내 의지와 상관없이 그런 반응을 보였을까. 까마득히 멀게만 느껴지는 저 북한에는 마치 사람이 살고 있지 않다고 생각했던 것마냥 말이다. 분단은 내 몸과 마음속에 있음을 처음으로 실감한 순간이었다.

1996년까지 초등학교 5학년 도덕 교과서에 실렸던 이승복 어린이 이야기는 '조작된 신화'로 드러났다. 1968년 강원도 울진과 삼척에 침투한 무장공비가 일가족을 살해한 사건을 언론이 과장과 윤색을 거쳐 사실로 보도한 탓에 '역사'로 만들어졌던 것이다. 내 어릴 적의 기억은 그렇게 조작되었다. 고등학생들을 '멸공 호국'에 앞장서는 군사 훈련 편제로 조직한 것은 군부세력이 집권했기에 가능한 일이었다. 5·18광주민주화운동은 그냥 데모가 아니라 광주시민의 민주화 투쟁이 군홧발에 짓밟힌 사건이었다. 그 명분은 시민들을 뒤에서 조종해 사회혼란을 일으키는 '용공분자' 혹은 '간첩', '불순분자'를 제거한다는 것이었다. 당시 광주에 투입된 계엄군에게는 과잉진압에 격분한 시위대가 대한민국의 국민이 아니라 격멸해야 할 적으로 비쳤다. 누가 그들을 그렇게 만들었는가? 국가는 국민의 생명과 재산을 보호하기 위해 존재한다. 즉, 국가는 개인의 안위를 보장함으로써 성립되고 유지되는 것이다. 그러나 현실은 달랐다.

서서히 나는 교과서가 진리가 아님을, 언론이 진실만 보도하지 않음을 알게 되었다. 내 생각인 줄 알았던 많은 생각이 실은 사회적으로 주입된 것이었다. 탈북민을 직접 만나보니 그저 나와 똑같은 보통 사람이었다. 그들을 만나지 않았더라면 여전히 나는 북한 사람을 인간이 아닌 존재인 것처럼 상상했을지도 모른다. 어릴 적부터 학습된 반공주의는 그처럼 상식적인 판단조차 어렵게 만들었다. 전쟁의 긴 그림자는 후세대까지 드리워 수많은 사람들의 양심을 흐리게 했고 그들을 일종의 정신적 장애자로 만들었다. 고백하건대, 바로 내가 그중의 한 사람이었다.

2022년 1월 20일, 한 개신교단체의 집회 현장에서 탈북 청년이 나와서 무릎을 꿇고 남침전쟁을 일으킨 북한을 대신해 사죄했다. 이 장면은 내게 신선한 충격이었다. 2009년 영국 웨일스에서 한국전쟁에 참전한 외국인을 만난 이후로 용서와 화해에 대해 생각하고 이를 실천해 왔다는 그는 이렇게 말했다.

무엇에 대해 용서를 구하는가 하면 첫째, 자기들이 가졌다고 하는 정권의 정통성과 군사적 우위로 속전속결 승리할 것으로 착각한 북한의 교만입니다. 둘째, 전쟁을 일으켜 수백만의 사상자와 천만 이산가족, 전 국토를 황폐케 한 것입니다. 그리고 셋째는 지난 70년간 북한에서 온 사람들이 남한에서 어려움과 고통을 겪으며 살게 한 것입니다.[1]

2022년 9월에는 개신교 선교단체들이 주최하는 'FNK(Forgiving North

---

1   예수전도단, 평화한국, 평통연대 등 기독교단체들이 연합으로 '2022 통일코리아선교대회'가 개최되었는데, 이 대회 이틀째에 탈북민 청년 동예렘이 사죄하는 순서에서 한 발언이다. 그는 2019년에 출판한 저서 『돌아오라 돌아오라 나에게로 돌아오라』(서울: 창조와 지식), 52~56쪽에서도 한국전쟁에 대한 사죄를 언급한 바 있다.

Korea) 2022'라는 기도회가 열렸다. 이 기도회에서는 한국전쟁에 참전한 16개국의 대표들이 차례로 북한에 대한 용서를 선포했다. 한국전쟁에 참전한 미국, 영국, 캐나다, 튀르키예, 호주, 필리핀, 태국, 네덜란드, 콜롬비아, 그리스, 뉴질랜드, 에티오피아, 벨기에, 프랑스, 남아프리카, 룩셈부르크의 수많은 젊은이들은 낯선 타국에서 죽거나 부상을 입어 평생 장애로 인한 고통을 겪었다. 그 사실을 알고 있는 그 나라 대표들이 할아버지와 아버지를 피 흘리게 만든 나라를 용서하기란 쉽지 않았을 것이다. 열일곱 번째는 한국인의 용서가, 그리고 마지막으로는 탈북민의 용서가 선포되었다. 입을 열어 용서를 말해야 하는 순간이 되자 탈북민들의 눈에 눈물이 맺히고 숨소리가 가빠졌다. 사람들이 모여들어 그들을 둘러쌌다. 말 없는 격려 속에서 탈북 여성은 떨리는 음성으로 어렵게 용서를 말했다.

나는, 우리 아버지를 빼앗고, 온 가족을 굶어 죽게 하고, 세 번 북송당할 때 마취 없이 강제로 낙태하고, 감옥으로 보내 영양실조에 걸리게 한, 북한을 용서합니다. (≪고신뉴스KNC≫, 2023. 11. 1)

여기서 인용한 두 명 모두 북한 출신의 탈북민이었는데, 한 명은 북한을 대신해 사람들에게 용서를 구했고, 한 명은 자신이 북한을 용서한다고 말했다. 이때의 '북한'은 현재의 북한을 형성해 온 권력층을 가리킨다고 봐야 할 것이다. 분단이나 전쟁과 같은 거대한 역사적 사회구조 속에서 개인 차원에서의 용서와 화해가 특별한 의미가 있을까? 그러나 개인 차원의 용서와 화해가 없다면 용서와 화해가 가능하기는 한 것일까? 통일 이후 북한 사람들은 이처럼 전쟁 책임을 인정하고 사죄할 수 있을까? 월남민, 납북자 가족, 이산가족, 탈북자들이 이처럼 북한을 용서한다고 먼저 손 내밀 수 있을까? 게다가 전범인 김일성은 이미 사망했고, 지금 사죄와 용서를 말해야 하는 세대는 그 전쟁과는 직접적으로 아무런 관련이 없다. 그럼에도 이러한 사적 영역에서의 태도 전환 없이 정치적 통합이 이루어질 경우, 통일이 과연 평화의 길이 될 것인지 아니면 갈등을 증폭시키는 또 다른 폭력이 될 것인지에 대해서는 생각해 볼 필요가 있다.

서구사회에서 좌파와 우파의 이념을 분류하는 핵심은 마르크스주의에 대한 관점과 국가와 시장, 성장과 분배의 관계를 설정하는 방식이었다. 한국에서는 여기에 대북관과 통일관, 남북관계와 한미관계가 추가되어 복잡하게 나타난다. 지금 대한민국은 보수와 진보라는 단선적인 대립구도를 보이는 것이 아니라 다양한 이념 그룹으로 분화되고 있다. 하지만 그러한 이념 지형의 핵심에는 여전히 북한에 대한 상반된 관점이 자리하고 있다. 돌이켜보면 탈북민을 처음 봤을 때 나타난 나의 반사적인 반응은 학습에 의해 트라우마가 내면화된 결과였다. 이것은 비단 나에게만 해당되는 것이 아닐 터이다. 2024년 12월 3일 윤석열 대통령이 선포한 비상계엄의 전문에서는 "북한 공산세력의 위협으로부터 자유 대한민국을 수호하고 …… 파렴치한 종북 반국가세력을 일거에 척결"하는 것을 목적으로 명시하고 있다. 이후 두 쪽으로 갈라진 광장에서는 반대 의견을 가진 상대 집단을 '빨갱이'라고 지칭하는 일들이 공공연하게 벌어졌다. 외상을 몸으로 경험한 세대뿐 아니라 실질적으로 한반도의 모든 구성원에게 분단은 여전히 전쟁을 현재로 소환하고 있다. 이 책을 쓰게 된 주된 동기는 한국사회가 전쟁의 기억으로 고통을 받고 있다는 진단하에 그 치료방법으로 재기억화를 시도하고, 외상후 성장의 가능성을 탐색하기 위해서이다. 트라우마의 원인인 전쟁을 기억하되, 그 목적은 정의와 평화, 자유와 민주주의의 발전, 인권의 향상, 그리고 사회 구성원들의 성장이 되어야 한다. 종전 이후 오랜 세월이 흘렀다. 이제는 반공 콤플렉스를 극복하고 더 성숙한 민주사회로 나아가야 할 때이다.

고대 로마제국의 군사 저술가 베게티우스의 말처럼, 평화를 원한다면 전쟁을 준비해야 할까? 전쟁억지력으로서의 군사력이 뒷받침되지 않는 평화는 망상에 불과한가? 베게티우스는 평시에도 군대를 상비하면서 아낌없이 군대에 투자하고 전쟁 준비를 해야 평화가 유지된다고 주장했다. 그러나 로마제국의 몰락을 초래한 원인 중의 하나는 역설적이게도 '로마의 평화(Pax Romana)'를 지키기 위해 감당해야 했던 과도한 군사비용이었다. 20세기 세계대전과 미-소의 파멸적인 핵군비경쟁을 목도한 아인슈타인은 간명하게 결론을 내렸다. "전쟁을 방지하는 일과 전쟁을 준비하는 일을 동시에 하기란 불가능하다." 군비경쟁을 지속하는 것이 전쟁을 유발하는가 아니면 억제하는가에 대한 판단은 사람마다 다를 수 있지만, 과도한 군비경쟁은 국가자원을 소모하고 국가발전을 저해하므로 어느 시점에서는 군비를 통제해야 한다는 데 대해서는 부정할 사람이 별로 없을 것이다. 역사적으로 볼 때도 군사력의 원리에 따라 지배되는 질서가 구성되면 적대적 국가들 간에 군비경쟁이 가속화되고, 그 결과 서로의 안보가 더욱 위태로워지는 안보 딜레마에 빠지게 된다. 이에 대한 타개책이 군비통제이다. 제2차 세계대전 이후 미국과 소련 양극체제에서 군비통제를 위한 협상을 시작해 1987년 중거리핵전력조약(INF조약)을 체결하고 양국이 순차적으로 미사일을 폐기함으로써 핵전쟁으로 자동 확전할 위험을 줄였던 것이 좋은 사례이다.[2]

2022년과 2023년에 남한과 북한은 서로를 '주적'과 '적대적 교전국'으로 규정했다. 이는 2018년 역사상 세 번째로 남북정상회담을 하고 양측의 지도자 부부가 함께 백두산 정상에 올라 환하게 웃으며 사진을 찍은 지

---

2 미국은 중국의 미사일 전력 증대에 대응한다는 명분으로 2019년 8월 2일 INF조약을 공식 탈퇴했다.

불과 몇 해 지나지 않아 벌어진 일이었다. 이로 인해 군사적 긴장은 계속 고조되고 있으며, 미국, 남한, 북한 모두 상대방이 공격하려는 징후가 보이면 선제공격한다는 태세를 취하고 있다. 탈냉전 이후 오랫동안 평화를 누리던 유럽 국가들도 러시아-우크라이나 전쟁과 이스라엘-가자 전쟁을 겪으며 경쟁적으로 국방비를 늘렸다. 그러나 역사적으로 군비통제의 성공적인 사례에서 보듯이, 안보 딜레마로 인한 위협은 오히려 자국의 이익에 부합되지 않는다는 사실을 직시해야 한다. 전쟁에 대한 상상이 전쟁을 촉발하지 못하도록 어느 시점에서 멈춰야 한다.

홉스는 자연상태의 인간이 '만인에 대한 만인의 투쟁'에 봉착해 있으며 리바이어던과 같은 국가권력을 통해 그 상태를 극복할 수 있다고 믿었다. 국제정치의 영역에서 칸트는 본질적으로 무정부주의적인 국제체제 구조의 문제를 해결하는 것이 중요하다고 판단했다. 그는 영구적 평화 정착을 위한 국제연합체의 창설을 제안했고, 그의 상상은 1945년 유엔의 창설로 현실이 되었다. 창립 당시 51개 회원국으로 시작된 유엔은 오늘날 전 세계 대부분의 국가인 193개국이 가입해 있다. 유엔이 전쟁의 가능성을 해소하지는 못할지라도, 유엔이라는 대화와 협상의 장이 존재함으로써 전쟁 방지와 확산 저지, 조기 종결을 위한 국제사회의 노력에서 평화의 가능성이 한층 높아지는 것만은 분명하다. 평화에 대한 상상은 평화를 촉발한다.

한국전쟁이 주는 가장 큰 교훈이라면, 무력에 의한 통일 추구의 희생과 대가가 너무도 크다는 것이다. 그 상처는 돌이킬 수 없을 정도로 깊으며, 수세대에 걸쳐 지속되고 있다. 그러므로 통일은 평화를 목적으로, 평화적 수단에 의해 추구되어야만 한다. 내부의 이견과 갈등을 타협과 공존으로 풀어감으로써 민주사회의 수준과 역량을 높이는 것이 평화를 구축하고 통일을 준비하는 방법이다. 전쟁을 어떻게 기억하느냐의 문제는 대한민국이 어떤 정체성을 갖느냐와 직결되는 문제이다. 자유민주주의 대한민국이 되기를 원한다면 상대를 인정해야 하고 대화와 타협을 실천해야 한다. 또한 가해와 피해로만 구분할 수 없는, 서로 다른 층위의 전쟁기억을 인정하고 수용할 필요가 있다. 오랜 세월 국가적·사회적·문화적으로 억압되었던 각 개인의 기억을 자유롭게 풀어주고 상생의 길로 나아가야 한다.

전쟁이 정치의 연장이라면, 평화 역시 그러하다. 평화를 원한다면 평화를 준비하자. 이 책이 제안하는 한국전쟁 기억의 화해적 재구성은 한반도 평화를 준비하는 하나의 방법이 될 수 있을 것이다. 사회학적 관점과 인문학적 관점이 혼합된 것이 이 책의 특징이다. 현상을 기술할 때 나는 소설과 수기 등의 개인 서사를 많이 차용했다. 전쟁과 사회의 미시적 수준에서 더 한층 내려가서 '전쟁과 사람'에 대한 이야기를 하고자 했기 때문이다. 문학작품은 상황을 객관화시키는 것이 아니라 상황을 '나의 이야기'로 치환시키는 효과가 있다. 시, 노래, 영화, 연극 등 다양한 예술 장르에서 재현되는 문화적 기억은 사회 구성원들에 의해 공유되고 지속된다. 기록과 문서, 기사에 나오지 않는 '사람의 기억'은 세대를 걸쳐 언어와 육체에 새겨진다.

이제 우리는 한국전쟁이 개인들의 삶 속에 어떤 지워지지 않는 흔적을 남겼는지 그들의 목소리에 귀를 기울일 때가 되었다. 전쟁에서 지워지고 묻혀버린 '사람의 얼굴'을 찾아야 한다. 그리고 한 걸음 더 나아가 고통의 연대를 통해 더 나은 세상을 만들어가는 꿈을 함께 꾸기를 소망한다. 꿈은 이루어질 수 있다. 그러나 꿈을 이루기 위해서는 먼저 각 사람의 자각이 필요하고, 치열한 노력과 헌신, 그리고 연대가 필요하다. 이 길을 함께 걸어갈 수 있도록 독자 여러분을 초대한다.

2025년 8월 가을이 오는 길목에서
전순영

제1장

왜 지금, 다시 한국전쟁인가

그들의 전쟁, 우리의 전쟁, 나의 전쟁

1991년 구소련이 해체된 이후로 세계는 탈냉전, 탈이념의 시대로 접어든 지 오래이다. 하지만 한반도는 여전히 남과 북으로 갈라져 분단의 고통으로 신음하고 있다. 마치 뜰에서 놀던 아이들이 쫓겨난 후 바깥 계절의 변화와 무관하게 한겨울만 지속되던 거인의 정원(Wilde, 2013[1888]: 8)처럼, 한반도는 몇 차례 찾아온 해빙 무드에도 불구하고 아직도 구시대의 냉전망령이 배회하는 동토의 땅으로 남아 있다. 그 냉전적 대립의 중심에는 한국전쟁 또는 '6·25'로 더 익숙한 전쟁의 기억이 있다. 6·25의 끔찍한 골육상쟁 기억은 양쪽 주민 모두에게 지울 수 없는 트라우마로 남았고, 70여 년의 세월 동안 남과 북 모두에서 교육과 의식과 기념물과 문학예술, 대중매체를 통해 수없이 반복적으로 재생산되어 왔다. 전쟁의 피해자의식은 개인마다 편차가 있을 텐데 한국전쟁 기억은 남북 모든 겨레 구성원의 기억 속에 내재화되어 있다. 남북갈등은 물론, 보수진영과 진보진영 간의 대립과 충돌로 이어진 남남갈등의 역사적 현실이 이를 증거한다.

한국전쟁은 1950년 6월 25일 북한의 기습적인 남침으로 시작되어 1953년 7월 27일 정전협정 체결로 공식 종료되었다. 전쟁을 체험한 세대에서는 '6·25동란'이나 '6·25사변'이라는 용어가 더 익숙할 수도 있다. 대한민국정부는 공식적으로 이 전쟁을 '6·25전쟁' 또는 줄여서 '6·25'로 지칭하고, 북한은 '조국해방전쟁'으로 지칭한다. 한편 중국은 참전 전과 후를 나눠 '조선전쟁'과 '항미원조(抗美援朝) 전쟁'으로, 영어권 국가들은 'the Korean War'로 부른다. '한국전쟁'이라는 명칭은 미국의 수정주의 학자인 브루스 커밍스가 1981년 출간한 책이 우리나라에 번역되는 과정에서 국내에 확산되었다(커밍스, 1986).[1] '6·25전쟁'이라고 부르는 사람들은 이 전쟁이 6월 25일이라는 특정 시점에 시작된 전쟁임을 강조하며, '한국전쟁'이라고 부르는 사람들은 해방 후 분단공간에서 점차적으로 누적된 남북갈등이 폭발했음을 강조한다. 어떻게 부르든 간에 이 전쟁에 대한 명칭과 관련된 논쟁이 지속된다는 것 자체가 한국전쟁에 대한 학계의 이해가 아직 합의되지 못했음을 보여주는 것이다. '4·19혁명'이나 '5·18광주민주화운동'처럼 한국인들이 역사적 사건을 월일의 시점으로 부르는 관례가 있는 것은 사실이지만, 특정 사건의 시발과 양태보다는 그 사건이 갖는 역사적·구조적 맥락이 더 중요하다는 인식에서, 이 책에서는 학계에서 더 일반화된 용어인 '한국전쟁'이라는 표현을 사용하고자 한다.[2]

3년간의 전쟁은 남북한 모두에게 막대한 인명피해와 경제적 손실을 입혔다. 미국에서는 이 전쟁이 제2차 세계대전과 베트남전쟁(1965~1975) 사이에 끼어 있어 사람들이 잘 모른다는 이유로 흔히 '잊힌 전쟁(America's Forgotten War)'으로 일컬어진다. 그러나 한국인들에게 이 전쟁은 결코 잊을 수 있는 대상이 아니다. 한국 근현대사는 일본 제국주의의 침략과 지배, 그리고 한국전쟁의 결과로 추동된 역사이며, 한국전쟁의 렌즈를 통해서만 현재의 '대한민국'(Republic of Korea: ROK)과 '조선민주주의인민공화국'[3](Democratic People's Republic of Korea: DPRK)의 적대적인 분단과

---

[1] 커밍스의 책은 원래 두 권으로 구성되어 있다. 미국에서 1981년 출간된에 제1권은 우리나라에서 1986년 번역출간되었고, 미국에서 1990년에 출간된 제2권은 우리나라에서 2023년 6월 완역되어 출간되었다.

[2] 한국전쟁 연구의 권위자인 박명림은 이념, 성격, 특정 현상에 치우치지 않은 객관성이라는 측면에서 '한국전쟁'이라는 용어가 가장 적절하다고 보았다(박명림, 2006: 327). 그러나 강만길은 Korea를 '한국'으로 번역하는 것이 적절치 않다는 이유로 '한국전쟁'이라는 용어를 거부하고 남북 합의에 의한 공식용어가 나올 때까지 편의상 '6·25전쟁'이라는 용어를 써야 한다고 주장한다(강만길, 1999: 180~182). 그의 지적대로 통일 이후 이 전쟁을 가리키는 용어에 대한 논쟁은 다시금 격화될 가능성이 있다.

[3] 1948년 9월 9일 '한반도 총선거'를 통해 정해진 북한의 정식 국호이다. '공산주의의 반대는

병립을 이해하고 설명할 수 있다. 틸리에 의하면, 전쟁은 국가를 형성한다 (Tilly, 1990).[4] 사실상 남북한의 국가 건설세력도 전쟁을 치르면서 주권, 영토, 국민, 헌법을 가진 근대적 의미의 국가를 확립했다. 한국전쟁은 남한과 북한의 상이한 체제와 국가 정체성을 형성하는 데 결정적인 역할을 했다.

한국전쟁이 끝난 후 70년이 훌쩍 넘는 세월이 흘렀다. 전후 베이비붐 세대는 이미 은퇴하는 연령대로 접어들었고, 직접적인 전쟁 체험 세대는 갈수록 급감하고 있다. 세월의 흐름에 따라 참혹한 전쟁의 기억이 현저히 약화되어 가는 상황에서, 한국전쟁이라는 연구주제는 시대착오적으로 여겨질 수도 있다. 그러나 아직도 강고한 분단과 적대적 대립으로 전쟁이 내재화된 한반도의 현실에서, 행위로서의 전쟁은 종료되었을지라도 상태로서의 전쟁은 지속되고 있다. 대북전단이 투하되고 쓰레기풍선이 날아오고 북측에 의해 장벽이 건설되는가 하면, 한때 개성공단을 오가던 차량들로 붐비던 경의선과 동해선 도로는 전격 폭파되었다. 안보위기는 날로 커지고 있고, 사람들은 핵전쟁을 우려하며 불안해한다. 이처럼 남북한 공히 전쟁의 트라우마를 여전히 겪고 있다는 증거는 다양하고도 명백하다. 전쟁에 따른 집단 트라우마가 사회에 미치는 영향은 우리 생각보다 훨씬 크고, 그 상처는 오래도록 아물지 않는다. 전쟁의 상처는 과거의 역사를 현

민주주의'라고 배웠던 반공교육 세대의 시각에서는 위선으로 여겨졌던 국호이기도 하다. 민주주의는 정치 사상체계이고 공산주의는 경제 사상체계이다. 따라서 공산주의 국가라고 반드시 독재국가는 아니며 자본주의 국가라 하더라도 독재국가가 될 수 있다. 반공주의가 팽배했던 시대에는 이런 당연한 사실조차 쉽게 말하기 어려웠다.

[4] 틸리는 유럽 국민국가들의 형성을 분석한 이 책에서, 지배자들이 전쟁 수단을 통해 얻고자 했던 노력의 부산물로서 국가 구조가 나타난다고 주장한다. 전쟁의 규모가 커지면서 상업적·군사적·외교적 상호작용 속에서 상비군을 보유할 수 있는 국가들이 우위를 점하게 되었고, 많은 농업 인구, 자본가들, 그리고 상대적으로 상업화된 경제의 조합을 성취한 국가들이 살아남아서 결국 국민적 국가로 수렴되었다는 것이다.

재의 기억으로 반복 재생산한다. 그러므로 아직 이 전쟁은 끝나지 않았다. 이것은 '오래 전 그들의 전쟁'이 아니라 '지금 우리의 전쟁이자 나의 전쟁'인 것이다.

오랜 정전상황을 거치면서 각 세대는 다음 세대에게 사건에 대한 자신들의 기억과 관점을 사회화 과정을 통해 전수해 왔다(Hirsch, 1995). 악행을 저지른 당사자들은 속죄해야 할 것이지만, 분단이 장기화되면서 피해보상을 포함해 역사적 부정의의 구조를 바로잡을 책임은 다음 세대에게, 그리고 또 다음 세대에게 전가되고 있다. 또한 여전히 냉전이 현재진행형인 한반도에서 객관적이고 중립적인 역사 서술은 거의 불가능에 가깝다고 봐야 할 것이다. 과거에 대한 해석은 현재의 관점에 따라 달라지기 때문이다. 역사가들 역시 이데올로기로부터 자유로울 수 없는 사회적 존재이므로 진실을 정확하게 재구성하는 것은 불가능하다. 따라서 어느 누구도 진실을 독점하고 있다고 주장할 수 없다. 선악의 이분법적 기억방식은 오랫동안 한국사회를 지배해 왔고, 분단국가의 논리는 자신을 선으로, 상대를 악으로 형상화해 왔다. 다른 사람을 악 그 자체, 동물이나 병균, 인간 이하의 존재로 취급하다 보면 합리적 이성이 마비되고 타인의 고통에 무감각하게 된다. 이러한 비인간화는 노예사냥이나 홀로코스트, 킬링필드 등 인류 역사상 가장 끔찍한 사건들을 초래했을 뿐만 아니라 일상에서 수많은 차별과 혐오도 불러일으켰다. 전쟁의 경험이 비참한 이유는 이러한 비인간화의 논리가 용인되고 정당화되는 사회를 만들어내기 때문이다.

상처를 싸매줄 이가 없다

동아시아의 작고 가난한 나라 조선은 주자성리학의 마지막 수호자를 자처하며 서양문물을 배척하다가 개국과 개혁의 적절한 기회를 놓쳐버렸다. 그 대가는 참혹했다. 이미 메이지유신을 거쳐 근대식 군사와 무기를 갖춘 일본의 침략에 무방비로 당할 수밖에 없었고, 36년간 이어진 일제강점기에는 300만 명이 넘는 조선 백성들이 살 길을 찾아 만주로, 일본으로, 연해주로 뿔뿔이 흩어졌다. 조선 난민들은 아무도 환대해 주지 않는 낯선 땅에서 생존을 위해 치열한 사투를 벌이며 척박한 환경에서 뿌리를 내렸다. 본의 아니게 고향을 떠나야 했던 이들이 마침내 해방을 맞아 돌아왔을 때, 한반도는 패전국 일본에 대한 징계조치로 분단되고 말았다. 하늘이 무너지고 땅이 꺼질 노릇이었다. 미군정과 소군정 아래 신탁통치 찬반으로 첨예하게 분열된 좌파와 우파, 해외파와 국내파 등의 극심한 갈등 속에서 남과 북에는 각각 단독정부가 수립되었다. 지주들과 기독교인들, 반공주의자들이 가산을 몰수당하고 휴전선을 넘어 월남했으며, 남로당원들을 비롯한 빨치산과 공산주의자들은 멸공의 칼날을 피해 월북했다. 해방을 맞은 지 겨우 5년 만에 전쟁이 터졌다. 3년에 걸친 전쟁은 온 국토를 폐허로 만들고 강산을 피로 물들였다. 수백만의 사상자와 과부들과 고아들이 잿더미와 굶주림 속에 남겨졌다.

    울고 싶을 만큼 처절한 역사이다. 조선왕조 600년은 무엇을 남겼던가. 조선 말엽 반상으로 대별되는 계급갈등, 구중궁궐 속 권력을 둘러싼 쟁투, 서양학문과 실학을 배제하는 위정척사 분위기 속에서 백성들은 탐관오리들의 제물로 전락해 고혈을 짜내며 신음하고 있었다. 주체가 매번 달라졌을 뿐, 수탈은 만성적이고 일상적이었다. 한국전쟁 내전론을 주창한 브루스 커밍스가 주목한 것은 바로 그러한 고질적인 사회적 갈등이었다. 커밍스는 한국전쟁이 일제강점기 이전부터 이어져온 지주-소작농 계급갈등 및 친일파-항일파의 충돌에서 비롯된 내전이라는 수정주의적 해석을 제시한 바 있다(커밍스, 1986: 87).[5] 이와 유사하게 일본의 북한 연구

권위자인 와다 하루키도 한국전쟁이 남북 모두의 내부모순을 해결하기 위한 불가피한 선택이었다는 수정주의 시각을 지지했다(와다 하루키, 2002; 2014 참조). 그러나 내부모순과 충돌의 가장 큰 희생자였던 바로 그 백성들은 외적이 침입할 때마다 나라를 지켜냈고, 한국전쟁에서도 맨손으로 소련제 탱크를 막아섰다. 전쟁이 터지자 소련발 공산화에 대한 위기의식으로 세계 자유주의 진영이 신속하게 집결했다. 형제의 싸움에 이웃들이 동원되었던 것이다. 밀고 밀리는 전선 속에서 수십만 명의 군인이 목숨을 잃었다. 민간인 사망자는 수백만을 헤아렸다. 이 비극적인 전쟁을 통해 중국 변방에서 조공을 바치던 작고 가난한 나라는 역사상 최초로 전 세계와 조우하며 만민의 주목을 받게 되었다.

전후 남과 북은 각각 자유주의 진영과 사회주의 진영으로부터 막대한 경제 원조를 받았다. 남한의 경우 미국과 국제기구에서 받는 원조 자금이 전체 재정수입의 70%에 이르던 때도 있었다. 그러나 탈냉전과 사회주의권의 해체 이후 내리막길을 걸었던 북한과 달리, 남한은 놀라운 경제부흥을 일구어냈다. 남한은 1987년부터 해외원조를 하기 시작했으니, '받는 나라'에서 '주는 나라'로 전환되기까지 불과 34년이 걸린 셈이다. 그야말로 '한강의 기적'이었다. 지금은 은퇴한 베이비부머 세대와 그 앞 세대는 해외로 나가 피와 땀을 흘려가며 맨손으로 기적을 창조해 냈다. 그다음 세대는 수많은 사람들의 피 흘림과 희생과 헌신으로 민주화를 쟁취해 냈다. 이제 남한은 경제발전과 민주화를 동시에 이루어낸 사례로 칭송되면서 삶의 질에서 선진국의 반열에 올라섰다. 반면 북한은 유례없는 세습독재 체제로 만성적인 국제제재에 시달리는 빈곤국가로 전락했다.

---

5 해방 후 분단과 전쟁에 이르기까지의 결정적인 시기에 작용한 한국 현대사의 가장 큰 갈등축을 한국 내적인 사회혁명과 외세가 주도한 반혁명의 대결로 설정한 것이 커밍스의 수정주의 내전론의 가장 근본적인 측면이었다(이삼성, 2013: 311).

그러나 남한사회가 이룬 고도의 압축적인 근대화는 성공신화만 남긴 것이 아니라 깊고 어두운 그늘도 남겼다. 미처 치유되지 못한 채로 남은 식민·분단·전쟁·이산·독재의 트라우마는 첨예한 '기억전쟁'[6]을 유발하고 있다. 탈냉전 이후 기억담론은 국가와 자본이 주도했던 공식적인 지배기억에서 개인의 체험담을 근거로 한 대항기억으로 초점이 옮겨지는 추세이다. 이에 따라 공식기록의 유실, 오류와 은폐로 증명할 수 없었던 전쟁과 학살의 경험이 개인들의 기억으로 재생되면서 구술사와 지방사, 일상사 연구가 기억사회학의 큰 흐름으로 자리 잡는 현상이 나타났다. 현대사의 질곡이 압축되어 있는 한국전쟁에 이어, 제주4·3, 5·18광주민주화운동에 이르기까지 지배기억과 대항기억은 끊임없이 충돌하고 있다. 국가권력에 의한 기억 억압과 침묵이 강요되었던 한국사회에서 기억의 충돌은 불가피했다.

정전상태의 평화가 오래 지속되고 1990년대 식량위기로 북한의 내부 상황이 알려지면서 전쟁 가능성에 대한 공포는 점점 희미해졌다. 과거에는 북한이 전쟁을 일으키겠다고 위협하면 라면과 즉석밥 등의 생필품을 사재기하는 현상이 나타났지만, 거듭되는 북한 리스크에 대한 학습효과로 국민들은 더 이상 동요하는 모습을 보이지 않는다. 이산가족이 고령사로 그 수가 적어지면서 이제 민족주의 담론으로 통일을 말해서는 안 된다는 주장까지 나오고 있다. 매년 시행되는 통일의식 설문조사들은 한결같이 통일의 필요성에 대한 국민의식이 약화되고 있음을 보여준다. 외형상 한국 사람들은 전쟁과 이산의 기억을 잊고 있으며 동시에 통일에 대해서도 무관심해지는 듯하다. 여전히 휴전선을 사이에 두고 핵무기까지 동

---

6 '기억전쟁'이라는 용어는 도덕적으로 유리한 피해자 지위를 선점하려는 집단 간의 경쟁이 전쟁을 방불케 한다는 의미로 사용된 것이다(임지현, 2019: 116).

원된 강대강의 군사적 대결을 벌이고 있는 나라의 국민치고는 일견 이해하기 어려운 망각 수준이다. 기억이 주는 교훈을 충분히 섭렵하지 못한 채 이루어지는 섣부른 망각은 미래의 가해자를 억제하지 못하게 하고 잠재적 피해자로 하여금 경계를 소홀히 하게 만들 위험이 있다.

그렇다면 의도적 망각을 거부하면서 과거의 기억을 보존하고 전수하는 것과 트라우마를 치유하는 것은 어떤 상관관계가 있을까? 피해자들에게 기억의 고통을 계속 재현하는 것이 올바르고 적절한 치유를 완성하는 데 도움이 될까? 한반도 북쪽에서 벌어지는 상황이 그 답이 될 수 있다.

살아남은 자들의 분노

북한은 전쟁기억으로 구축된 전시사회이다. 언뜻 호전적으로 보이는 북한이 내면적으로 얼마나 전쟁의 공포에 사로잡혀 있는지는 폐쇄형 지역자립 경제, 시설 지하화, 핵무기 개발, 승리 지도력으로서의 수령유일체제 구축, 권력세습 등을 통해 가늠할 수 있다. 전후 북한은 항일 독립운동 유가족과 참전 군인들을 핵심으로 하는 성분제를 도입해 사회계층화하기까지 했다. 그만큼 전쟁기억은 강력한 사회정치적 동력으로 작용했다. 해방 직후 소규모 항일투쟁의 전적 외에 아무런 국내 지지기반이 없던 김일성이 소련 등에 업고 급부상할 때까지만 해도 이 새파란 젊은이가 훗날 조선의 영도자가 되리라고 예측한 사람은 많지 않았을 것이다. 김일성이 패전의 책임을 물어 최대의 정적이었던 남로당수 박헌영을 처단한 것도 전쟁을 빌미삼은 것이었다. 전쟁은 권력의 집중화를 낳았고 오늘날의 북한사회를 형성하는 토대가 되었다.

북한정권은 이른바 '살아남은 자들의 분노'를 통해 정의를 구현하겠다는 의지로 충만한 것처럼 보인다. 말하자면 세계 최강대국 미국과 맞서 싸워서 살아남았고 이제 가공할 핵무기까지 손에 틀어쥐고 있으니, 계속 자신들을 적대시하고 자신들에게 제재를 가하는 '불구대천의 원쑤' 미제가 돌이키지 않으면 응징하고 보복하고야 말겠다는 것이다. 적반하장의 논리로 느껴지지만, 이러한 북한의 태도와 행동 이면에 어떤 사회심리적 기제가 작용하고 있는지 분석해 볼 필요가 있다. 대한민국 헌법 제4조에 명시된 대로 "통일을 지향하며, 자유민주적 기본질서에 입각한 평화적 통일정책을 수립하고 이를 추진"하는 책임, 그리고 제66조의 "(대통령의) 조국의 평화적 통일을 위한 성실한 의무"를 인정한다면, 우리가 제일 먼저 할 일은 통일의 상대인 북한을 아는 것이다. 여기에는 북한사회를 작동하게 하는 구조적 요인을 이해하는 것도 포함된다. 북한 사람들의 사회심리적 기제는 한마디로 '공포'로 요약될 수 있다. 한국전쟁 당시 미군은 북한지역에 밤낮을 가리지 않고 무차별로 폭격을 퍼부었다. 대부분의 마을이 초토화되었고 수많은 민간인이 죽거나 불구가 되었다. 삶과 죽음의 문제 앞에서 공포와 불안은 실존적 정서였다. 체제를 위협하는 위기 속에서 생겨난 피포위의식(siege mentality)은 국가와 구성원을 결속시켰다. 한미연합훈련 등으로 상시 생존을 위협받는다고 느끼는 북한정권은 스스로를 지키기 위해 인민에 대한 감시와 억압과 통제를 극대화하는 전체주의 사회가 되었다. 국가가 자국민에게 상처를 줄 뿐 아니라 상처를 계속 덧나게 하는 형국이다.

2017년 출간된 소설 『고발』로 잘 알려진 북한 작가 반디(필명)는 인민학교 5학년 때 처형 장면을 목격한 주인공 명철의 위축된 심리를 이렇게 묘사한다.

왜인지 그것이 좀전에 총성을 들을 때보다도 더 무섭게 명철의 사지를 와

들와들 떨리게 했다. 그 (피 묻은) 포승줄은 훗날에도 명철의 눈앞을 좀처럼 떠날 줄 몰랐다. 숙제를 못해 갔거나 학교에서 주는 과외 가업 같은 것을 끝내지 못한 날 저녁에는 으레 그 포승줄이 꿈에 나타나 명철이를 가위눌리게 했다. 명철은 그 무렵부터 선생님이나 소년단에서 시키는 일 앞에서 더없이 고분고분해지는 자신을 느끼기 시작했다. (반디, 2017: 132)[7]

위와 같은 묘사는 탈북민의 증언에서도 동일하게 나타난다. 10년간의 정치범수용소 생활을 경험한 강철환은 공개처형을 목격한 후기를 이렇게 썼다.

나는 제정신이 아니었다. 등줄기엔 식은땀이 흥건했다. 아직도 사지가 후들거리고 맥이 쑥 빠져서 그만 그 자리에 주저앉아 버렸다. …… 나는 걸어가면서도 자꾸 총에 맞은 사형수의 모습이 떠오르면서, 총알이 내 심장에 와 박히는 환각에 빠져들었다. (강철환, 2005: 314)

그러나 전쟁이 끝난 후 오랜 세월이 흘렀고 북한에서도 전쟁을 직접 체험한 세대는 사멸해 가고 있다. 1990년대 중반 고난의 행군기 이후, 북한 인민의 생존을 위협해 온 것은 전쟁이 아니라 식량부족과 이로 인한 굶주림이다. 따라서 엄밀히 말해서 전쟁 공포를 느끼는 주체는 인민이 아니라 최고지도자라고 볼 수 있다. 인민들은 6·25를 승전으로 교육받아 왔고

---

7   북한의 반체제작가 반디는 1950년생이고 함경도 출신이며 조선작가동맹 중앙위원회에 소속된 남성이라는 것 외에는 알려져 있지 않다. 탈북한 친척이 보낸 브로커를 통해 작품 원고를 북한 외부로 반출했는데, 200자 원고지 750매 분량으로, 김일성이나 김정일의 노작 같은 책으로 위장했다고 한다. 그 뒤 그의 작품 중 김일성이 통치했던 1980년대 후반부터 1990년대 초반까지 쓰인 단편소설 일곱 편이 2014년에 『고발』이라는 제목의 소설집으로 출판되었다.

정전협정 체결일인 7월 27일은 북한에서 '조국해방전쟁 승리기념일'로 지켜지고 있다. 전쟁에 대한 두려움보다도 강압적인 통제 속에서 살아가기가 워낙 힘겨운 탓에 "전쟁이라도 콱 일어났으면" 하는 말이 공공연하게 떠돌았다는 탈북민의 증언도 있다(김희, 2021: 215). 온 인민이 수령을 결사옹위해야만 살 수 있다는 논리는 오로지 '최고존엄'의 생존을 위한 선택인 것이다. 식량위기에 내몰리고 전염병에 죽어가며 자유를 빼앗기고 인권을 유린당하는 북한 인민의 상처를 싸매줄 이는 아무도 없다.

> 북한 사람 어느 누구도 북한에 핵이 없다고 공포를 느끼지 않는다. 초강대국 미국의 존재가 자기 자신의 생존을 위협하는 요인이라고 느끼지도 않는다. 북한 사람들은 오히려 자신들의 기본적인 신체적·사회적 욕구를 말살하고 속박하는 현실을 매우 두려워한다. 항시적으로 무서운 '눈'이 감시하고 통제하며 정치범을 색출하는 현실적 공포를 감당하기 어려워한다. 그래서 절대적으로 복종하며 꼭두각시처럼 놀아나기도 한다. …… 실제로 북한 사람들을 두렵게 하는 것은 자신이 몸담고 있는 북한의 현실이자 최고존엄의 독점적 권력인 것이다. (김희, 2021: 214)

1994년과 2011년 김일성과 김정일의 서거 소식에 폭발적으로 분출된 북한 주민들의 격정적인 애도의 장면을 보았을 때, 우리는 모두 당혹하고 혼란스러웠다. 그러나 그것은 살기 위한 모방 행위였을 뿐이다. 북한 사람들이 보이는 절대적 의존과 복종은 선택의 여지가 없는 속박된 공포환경에서 스스로를 지키기 위한 가장 합리적인 선택이다. 생명의 위험까지 불사하는 체제이탈자가 계속 발생한다는 것 자체가 북한 사람들의 속내를 알려주는 강력한 증거이다. 1990년대 중반 이후 탈북이 급증하고 탈북자들의 증언을 들을 수 있게 되면서, 비로소 국제사회는 북한 내부의 실상을 알게 되었다. 지역이나 출신성분에 따른 차등은 있겠지만 체제 트라우마는 평양 출신 엘리트를 포함한 모든 북한 사람에게 내재되어 있다. 영국 주재 북한 공사로 근무하다가 탈북해 2016년 한국에 입국한 태영호의 부인 오혜선은 2023년 『런던에서 온 평양 여자』라는 책을 펴냈다. 그의 친정 집안은 할아버지가 김일성에게 반일청년 비밀회의 처소를 제공한 인연으로 3대째 최고권력과 인연을 이어온 엘리트 계층이었다. 그러나 오혜선은 자신들도 거대한 감옥에 갇힌 노예 신세와 다를 바 없었다고 토로한다.

나는 언제부턴가 형제들이 권력의 자리에 오르는 것이 싫어졌다. 북한에는 "태양의 곁에 너무 가까이 가면 타 죽고 너무 멀어지면 얼어 죽는다"라는 말이 있다. 나와 남편은 이 말에 충실하게 살아왔다. 언젠가 무너질 북한정권에서 많은 사람의 원한을 살까 걱정스러웠다. …… 독재정권이 유지될 알 수는 없지만 영원할 수는 없다고 믿고 있었다. …… 북한에서 특권을 누리며 행운아로 살아온 내가 어떻게 감히 북한을 배신할 수 있느냐고 의아해하는 분들도 있다. 북한에는 김 씨 일가를 제외한 '특권'의 향유자는 없다. 서로 다른 위치에서 다른 형태의 노예가 되어 아슬아슬한 살얼음판을 건너며 하루하루 견디고 있을 뿐이다. (오혜선, 2023: 291~296)

김정은의 성격장애는 한반도의 지정학적 공포로 인한 트라우마의 깊은 증상으로 진단된다(김희, 2021: 213). 한마디로 지도자나 국민이나 트라우마를 겪는 데는 예외가 없다는 것이다. 참으로 '트라우마 북한사회'라 하지 않을 수 없다. 그러므로 공포의 근원인 전쟁의 기억이 북한의 문학작품, 노래, 영화 등을 통해 공식적으로 어떻게 재현되는지 살펴보는 것은 우리에게는 언뜻 납득하기 어려운 북한의 피해심리를 이해하기 위한 방법의 하나가 될 수 있다. 트라우마는 가해자를 더욱 가혹하게, 피해자를 더욱 비참하게 만드는 유독성이 있기 때문이다.

왜 지금 한국전쟁을 말하는가

한국사회는 전후 수십 년이 지나도록 이데올로기의 프레임에 갇혀서 미래지향적인 재기억(rememory)을 만들어내지 못했다. 거대한 상실을 경험했음에도, 상실로 인한 인지적·정서적 결과를 직면하고 성찰하는 시간을 충분히 갖는 대신, 의심과 불신과 두려움 속에서 상실과 대면하는 것을 회피했다. 한국과 같은 집단주의 문화권은 스트레스 사건을 도전으로 생각하기보다 공포로 받아들여서 회피하는 경향이 더 강한데, 그 이유는 개인이 할 수 있는 일이 별로 없다고 느끼기 때문이다(Bjorck et al., 2001: 436). 사건과 관련된 중요한 사고와 감정을 회피하고 억제하면 그 사건을 제대로 처리하지 못하게 되고, 억제된 중요한 측면들이 반복적 사고와 같은 인지적 증상으로 드러나게 된다(Pennebaker, 1989: 211~244).

세월이 흐르면서 이념 구도도 해체되고 있고 국제관계와 남북관계의 큰 틀도 변하고 있다. 전후 3세대, 4세대는 이전 세대들과 달리 북한을 아예 다른 국가로 간주하며, 통일은 실용주의적 유불리를 따져서 지지하거나 거부한다. 아니면 아무런 관심을 갖지 않기도 한다. 북한 역시 2023년 두 국가론을 천명하면서 선대의 유훈을 부정하고 통일 지우기에 나섰다. 민족의식과 통일의식의 현저한 약화,[8] 그리고 영구집권을 꿈꾸는 젊은 북

---

8   서울대통일평화연구원이나 통일연구원 등 정기적으로 연구조사를 실시하는 기관들은 일관되게 국민들의 통일의식이 약화되고 있다는 결과를 제시한다. 통일의식과 민족정체성은 높은 상관관계를 갖고 있는 것으로 나타났다. 신봉철, 「민족정체성 변화와 통일교육」, ≪통일

한 지도자의 조합은 남북관계에 일대 전환기를 가져오고 있다. 노태우 정부 이래 공식적인 통일정책이었던 '민족공동체통일방안'도 수정·보완 단계로 접어드는 듯하다(《SPN서울평양뉴스》, 2023. 1. 27). 과연 언제까지 "국가 간의 관계가 아닌 통일을 지향하는 과정에서 잠정적으로 형성되는 특수관계"[9]가 지속될 수 있을까? 남과 북은 불시에 다시 하나가 될 수도 있지만, 영구적으로는 아닐지라도 아주 오랫동안 두 국가로 남아 있을 수도 있다. 한때 극한의 경제난('고난의 행군')을 겪었던 북한 측의 필요와 진보정권의 민족적 열정이 맞물려 남북교류가 활발하게 진행된 시기도 있었지만, 전쟁의 상처가 치유되지 않은 수많은 국민들의 내면적 정서는 그렇게 쉽게 변화되지 않았다. 북한이 핵을 포기하고 고립에서 탈피해 개혁개방의 길로 나아가리라는 희망 섞인 기대와 달리, 2019년 하노이 북미정상회담이 실패한[10] 이후 북한의 지도자는 '동굴'로 회귀했는데, 이를 통해 그 역시 대물림된 트라우마에 얽매여 있다는 것이 여실히 드러났다. 남한 사회 역시 과거의 트라우마를 무시하고 무조건 북한에 먼저 손을 내미는 것이 능사가 아니라는 것을 보수 회귀적 현실을 통해 깨닫고 있다.

과거 사실을 기억하는 데는 인식 경험, 특히 학습이 매우 중요한 역할을 하는데(Martin, 2001: 278), 기억 내용에는 학습자로서의 자신에 대한 정보가 포함된다(Meinong, 1973: 256). 한국갤럽이 2022년 실시한 여론

교육연구》 제7권 1호(2010); 이내영, 「한국인의 통일의식의 결정요인」, 《평화연구》 제22권 1호(2014); 이기영, 「민족정체성과 통일의식 간의 관계에서 다문화수용성의 매개효과」, 《다문화와 평화》 제12권 1호(2018) 참조.

9 '남북관계 발전에 관한 법률' 제7763호(2005. 12. 29. 제정).

10 당시 대북 강경파로 분류되었던 백악관 국가안보보좌관 존 볼턴(John Bolton)은 2020년에 펴낸 저서 『그 일이 일어난 방(The Room Where It Happened)』(서울: 시사저널사, 2020)에서 북미협상 과정을 상세히 기술했다. 그는 트럼프 대통령에 대한 3차례 사전브리핑에서 조금이라도 북한에 양보하는 것은 대통령 재선에 도움이 되지 않는다면서 '회담장에서 걸어나가기'를 집요하게 권고했고 결국 관철시켰다.

조사 결과를 보면, 조사대상자의 40%는 한국전쟁 발발 연도를 정확히 기억하지 못했다.[11] 분단폭력이 일상화된 사회에 살면서도 젊은 세대가 전쟁을 자신의 삶과 연결 짓지 못하는 현상은 참으로 기이하다. 기억과 학습의 긴밀한 상관성을 고려할 때, 이는 우리 사회가 전쟁을 기억하고 전수하는 방식, 즉 역사교육이나 기념문화 등의 기억 전달체계에 문제가 있다는 것을 뜻한다. 한국사회를 둘로 갈라놓는 심각한 이념갈등이 잉태되고 지속·심화되는 원초적인 근원은 분단국가의 구조 속에 내재된 '안보와 통일의 딜레마'이다(엄상윤, 2010: 2). 한국사회에서 오랫동안 '반공'은 '애국'과 동의어였다. 안보나 통일과 무관한 사회문제까지도 이념의 용광로 속에 빨려들어가는 현상은 한국사회의 특수한 단면이다. 정당은 물론이요, 대부분의 단체나 개인도 '진보'라는 좌표가 찍히는 순간 '종북 좌파' 프레임이 덧씌워진다. 심지어 2014년 세월호 참사나 2022년 이태원 참사와 같은 사건에서도 유가족은 종종 '빨갱이'라는 비난을 받았다. '빨갱이'는 원래 공산주의자를 낮잡아 이르는 용어였지만 권위주의 정권을 거치면서 좌익 공산주의 사상을 토대로 국가 안보를 위협하고 사람들을 선동하는 '공공의 적'으로 그 의미가 달라졌다(이혜연, 2018: 71). '종북 좌파' 또는 '주사파'는 '나라를 통째로 김정은에게 갖다 바치려는 역적'으로 매도된다. 이념갈등은 정치적으로 민감한 시점에 과잉동원되는 경향으로 인해 사회적 혼란을 가중시키고 사회통합을 저해한다. 그렇다면 이념갈등을 통해 정치적 이득을 얻는 집단이 이념을 과잉동원해 갈등을 부추기고 있다는 분석이 가능하다.[12]

---

11 한국갤럽이 2022년 6월 21~23일 전국 만 18세 이상 1,000명에게 한국전쟁 발발 연도를 물은 결과, 성인의 60%가 1950년이라고 정확히 답했고, 나머지 40%는 연도를 잘못 알고 있거나 아예 답하지 못했다. https://www.gallup.co.kr/gallupdb/reportContent.asp?seqNo=1307(검색일: 2023.7.13)

12 2022년 12월 전국 19세 이상 성인남녀 1,000명을 대상으로 실시한 단국대학교 분쟁해결

2024년 12월 3일의 비상계엄 선포와 그에 따른 국가 분열과 혼란은 한국사회에서 이 전쟁이 얼마나 끈질기게 현재진행 중인지를 똑똑히 보여주었다. 윤석열은 국회와 야당이 자유민주주의체제를 붕괴시키고 있다고 주장하면서 상대를 '종북 반국가세력'으로 규정했다.

> 친애하는 국민 여러분, 저는 북한 공산세력의 위협으로부터 자유대한민국을 수호하고 우리 국민의 자유와 행복을 약탈하고 있는 파렴치한 종북 반국가세력들을 일거에 척결하고 자유 헌정질서를 지키기 위해 비상계엄을 선포합니다. (〈KBS 뉴스〉, 2024. 12. 3)

2025년 2월 25일 헌법재판소에서 이루어진 탄핵 심판 최후 변론에서도 윤석열은 '북한'을 15번, '간첩'을 25번 언급했다. "북한을 비롯한 외부 주권 침탈세력과 우리 사회 내부 반국가세력이 연계해 국가 안보와 계속성을 심각하게 위협하고 있다"는 것이었다. 그가 보기에 북한은 대한민국을 위협하는 악 자체이다. 윤석열 지지자들은 탄핵 찬성자들을 '빨갱이'로 몰아세웠다. 모든 이슈를 좌우 이념대립으로 몰아가는 것은 북한과 공산주의에 대해 떠올리는 부정적인 이미지에 여전히 기대고 있다는 뜻으로 읽힌다. 이러한 빨갱이 담론은 특정 대상에 대한 혐오와 증오의 표출을 정당화하는 극단적인 증오 담론으로 변형되었다. 정치적 견해를 달리하는 이들을 향해 공개적으로 빨갱이라며 비난하는 행태가 언론매체에 여러 차례 보도되었다. 과거 독재체제의 정당화 논리로 기능했던 반공주의는

연구센터의 설문조사 결과DB에 근거한 연구에 의하면, 이념갈등은 유의미한 조절변수가 아니었다. 한국인의 갈등인식에 유의미하게 영향을 미치는 갈등유형은 노사갈등과 빈부갈등이며, 정치이념은 실질적인 갈등인식에 영향을 미치지 못하는 것으로 나타났다(김주경, 2023: 24).

일종의 변형된 보수정권 옹호 논리로 기능하면서 정치적으로 이용되는 것으로 보인다. 빨갱이라는 용어로 공격하는 데는 전쟁을 일으킨 북한과 공산주의자들을 절대악으로 상정하는 것이 '옳다'고 여기는 공유된 국가주의적 인식의 맥락이 기저에 자리하고 있다.

한국전쟁을 '북한의 불법 남침으로 발생한 동족상잔'으로 보는 보수적인 시각과 '북한이 주도한 통일전쟁'으로 보는 진보적인 시각 사이에는 접점을 찾기 어렵다. 갈등의 핵심에는 미움과 사랑을 동시에 불러일으키는 '이상한 나라' 북한이 있고, 그 북한이 일으킨 처참했던 한국전쟁에 대한 기억이 있다. 교류조차 없는 적대적인 분단은 지속적으로 트라우마를 재생산한다. 이제는 트라우마의 원천이 되었던 한국전쟁을 올바로 기억하는 것을 더 이상 미룰 수 없다. 한 걸음 뒤로 물러나서 분단과 전쟁의 상처를 직면하고 깊이 성찰해 전쟁에 대한 재기억을 시도해야 할 때이다. 우리가 무엇을 기억해야 하고 어떻게 기억해야 하는지에 대한 집단적·공식적 논의가 필요하다. 그러므로 현 시점에서 한국사회의 전쟁 트라우마와 기억에 대한 연구가 필요한 이유를 다음과 같이 네 가지로 정리해 볼 수 있다.

첫째, 한국전쟁의 기억이 잊혀서는 안 되기 때문이다. 참혹한 전쟁의 역사를 기억해야만 평화 수호와 전쟁 예방의 의지를 강화할 수 있다. 한반도 분단과 정전상태가 아직도 해결되지 않았고 북한 핵개발로 인한 불안과 위협에서 여전히 자유롭지 못한 상태에서 전쟁기억을 섣불리 망각하는 것은 치명적일 수 있다. 중국이 패권국으로 부상하면서 신냉전 구도가 조성되기 시작하자 한미일 대 북중러의 대결구도가 다시 형성되었고, 이로 인해 한반도는 언제 전쟁이 발발해도 이상하지 않은 일촉즉발의 긴장 상태에서 벗어나지 못하고 있다. 이 땅에서 전쟁의 어두운 그림자를 완전히 걷어내려면 우리 사회의 전쟁 트라우마를 극복하고 전향적으로 항구적 평화를 추구하는 집단의지를 구축해야 한다.

둘째, 한국사회의 이념갈등이 심각하기 때문이다. 냉전의 장기화로 인해 갈등과 폭력이 사람들의 삶에 자연스럽게 스며들었고, 이는 한반도 사람들의 정체성을 왜곡시키고 있다. 최근 이념의 격차는 가장 큰 폭으로 분화되고 있는데, 보수파를 결집시키는 정서적 기제인 '안보불안감'은 전쟁 체험 세대의 트라우마에서 파생된 것이다. 2016년 건국대 신동훈 교수의 통일인문학연구단은 2011~2014년에 걸쳐 한국전쟁 체험자 238명의 구술을 분석한 결과, 한국전쟁이 체험자들의 내면에 경험·기억의 수준을 넘어 '신념'이자 '시대정신'으로 깊숙이 새겨진 사실을 발견하고, 노년층의 집단적 트라우마를 한국사회 노년층과 청년층 간 세대갈등의 원인으로 지목했다(신동훈 외, 2016: 34, 55~56). 한국전쟁을 기억하는 방식은 곧 한국사회가 갖고 있는 정체성과 관련되는 문제이다. 세계적 탈냉전의 흐름을 거스르는 한국사회의 반공·반북적 성향은 현실에서 반평화적·반통일적으로 작용하고 있다. 적대적인 분단구조에서 한국전쟁과 국가폭력의 트라우마 기억은 집단 무의식에 고착된 채로 한국사회의 건강한 성장과 성숙을 저해해 왔다.

셋째, 직접적인 전쟁 경험이 없는 세대에게도 선대의 트라우마는 가족의 이야기, 교육, 기념관, 행사, 소설과 영화 등 다양한 경로를 통해 문화적 기억으로 고착되기 때문이다. 전쟁 미체험 세대에게 큰 영향을 미치는 것은 교육과 더불어, 미디어가 전쟁을 재현하는 방식이다. 전쟁 체험 세대인 노년층의 경험이 직접적으로 영향을 끼치는 범위는 그 이야기를 들을 수 있는 가족과 일가친척 정도로 제한되어 있고, 이른바 '분단소설'[13]

---

13 남북분단이라는 분단체제를 우리 사회, 나아가서는 전 인류가 경험하고 있는 가장 핵심적인 모순으로 파악하고 그 모순을 철저하게 반영하는 것은 물론 그 상태를 넘어설 수 있는 잠재적 가능성을 찾으려는 소설들을 일컫는 용어이다(한국민족문화대백과, 한국학중앙연구원).

의 파급력도 현저히 약화되었다. TV와 같은 대중매체는 공공성과 대중성의 압박 속에서 한국전쟁을 다루는 방식에 대한 적절한 합의점을 찾지 못했다. 한국전쟁이 선악의 구도에서 상업적 볼거리 또는 반공의식의 고취라는 정치적 목적으로 수렴되던 시대는 이미 지난 것으로 보이지만, 아직까지 현저하게 대안적인 시각이 수립된 것도 아니다. 한국전쟁의 기억은 올바른 기억의 틀 안에 장착되지 못한 채 갈수록 희미해지고 있다.

넷째, 북한사회가 전쟁기억 공동체의 정체성을 갖고 있기 때문이다. 북한체제는 한국전쟁 기억을 근간으로 한 기형적인 구조로 형성되었다. 북한에서 한국전쟁은 미제국주의와 북한사회주의가 대결해 북한이 승리한, 이른바 '조국해방전쟁'이다. 전쟁을 승리로 이끈 결정적인 요인은 항일투사 김일성의 탁월한 영도력이기 때문에, 향후 미제와의 전쟁이 재발할 경우 승리하기 위해서는 김일성의 혁명적 가계를 계승해야 한다는 것이 북한정권의 세습논리이다. 폐쇄적인 집단체제 유지와 핵개발 집착의 이면에 자리하고 있는 북한사회의 전쟁 트라우마를 이해하는 것은 곧 북한 사람들에 대한 이해와 직결된다. 북한의 집단기억은 지도층의 의도적인 노력과 북한 인민의 심리적인 호응이 어떤 형태로든 결합된 것이기 때문이다(전우택, 2007: 36).

오랜 세월 전혀 다른 체제에서 살아온 남과 북의 사람들은 서로를 이해하기가 쉽지 않다. 그러므로 북한 사람들을 이해하기 위해 집단기억 측면에서 접근하는 것은 의미 있는 시도라고 할 수 있다. 이질적 타자를 이해하려 노력하는 것은 사회통합을 위해 필수적인 일이다. 통합이 없는 통일은 대대적인 혼란을 초래한다. 일방적 흡수통일이 급속하게 이루어졌

이호철, 최인훈, 박경리, 박완서, 김원일, 이청준, 조정재, 이문열, 황석영, 이병주, 윤흥길, 임철우, 복거일 등이 대표적인 작가로 꼽힌다.

던 독일은 아직까지 사회적 갈등을 겪고 있는데, 구동독 주민들의 3분의 2는 여전히 독일사회에서 자신이 2등 시민으로 대접받는다는 상대적 박탈감에 시달리고 있다.[14] 독일 사례에서 얻을 수 있는 묵직한 교훈은, 경제적 격차보다 더 큰 문제는 문화적 차이에 따른 정체성을 재조정하는 것이며, 오랜 분단을 겪은 양 체제의 사람들에게는 통일을 이행하기 전에 서로를 이해하는 과정이 필요하다는 것이다.

한국의 역대 정부들은 현재의 적대적인 분단구조를 완화하고 남북 간 자유로운 교류를 실시함으로써 평화체제를 구축하는 것을 정책과제로 삼아왔다. 하지만 남북관계가 강대강으로 치달으면서 최고지도자 김정은은 2024년 초에 지난 30여 년간 남북관계를 규정해 온 "통일을 지향하는 과정에서 잠정적으로 형성되는 특수관계"라는 개념까지 폐기한다고 공언하고 헌법 개정을 추진했다.[15] 그러나 어둠이 깊을수록 새벽은 가까운 법이다. 비록 고조되는 핵 위협으로 인해 일촉즉발의 안보위기에 처한 상황이지만, 비핵화를 넘어서 궁극적인 평화를 구축해야만 분단을 해소할 수 있다는 것은 누구도 부인할 수 없는 사실이다. 분단구조를 해체하는 것은 '사실상의 통일(de facto unification)' 과정이다. 한반도의 영구평화를 위해서는 통일이 이루어져야 하고, 그 과정은 반드시 사회통합적이어야 한다. 일방적인 흡수통일이나 무력에 의한 병합은 극심한 사회갈등을 야기할 수 있으며, 갈등조정에 실패할 경우 준비되지 않은 통일은 평화가 아니

---

14 2020년 독일 베르텔스만재단의 연구조사 결과, 구동독 주민이 2등 시민으로 대우받는다는 시각에 구동독 주민의 60%, 구서독 주민의 21%가 동의한 것으로 나타났다. https://www.bertelsmann-stiftung.de/de/themen/aktuelle-meldungen/2020/september/30-jahre-danach-ost-und-west-uneins-ueber-deutsche-einheit(검색일: 2024. 3. 6)

15 남북 간 특수관계 개념은 1991년 남북기본합의서에서 천명되었다. 그러나 김정은은 신대의 통일정책을 비판하면서 '전쟁 중에 있는 두 교전국 관계'로 재규정했다(〈KBS 뉴스〉, 2024. 1. 16).

라 재앙의 씨앗이 될 수 있다.[16] 정치적으로 통일이 된다고 해서 사람들의 뿌리 깊은 마음이 금방 변하는 것은 아니기 때문이다.

문화적 기억이 말해주는 것들

그동안 한국전쟁에 대한 학계의 연구 경향은 공산주의적 해석, 반공주의적 해석, 반공주의에 대한 반발로 등장한 반(反)반공주의적 해석이 차례로 주류를 이루었다. 그러나 각각의 입장은 저마다 불균형적인 해석이라는 한계를 보이고 있다. 역사적으로 접근할 때에는 정치와 분리하는 것이 필수적인데도 한반도의 냉전구도와 자료 접근의 제한성은 진실로 가는 길목을 번번이 가로막았다. 남북이 분단된 상황에서 교전 대상이었던 북측의 자료는 입수 불가하며, 남한에서도 당시 재판기록은 공개되지 않고 있다. 2000년대 이래 전쟁의 진실에 접근하는 미시적 연구로 구술사 연구가 활발하게 진행되면서 한국전쟁 연구는 이제 마을 차원으로까지 내려왔다. 그러나 구술 증언에 주로 의지하는 연구는 증인들이 대부분 80~90대의 고령이어서 더 이상 채집이 어렵다는 문제가 있다. 또한 북에 협조했거나 월북한 사람들의 이야기는 대체로 여전히 금기 대상이라는 점도 구술사 연구의 한계라고 할 수 있다.

그렇다면 이제 우리는 어디에서 이 전쟁을 이야기하는 개인들의 목소리를 들을 수 있는가? 바로 문학작품에서이다. 수기와 소설, 희곡과 같은

---

16 예멘의 경우가 그러하다. 1990년 5월 합의통일을 이루어냈던 예멘은 남북갈등으로 통일 4년 만에 내전을 치렀고 북예멘이 승리한 후에도 사회통합에 실패해 재분단 위기에 직면했다. 끊임없는 내전으로 인해 탈출한 난민들이 2018년 제주로 유입되면서 난민 수용문제가 공론화되기도 했다.

창작은 머나먼 과거조차 순식간에 현재로 이끌어내서 사람들로 하여금 공감하게 만드는 능력이 있다. 16세기 작가 셰익스피어가 그토록 자주 회자되는 이유는 그가 인간성의 본질을 꿰뚫어보는 힘을 가진 위대한 문학가로 인정되기 때문이다. 하버드대 인문학 교수인 스티븐 그린블랫은 『리처드 3세』, 『맥베스』, 『리어 왕』 같은 독재자를 다룬 작품에서 셰익스피어가 치밀하게 묘사하는 폭군은 병리적인 나르시시즘을 갖고 있다고 분석하는데(그린블랫, 2020: 145), 이는 현 시대에도 적용되는 정확한 진단이라고 하지 않을 수 없다. 독재자의 문제를 알면서도 그를 옹위하고 추종하는 그룹에 대한 셰익스피어의 묘사는 뉴욕대 정치학 교수인 부에노 데 메스키타의 권위주의 통제이론에서도 사실로 증명되었다(de Mesquita et al., 2004; 데 메스키타·스미스, 2012). 독재자는 소수의 충성된 집단에게 특권을 보장해 줌으로써 권력을 유지한다. 사회학 용어로 이들 핵심집단(essentials)은 '승리연합(winning coalition)' 또는 '통치연합(ruling coalition)'으로 지칭된다. 어떤 독재자라도 핵심집단을 장악하지 못하면 권력을 잃을 가능성이 높아지므로 독재자는 신뢰하기 어려운 인물들을 빠르게 제거하거나 축출한다. 핵심집단을 구성하는 가장 중요한 요소는 유능함이 아니라 충성심이다. 따라서 이 집단에 조직을 경영할 충분한 역량이 결여되는 것은 필연적인 수순이고, 이는 독재자의 몰락을 재촉한다. 셰익스피어의 작품에 등장하는 폭군들이 하나같이 비참한 말로를 맞이하는 것으로 볼 때, 그는 독재자와 그 추종자들이 결국에는 실패할 것으로 내다본 것 같다. 이처럼 문학은 사회를 비춰주는 거울이자, 사회를 개인 차원의 미시적 수준으로 심화하는 효과적인 수단이다.

이 책에서는 자전적 수기, 소설, 인터뷰, 노래 등 분단의 내적 구조를 드러낸다고 판단되는 시사를 중간 중간 인용하는 형식을 취했다. 역사적·사회적으로 의미 있는 사건들에 대한 대중의 기억을 만드는 데서 문학적 서사의 역할이 중요하다고 보기 때문이다. 아비사이 마르갈리트가 말하듯이, 기억은 단순히 수동적인 행위가 아니라 윤리적인 행위이다(Margalit, 2002). 이야기, 감정, 역사적 기록을 전달하는 능력을 가진 문학은 이러한 윤리적 기억을 형성하고 보존하는 데 중요한 역할을 한다. 그동안 축적된 문학 속의 이야기들은 개인의 기억과 상처를 통해 국가가 관리하는 집단기억에 균열을 내는 역할을 수행해 왔다(이정현, 2016: 204). 특정 시공간으로 들어가서 현장을 대리체험하며 인물들의 내면에 대한 심리적 동일시를 경험한다는 점에서 문학의 기능은 특별하다. 전쟁의 비극과 국가주의의 폐해 속에서 개인들이 경험하는 삶을 서사화하는 것은 문학이 가장 잘해낼 수 있는 영역이다. 일례로 이병주의 『지리산』, 조정래의 『태백산맥』, 이태의 『남부군』 등 1980년대 중후반에 출간된 일련의 빨치산 문학작품은 빨치산에 대한 대중적 인식을 형성하는 데 지대한 영향을 끼친 것으로 평가된다. 근래 역사학과 문학의 경계를 넘나들며 딱딱한 학문에 인간의 숨결을 불어넣는 책들의 출판이 늘어나는 것도 문학의 효용성에 기대려는 시도로 보인다. 따라서 이 책에서는 분단이라는 구조적 맥락하에 관련 문학작품을 비교적 빈번하게 인용할 것이다. 여기에는 한국전쟁을 주제로 생산된 타자의 텍스트, 즉 미국, 일본, 중국, 튀르키예 등에 존재하는 한국전쟁 관련 문학작품도 포함된다.

　분단과 반공주의는 한국사회에서 사상의 자유를 억압하는 굴레로 작동했다. 한국의 많은 현대소설에는 분단현실이 적극 반영되고 투영되어 있으며, 작가들은 반공주의 자기검열의 속박 속에서 치열한 글쓰기 작업을 이어나가야 했다. 전쟁의 진실을 왜곡하고 은폐하는 것은 올바른 기억을 불가능하게 했다. 한반도 평화와 통일을 위해서는 역사적 트라우마 기억을 치유하는 작업이 절실하게 필요하다. 한국전쟁을 바라보는 반공주의적 관점과 반반공주의적 관점을 뛰어넘어, 이제는 새로운 통합적 관점을 모색할 때가 되었다. 통합은 가치중립적이지 않다. 엄정하게 객관적인 역사란 존재하지 않으며, 트라우마를 극복하고 전진하기 위해서는 사실보다 해석이 더 중요할 수도 있다. 그 작업은 이미 우리의 기억 속에서 진행되고 있다. 전쟁이 남긴 상처는 결국 개인에게 귀착되고 그 회복도 개인으로부터 시작되어야 한다. 그 과정을 현재화된 개인적 관점으로 소환하는 것이 이 책에서 초점을 맞출 문학과 문화적 기억의 역할이다.

문학 텍스트 외에도 기억 매체로 작동하는 여러 장치가 있다. 영화, 연극, 전시, 기념일, 기념행사, 기념관 등이 그것이다. 집단기억이 사회적으로 전승되려면 반드시 매체, 행사, 기념물 등의 의도된 문화적·공간적 상징물 또는 표상이 필요하다. 이런 매체와 기념물은 집단기억을 영속화하는 문화기억을 형성한다.[17] 핵심은, 현재가 과거를 문화적으로 재구성하고, 그렇게 구성된 문화적 기억이 다시 현재를 구성한다는 것이다. 구전된 정보만 내용으로 삼는 소통적 기억의 수명은 3~4대에 걸쳐 이어지는 데 그칠 정도로 유한하지만, 문화적 기억은 문화 매체와 기념물을 통해 전승되며 원리적으로 영원히 존속할 수 있다. 문화적 기억 이론은 기억 화해가 이루어지는 구체적인 방식에 대한 유용한 통찰을 제공해 줄 수 있다. 매체와 기념문화를 통해 대중적 집단의식이 전환될 수 있기 때문이다. 한국전쟁에 대한 기억을 어떻게 재현하느냐의 문제는 통일된 조국의 미래 정체성을 형성하는 문제와 직결되어 있다. 이 책은 그 작업을 위한 작은 한 걸음이다.

---

17 '문화기억(cultural memory)'이라는 개념은 아스만이 처음 창안한 것이다. 아스만은 시대의 증인들이 갖고 있는 경험기억이 상실되지 않으려면 경험기억이 후세의 문화기억으로 번역되어야 한다고 말한다(아스만, 2011: 15).

제2장

한반도의 트라우마

'자라 보고 놀란 가슴 솥뚜껑 보고 놀란다'는 속담이 있다. 어떤 사물에 몹시 놀란 사람은 비슷한 모양만 봐도 과민하게 반응한다는 뜻이다. 그러나 누구나 다 그런 것은 아니다. 동일한 사건을 경험해도 사람마다 반응은 천차만별이고, 사건에 대한 기억도 다를 수 있다. 기억에는 의지적 선택이 작용할 가능성이 있고, 그래서 어떻게 기억할 것인가의 문제는 논의의 주제가 될 수 있다. 우선 트라우마가 무엇인지, 그리고 기억의 메커니즘이 트라우마와 어떻게 관계되는지 이해할 필요가 있다.

홍수나 지진과 같은 자연재해, 전쟁, 테러, 폭행, 사고 등으로 부지불식간에 죽음을 마주하는 충격적인 경험은 일시적 마비와 감정의 단절을 가져올 수 있다. 트라우마는 그러한 기억이 몸속에 저장되고 그 기억이 의식에 의해 전적으로 단절된 상태를 의미한다. 트라우마 기억은 극도로 충격적인 외상 경험을 통해 형성되며, 무의식에 고착함으로써 의식의 통제를 벗어난다. 따라서 트라우마 경험은 철저히 고립된 사건으로 사회성을 지니지 못하게 된다. 인간은 생명의 위협에 직면할 때 논리적인 사고를 하는 뇌를 사용하는 것이 아니라 본능적이고 무의식적인 사고를 하는 뇌를 사용한다. 신경학적으로 보면, 몸의 핵심 반응 네트워크 기능이 비위협적인 상황에서 작은 단서만 주어져도 과도하게 활성화되는 것이 트라우마 증상이다. 우리는 위험한 상황에 직면했을 때 반사적으로 극심한 두려움, 무력감, 메스꺼움 등을 느낀다. 이러한 경험이 정서적으로 해소되지 못하고 몸에 암묵적 기억으로 남아서 신체 증상 등으로 나타나는 것이 바로 '외상후 스트레스 장애(Post-traumatic Stress Disorder: PTSD)'이다. PTSD는 외상을 경험한 이후 일정 시간이 경과한 후에도 과거를 기억하거나 연상할 때 정서적으로 마비되거나 지나치게 각성되는 증상을 나타내는 용어이다. 주된 증상은 재경험, 과각성, 회피로 나타난다. 즉, 위협적인 사건들을 자꾸 회상하거나 악몽을 꾸기도 하고, 일시적인 기억장애가 오기도 하며, 흥미를 잃고 무관심한 태도를 보이기도 한다. 사고 경험과 유사한 상황을 회피하면서 비슷한 자극이 있을 경우 불안과 우울 정서, 충동적 행동을 보일 수도 있다. 전쟁이나 자연재해, 테러 등을 겪은 트라우마의 생존자들은 통제력을 잃었다는 느낌, 그리고 자신을 구성하는 중요한 부분이 망가졌고 다시 원래대로 돌아가지 못할지도 모른다는 두려움에 시달린다. 어릴 때 트라우마를 경험한 사람은 성인이 되어서도 다른 사람들과의 관계에서 어려움을 겪기 쉽다. 잊을 수 없는 고통스러운 기억은 마음 속에 단단히 엉겨 붙어 좀처럼 사라지지 않으며, 일상생활을 하다가도 불쑥불쑥 유령처럼 나타나서 사람을 괴롭힌다. 고통에서 벗어나려면 치유적 스토리텔링이나 글쓰기 등 의식적이고 적극적인 노력이 필요하다.

전쟁이나 학살, 큰 재난은 수많은 사람에게 깊은 상처를 남기고 사회 전체를 뿌리부터 흔드는 집단적 트라우마로 작용한다. 이러한 사회적 트라우마를 PTSD라는 의료적 증상으로 단순 환원하는 것은 적절하지 않다. 5·18 피해자의 트라우마를 생물정신의학적 PTSD 모델에 근거해 조명한 연구들은 트라우마를 발생·재생산시킨 인권침해 및 부정의의 차원을 은폐하고 집단 트라우마의 역동적·복합적 성격에 대한 이해를 차단하는 인식론적 장치가 될 수 있다(김명희, 2022: 212). 그러나 분명한 것은 집단 트라우마의 패턴과 발생경로에서 당사자 개인들은 저마다 다른 수준의 PTSD 양상을 공유하는 경향이 있다는 사실이다. 이를테면 모든 언론과 일상이 통제되던 군부독재정권 시절을 기억하는 사람들에게 2024년 12월 3일의 비상계엄은 즉각 트라우마 반응을 불러일으켰다. 국회에 난입하는 군인들과 군용 헬기, 전술차량의 모습이 실시간으로 방영되면서 극심한 불안과 공포가 확산되었다. 특히 5·18광주민주화운동 유가족과 피해자 등 과거 국가폭력으로 피해를 입은 국민들의 정신적 충격은 심각했다. 그 상황에서 불과 26일 만에 탑승객 전원이 사망하는 제주항공 여객기 사고가 발생했고, 이로써 사회적 불안정이 증폭되었다. 대통령 탄핵 반대집회가 폭력성을 띠면서 백골단이 국회에 등장하는가 하면, 초유의 법원 난입 폭동이 벌어졌던 것도 이와 같은 불안정한 심리와 무관하지 않을 것이다.[1]

우여곡절이 많았던 트라우마 연구사

지금은 트라우마라는 단어가 일상생활에서도 널리 가볍게 쓰이고 있지만, 실상 트라우마는 정신병리학 진단명을 갖고 있는 정신질환이다. 미국정신의학회가 발간하는 정신장애 진단 및 통계편람(DSM)에 PTSD가 공식적으로 포함된 것은 1980년 발간된 제3판에서였다. 그 이후로 PTSD 개념은 정신의학 영역뿐 아니라 대중문화 담론에도 지대한 영향을 끼쳤고, 지금은 전 세계적으로 보편화된 사회적 통념의 일부가 되었다. 이러한 정신의학적 정의에 따르면 기본적으로 트라우마는 개인의 문제에 한정된 것이다. 그러나 트라우마 연구가 확장되면서 그 개념은 다양한 분야

---

[1] 2025년 1월 9일 김민전 국민의힘 의원이 탄핵소추된 윤석열 대통령을 수호한다는 명분으로 흰색 헬멧을 쓴 '백골단'의 국회 기자회견을 주선했다가 물의를 빚고 사과한 일이 있었다. 백골단은 이승만 정부 당시 자유당이 조직한 정치깡패 집단에서 유래했으며, 1980~1990년대 민주화를 요구하는 시위대를 진압하고 체포했던 경찰부대를 일컫는 별칭이었다. 김민전 의원은 무자비한 폭력을 동원한 진압 방식으로 악명이 높았던 이 부대의 이름을 사용함으로써 역사인식이 결여되었다는 비판을 받았다. 이에 더해 2025년 1월 19일 탄핵소추된 대통령의 체포영장을 발부한 사법부 결정에 반발해 100여 명이 서울서부지방법원에 난입해 기물을 부수고 방화를 시도하며 경찰과 취재진을 폭행한 사건이 사회적으로 큰 충격을 주었다. 한국사회에서 이와 같은 극단적인 폭력성이 표출된 것은 당혹감과 우려를 불러일으켰다.

에 적용되기 시작했다.

    트라우마 연구는 우여곡절을 많이 겪었다. 정신의학이 발달하던 초기에 지그문트 프로이트는 히스테리아(신경증)를 연구하면서 여성들을 많이 만나서 상담했다. 히스테리아는 당시 여성의 전유물처럼 여겨졌는데, 막상 이야기를 들어보니 대부분 성폭행사건의 경험과 관련이 있었다. 성폭행의 트라우마가 몸으로 나타난 것이 히스테리아였던 것이다. 처음에 프로이트는 히스테리아의 원인을 밝혀냈다고 좋아했는데, 그러려면 당시 가정 내 아동기 성착취가 만연하고 있었다고 주장해야 했고 그 원인이 가부장적 폭력임을 밝혀야 했다. 그러나 그것은 당시 사회적 신념의 한계를 넘어서는 것이었다. 전문가들과 동료들의 냉담하고 완전한 침묵에 직면하자 프로이트는 여기에서 멈춰버리고 자신의 이론을 폐기했다. 그 후로 오랫동안 이 연구는 잊혔다가 제1차 세계대전 때 부활했다. 참전 군인들 다수에게서 트라우마 증상이 발현되었기 때문이다. 그들은 겁을 먹고 말을 못했고, 무력하고 폭력적이었으며, 자기만의 세상에 웅크리고 들어가서 다른 사람들과 정상적인 관계를 맺지 못했다. 이 사실이 보고되면 뭔가 조치가 이루어질 줄 알았는데, 곧 제2차 세계대전이 발발하면서 각국 정부는 군인들의 사기가 꺾일 것을 우려해서 트라우마 보고를 중지시켰다.

    그러다 베트남전쟁을 계기로 트라우마 연구사에서 일대 전환이 일어났다. 미국정부는 베트남 참전 군인들에게서 나타나는 PTSD와 사회적 혼란을 우려한 나머지 이에 대한 연구에 착수했다. 이에 따라 학계에서 트라우마 연구가 활발해졌고 그중 1992년 하버드대 의대 정신의학과 주디스 허먼 교수가 쓴 『트라우마: 가정폭력에서 정치적 테러까지』라는 책은 이 분야의 고전이 되었다(Herman, 1992). 그의 연구는 참전 군인들과 성폭력 피해여성을 비롯한 희생자들의 고통을 치유하고 사회적으로 복귀시키는 것을 목표로 진행되었다. 주목할 것은, 이 책에서 허먼은 개인 내면의 병리적 현상으로 간주되었던 트라우마가 도덕적·정치적·사회적 맥락과 체계를 통해 발생하고 재발할 수 있다는 관점을 제시했다는 점이다. 2009년 지그문트 바우만은 『유동하는 공포』라는 책에서, 자연재해라는 외상 사건 자체는 차별 없이 누구에게나 똑같은 죽음의 공포를 경험하게 하지만, 재해 이후 그 지역사회에 개입하는 과정에서는 정치적·사회적·경제적 맥락이 작용한다는 점을 간과해서는 안 된다고 말한다(Bauman, 2009). 2014년 『몸은 기억한다』라는 책을 펴낸 반데어 콜크는 트라우마의 신체화를 다룸으로써 정신과 육체의 상호관계에 대한 지평을 넓혔고 트라우마가 개인을 넘어 사회에 영향을 미칠 수 있음을 규명했다(Kolk, 2014).

우리나라에서도 대형 사건·사고로 트라우마를 호소하는 사람들이 많아지면서 2018년 국립정신건강센터 내에 유가족, 부상자, 목격자, 수습 인력 등을 대상으로 심리지원을 실시하는 국가트라우마센터가 설립되었다. 국가트라우마센터는 권역별 트라우마센터, 재난심리회복지원센터 등의 관계기관으로 구성되어 있다. 센터는 2023년 10월 159명이 사망한 이태원 참사, 2024년 12월 179명이 사망한 제주항공 여객기 사고 등으로 큰 충격을 받은 유가족과 구조대원 등 재난 경험자들의 심리적 안정과 사회 적응을 돕는 역할을 수행해 왔다. 직접 사고를 당한 1차 경험자, 사망자와 부상자의 가족 등 2차 경험자 외에도 소방, 경찰, 의료, 행정 등 현장 재난 대응 업무 종사자인 3차 경험자도 심리적 어려움을 겪는다. 집단 트라우마를 치유하는 것은 개인뿐 아니라 국가와 지역사회가 함께 참여해야 할 공동체적 과제이다.

트라우마의 세대 간 전이

트라우마는 어떻게 세대 간에 전이될 수 있을까? 트라우마의 세대 간 전이란 트라우마가 초래하는 고통이 한 세대에서 다음 세대로 전이되는 현상을 가리키는데, 부모 세대가 겪은 충격적인 경험의 여파가 일련의 경로를 거쳐 자식 세대로까지 고스란히 전달되고 전이될 수 있다는 것이다. 개인적 트라우마도 가족을 포함해 주변 사람들에게 자신의 아픔을 전이시키는 집단적 감염의 효과를 보일 수 있다.[2] 트라우마와 기억 연구에서는 미국의 홀로코스트 연구자 마리안 허시의 포스트메모리(post memory, 후기억) 개념이 중요하게 받아들여지고 있다. 허시는 직접 경험하지 않은 사건에 대한 기억도 기억이라고 할 수 있다면서, 트라우마를 직접 체험한 세대의 기억과 구분되는 후세대의 2차적 기억을 '포스트메모리'라는 용어로 기술했다.

포스트메모리는 문화적 또는 집단적 트라우마를 경험한 사람들의 후세대

---

[2] 트라우마의 세대 간 전이에 대해서는 다양한 연구결과가 나와 있다. 후성유전학자 레이첼 예후다는 PTSD가 있는 부모의 자녀는 부모와 유사한 정도로 코르티솔 수치가 낮다는 사실을 밝혀냈다. 코르티솔은 외부 자극에 맞서 몸이 최대 에너지를 만들어낼 수 있도록 부신 피질에서 분비되는 호르몬으로, 그 수치가 낮으면 스트레스에 취약하다. 세포생물학자 브루스 립턴은 어머니의 감정이 자녀의 유전자 발현을 생화학적으로 변화시킨다는 것을 밝혀냈다. 어머니의 스트레스 호르몬은 태아의 내장 혈관을 수축시키고 말초로 더 많은 혈액이 몰리게 해서 태아로 하여금 투쟁이나 도피(fight or flight)하는 반응을 준비하게 하는 것으로 알려졌다. 여성이 임신 5개월째가 되면 태아의 난소에 이미 그 태아의 자녀가 될 난자의 전구세포가 발생하기 때문에, 트라우마는 생물학적 메커니즘에서 볼 때 적어도 3대에 걸쳐 영향을 미치는 것으로 봐야 한다. 가족 트라우마 유전 분야의 선구자인 마크 월린의 연구에서는 홀로코스트로 가족을 잃은 여성의 손녀가 할머니가 느꼈을 상실감과 고립감, 혼자만 살아남았다는 죄책감을 그대로 경험하는 사례가 나온다. 신경생물학을 기반으로 한 임상분석을 통해 가족 트라우마가 '유전'된다는 잉그리트 알렉산더와 자비네 뤼크의 연구결과도 이와 일치한다 (Yehuda and Bierer, 2007: 121~135; Lipton, 2001: 167~180; Wolynn, 2017; Alexander and Lück, 2016).

가 이전 세대의 경험과 맺는 관계를 묘사하는데, 이것은 그들이 자라면서 알게 된 이야기, 이미지, 행위를 통해서만 '기억'되는 경험이다. 그러나 이러한 경험은 그들에게 너무도 깊이, 정서적으로 전달되어 그 자체로 기억을 구성하는 것처럼 보인다. 그러므로 포스트메모리와 과거를 연결시키는 매개체는 실제로는 회상이 아니라 상상적 투사, 반영 및 창조라고 할 수 있다. (Hirsch, 2008: 107)

허시는 시간 경과에 따라 생존자가 사멸해 가면서 기억이 다음 세대에게 어떻게 전수되는지, 그리고 그 과정에서 기억이 어떤 양상으로 변화되는지에 주목했다. 허시의 관점은 역사적 트라우마가 장기간에 걸쳐 세대를 넘어 전이되는 현상을 설명해 준다. 식민, 분단, 전쟁, 이산, 독재의 아픔이 여전히 지속되고 있는 한반도에서 포스트메모리 개념은 트라우마 기억이 전승되고 재구성되는 의의를 설명하는 데 유용하다. 기억의 재구성은 후세대가 과거의 사건 및 트라우마적 기억과 어떤 방식으로 관계를 맺어야 할지에 대한 실천적인 과제이기 때문이다. 트라우마 생존자들은 자신의 경험을 말로 표현하지 못하고 증상이나 동작과 같은 비언어적 형태로 표출하는데, 이러한 표출은 생존자의 자녀에게 깊은 영향을 미친다. 사람들은 기존에 갖고 있던 선입견, 즉 역사에 대한 프리메모리가 있고 그 프리메모리는 차후의 포스트메모리 발달에 영향을 미친다(Beiner, 2018: 48). 생존자의 후세대는 선대의 트라우마 경험에 의한 언행을 이해하지 못한 채 그 영향을 받으면서 성장했고, 그 배경을 알게 되면 자신이 이미 갖고 있는 프리메모리에 비추어 선대의 삶을 이해하고 재기억함으로써 포스트메모리를 형성한다는 의미이다. 어떤 면에서 생존자인 부모보다 자녀의 상황이 더 나쁠 수도 있다. 생존자는 끔찍한 일을 겪었더라도 사건 이전의 삶에 대한 기억이 있기 때문에 잘 대처해 나갈 가능성이 있지만,

자녀는 부모의 기억과 역사적 지식을 혼합적으로 수용하면서 동시에 부모와의 동일시와 분리까지 다뤄야 하며, 그 과정에서 부모와 갈등이 지속되는 경우 자녀의 포스트메모리는 자신의 삶에 부정적인 영향을 미칠 수 있기 때문이다(Van Alphen, 2006: 482).

미국 소설가 엘리자베스 로스너는 2017년 홀로코스트의 시간을 살지 않은 자녀 세대가 마주한 과거의 참혹한 고통과 미래에 대한 고민을 담은 책 『생존자 카페』를 썼다. 그의 아버지는 열대여섯 살에 독일 부헨발트 집단수용소에 수감된 적이 있고, 어머니는 열세 살에 학살을 피해 폴란드 시골에 숨어 살았다. 아버지는 종전 후 오랜 시간이 흐른 뒤에도 독일을 방문하기를 두려워했는데, 딸과 함께한 세 번의 독일 방문에서 극심한 스트레스로 치아가 빠지기도 하고 심한 복통으로 실신하기도 했다. 이에 비해 어머니의 상처는 일상에 스며들어 있었다. 방금 식사를 하고도 "배고파 죽겠다"라고 하거나 닭 뼈다귀를 빨아먹는 등으로 십대 때 굶주렸던 기억을 재현했던 것이다. 어머니는 보석 몇 점을 대가로 헛간에 숨었던 기억으로 인해 평생 보석에 집착하는 모습을 보이기도 했다. 부모 세대의 아픔은 어느 순간 딸에게 전이되어 있었다. 로스너는 1982년 유럽 여행 도중 아버지 출생지인 독일 함부르크에 기차로 도착했는데, 마치 몸이 마비된 것처럼 그곳 플랫폼에 1분도 발을 디딜 수 없었다. 또한 밤에 기차가 엉뚱한 선로에 들어서는 바람에 선로가 끝나버렸을 때에는 집단수용소의 어두운 역사가 떠올랐다. 독일 국경 순찰대가 여권을 검사하러 돌아다닐 때에는 그들이 내뱉는 독일어에 몸이 움츠러들었다. 로스너는 자신의 경험을 통해 생존자 2세들이 "유전성 트라우마"라는 비슷한 정서를 공유한다고 설명한다. 후성유전학 연구는 이를 의학적으로 뒷받침한다. 홀로코스트 생존자 32명과 그들의 자녀, 손주로 구성된 집안을 연구한 결과, 외상 후 스트레스 장애가 후세대로 이어지는 현상을 세대 간 전이로 설명할 수 있다는 것이다. 가해자의 후세대도 예외가 아니다. 일례로 "독일에서는 자신을 사랑하기가 너무 어려워요"라고 말한 나치 친위대원의 손녀를 통해 가해자의 후손이 겪는 마음의 짐을 가늠해 볼 수 있다. 이러한 현상은 세계대전에 참전했던 군인, 아르메니아 학살과 베트남전쟁의 생존자, 히로시마·나가사키의 원자폭탄 피폭자, 인종차별로 인한 집단 린치의 피해자에게서도 동일하게 나타난다.

현대사의 아픔을 고스란히 간직한 한국사회도 예외가 아니다. 국가폭력 피해자들의 트라우마 연구에 따르면, 5·18 2세대들의 삶은 5·18과 긴밀히 연결되어 있었으며 5·18 2세대는 그 사건과 끊임없이 영향을 주고받고 있는 것으로 나타났다(김석웅, 2021: 114). 이들은 경제적 어려움을 경험했으며, 학대 피해를 당한 경우도 있었다. 또 '열사'와 '영웅'이라는 수사와 '빨갱이' 또는 '폭도'라는 양면적인 평가 속에 복잡한 감정을 느껴왔다. 5·18은 사회문화적 차원에서는 사건에 대한 왜곡, 부인 등으로 인해 피해자들의 트라우마를 가중시키고, 역사적 차원에서는 이를 직접 체험하지 않는 집단에게 전승된 것으로 간주할 수 있다. 이 경우 5·18의 집단트라우마는 개인적·가족적·사회적·역사적 차원을 모두 가지고 있다고 해야 할 것이다. 5·18을 겪은 부모의 경험이 가정 내에서 공유되어 자녀도 간접적으로 그 트라우마를 경험하며, 자녀는 성장 과정에서 이를 해석하면서 트라우마가 재생산되는 것이다. 한국전쟁과 5·18을 소재로 한 중단편 소설을 써온 임철우 작가가 2004년에 발표한 소설 『백년여관』의 후기에서 이렇게 말한다.

산 자의 시간과 죽은 자의 시간. 이 세계엔 그 두 개의 서로 다른 시간이 공존한다. '죽은 자의 시간'은 결코 연대기의 숫자를 바꾸는 것만으로, 과거니 역사니 하는 따위 딱지를 붙여 간단히 폐기처분할 수 있는 게 아니다.

그것은 그를 기억하는 자들의 삶을 통해, '산 자의 시간'과 더불어 존재하고 또 한참을 더 지속해 간다. 그러므로 그것을 기억하는 자들이 아직 우리와 더불어 살고 있는 한, '죽은 자의 시간'은 과거이면서 동시에 엄연한 현재형의 시간인 것이다. (임철우, 2004: 343)

확장되는 트라우마 개념

트라우마의 개념은 집단 트라우마, 사회적 트라우마, 문화적 트라우마, 역사적 트라우마 등 점차 더 넓은 영역으로 확장되고 있다. 집단 트라우마는 발달심리학자 에릭 에릭슨에 의해 처음 개념화되었다. 역사적으로 집단 트라우마 개념이 공적 영역에서 부상하게 된 계기는 트라우마 개념을 홀로코스트의 경험을 분석하기 위한 틀로 사용하면서부터이다. 지금은 트라우마가 주로 지진·쓰나미 등의 자연재해, 전쟁·학살·테러 등의 인간의 행위로부터 비롯된 외상, 차별·빈곤 등의 사회구조적 문제를 일컫는 용어로 널리 사용되고 있다.

집단 트라우마에 대한 정신의학적 진단명은 아직까지 없다. 처음에는 학자들이 개인 트라우마에 기초해 개념과 치료방안을 세우려 했으나 집단적인 외상 경험에 대해 PTSD의 진단을 적용하는 것이 적절하지 않다는 것이 점차 분명해지고 있다(Krieg, 2009: s30). 국가폭력과 같은 중대한 인권침해로 인한 고통을 PTSD라는 정신의학적 진단명으로 다루기에는 한계가 있다. 또한 집단 트라우마를 치료하기 위한 PTSD 모델은 환원주의의 오류와 과잉의료화의 문제를 야기한다는 비판의 목소리도 있다. 5·18 집단 트라우마 연구방법론에 대한 김명희의 논의는 이러한 문제를 조목조목 지적하고 있다(김명희, 2021: 359~360). 그는 PTSD 개념이 암묵적으로 전제하고 있는 경험주의적 존재론과 인식론, 방법론은 원인을 증상으로, 사회적인 것을 개인적인 것으로, 과정을 상태로, 정치적 문제를 의료적 문제로 축소한다고 지적한다. 실제로 재난이 발생했을 때 모든 구성원이 동일한 고통을 경험하지는 않는다. 의료진의 즉각적인 개입이 필요한 사람도 있지만 강한 회복탄력성을 보이는 사람도 있다. 즉, 트라우마를 경험한 집단의 구성원 전체에 대해 개인 트라우마를 겪은 사람에게 취하는 병리적 관점으로 접근하지 않아도 되는 것이다.

그럼에도 집단에 가해진 트라우마적 충격은 집단성과 관계성의 기초가 되는 사회적인 연결에 영향을 주는 것이 사실이다. 따라서 사회 및 지역 공동체가 트라우마를 경험했을 때는 개별 구성원의 안정을 위해 개입하고 아울러 구성원 간의 관계성과 집단 전체에 나타나는 반응을 중심으로 접근할 필요가 있다(구본경, 2020: 50). 집단 트라우마는 구성원들의 안전감을 무너뜨려서, 삶이 무가치하다는 인식, 국가와 사회제도에 대한 불신, 과학·기술의 해결능력에 대한 불신, 미래에 대한 불안, 사회적 갈등과 분열을 초래할 수 있다. 집단 트라우마가 지닌 사회적 성격 때문에 이에 대한 연구는 사회과학 분야에서 주로 이루어졌다. 미국 사회학자 카이 에릭슨은 1972년 대홍수의 여파를 연대순으로 기록한 책에서 재난에 의한 집단 트라우마를 처음 언급했다(Erikson, 1976). 그는 재난을 경험한 공동체 안에서는 개인적 차원을 넘어 또 다른 변화가 일어나며, 그것은 집단 정체성의 변화에 영향을 끼친다고 보았다. 집단 트라우마에 대해 사회문화적 관점으로 접근한 연구도 있다. '집단적·문화적 트라우마' 개념을 주창한 제프리 알렉산더는 한 집단이 경험하는 외상이 개인적 정체성뿐만 아니라 집단의 문화적 정체성도 변화시킬 수 있다고 설명하면서, 그 집단의 세계관, 예술, 미디어 등 삶의 모든 영역에 영향을 미치는 예를 폭넓게 다룬다(Alexander, 2004: 620~639).

그러나 집단 트라우마의 '전염'은 동시대의 경험자와 비경험자 간에 국한되며 반드시 후세대에게 전승된다고 볼 수는 없다. 집단 트라우마가 역사적 사건에 의해 발생하고 후세대까지 전이될 때에야 비로소 역사적 트라우마로 분류할 수 있다.

역사적 트라우마

역사적 트라우마에 대한 연구는 1980년대에 '기억'을 둘러싼 학계의 논의가 확산되면서 등장했다. 홀로코스트와 관련된 기억에 대한 논란이 대표적으로, 당시 홀로코스트가 존재하지 않았거나 과장되었다고 주장하는 소위 '부정주의'가 나오면서 커다란 물의를 빚었다.[3] 생존자들의 기억을 부정하고 부재를 강요하는 데 대한 위기의식과 저항감은 역설적으로 과거사 평가에서 기억이 차지하는 중요성을 환기시켰다.

미국 역사학자 도미니크 라카프라는 기억과 역사를 대립시키는 경향, 기억을 역사와 동일시하려는 경향을 양쪽 다 비판하면서 양자를 모두 극복하려는 시도로 역사적 트라우마 개념을 제시했다(LaCapra, 1999: 696~727). 자연 재난뿐 아니라 홀로코스트와 같은 역사적 사건도 집단 트라우마가 된다고 보았던 그는 역사적 트라우마는 경험자와의 투사적·합일적 동일시를 통해, 즉 비경험자의 윤리적 공감과 연민을 통해 '전이' 또는 '전염'된다고 주장했다. 그러므로 역설적으로 역사적 트라우마 기억을 치유

---

3   대표적으로 서독 역사학자 에른스트 놀테(Ernst Nolte)는 나치가 소련 공산주의에 대한 범유럽적 파시즘의 대응일 뿐이었다고 주장했다. 그밖에 영국 역사작가 데이비드 어빙(David Irving), 영국 극우인사 리처드 하우드(Richard Harwood), 프랑스 문학 교수 로베르 포리송(Robert Faurisson) 등이 유사한 주장을 펼쳤다.

하기 위한 노력은 반드시 사회적 차원의 윤리적 성찰로 이어져야 한다는 논리를 전개했다. 그러나 라카프라는 후세대까지 전이되는 역사적 트라우마의 전승 메커니즘을 명확히 제시하지는 않았다.

역사적 트라우마의 특징은 다음과 같다. 첫째, 지속적이고 반복적인 외상 경험에서 형성된다. 지속적이고 반복적인 외상은 복합 외상후 스트레스 장애(Complex PTSD: CPTSD)를 초래한다. 복합 PTSD는 아동학대나 가정폭력과 같은 지속적인 사건에 의해 발생하며, 자연재해나 교통사고와 같은 단일 사건의 트라우마와 구별된다. 나치 강제수용소의 생존자들에게서 나타난 복합적인 증세가 대표적인 사례이다. 역사적 트라우마는 한 집단에 대한 영향의 폭과 깊이에서 복합 PTSD 양상에 비견될 수 있다.[4] 이 개념을 처음 제안한 주디스 허먼은 복합 PTSD의 회복 과정을 3단계로 제시한다(Herman, 1992).[5] 안전과 안정화에 집중하는 것이 1단계, 트라우마 기억을 처리하고 통합하는 것이 2단계, 그리고 사회에 재적응하는 것이 3단계이다. 둘째, 역사적 트라우마는 집단 트라우마이다. 개인과 집단의 역학은 다르다. 독일계 미국인 심리학자 쿠르트 레빈은 유명한 장이론(field theory)에서 '집단 역학'이라는 개념을 제시했다(Lewin, 1948). 집단 간의 관계에는 힘의 역학이 작용하고 정치가 개입되기 때문에 개인 층위가 아닌 집단정신이라는 것이 형성되어 개인행동을 규율한다는 것이다. 이것은 개인적으로 체험하지 않더라도 집단기억의 영향을 받을 수 있

---

4 복합 PTSD(CPTSD) 개념을 지지하는 다수의 연구결과가 확보되면서 2018년 WHO는 '국제 질병분류 11판(International Classification Diseases; ICD-11)'에 이 진단명을 새롭게 포함시켰다. 이에 따르면 CPTSD는 아동기 성착취나 가정폭력과 같이 지속적이고 반복적인 외상에 노출될 경우 일반 PTSD 증상을 포함해 추가적으로 복합적인 증상을 보인다. 정서조절 장애, 자기정체성 장애, 그리고 관계 역량 장애가 대표적이다.
5 국제트라우마스트레스학회(ISTSS)에서 트라우마 치료 전문가들을 대상으로 조사한 결과 84%가 허먼의 단계별 접근에 긍정적으로 반응했다(Cloitre et al., 2012).

다는 근거가 된다. 역사적 트라우마의 세 번째 특징은 문화적으로 공유되고 전수된다는 것이다. 제프리 알렉산더는 트라우마적 사건 자체가 정신적 장애를 유발한다는 심리학적 시각의 오류를 지적하면서, 사건의 트라우마적 성격이 재현 과정을 통해 사회적·문화적으로 구성된다는 문화적 외상(cultural trauma)의 관점을 제안한다(Alexander, 2004). 인권침해와 국가폭력이 지속되는 사회문화적 구조 속에서 언론매체를 통한 체계적인 사건의 왜곡과 부인, 집단적 오명과 같은 일들이 반복되면 피해자들의 트라우마는 가중된다. 역사적 트라우마는 집단 트라우마 및/또는 개인 트라우마가 될 수 있지만, 그 역은 성립하지 않는다.

요약하면, 역사적 트라우마는 구조적·집단적·장기적 폭력을 경험하는 사회에서 나타나는 현상이다. 따라서 복합 PTSD 증상을 나타내며, 문화적 트라우마로 증폭되고, 후세대와 직접 경험하지 않은 사람들에게도 전수되는 특징이 있다. 역사적 트라우마에서 회복하는 과정은 근본적으로 역사적 진실을 가려내고 정의를 구현하는 기반을 형성하는 것과 관련된다.

정의구현은 역사적 트라우마를 회복하는 데서 중요한 주제이다. 동유럽과 소련, 남아공 등 각국에서 권위주의 정권이 해체되는 사건들이 벌어지면서 전환기 정의(transitional justice, 또는 '이행기 정의') 문제가 중요한 주제로 대두되었다. 전환기 정의는 한 체제에서 다른 체제로 이행할 때 과거에 발생한 부정의를 어떻게 바로잡을 것인가를 다루는 개념이다. 일반적으로 사법적 징벌, 조사와 청문, 피해자 보상 등이 이 과정에 포함된다. 전환기 정의 구현에서 인물 또는 사건에 대한 기억 보존은 피해를 인정하는 배상 조치의 한 형태로 기능했다.[6] 이 과정에서 벌어지는 '기억전

---

6   유엔 인권최고대표사무소(OHCHR)에 의하면, 전환기 정의 구현의 주요 절차는 진실규명,

쟁'은 한국뿐 아니라 전 세계적으로도 여전히 진행 중이다.

기억은 트라우마를 촉발한다

기억은 치료의 전제조건이며 피해자가 기억에 대해 수행하는 해석 작업이 치료의 수단이다. 트라우마 증상을 경험하는 생존자가 자신을 사로잡는 상처로부터 벗어나려면 사건에 대해 자신의 입으로 직접 말할 필요가 있다(Laub, 1995: 61~75). 사건에 대해 침묵할 경우 생존자는 왜곡된 기억의 피해자가 되어 트라우마 '독재'가 지속되는 것을 경험하고, 왜곡은 더욱 심해져 생존자의 일상을 침범하고 오염시키는 지경에까지 이른다. 트라우마는 한 개인을 사로잡고 결국 개인의 정체성을 무너뜨리기 때문에, 진실한 마음으로 경청하는 외부인에게 자신의 속 이야기를 털어놓는 것은 곧 자신의 정체성을 되찾는 과정이기도 하다. 개인들의 '이야기하기(스토리텔링)'는 상담치료나 구술사 연구에 널리 활용되고 있다. 이것은 국가 또는 민간에서 운영하는 트라우마 센터에서 자주 사용되는 기법이기도 하다. 여기에서 문제가 되는 것은 왜곡된 기억, 가짜 기억, 거짓 기억과의 충돌이다. 동일한 사건을 겪은 당사자들이 훗날 그 사건의 세부 내용을 다르게 기억하는 것은 흔히 볼 수 있는 일이다. 전쟁과 같은 집단기억도 예외가 아니다. 정치적으로 사용되는 기억은 역사와 마찬가지로 왜곡 위험성에 노출되어 있다.

소추, 배상, 재발방지 보장이다. 기억 보존을 위한 박물관 설립, 사건이나 날짜 기념 제정, 교과서와 공영방송에서의 정확한 진술 등이 포함되는 기억화 조치는 배상 단계에 해당된다. https://seoul.ohchr.org/sites/default/files/2022-10/08_What%20is%20transitional%20justice_formatting_FIN_ENG.pdf (검색일: 2024. 3. 21)

현대의 기억 논쟁을 지배하는 관념은 트라우마 기억이다. 에릭 홉스봄이 "극단의 시대"(Hobsbawm, 1995)라고 부른 20세기 역사의 트라우마가 기억과 증언의 시대를 이끌어냈다. 전쟁기억은 대표적인 트라우마 기억이자, 개인적 기억이면서 동시에 집합기억이다. 한국사회의 집단 트라우마와 집합기억의 관계는 미래로 나아가는 데 매우 중요하다. 기억이 현재적 필요와 관심에 의해 재조형될 수 있는 특성을 갖고 있기 때문이다. 임의적이고 주관적이며 담지자의 상황에 맞춰서 가공되는 기억의 특성은 공동체적 상생의 미래로 전진하는 데 사용될 수도 있고, 아니면 과거의 고통을 되새기고 지속적으로 트라우마를 유발하는 데 사용될 수도 있다. 그런 의미에서, 기억은 양날의 칼이다. 트라우마를 유발하는 그 기억을 올바로 사용하지 못하면 트라우마는 치유되기 어렵다.

남북한 사람들의 전쟁 트라우마는 한반도 분단구조라는 환경과 맥락 속에서만 이해될 수 있다. 분단구조하에서 전쟁의 트라우마를 치유하기보다 오히려 이를 증폭시키고 과장해 이득을 얻으려 했던 권력 주체들도 트라우마 재생산에 기여했다. 이러한 시각은 동일하게 한완상에게서도 발견되는데, 그는 이념갈등을 과잉동원하는 주체로 남북 양 체제 내의 권력주체를 지목한다. 그에 따르면, 극단주의적 정책을 선호하는 양 정권은 자신들의 권력이 도전받거나 위협에 직면할 때마다 상대 체제의 위협을 각색하고 과장해 왔으며, 표면적으로는 상대 체제의 권력주체를 미워하고 악마화하면서도 결과적으로는 양 체제의 극단세력을 서로 도와주는 역설을 확인할 수 있다. 한완상은 이를 "적대적 공생의 비극"이라고 표현했다(한완상, 2013: 9~10). 한국전쟁이 초래한 최악의 트라우마를 체현하고 재생산하는 실체는 남북한 각각에 세워져 상대방을 부정하고 배척하는 정치주체들이었으며, 이렇게 고착된 이념적 정치체제가 전후 남북한 각각의 지배사상으로 작동했다는 것이 그의 주장이다.

한국전쟁 발발 이후 70년이 넘도록 한국사회는 전쟁 트라우마로 인한 문제 행동에 의해 굴절되고 왜곡된 역사를 경험해 왔다. 전쟁과 같은 강력한 체험은 문화적 기억의 형태로 전수되어 사회 구성원 전체에 영향을 미치며 사회병리적 현상을 일으킨다. 정신적 외상의 흔적은 개인적·신체적으로 나타나지만, 특정한 사회적 맥락이 트라우마의 발현이나 완화 또는 악화에 관련될 수 있다. 그러므로 트라우마의 원인 규명과 치료에서는 환경과 맥락을 고려해야 할 뿐만 아니라, 트라우마가 발생하고 지속되는 배경이 되는 사회구조적 모순과 관념을 분석할 필요가 있다. 트라우마는 과거의 고통을 기억하기 위해, 그리고 동일한 고통의 재현을 회피하기 위해 문제행동을 유발한다. 갈수록 격화되는 보수·진보 간 갈등, 지역·계층·세대 간 갈등의 뿌리에는 국가주권 상실과 일제강점, 외세에 의한 분단, 동족 간의 전쟁, 이후 급속한 근대국가로의 이행과정을 거치며 민주주의를 충분히 경험하지 못한 한국사의 비극이 자리 잡고 있다. 그렇다면 한국전쟁의 트라우마는 어떻게 치유될 수 있을까? 그 연원을 추적하면서, 한반도 트라우마의 사회사를 식민과 분단, 전쟁과 이산, 독재 트라우마로 나누어 고찰해 보기로 한다.

한반도의 상처는 치유되지 않았다

식민지배와 분단, 이산, 전쟁, 빈곤, 독재는 한국 근대사에 깊은 상처를 남겼다. 오랜 시간이 흘렀지만 분단을 이기기에 결코 충분한 세월은 아니었다. 치유되지 못한 상처는 병적 증상으로 나타난다. 한국사회가 트라우마 사회라는 진단은 낯선 것이 아니다. 독일 경제학자 홀거 하이데는 한국의 근대화가 폭력으로 점철된 압축적인 방식으로 이루어졌고, 상당히 민주화가 이루어졌다고 하는 현 시점에도 '국가보안법'이 엄존하고 있다는 점에서 집단 트라우마가 강한 사회라고 보았다. 그는 한국인의 트라우마가 사회구조와 시스템 차원의 중독 증상으로 나타나고 있다고 진단한다(강수돌·하이데, 2018). 한국사회는 그동안 경제개발과 성장에 과몰입하느라 개인과 집단의 트라우마에 무관심했다. 과도한 경쟁의 분위기에서 모든 실패는 개인의 무능력과 노력 부족 탓으로 돌려졌다. 집단 트라우마의 바닥에 깔려 있는 두려움은 핵 위기, 외환위기 등 생존을 위협하는 사건들로 거듭 소환된다. 사람들은 두려움을 억압하고 욕구충족의 좌절을 보상하기 위해 대리만족물에 집착하거나 과몰입하게 되는데, 이것이 다양한 종류의 중독이 발생하고 확산되는 구조적 배경이다. 과몰입의 에너지는 성장의 동력이 되기도 하지만, 사회가 급격히 소진되는 원인이 되기도 한다. "압축성장한 대한민국이 압축소멸의 길로 들어서고 있다"(박명림, 2023.7.6)는 우려는 결코 과한 것이 아니다. 한국의 초저출생은 느닷없이 나타난 현상이 아니며 그 근저에는 치명적인 내부 분열과 분쟁이라는 요인이 자리하고 있다. 영국 역사가 에드워드 기번은 1776년부터 1788년까지 전 6권으로 간행된 『로마제국 쇠망사』에서 외적의 침략, 자원 남용, 자연재해 등 제국 멸망의 요인을 다차원적으로 규명하는데, 그 중 가장 치명적이고 파괴적인 것은 로마인들의 내부 불화와 적대라는 내부 요인이었다고 진단한다.

한국사회는 어떠한가? 한반도의 적대적인 분단체제는 한반도에 살고 있는 사람들의 역사적 집단 트라우마를 지속적으로 현재화하는 사회구조를 형성해 왔다. 한국의 월남 1세대는 전쟁, 이산, 재산박탈, 핍박, 학살, 유랑, 빈곤 등 다양한 외상을 경험했다. 그들의 경험은 가정 내에서 전수되었고, 사회적으로는 문화기억의 형태로 전수되었다. 한국전쟁 체험의 집단기억은 한국사회의 구성원들에게 피해자 정체성을 부여했고, 이것이 반북·반공주의를 정당화하는 근거가 되었다. 이처럼 한국사회의 집단 트라우마는 당대의 체험 세대에 영향을 미칠 뿐만 아니라, 분단의 장기화와 그 폭력으로 인해 세대 간 전이를 통해서도 현재화되고 있다. 경제발전과 민주화를 이루어냄으로써 한국사회의 희생자의식은 점차 약화되고 있지만, 적대적인 분단구조 속에서 근대화와 민주화는 압축적으로 때로는 국가폭력을 수반해 진행되었고, 이는 심각한 이념 및 계층 갈등의 후유증을 남겼다. 자신과 정치적 의견을 달리하는 세력을 극좌와 극우로 몰아붙이는 이념갈등의 집단극화와 확증편향 현상은 외상후 스트레스 장애의 전형적인 과각성 증상과 유사한데, 이는 아직까지 한국사회의 트라우마가 완전히 치유되지 못했다는 증거라 할 수 있다. 정국이 분열될 때마다 광화문광장이 두 쪽으로 갈라져 치열하게 대립하는 현상은 그 상처를 적나라하게 드러내는 것이었다.

식민지배가 남긴 트라우마

첫 번째로 살펴볼 것은 일제 식민지배가 남긴 트라우마이다. 한반도는 통일신라와 고려시대 이래 천 년이 넘는 세월 동안 단일한 언어와 문화권을 형성해 온 민족국가였다. 즉, '민족'과 '국가'는 분리되지 않는 개념으로 작용해 왔다. 그러나 일제에 의해 1904년 대한제국의 재정·외교권이 박탈되고 1905년 주권 침해를 합법화하는 을사조약이 체결되면서, 민족이 곧 국가라는 등식은 깨져버렸다. 주권과 국가의 상실을 경험한 사람들은 필연적으로 민족에 몰입했고, 항일투쟁을 통해 과잉화된 '저항적 민족주의'를 형성하게 되었다(김성민 외, 2012: 185~186). 1931년 만주사변을 일으킨 일본은 1932년 만주국을 건설하며 조선인들을 강제이주시켰다. 1937년 중일전쟁이 발발하고 이듬해 '국가총동원법'이 제정되었으며, 이어서 국민징용령이 발효되었다. 조선인의 강제노역동원은 조선, 일본, 중국, 만주, 남사할린, 동남아시아, 태평양(남양군도) 등 일본제국권 전역에서 이루어졌다. 1945년 해방이 되었으나 당시의 정세와 경제적 문제에 의해, 어떤 경우에는 강제력에 의해 117만 명이 귀국길에 오르지 못했다(김성민 외, 2012: 43). 이역만리 타국에서 재일교포, 고려인, 조선족이라 불리며 소수민족으로 살아야 했던 이들은 거주 국가 및 사회 폭력에 대한 공포로 트라우마를 겪었고, 강제이주를 경험하지 않은 2세대, 3세대에게도 트라우마는 지속되고 있다. 특히 경제적 성취를 목표로 '조국'을 찾아오는 동포들은 한국사회의 불관용적인 태도로 인해 차별과 배제를 경험하고 있다. 이처럼 역사적 식민 트라우마는 재외동포에 대한 대한민국 중심주의로 변형되어 표출되면서 집단적 적대감의 원천으로 작용하고 있다.

일본과의 관계 문제에서도 역사적 트라우마가 계속 재현되고 있다. 한국인의 대일관은 일본 문화를 받아들이는 개방적인 성향과는 무관하게 세대를 불문하고 과거 역사에 대한 부정적인 시각으로 표출된다. 해방 이후 한일협정 당시에는 격렬한 시위가 벌어졌고, 위안부 문제, 독도 영유권 문제, 일본 교과서의 역사왜곡, 일본의 대한(對韓) 경제보복 등의 사안이 불거질 때마다 사회적으로 일본에 대한 공분과 적대감이 극적으로 고조되곤 한다. 이러한 현상을 관찰해 보면, 일제강점과 일제 잔재 미청산에 따른 트라우마가 현재까지도 대일 인식에 부정적인 영향을 끼치고 있다.[7]

---

[7] 2024년 서울대통일평화연구원의 통일의식조사 결과에 의하면, 주변국 중에서 일본은 친밀하면서도 여전히 위협적으로 느껴지는 나라로 인식되고 있다. 일본에 대한 친밀감은 지속적으로 상승해 2023년 8.1%, 2024년 9.2%를 차지했고, 위협감은 2023년 8.3%, 2024년 5.4%로 나타났다(김범수 외, 2024: 137~139).

한국사회는 식민 트라우마가 미처 치유되지 못한 채 곧바로 분단을 경험했고, 이로 인해 분단 및 이산, 그리고 전쟁에 이르기까지 역사적 트라우마가 중첩되고 심화되었다. 분단과 전쟁의 경험은 식민 트라우마를 굴절된 방식으로 고착화시켰다.

일제 식민지배는 한국전쟁기에 이루어진 잔혹한 학살 방식의 배경으로 지목되기도 한다. 소련군정과 김일성 정권하에서 가장 심각한 탄압을 받았던 친일세력은 반공 투사로 변신해 좌익 청소에 앞장섰다. 이들이 북에서 갖게 된 공산주의에 대한 적개심은 공격적 행동주의로 나타났고 전쟁기를 지나면서 당국의 비호하에 이러한 공격적 행동은 격화되었다. "빨갱이는 씨를 말려야 한다"는 공공연한 발언은 생존을 위협당했던 공포심이 극한의 증오로 변질된 데서 나왔을 것이다. 제주4·3 당시 주로 월남자 출신으로 구성되었던 서북청년단은 "섬을 바닷속으로 가라앉힐 만큼 혈기방장했고 군화 뒤축으로 짓뭉개어 이 섬을 지도상에서 아주 없애버릴 만큼 냉혹"(현기영, 2019: 149)했다. 국군과 경찰이 그토록 잔인하게 민간인 학살을 자행한 이유도 부분적으로 한국군과 경찰의 모태가 일본군과 일본 경찰이었다는 데서 찾을 수 있다. 일본군과 경찰의 조직문화는 위압적 지배, 무자비한 폭력, 절대복종으로 규율되어 있었고 해방된 지 불과 5년밖에 지나지 않은 시기의 대한민국 국군과 경찰은 그 문화를 답습한 상태로 전투에 투입되었다. 대량학살은 그 직접적인 유산일 수도 있다.

식민지배의 유산은 군인과 경찰뿐 아니라 한국사회 전반에 깊은 트라우마와 후유증을 남겼다. 식민지 조선에서 근대화와 문명화는 조선인들에게 모욕과 수치심을 심어주는 폭력적인 방식으로 진행되었으며, 억압과 굴종을 겪어야 했던 "식민지배의 시간은 한국 역사의 심연"(유선영, 2017: 6)이었다. 식민지 잔재 청산과 관련해 오늘날에도 일본 교과서의 역사왜곡, 위안부, 소녀상, 독도, 강제징용, 원폭피해, 동해-일본해 표기 등의 현안이 격렬한 논란이 되고 있는데, 이러한 현실은 식민지 트라우마를 계속 현재화한다. 차승기는 식민지 트라우마를 피해자, 가해자, '식민지 조선'의 층위로 나누어 분석했다(차승기, 2010: 12~14). 먼저 피해자의 층위에 해당하는 사람은 위안부, 강제징용·징집당한 이들, 정치적 이유로 체포·구금·고문 등 탄압을 받은 이들인데, 이들은 전형적인 트라우마 증후를 공통적으로 갖고 있다. 가해자의 층위에 속하는 사람은 일제 지배와 통치에 참여한 이들인데, 이들은 식민지배에 대해 침묵하거나 합리화하고 타자의 고통을 외면하는 뒤틀린 방식으로 트라우마의 증후를 보여준다. 이들의 책임윤리는 생존논리와 쉽게 결합되는 경향을 보인다. '식민지 조선' 층위의 트라우마는 단절과 고착이라는 이중적 반응으로 구별된다. 단절의 반응은 어두운 과거를 돌아볼 필요가 없으니 식민지의 흔적을 지워버리고 묻어버리자는 것으로, 이와 같은 기억 배제의 정치는 애도와 치유를 건너뛰고 실재하는 트라우마를 무시하는 결과를 낳았다. 그 반대편에는 고착의 반응이 있다. 식민지 콤플렉스라고 할 만한 자기비하와 자학적 태도, 또는 식민지배가 초래한 결핍 상태를 운명처럼 수용하는 태도가 이에 해당한다. 이와 달리 "식민지의 역사와 경험을 회피하거나 망각하지도, 또는 그것에 과도하게 집착하거나 결정론적 권위를 부여하지도 않으면서 그 자체와 대면하고자 하는 태도"(차승기, 2010: 17)를 취할 수도 있다. 트라우마적 과거를 대면한다는 것은 과거를 섣불리 극복하고 청산하기보다, 아물지 못한 상처가 현재 한국사회에 가져오는 질문에 대답하려고 노력하면서 고통을 견디는 법을 배운다는 것을 의미한다. 여기에는 시간과 노력, 인내심과 용기가 필요하다.

분단 트라우마

1945년 8월 14일 일본이 무조건 항복을 했다. 8월 8일 일본에 대해 선전포고를 했던 소련은 만주의 일본 관동군을 공격했고, 8월 9일에는 한반도의 북쪽 끝에 도착했으며, 12일에는 경흥, 웅기, 나진항, 청진항을 점령했다. 일본의 항복 선언 이후 소련군은 빠른 속도로 이동해 8월 26일에 평양에 입성했다. 미국은 한반도 전체가 소련군에 의해 점령되는 것을 막기 위해 38도선을 기준으로 분할 점령을 제안했고 소련도 이에 동의했다. 이로써 북쪽에는 소련군이, 남쪽에는 미군이 각각 일본군의 무장을 해제하고 군정을 실시하게 되었다.

미군정이 시작되기 직전인 1945년 9월 6일 서울에서 건국준비위원회(건준)[8] 주관으로 조선인민공화국(인공) 수립이 선포되었다. 그러자 건준에서 우파들이 탈퇴하면서 그 중심이 급격히 좌익으로 기울었다. 미군의 남한 점령 소식에 결집한 우익집단에서도 '인공타도'의 목표를 내걸고 9월 16일 한국민주당(한민당)을 창당했는데, 주로 지주, 사업가, 언론인, 유학파들로 구성되었고 그중 다수가 친일 경력이 있었다. 국내 지지기반이 부족했던 한민당은 미군정의 도움으로 지배적인 위치를 확보하게 되었다.

---

8   당시 정치력과 조직력 면에서 가장 우위에 있었던 여운형을 중심으로 한 건국준비위원회는 미군 진주가 임박하자 독립국가 선언을 서둘렀다. 전국인민대표자회의에서 선출된 87명의 위원 가운데 39명이 일제하에서 투옥된 경력을 갖고 있었고, 그들 대부분이 공산주의자였다. 인민위원 명단에는 이승만, 김구, 안재홍, 조만식, 김성수, 이용설, 김병로, 신익희 등 우파 인사도 다수 포함되어 있었지만, 공산주의자였던 박헌영이 일방적으로 작성한 명단이라는 점에서 좌우합작의 명분을 내세우기 위한 속임수였다고 보는 학자도 있다. 인공은 국내 우파의 반발과 9월에 들어온 미군에 의해 불법단체로 규정되어 더 이상 정치세력으로 발전하지 못했지만, 해방 직후 정치 공백기에 대중적 기반을 가진 유일한 정치세력이었고 좌우익이 첨예하게 대립하기 전까지 통일전선으로 가동되었다.

민심의 향배에 대한 시각은 '남조선 해방'이라는 명분과 '남조선 인민의 혁명역량'에 대한 북한과 좌익의 판단, 그리고 우익의 좌익척결 정당성 명분과 직결되어 있었다. 실제로 일제강점기에 꾸준히 항일투쟁과 계급운동을 벌여온 좌익은 민중의 압도적인 지지를 받고 있었다. 따라서 좌우익이 외부세력의 개입 없이 공정하게 경쟁한다면 좌익이 이길 확률이 훨씬 더 높았다. 이 사실은 미군정의 경계심을 촉발시켰다. 요인 암살과 더불어 소요와 폭동이 계속되는 가운데, 사회적 불안 속에서 소련의 영향력이 확산될 것을 우려한 미군정은 좌익을 제압하기 위해 친일파로 구성되어 있던 기존의 관료기구와 사법부, 경찰조직을 활용했다. 그토록 동족을 괴롭혔던 한국인 순사들은 조선경비대로 재고용되었고, 일본군 출신 장교들이 군부를 장악했다. 그들은 특히 지방에서 강한 세력을 형성하고 있던 좌익을 궤멸시키는 선봉장이 되었다.

제국주의 침략의 제물이 되었던 한국인들은 해방 후 자주독립과 정의구현을 실현하는 독립국가 건설을 꿈꾸었으나 이 꿈은 좌절되었다. 한국인들의 절망은 깊은 트라우마, 다른 말로 표현하자면 '한(恨)'으로 남았다. 혼란과 위기 상황 속에서 보편적 한의 정서와 정체성으로서의 계급의식 발현, 그리고 이데올로기적 감염이 밀접하게 연관되었을 것이라고 추론하는 것은 어렵지 않다. 식민지배 말기와 해방 후 2년간 수많은 사람들이 일본과 간도 등지에서 귀환했다.[9] 특히 일본에서 돌아온 사람들은 곧바로 정치 이데올로기, 주로 공산주의에 휩쓸리는 경우가 많았는데, "왜냐하면 일본 공산당은 일본에서 유일하게 한국의 해방과 재일한국인의 비참한 상황에 대해 동정적이었기 때문"(커밍스, 1986: 116~121)이다.

---

9   한인 디아스포라 역사를 연구하는 연구자들은 일제강점기 이주민 숫자를 당시 총인구의 10%에 해당하는 250만 명으로 추정한다(윤인진, 2008: 9).

또한 일제강점기에는 공산주의가 독립운동을 성공적으로 실천할 수 있는 가장 유력한 방편으로 여겨졌다. 실제로 레닌의 소비에트 정부는 한인사회당의 요청에 따라 독립운동가들에게 거액의 군자금을 대주기도 했다.[10] 격동의 시대를 살았던 당대 사람들로서는 공산주의의 실체를 미처 파악하기 어려웠을 것이다. 그러나 일제강점기에 사회주의 노선을 택한 독립운동가들에 대한 시선은 여전히 엇갈렸으며, 이들은 남과 북 어느 쪽에서도 제대로 평가받지 못했다.[11] 자력으로 독립을 쟁취하지 못한 한반도는 외세의 개입으로 분단되었다. 이렇게 시작된 분단은 우익과 좌익의 내부 분열, 특히 신탁통치 찬반으로 심화되었고, 1948년 남과 북 단독 정부 수립으로 인해 확정되었으며, 1950년의 유혈 전쟁으로 인해 고착화되었다.

---

10 1915년 한인사회당(1921년 '고려공산당'으로 개칭)을 창당한 이동휘는 임시정부 국무총리를 지냈고, 1920년 모스크바에 박진순을 파견해 레닌 정부의 군자금 지원을 얻어냈다. 레닌 정부로부터 200만 루블을 약속받고 1차로 40만 루블을 받았는데, 이 자금은 상해 한인공산당이 한인사회당 계열과 비한인사회당 계열로 분열되는 원인이 되었다(반병률, 2013: 231).

11 이동휘는 분단 전인 1935년에 사망해 사회주의 계열로는 이른 시점인 1995년 독립유공자 포상을 받았다. 하지만 2020년 한·러 합작으로 블라디보스토크에 이동휘 기념비가 조성되면서 비로소 기념사업이 진행되었다. 의열단과 조선의용대를 이끌며 항일무장투쟁을 전개한 김원봉은 신변의 위협 때문에 월북했다가 결국 북한정권에 의해 숙청되었다. 해방 직후 중국 상해에서 김원봉과 면담한 황용주 전 MBC 사장의 증언에 따르면, 김원봉은 김일성의 항일투쟁을 전혀 인정하지 않는다는 말을 여러 번 했다고 한다(김삼웅, 2014: 612). 그런 김원봉과 관련해서도 2019년 문재인 대통령이 현충일 추념사에서 김원봉을 언급했다는 이유로 이념 논란이 빚어졌다. 대한독립군 총사령관을 지내고 봉오동전투와 청산리대첩에서 대승을 이끈 홍범도 장군에 대한 평가 또한 양분되는데, 2023년 육군사관학교의 흉상 이전 시도로 인해 정치적 이념 논쟁이 촉발되기도 했다. 연희전문학교 교수로 재직하면서『조선사회경제사』를 저술하고 민족운동을 펼쳤던 백남운은 일제 식민사관에 맞선 역사학자로서 옥고까지 치렀다. 그러나 월북해 북한정권에서 고위직을 지낸 탓에 한국에서는 그에 대한 기념사업이 전무한 형편이다. 2023년 그의 생가는 흉물스럽게 방치된 상태로 보도되었다(≪전북일보≫, 2023.9.6).

전쟁과 이산 트라우마

분단은 식민 트라우마의 상흔에 재차 충격을 가해 상처를 더욱 깊게 만들었다. 여기에다 전쟁은 미증유의 혼돈과 생존의 위협, 죽음의 공포를 추가했다. 악몽 같은 전쟁의 기억은 이성적 사고를 마비시키고 자기 보존적 세계관을 체화시켰다. 전쟁은 폐허와 잿더미와 수많은 시신을 남기고 종결되었으나, 생존을 위해 낯선 타인들뿐 아니라 지인들을 향해서도 가감 없이 표출했던 의심과 공포와 분노와 증오, 그리고 살상의 기억은 '죄의식'으로 남았다. 죄의식은 내부를 공격해 약화시키기 때문에, 그 고통을 회피하기 위해서는 공격의 방향을 돌려 외부의 적을 향하도록 해야 한다. 외부의 적을 설정한 국가는 애국심을 바탕으로 하는 '국민윤리'를 통해 죄의식을 억압하고, 가해자의 죄의식은 피해자의 논리로 전환된다(김성민, 2023: 194). 전쟁의 책임을 상대에게 떠넘기면서 상대는 민족 반역자, 악의 화신, 멸절되어야 할 존재로 규정된다. 이런 방식으로 반공과 승공 및 멸공은 악에 대항한 선의 실천으로 승화되었다.

반면, 북한에서는 악이 미제국주의이고, 반제는 악에 대항하는 선의 실천이다. 한국전쟁에 관한 한 북한은 주적을 남한이 아닌 제국주의로 설정하고 있으며, 계급갈등과 모든 민족적 불행의 근원은 일제국주의와 미제국주의에 연원을 둔 것으로 묘사된다. 북한 인민들의 트라우마로 남은 가장 끔찍한 기억은 미군의 무차별 공중폭격에 의해 가족 공동체를 상실한 것이다. 마을 폭격은 병원이나 학교, 교회 등 민간 시설을 가리지 않고 무차별적으로 이루어져 피격 지역 전체를 초토화시켰다. 전쟁을 주제로 한 북한 소설에서는 가족의 죽음에 대한 원한과 분노가 보복의 정당화 근거로 자주 등장하며, 용서의 미덕은 최고지도자만 행사할 수 있는 것으로 제한된다.[12] 전쟁의 책임을 외부로 돌리면서 상대를 악의 화신으로 규정하는 것은 남한사회의 기억논리와 거울상을 이룬다. 그러나 그 강도와 심도는 북한사회의 폐쇄적인 특성상 북한에서 훨씬 높은 수준으로 유지되고 있다. 이런 시각에서 본다면, 북한 주민의 트라우마는 남한 주민의 트라우마에 비해 훨씬 더 심각한 상황일 것이다. 이렇게 남북한사회에서는 식민 트라우마와 결합된 분단과 전쟁 트라우마가 근원적으로 치유되지 못한 채 뒤틀리고 왜곡된 방식으로 억압되었다가 기회가 생길 때마다 분출되고 있다.

한국전쟁이 남긴 가장 큰 상흔 중의 하나는 이산 트라우마이다. 한국전쟁으로 인해 1,000만 명에 달하는 이산가족이 발생한 것으로 추산되는데, 여기에는 월남자와 월북자, 미송환포로, 남파 및 북파공작원, 납북자와 납남자의 가족이 포함된다. 남한에서는 전쟁기와 1970년대까지 이루어진 월북이 남한에 남아 있는 가족과 친척을 연좌제의 궁지로 몰아넣었다.[13] 이들은 신원조회에 걸려 취업이 좌절되고 여권 발급도 제한되는 등 사방이 가로막혔는데, 이 같은 상황에서 그들이 느낀 좌절감과 피해의식은 고스란히 트라우마로 남았다. 월북이 아닌 납북의 경우에도 사회적 편견과 불이익을 겪어야 했다. 납북자 가족은 이산의 상처에 더해 연좌제와 사회적 편견이라는 삼중고를 견뎌왔는데, 이는 분단 이데올로기에 의한

---

12 전쟁을 주제로 한 북한의 소설은 대부분 1986년 이전에 창작되었다. 1951년부터 『조선중앙년감』, 『조선문학개관』, 『조선문학통사』 등에서 확인 가능한 북한의 전쟁 주제 소설은 49편인데, 1951~1953년에 집중적으로 창작되었으며 반미와 인민군 영웅, 노동자 영웅, 간호사 영웅 등 영웅담이 주를 이룬다(김은정, 2012: 506).

13 연좌제는 냉전시대에 강력한 사회 통제기제로 작동되었다. 연좌제 대상자는 주로 제주4·3이나 거창, 함평, 문경 등 양민학살 피살자의 유족, 월북자나 부역자 가족, '국가보안법' 등 간첩혐의 연루자의 가족 등으로, 그 수가 75만 명에 달한다. 신원조회를 통한 신분상의 불이익과 감시를 통해 이루어졌던 연좌제는 당사자들에게 크나큰 정신적 족쇄로 작용했다. 이로 인해 가족의 월북 사실을 숨겨오다가 이산가족 상봉 신청 때에야 그 사실이 드러난 경우도 있었다. 연좌제는 1980년 5공 헌법 제정 시 제13조 3항에서 "모든 국민은 자기 행위가 아닌 친족의 행위로 인해 불이익한 처우를 받지 아니한다"라고 규정해 공식적으로 폐지되었다.

국가폭력으로 규정할 수 있다. 대부분의 납북자 가족은 아동기에 경험한 전쟁 공포와 가족 간의 이별이 트라우마로 남았고, 이것은 북한에 대한 적개심과 가족에 대한 그리움이라는 심리적 압박으로 작용하고 있다(여현철, 2018: 167).

1990년대 중반 '고난의 행군' 시기와 그 이후에 이루어진 탈북은 전후 가장 큰 규모의 남북 이산가족을 양산했다. 3만 4,000여 북한이탈주민은 공식적으로 상봉 신청도 할 수 없다. 이들의 상황이 더욱 열악한 이유는, 정부는 남북관계를 고려할 수밖에 없기 때문이며, 탈북민들로서도 신분 노출과 북에 있는 가족의 안전을 염려해야 하기 때문이다. 심지어 이들은 가족과 고향에 대한 그리움을 드러내놓고 말하기도 어렵다. 자칫 북한체제에 대한 동조로 오해를 사기 때문이다. 이들은 민간 차원에서 비밀리에 북에 있는 가족과 전화 통화를 하기도 하고 돈을 보내주기도 하지만, 경제적 부담도 크거니와 모든 과정이 법망의 보호 밖에 있어서 극히 불안정하다. 그들이 공식적으로 북에 두고 온 가족을 만나는 것은 사실상 불가능하지만, 인권 차원에서 국제적 관심과 지지를 호소하는 등 방법을 찾으려는 노력이 계속되고 있다.

독재 트라우마

전쟁이 남긴 반공주의는 국시가 되었다. 군부독재정권에 맞서 민주화를 향한 열망이 분출되었으나 번번이 국가 안보를 내세운 정권의 방패에 가로막혔다. 이는 민주화운동이 통일운동과 병행될 수밖에 없는 배경이 되었다. 독재정치의 문제가 갈수록 심각해지면서 민주화운동 진영에서도 급진주의자들이 나타났다. 1980년 광주민주화운동을 목도한 학생

운동권에서는 반미운동이 본격화되었고 일부는 용공 노선을 받아들이기도 했다. 여기에는 해외에서 유입된 정보가 영향을 끼치기도 했다.

『생의 한가운데』와 같은 작품으로 한국 독자들과도 친숙했던 독일 작가 루이제 린저는 동백림(동베를린) 간첩단 사건으로 투옥되었던 작곡가 윤이상과 교류하면서 유신체제하의 한국에 대해 비판적인 시각을 갖게 되었다. 린저는 1972년부터 북한을 10여 차례 방문해 김일성과 친분을 쌓았고, 북한정권의 관점에 동조하는 내용의 북한 방문기를 펴냈다. 린저의 책은 1988년 『또 하나의 조국』이라는 제목으로 번역 출판되었는데, 당시 한국에서 금기시되어 있던 윤이상이 1988년 '남북민족합동음악축전'을 제의하면서 이 책도 덩달아 폭발적인 관심을 끌었다. 1977년에 독일에서 출간되고 1984년 국내에 번역 출판된 린저와 윤이상의 대담집 『상처 입은 용』에서 윤이상은 자신이 1963년 북한을 방문했을 때 "김일성은 많은 성과를 올려 지도자의 자격을 증명"했고 "민중들은 …… 이 새로운 생활에 완전히 만족"하고 있다고 긍정적으로 평가했다(윤이상·린저, 2017: 126). 이와 같은 윤이상의 고백은 군부정권을 불신하고 북한에 대해 알고 싶어 하던 사람들을 자극하기에 충분했다. 이는 북한의 선전에 넘어간 외국인과 재외동포의 시각에서 생성된 부정확한 정보가 유통될 만큼 한국 사회에서 북한에 대한 정보가 차단되어 있었다는 방증이기도 하다.

5·18을 겪은 한국민에게 권위주의 정권과 국가폭력이 남긴 독재 트라우마는 40년 넘게 진전된 한국의 자유화와 민주화에도 불구하고 여전히 고통스러운 집단기억으로 남아 있다. 독재 트라우마의 망령이 되살아난 것은 2024년 12월의 비상계엄 사태 때였다. 같은 달 12일 정신건강의학 전문의들은 성명을 통해 국민의 심리적 안정과 치유를 위해 피해자의 안전 확보, 가해자에 대한 응당한 처벌 등 신속한 조치와 법적 절차가 필요하다고 촉구했다(≪경향신문≫, 2024.12.12).

과거 위수령과 계엄령을 경험한 세대들, 특히 민주화운동 인사들은 계엄 사태로 큰 충격과 불안을 겪었다. 총칼을 차고 들이닥치는 군인들을 마주한 트라우마 또는 고문과 가혹행위를 경험한 트라우마에서 벗어나지 못한 사람일수록 과거에 시민들을 닥치는 대로 구타하고 제압하던 군인들의 모습을 떠올리게 되었다고 말한다.

저도 모르게 부마가 있던 그 시절로 가 있었어요. 착검한 군인들이 북마산파출소 정문을 발로 차면서 들어왔던 모습이 떠오르고……. 한순간에 그 기억이 저를 구석으로 밀어 넣더라고요. 집에 들어가서도 잠을 잘 수 없었어요. 정신신경과 약을 먹고 밤새 TV로 뉴스를 봤어요. 계엄이 해제됐다는 뉴스가 나온 뒤로도 불안감이 가시지 않았어요. 앞으로 무슨 일이 또 생길지 모르니까 지금도 몹시 불안해요. (이창곤 부마민주항쟁기념사업회장, 62세) (≪경남도민일보≫, 2024. 12. 4)

대한민국 건국 후 첫 40년간 계엄령이 선포된 것은 16번이었다. 첫 계엄은 여수-순천 10·19 사건[14]이 발발한 직후인 1948년 10월 22일에 발효되었다. 계엄하에서 법은 무시되었고 군대가 민간인들의 생사를 결정했다. 재판 과정에서는 국민의 인권과 헌법의 기본권조차 지켜지지 않았다. 1960년 4월 이승만 하야를 요구하는 대규모 시위가 벌어진 지 며칠 후에도 계엄령이 내려졌다. 그 후로도 계엄은 군사정권에서 남용되었다. 그 정점을 찍은 것은 1980년 5·18광주민주항쟁을 진압하기 위한 계엄이

---

14 '여순사건'으로 알려진 이 사태는 1948년 10월 19일 여수 주둔군 제14연대 일부 군인이 제주 4·3을 진압하라는 명령을 거부한 사건으로, 계엄령 선포 후 22일부터 11개 대대가 투입되어 전면 진압작전에 나서서 닷새 만에 상황을 완전히 장악함으로써 종결되었다. 이 과정에서 민간인 상당수가 희생되었고, 제14연대 잔여 병력은 지리산으로 들어가 빨치산으로 활동했다.

었다. 극도로 폭력적인 진압과정에서 시민 수백 명이 죽거나 부상당했다. 죽음의 공포에서 벗어난 후에도 많은 사람들이 극심한 생존의 고통을 겪었다. 5·18은 국가적 위기를 극복하기 위한 안전장치로서의 계엄의 순기능보다 군부독재세력에 의해 악용된 계엄의 역기능을 더 크게 경험해야 했던 불행한 역사였다. 민주화 이후 역사 속으로 퇴출된 줄 알았던 계엄은 45년 만에 소환되어, 순식간에 트라우마적 공포를 불러일으켰다. 한국전쟁을 원형으로 하는 전쟁과 폭력의 기억은 여전히 한국사회의 집단의식 저변에 자리하고 있다.

제3장

역사적 트라우마 기억

트라우마는 문화적으로 구성된다

문화적 외상 개념을 제시한 제프리 알렉산더에 의하면, 한 집단의 구성원들이 자신들의 집단의식에 지울 수 없는 흔적을 남겨서 그들의 기억에 영원히 자국을 남기고 돌이킬 수 없는 근본적인 방식으로 자신들의 미래의 정체성을 변화시키는 끔찍한 사건을 당했다고 여길 때, 문화적 외상이 발생한다(알렉산더, 2007: 77). 그는 처음에 특이한 전쟁범죄 사례로 여겨졌던 홀로코스트가 어떻게 보편성을 획득하게 되었는지 관찰했는데, 유대인 대학살을 비극서사로서 문화적으로 재현한 것이 홀로코스트를 전 인류의 외상으로 승화시키는 데 기여했다고 분석했다. 즉, 문화적 매체인 수기, 소설, 드라마, 영화, 연극 등을 통해 유포된 비극서사가 보편적인 공감대를 형성하면서 개인적인 심리적 동일시를 효과적으로 수행했고, 이것이 문화적 외상의 재현과 확산에 중요한 역할을 했다는 것이다. 사람들은 책과 영화를 통해 피해자들을 인격적 존재로 인식하고 동일시하는 경험을 하면서 그들의 고통에 공감하는 한편, 다시는 이런 일이 있어서는 안 된다는 도덕적 책무의식을 느끼게 되었다. 이처럼 문화적 외상 개념은 사람들로 하여금 사건 자체가 아닌 사건의 의미화의 중요성에 주목하게 하며, 사회적 책임과 정치적 행위의 요소를 포함시킴으로써 피해자의 고통에 대해 공감하게 하고 도덕적 책임감을 갖게 하며 공동체의 정체성에 영향을 미친다.

두 차례의 세계대전과 홀로코스트, 독재와 권위주의 정권의 해체를 겪은 세계 각국에서는 학살을 비롯한 온갖 종류의 반인도적인 범죄가 남긴 상흔을 치유하기 위한 노력이 다각도로 전개되었다. 나치 독일의 전범을 기소한 뉘른베르크 재판도 실시되었고, 남아프리카공화국의 아파르트헤이트가 종식된 후 진행되었던 '진실과화해위원회'와 같이 청문회를 통해 피해자의 이야기를 듣고 가해자가 죄를 자백하면 사면하는 형식의 노력도 이루어졌다. 스페인은 좌우 정치세력의 타협에 의한 망각협정을 통해 프랑코 정권 연루자들의 단죄를 일정 기간 보류하기도 했다. 폴포트 정권에 의해 전대미문의 자족학살을 겪은 캄보디아에서는 피해자의 증언과 가해자와의 대화 추진을 불교의식이라는 공통 문화의례를 통해 실시함으로써 기억 치유를 모색하고 있다. 각국의 역사적 치유 노력은 문화적으로 구동되는 양상을 보인다.

오랜 세월 국가 공식기억이 지배해 온 한국사회에서는 개인의 내밀한 전쟁 체험담을 솔직하게 말할 수 있는 안전지대가 거의 없었다. 근래 학계에서 생존자들이 자신의 이야기를 토로할 수 있도록 구술 체험담과 내러티브 탐구 방법론을 이용한 연구가 활발해지는 것은 바람직한 현상이다. 자신의 진실이 수용되고 인정되는 경험은 트라우마 치유와 극복의 통로가 된다. 글쓰기와 스토리텔링을 비롯한 자기표현은 치유의 빛 아래로 들어가는 첫걸음이라고 할 수 있다.

기억 연구로 밝혀진 사실들

개인·집단·국가의 기억은 개인·집단·국가의 정체성을 형성한다. 개인들의 기억은 전쟁의 발발과 기원에 대한 논란, 전황과 숫자로 표현되는 거대담론에 가려졌던 '인간의 얼굴'을 보게 한다. 공식 역사에서 누락된 인간 군상의 모습은 문학작품이나 드라마, 영화 등을 통해 재현되고 있다. 이러한 문화기억의 영향력은 집단적이며 때로는 영속적이다.

기억이 작동하는 메커니즘을 이해하려면 먼저 기억이란 무엇인지 알 필요가 있다. 기억에 대한 일반적인 정의는 "현재 혹은 앞으로 사용하기 위해 정보를 저장하는 과정"이다. 전통적으로 기억은 개인적이고 독립된 신경생리학적 과정으로, 과거의 경험을 회상하고 인식하는 정신적 용량이나 능력으로 간주되어 왔다. 이에 따라 플라톤에서 17세기 경험주의 철학자들에 이르기까지, 과거의 많은 철학자들과 심리학자들은 기억의 정확성, 곧 기억과 그것에 상응하는 객관적인 실재가 얼마나 합치되는지에 집중적인 관심을 쏟았다.

기억을 분류한 최초의 시도는 초대 그리스도교 사상가이자 철학자였던 아우구스티누스에 의해 이루어졌다.

> 본능의 힘을 넘어 나를 지으신 주께로 오르고자 할 때 나는 기억의 궁전에 이르게 된다. 기억이라는 창고 안에 모든 것이 감각을 통하여 들어와 각각 영상화된 채로 간직되어 있다. 이 기억의 보고에서 이미 경험한 온갖 일들이 서로 분별되어 지난 일과 견주기도 하고 미래의 일을 예견하기도 한다. …… 내 마음 안에 정서를 간직하고 있는 것도 다 기억이다. 그 정서를 다시 느끼는 것은 그때의 마음상태가 아니라 기억의 힘이 미치게 되어 일어나는 현상이다. (어거스틴[아우구스티누스], 1991: 220~222)

체계적인 분류는 아니었지만, 아우구스티누스는 기억을 감각적 기억, 지적 기억, 기억에 대한 기억(회상), 감정의 기억, 망각의 기억 등으로 구분했다. 그의 공헌은 기억이 하나의 동질적인 체계가 아니라 이질적이라는 점을 처음으로 보여주었다는 것이다.

기억에 대한 심리학적 연구는 주로 정보처리, 즉 습득-보유-인출의 과정에 초점을 맞추고 있다. 이에 따르면 기억은 감각 기억, 단기 기억, 장기 기억의 세 유형으로 구분된다. 감각 기억은 외부 정보가 시각, 청각, 후각 등 감각기관을 통해 잠시 머무는 단계의 기억이다. 이 정보 중에서 주의를 기울인 정보만 단기 기억으로 넘어간다. 단기 기억은 감각 기억보다 정보를 좀 더 오래 저장하지만 용량이 극히 제한되어 있다. 이 기억은 우리가 현재 의식하고 있는 기억으로, 작업 기억이라고도 한다. 용량이 제한적이기 때문에 단기 기억은 자주 폐기되어 망각된다. 단기 기억에 있는 정보들이 망각되기 전에 반복적으로 시연되면 장기 기억으로 정보가 전달된다. 장기 기억은 거대한 도서관과 같아서 무제한의 정보를 저장할 수 있다. 그러나 적절한 인출 단서가 없거나 다른 비슷한 기억의 간섭, 의도적인 동기, 뇌손상, 단순한 시간경과 등의 요인에 의해 인출에 실패하면 장기 기억에서도 망각이 일어난다. 이것은 기억의 작동에 대한 간결한 모델로 널리 알려졌다. 그러나 기억 연구가 진전됨에 따라 이 모델은 무수한 수정과 변형과 보완 과정을 거치게 된다. 예를 들어 기억은 반드시 단기 기억을 거쳐 장기 기억으로 저장되는 것은 아니다. 뇌손상 환자 중에서 단기 기억이 제한적이지만 장기 기억은 정상인 사례가 보고되었다.

21세기에 들어와 기억에 관한 뇌과학적 탐구가 다수 이루어지면서 기억의 생성과정과 기능이 새롭게 조명되고 있다. 기억의 생성과정에 대한 연구로는 뇌과학과 신경학 분야의 연구가 활발하다. 헨리 몰레이슨이라는 환자가 1953년 해마를 포함한 뇌 반구 관자엽의 가운데 부분을 절제한 후 새로운 기억을 생성하고 미래를 상상하는 능력을 상실한 사건은 심리학과 뇌과학 분야에서 큰 주목을 받았다. 이후 기억에 관여하는 부위는 해마를 비롯해 피질, 기저핵, 소뇌, 편도체 등의 여러 영역에 걸쳐 있는 것으로 밝혀졌다. 1949년 캐나다의 신경심리학자 도널드 헤브는 두 개의 인접한 뉴런이 동시에 활성화되면서 시냅스 연결 강화를 통해 기억이 생성된다고 주장했는데, 이후 다양한 실험을 통해 그의 주장은 정설로 받아들여지고 있다.

한편으로 기억은 정확한 사실만을 반영하는 것이 아니라 주변 상황이나 감정 상태 등의 요인에 의해 영향을 받을 수 있고, 사회화 과정을 거쳐 조작되고 왜곡될 수 있다는 사실이 밝혀지기 시작했다. 기억 오류에 대한 연구 중에서 '인지심리학'이라는 용어를 처음 사용한 울릭 나이서의 연구결과를 살펴보자(Neisser, 1982). 그는 닉슨 대통령의 워터게이트 사건 조사에서, 자신의 연구대상이었던 법률고문 존 딘의 기억이 대체로 자기중심적이고 부정확하며 실제로 다른 시간에 발생한 일까지 조합해 하나의 기억으로 만들어내는 경향이 있음을 보게 되었다. 젊은 사람도 예외는 아니었다. 1986년 미국 우주왕복선 챌린저호가 발사되고 73초 만에 폭발하는 충격적인 사고가 있었는데, 그다음 날 나이서 교수는 자신의 수업을 듣는 코넬대 학생 106명에게 이 소식을 언제, 어디서, 누구와 함께 접했는지 써서 제출하라고 했다. 그리고 2년 반 후 그 학생들을 불러 같은 질문을 했는데, 그들 중 대충이라도 비슷하게 기억하는 사람은 채 10명도 되지 않았다. 심지어 25%는 전혀 다르게 이야기했고 본인이 쓴 기록을 보여주어도 수긍하지 못했다. 그는 이러한 기억 오류가 일반적이며, 기억은 시간의 흐름에 따라 형성되면서 사회적 요소와 환경의 영향에 의해 재구성되는 특성이 있다고 주장했다.

1997년 심리학자 대니얼 샥터의 실험도 인상적이다. 실험 참가자 24명으로 구성된 집단에서 어릴 적 쇼핑몰에서 길을 잃었던 기억을 떠올려보라고 했더니, 약 4분의 1 정도가 공공장소에서 길을 잃은 적이 있다는 거짓 기억을 만들어냈던 것이다. 그는 기억의 일곱 가지 오류를 분석하면서, 인간은 카메라처럼 경험을 뇌에 기록하는 것이 아니라 경험에서 핵심 요소를 뽑아낸 다음에 경험을 재창조거나 재구조화한다고 보았다. 그 과정에서 기억의 오류가 일어난다. 거짓되고 왜곡된 기억은 실재하며, 이것은 인간의 자기 인식에 영향을 줄 수 있다. 다만 샥터는 이러한 오류가 인간의 본질적인 약점이라기보다, 인간 마음의 바람직하고 적응적인 특징들의 부산물이라고 여겼다(Schacter, 1997: 98~133). 오류투성이 기억일지라도 우리가 왜 그렇게 기억하는지를 살펴보는 것은 귀중한 통찰력을 제공해 주기 때문이다.

최근 뇌과학의 기억 이론은 인간의 기억 자체가 미래지향적이며 치유와 연대 기능을 갖고 있음을 암시해 준다. 독일의 뇌과학자 한나 모니어와 철학자 마르틴 게스만은 기억이 인터넷과 유사하며, 기본적으로 미래지향적이고 창조적이며 대개 호의적이라고 말한다(모니어·게스만, 2017: 283). 뇌의 연결망 구조에 의하면, 기억은 단순한 저장소가 아니라 경험된 과거의 요소(데이터)를 해석하고 그것을 재료 삼아 가능한 미래 예측을 산출하는 실천적인 능력이다. 기억이 인간에게 호의적이라는 사실은 흥미롭다. 결국 기억이라는 능력도 인간의 생존에 보탬이 되는 방향으로 사용되는 것을 목적으로 하는 자기보호적 기제 중의 하나로 볼 수 있기 때문이다. 그러므로 기억이 트라우마의 근원이 되는 것은 일종의 과잉방어 현상이라고 할 수 있다.

기억의 사회화 현상

많은 사회학자, 역사학자, 심리학자, 철학자, 의학자, 신학자들이 기억의 중요성을 인식하고 다양한 연구를 진행해 왔다. 특히 기억의 사회화 과정을 연구하는 학자들은 집합기억, 집단기억, 공공기억, 대항기억 등 다양한 표현을 사용해 기억의 역동성, 즉 사회에 의해 만들어지면서 한편으로 사회를 만들어가는 변화동력에 주목한다. 사회적 기억은 개인기억의 사회화 과정과 집합기억의 개별화 과정에 초점을 맞춘 용어이다. 사회적 기억 이론에서는 기억이 형성·전수·재현되는 사회적 과정을 추적하며, 이 과정에서 기억을 억압하거나 통제하는 정치권력과의 관계, 이념, 문화적 가치, 집단의 특성 등 사회문화적 맥락에 주목한다. 이에 따라 사회적 기억 이론은 사실과 진상 자체보다는 의미 해석에 더 비중을 두고, 어떤 집단이나 사회가 과거를 재구성하는 행위를 연구하며, 기억의 실용적인 측면을 조명한다.

기억사회학의 선구자인 프랑스 학자 모리스 알박스는 1925년 출간된 저서에서 '집합기억' 개념을 최초로 제시하면서, "모든 기억은 본질적으로 집합적-사회적 현상"이라고 정의했다(Halbwachs, 1980[1925]: 23). 기억은 본래부터 사회적 현상이므로 철학이나 심리학이 아닌 사회학적 관점과 방법으로 연구되어야 한다는 것이 그의 주장이었다. 알박스는 유대인이었는데, 역시 유대인인 장인어른이 나치에 희생되었다는 소식을 듣고 진상을 파악하러 갔다가 체포되어서 1945년 독일 강제수용소에서 사망했다. 이로 인해 1925년에 발표된 알박스의 선구적인 연구는 체계화되지 못한 채 한동안 그늘에 묻혀 있었다. 그러다가 홀로코스트와 제3세계 국가들의 민주화와 탈냉전이라는 시대적 배경하에 1980년대에 과거 기억에 대한 사회학적 연구가 새로운 학문분야로 대두되면서 알박스의 연구가 집중적으로 재조명되기 시작했다.

기억사회학의 바통은 독일로 이어졌다. 문화학자 알라이다 아스만과 고고학자인 남편 얀 아스만은 부부가 공동으로 기억 연구를 하면서 전 세계적으로 이름을 알렸다. 알박스의 집합기억 이론에서 문화의 집합기억을 강조한 것이 아스만의 '문화적 기억' 이론이다. 문화적 기억은 "한 사회 구성원들의 행위와 경험을 지시하는 모든 지식"으로, 반복적인 사회적 관습과 동기에서 세대를 걸쳐 획득되는 집합적 개념이다(Assmann and Czaplicka,

1995: 126). 알라이다는 집합기억이 사회적으로 전승되려면 반드시 매체, 행사, 기념물 등의 의도된 문화적·공간적 상징물 또는 표상이 필요하다는 점에 주목했다. 핵심은 현재가 과거를 문화적으로 재구성하고 그렇게 구성된 문화적 기억이 다시 현재를 구성한다는 것이다. 구전된 정보만 내용으로 삼는 소통적 기억의 수명은 3~4대에 걸쳐 이어지는 데 그칠 정도로 유한하지만, 문화적 기억은 문화적 매체와 기념물을 통해 전승되며 원리적으로 영원히 존속할 수 있다.

한 사회의 집권세력은 기득권을 유지하기 위해 기억 정치를 동원한다. 실제로 독일의 나치는 집권 기간 내내 자주 기념행사를 벌였고, 이를 통해 독일 국민의 집단기억을 조작하고 유지하는 방식으로 '제3제국'에 대한 소속의식과 충성심을 고취시켰다. 영국 작가 조지 오웰은 1949년에 발표한 소설 『1984』에서 이러한 권위주의 정권의 역사 조작을 신랄하게 풍자했다.

> 하나의 사실도 필요하면 개조되어야 한다. 이렇게 역사는 끊임없이 다시 기록된다. 과거에 대한 지속적인 날조 행위는 …… 억압과 사찰 행위만큼 정권의 안정에 필요한 것이다. …… 과거의 사건들은 객관적으로 존재하는 것이 아니라 오직 기록된 자료와 인간의 기억 속에서만 존재한다. (오웰, 2022: 292)

이후 사회적 논쟁이 촉발되면서 집단기억, 기억과 역사, 기억의 정치 등 기억의 사회적 측면에 대한 연구가 본격화되기 시작했다. 그 배경에는 세계대전의 참화를 겪은 인류의 자기성찰 시도와 이와 맞물린 탈냉전과 세계화라는 거대한 흐름이 있었다. 수천만 명의 사상자를 낳은 두 차례의 세계대전과 홀로코스트 이후, '기억하라'라는 명령은 전 인류를 향한 준엄

한 역사적 교훈으로 각인되었다. 이렇게 발굴된 기억에는 1,000만 명의 원주민을 죽게 한 아프리카의 학살, 1,800만 명으로 추산되는 북미 대륙의 인디언 학살, 영국의 태즈메이니아인 학살이 포함되며, 20세기 들어서는 아르메니아, 보스니아와 코소보, 알제리, 스탈린 치하의 소련, 르완다, 캄보디아에서 벌어진 제노사이드가 포함된다. 이스라엘은 희생자의 기억과 이야기를 보존하기 위해 야드 바셈('이름을 기억하라'는 뜻) 기념관을 조성했다. 이스라엘 외에도 내전과 국제전, 파병과 참전을 경험한 국가에서는 전쟁기념관을 비롯한 각종 기념물 건립과 기록 보관을 위해 많은 투자를 하고 있다.

기억과 역사는 어떻게 다른가

기억과 역사는 어떻게 다른가? 흔히 기억에 비해 역사는 사실에 근거해 객관성을 담보하는 것으로 여겨지지만, 비근한 역사왜곡 사례들을 볼 때 역사란 역사 기록자의 관점에 따른 해석에 지나지 않는다는 견해가 더 설득력 있어 보인다. 랑케와 같은 계몽주의 역사가들은 문서와 사진 같은 실증자료에 근거해 '중립적이고 객관적인' 역사를 구성해 낼 수 있다고 믿었다.[1] 그러나 두 차례의 세계대전을 통해 인류는 민족주의 사가들의 자민족 중심의 역사 서술이 끼친 치명적인 영향력을 경험했고, 역사의 객관성에 대해 심각한 의문을 제기하게 되었다. 중국의 동북공정,[2] 일본의 역

---

1 레오폴트 폰 랑케(Leopold von Ranke)는 1824년에 출간된 그의 저서 『라틴 및 게르만계 민족의 역사, 1494-1514』에서 객관적이고 중립적인 역사 기술 방식을 주장했다. 이 작품에서 랑케는 실증적 증거와 1차 자료를 강조하면서 "실제 일어난 대로(Wie es eigentlich gewesen)" 기록해야 한다고 주장한 것으로 유명하다. 그의 주장은 근대 역사 연구 방법론의 토대를 마련한 것으로 평가된다.

사교과서 왜곡 사건[3]같이 정치적 목적의 역사 기술은 여전히 많은 문제를 양산하고 있다. 한반도의 적대적인 대치관계 속에서 중립적이고 객관적인 역사 구성은 거의 불가능한 형편이다. 권력 집단의 의지에 따라 역사적 기록물은 언제든지 파괴되고 삭제되고 날조될 수 있다. 기원전 3세기 중국의 진시황제는 사상을 통제하기 위해 책을 불태우고 학자들을 생매장하는 '분서갱유'를 자행했다. 지금도 북한에서는 정치적으로 숙청된 인물들의 사진은 모두 편집 처리되고 그들의 이름 또한 모든 기록물에서 삭제된다.[4] 공식석상에서 사라진 후 그들의 행적은 알려지지 않고 있어 마치 존재 자체가 사라져버린 것처럼 보인다.

근래 기억 연구가 범람하는 배경에는 역사의 객관성에 대한 불신이 있다. 기억과 역사의 상관성에 대한 관심은 시대적 상황과 학문적 논쟁이 만들어낸 합작품이다. 과거의 역사가들은 기억을 개인적 상상력의 산물 정도로 취급했지만, 홀로코스트에 대한 기억의 왜곡이 심각한 사회적 문제로 떠오르면서[5] 생존자의 기억을 역사 서술의 귀중한 소재로 적극 수용

2 　중국정부의 핵심 싱크탱크인 중국사회과학원이 2002년부터 통일적 다민족국가인 중국의 변강을 안정시키고 민족들을 단결시켜 사회주의 중국의 통일을 강화하기 위한 일환으로 추진해 온 학술연구이다. 고구려사를 왜곡하고 오늘날 한국인의 역사적 형성과정을 부인하는 내용으로 구성되었다. 한국전쟁의 경우 미국이 한반도를 침략했고 북한의 요청으로 중국이 참전했다고 주장하면서 중국의 참전 배경을 자국 입장에서 정당화하고 있다. 미-중 갈등이 고조될수록 중국은 반미의식을 고취하고 중국인들의 단결을 촉구하기 위해 한국전쟁을 정치적으로 이용할 가능성이 높다(우성민, 2022: 7~90).

3 　일본은 1983년 이후 사용될 초중고교 역사교과서에서 한국의 고대사, 근대사, 현대사를 모두 왜곡해서 기술했는데, 특히 현대사에서 한국 '침략'을 '진출', 독립운동 탄압을 '치안유지 도모'와 같은 식으로 표현했다. 이로 인해 한국 내에서 일어난 대대적인 반일운동과 한국정부의 강경대응에 직면하자 1982년 7월 자체적으로 교과서 검정기준을 개정함으로써 이 사건을 마무리했다. 그러나 독도가 일본 고유의 영토라고 기술하는 등 일본의 역사교과서들은 여전히 많은 문제를 갖고 있다.

4 　김정은이 공식 집권한 이래 인민군 차수 리영호, 그의 후임 현영철, 김정은의 숙부 장성택을 비롯한 많은 고위관리가 숙청되었고 그 후 그와 같은 기억 삭제 과정을 거쳤다(파이필드, 2019: 183~184).

하는 흐름이 나타나기 시작했다. 그러나 기억이란 대체로 정돈되지 않고 일관성이 없으며 파편적이고 불완전하게 마련이다. 과거 기억이 종종 특정한 정치적 목적을 위해 오용되는 것도 문제이다. 시온주의 유대인들이 홀로코스트의 기억을 역사적 담보로 하여 팔레스타인에 대한 비인도적인 폭력을 정당화하는 것이 그러한 사례이다. 그럼에도 기억을 진실의 원천으로 간주하는 역사가들도 많다. 기억의 창고에는 사실적 자료 이상의 정보가 보관되어 있기 때문에 심지어 잘못되고 억제되고 부정된 기억조차도 정보적 가치를 갖는다. 기억과 접속하지 않은 역사는 과거의 살아 있는 경험과 감성에 호소하지 못함으로써 메마르고 고리타분해지기 십상이다. 반면 사실 확인과 검증을 거치지 않은 기억은 자서전이나 회고록처럼 자기과시적 기록으로 또는 특정 이데올로기 구축에 봉사하는 도구로 전락할 우려가 있다. 그러므로 균형 잡힌 역사적 이해에 도달하기 위해서는 전문적으로 검증된 공적 기록과 비판적으로 이해되고 경험적으로 정확한 기억을 결합해야 한다.

이처럼 포스트모던 역사학의 흐름 속에서 역사인식의 객관성과 합리성이 부정되면서, 공적 역사가 주도했던 자리를 이제는 개인과 집단의 기억이 대체하는 추세이다. 알박스가 사회적 기억 연구의 이론적 토대를 마련했다면, 프랑스 사회학자 피에르 노라는 기억의 역사학을 하나의 장

---

5 신나치주의자들은 홀로코스트의 발생 자체를 부인하거나 생존자들의 증언을 가공된 상상의 산물로 치부해 커다란 파문을 일으켰다. 예를 들어 서독 역사가 에른스트 놀테(Ernst Nolte)는 유대인 학살을 독일을 공산화하려던 소련 공산주의 정권에 대한 자위행위로 변호했고, 안드레아스 힐그루버(Andreas Hillgruber)나 미하엘 슈튀르머(Michael Stürmer)와 같은 수정주의자들은 홀로코스트가 20세기 중반 유럽의 특수상황이 낳은 고육지책의 산물이라고 강변했다. 유대인과 독일인도 모두 희생자라는 논리로 가해자와 피해자의 차이를 희석하려 한 것이다. 주로 나치 지지자들과 반유대주의자들에 의해 제기된 홀로코스트 부정주의에는 유대인 학살이 히틀러의 명령에 의해 수행된 것이 아니며 단지 집단폭행 형태의 살인이 있었을 뿐이라든지, 가스실의 존재는 생존자들의 상상일 뿐이고 학살 규모가 학계에서 밝힌 것보다 적다는 식의 주장이 포함되었다.

르로 격상시키는 데 결정적인 역할을 했다. 노라는 8년에 걸쳐 '기억의 터(lieux de mémoire)' 또는 '기억의 장소'라는 유명한 프로젝트 연구를 실시해 기억의 사회적 틀이 어떻게 작동하는지 보여주었다.[6] 노라가 이 프로젝트를 기획한 이유는, 프랑스 혁명 정신과 사회주의가 쇠퇴하면서 세계정신사에서의 프랑스의 주도적인 위치가 무너지고 유럽연합이 태동하면서 프랑스의 정체성이 흔들리게 된 데 대한 위기감 때문이었다. 노라 연구진은 베르사유, 루브르, 에펠탑, 성당 등의 건축물뿐 아니라, 국기, 기념일, 교과서 등의 다양한 문화적 표상을 통해서도 프랑스적인 고유한 것이 무엇인지 찾아내고자 노력했다. 이들이 찾고자 한 민족 정체성은 적대와 분열을 초래하는 민족주의적 민족이 아닌, 고유성 안에서 통합되는 민족 자체의 정체성이었다. 노라는 역사와 기억에 대해 다소 과격한 표현을 많이 사용했는데, 대표적인 것이 "기억과 역사는 동의어가 아니라 정반대의 것이다", "역사의 사명은 기억을 파괴하고 격퇴하는 것이다"라는 표현이다(Nora, 1989: 8~9). 기억과 역사의 간격이 벌어질수록 역사에서 기억으로 회귀해야 하지만 기억은 불확실하고 개인적이고 주관적이기 때문에 역사가의 최종 목표는 기억을 탈신성화하고 객관화하는 작업 속에서 진실을 찾아내는 것이다. 노라 팀의 연구결과가 1984년부터 8년간 총 일곱 권의 저작으로 발표되면서 본격적인 기억 연구의 시대가 도래했다.

트라우마를 치유하기 위해 역사가는 어떤 역할을 해야 할까? 역사가는 개인과 집단의 기억을 후대에 전달한다. 그러므로 다양한 기억이 억압되지 않고 공적으로 중언될 수 있는 안전한 환경을 조성하는 것이 중요하

---

[6] 이 연구결과는 일곱 권의 책에 실린 136편의 논문으로 나왔는데, 역사가들이 기억에 주목하기 시작한 첫 신호탄이라고 볼 수 있다. 우리나라에는 그중 41편이 다섯 권으로 번역되어 나왔다.

다. 역사가는 큰 틀 속에서 기억의 파편들을 짜 맞춰 전체적인 그림을 드러내 보이는 일을 하는 전문가이다. 말해진 경험도 중요하지만 말해지지 않은 경험이 왜 말해질 수 없었는지를 밝혀내는 데서 의미 있는 역사적 교훈을 찾을 수도 있다. 라카프라는 치유를 위한 역사 서술의 중요성을 강조하는 한편 역사가의 윤리적 개입의 필요성을 역설했다.

건강한 역사적 이해에 도달하기 위해서는 전문적으로 검증된 공적 기록과 비판적으로 이해되고 경험적으로 정확한 기억을 결합해야 한다. 역사가란 과거의 개인이나 집단이 간직한 일차 기억을 여과, 선별, 재구성한 결과물인 이차 기억을 후대에 전달하는 '기억의 심부름꾼'과도 같다. 그러므로 역사가의 주요 임무 중 하나는 다양한 종류의 기억 ─ 개인기억, 집단기억, 공인된 기억, 억압된 기억, 침묵된 기억, 가해자의 기억, 피해자의 기억 ─ 을 과거 상흔의 굴레에서 해방시켜 거리낌 없이 증언할 수 있는 여건과 환경을 조성해 주는 것이다. 역사적 희생자들의 기억을 자유롭게 하는 것은 그들에게 새로운 정체성을 부여하는 작업인 동시에, 그들의 사적 기억을 비판적으로 검증, 대조, 분류하여 '기억의 공적 창고'로 저장하는 작업이다. 그리고 역사가가 창출한 '공적 기억'은 시민들이 현재와 미래를 위한 합법적인 정책을 수립하고 윤리적으로 올바른 선택을 하는 데 필수적인 자료가 된다. (라카프라, 2008: 385~386)

역사가의 개입은 기억의 진정성을 복원하는 기억활동가 또는 트라우마 치료자의 행위에 가깝다고 보는 견해도 있다.

역사가에게 요구되는 것은 사실과 어긋남에도 불구하고, 아니, 사실과 어긋나기 때문에 증인들이 드러내는 깊은 기억에 귀를 기울이는 공감의 자세일 것이다. 그것은 전통적인 역사가보다는 오랜 세월에 걸쳐 침윤되고 퇴적된 기억의 진정성을 복원하는 기억활동가 또는 트라우마 치료자의 태도에 가까운 게 아닌가 한다. …… 역사가들의 작업은 곧 과거에 대한 사회적 기억을 만드는 일이며 이 점에서 역사가는 원하든 원치 않든 기억활동가인 것이다. (임지현, 2016: 349)

그러나 한국사회와 같이 '기억전쟁'이 벌어지는 곳에서 역사가들의 치료적 역할은 제한될 수밖에 없다. 국가권력에 의한 기억 억압과 침묵이 강요되었던 한국사회에서 기억의 투쟁과 충돌은 불가피했기 때문이다.

한국전쟁의 공식기억과 대항기억

한국에서의 사회적 기억 연구는 유럽과 미국의 학자들에게서 큰 영향을 받았다기보다 한국의 복잡하고 역동적인 사회적 이행 속에서 발전해 왔다(정근식, 2013: 348). 2000년대 탈권위주의, 탈식민, 탈냉전이라는 시대적 변화 속에 남북관계 개선이라는 환경이 조성되면서 한국전쟁 기억의 복원과 재해석에 대한 요구가 점증하기 시작했다. 학계의 관심은 국가와 자본이 주도했던 공식적인 지배기억에서 개인의 체험담을 근거로 한 대항기억으로 옮겨졌다. 공식기록의 유실, 오류와 은폐로 증명할 수 없었던 전쟁과 학살의 경험이 개인들의 기억으로 재생되면서 구술사와 지방사, 일상사 연구가 기억사회학의 큰 흐름으로 자리 잡게 되었다. 구술사 연구방법론 등으로 발굴된 일반 대중의 기억은 사적 영역에 머물러 있던 개인의 기억을 공적 영역으로 끌어냈고, 개인의 기어은 공식기억에 맞서는 대항기억으로 작동하기 시작했다. 학계에서는 구술사, 생애사 연구를 통해 주로 민간인 학살에 대한 기억을 복원해 왔고, 문화계에서는 소설과 영화, 드라마를 통해 대중적인 전쟁 인식을 보여주었다. 학살 외에도 연좌제, 간첩조작, 빈곤, 이념갈등, 분단폭력 등 다뤄지는 소재는 광범위하다.

건국대학교 연구팀은 2012년부터 2014년까지 고령자 300명을 대상으로 한국전쟁 체험담을 채집해 아카이브화했다.[7] 이 체험담에는 미담과 설화(전쟁 속에 피어난 인정의 이야기, 가족이 피살되었는데도 보복하지 않고 용서한 이야기, 전쟁으로 인해 생긴 기적적인 희비극, 전쟁 후일담)도 포함되어 있다. 건국대 연구진은 이 프로젝트를 수행하면서 사람들이 자신에게 불리한 기억을 감추는 현상을 발견했다. 좌익에 가담한 경력 등은 섣불리 서사화될 수 없는 여전한 금기 소재였다. 트라우마에 의한 반공주의는 기본적으로는 전쟁과 북한에 대한 공포를 자양분으로 한 것이었다. 그러나 미담과 설화의 예에서 보듯이, 직접적인 전쟁 체험 세대에게도 공식적으로 표현되지 못했던 대항기억이 분명히 존재한다. 서민들의 전쟁 체험으로서의 대항기억은 미셸 푸코의 표현을 빌리자면 '예속된 앎'에 해당한다. 푸코는 '예속된 앎'을 기능적 일관성이나 형식적 체계화 속에 파묻히거나 은폐된 역사적 내용, 또는 충분한 기준에 미달되어 자격을 박탈당한 국지적이고 미분적인 '앎'을 일컫는 용어로 사용했다(푸코, 2015). 우익의 지배가 공고화된 대한민국 체제에서 한국전쟁에 대한 공식적인 해석과 배치되는 여타의 해석은 불법화되거나 탄압받기 일쑤였다.

"미군과 한국군도 못할 짓을 많이 했다"는 전쟁기 체험은 오랜 세월 동안 유언비어로만 돌아다녔다. 그것은 공공연한 비밀이었다. 이렇듯 유언비어

---

7   건국대학교 한국전쟁체험담 데이터베이스(http://koreanwarstory.net).

로 돌아다니는 민중들의 전쟁 체험 및 기억들은 바로 미셸 푸코가 말한 '예속된 앎'이다. 이 예속된 앎은 지배적 앎과 마찬가지로 전투에 대한 기억을 다른 방식으로 해석한 것이다. 그런데 그 전쟁 이후 남한에서 우익의 지배가 공고화되자 '예속된 앎'은 이제 '불온한 생각'으로 간주되었으며, 이웃과 자식에게도 감히 발설하지 못하는 엄청난 비밀이 되었다. 심지어는 피해자들조차 자신이 체험한 사실을 의식적으로 부인하거나 망각하려고 몸부림쳤다. 이것은 모두 남한의 지배질서가 비공식적인 경험과 기억을 폭력적으로 억눌러 왔기 때문이다. 남북 두 국가는 오직 전쟁을 자신의 방식대로 해석하며 자신들의 공식적인 해석과는 배치되는 여타의 해석을 불법화하고, 다른 의견을 갖는 사람들을 가혹하게 탄압했다. 그래서 한국전쟁에 관한 기억과 지식은 각 체제의 기둥인 동시에, 체제의 존립을 보장하는 성역으로 간주되었다. (김동춘, 2006: 74~75)

많은 국민들은 '국민의 생명과 안전을 최우선으로 하는 국가'의 존재를 제대로 경험한 적이 없다고 느낀다. 전쟁 발발 이틀 후에 이승만 정부는 "안심하고 서울을 지키라"는 녹음방송을 내보냈지만 정작 자신은 이미 27일 새벽에 대전을 거쳐 대구까지 내려간 후였다. 게다가 한강 이북에 아직 수만 명의 국군이 남아 있고 국민들이 미처 전쟁 상황을 파악하지 못한 채로 있었던 6월 28일 새벽 2시 한강 다리를 사전예고 없이 폭파해 버림으로써 다리를 건너고 있던 수많은 사람들이 물에 빠져 죽었다. 2014년 4월 16일 세월호에서는 선실에서 기다리라는 방송이 계속 나왔지만, 그 사이 선장과 선원들은 이미 빠져나갔고, 안내방송을 믿고 있던 학생과 일반인 304명은 결국 익사했다. 1950년과 2014년의 국가 이미지는 정확히 중첩되어 보인다.

전쟁의 기억은 전쟁을 체험한 사람들의 이야기에 기초한다. 처음에는 개인의 이야기하기(스토리텔링)로 시작되지만, 이런 이야기들이 모이면 시대 이념에 적합한 전형적인 요소들이 추려지면서 일정한 정형화를 거쳐 사회적인 전쟁 담론이 되고, 그 과정에서 다른 유형의 대안적 기억들과 충돌하면서 '기억의 전쟁'이 일어난다. 문제는 이 기억의 전쟁에서 우위를 점하는 것은 개인들의 기억이 아니라 사회적으로 고착된 공동의 기억, 집단기억이라는 사실이다. '인정투쟁'[8]과 기억들의 경합에서 살아남는 기억은 결국 기념 문화를 통해 지속적인 생명력을 부여받는다.

국가권력은 권력의 정당성을 확보하기 위한 장치로서 공식기억을 활용해 왔다. 국가는 국민정체성을 만들기 위해 공식기억을 독점적으로 확립하는데, 이 과정에서 무시되고 은폐된 트라우마 기억은 서사화되지 못한 채 사회적 갈등과 병폐의 원인으로 작용한다. 과거, 현재, 미래는 서로 상호작용하면서 이어지고, 그 과정에서 지배기억과 대항기억은 끊임없이 충돌한다. 이른바 '과거사 청산' 문제의 경우 "기억투쟁의 격전지"(정호기, 2004: 255)라고 불리기도 한다. 진영논리에서 기억투쟁은 곧 헤게모니를 장악하기 위한 권력투쟁이며, 역사에 대한 정치적 투쟁이라고도 할 수 있다.[9]

그런 의미에서 한반도 분단체제에서 이루어지는 사회적 기억 연구는 기억투쟁의 연장선상이자 최전선에 위치하고 있다. 역사 연구와 마찬가

---

8 독일 철학자 악셀 호네트의 유명한 인정투쟁 이론에 의하면, 사회적 갈등은 사회적 인정을 통해 정체성을 확립하려는 개인들의 투쟁으로 인해 발생한다. 사회적으로 모욕을 받거나 무시받을 경우, 사람들은 분노하게 되고 이 분노는 사회적으로 인정받기 위한 투쟁에 나서는 심리적 동기가 된다(호네트, 2011).
9 민족문제연구소(소장 임헌영)에서 제작하고 RTV에서 방영한 〈백년전쟁: 두 얼굴의 이승만〉에 대한 격렬한 찬반논쟁이 그 한 사례이다. 이승만·박정희 전 대통령을 비판적으로 다룬 이 다큐멘터리는 박근혜 정부 시절인 2013년 방송되어 진보·보수세력 간의 '역사전쟁'을 촉발했다. 제작자들이 사자명예훼손 혐의로 고발당했으나, 법원은 1심에 이어 2019년 6월 27일 2심에서도 무죄를 선고했다. 최종적으로 2019년 11월 21일 대법원은 〈백년전쟁〉에 대해 2013년 방송통신위원회가 제재한 것은 위법하다고 판결했다.

지로, 기억 연구도 연구자의 주관적인 관점과 편향성을 배제할 수 없다. 따라서 특정 관점으로 기술되는 기억 연구는 갈등의 골이 깊은 기억전쟁의 불길에 기름을 끼얹고 있다고도 볼 수 있다.

기억과 망각의 선택

그렇다면 의도적 망각을 거부하면서 과거의 기억을 보존하고 전수하는 것과 트라우마를 치유하는 것은 어떤 상관관계가 있을까? 피해자들에게 기억의 고통을 계속 재현시키는 것이 올바르고 적절하며 치유의 완성에 도움이 되는가? 기억의 목적이 화해와 치유에 있다면 망각은 그 목적을 달성하는 데서 어떤 역할을 해야 할까?

사회학적 망각 이론은 기억과 마찬가지로 망각의 양가성을 인정한다. 고통스러운 기억에는 망각이 특효약일 것이며, 실제로 인간의 두뇌는 고통을 피하는 방편으로 의식을 억압하는 망각 기전을 선택하기도 한다. 잊어버리지 않고 기억을 쌓아두기만 하는 것은 정신건강에 해로울 수 있다. 기억하는 데서 오는 건강한 에너지보다 망각하지 못하는 데서 오는 파괴적 에너지가 더 클 수 있다. 그러나 기억해야 할 것을 망각하고 망각해야 할 것을 가슴에 새겨 기억한다면 비극이 아닐 수 없다. 언급되지 않고 회상의 계기가 제공되지 않는 시간이 길어질수록 의식의 조명은 약해지고 선택되지 않은 자극은 의식의 수면 아래 망각 속으로 가라앉는다. 그럼에도 이런 상태를 진정한 치유와 회복이라고 볼 수 있는지는 의문이다. 해결되지 않은 트라우마는 계기가 주어지면 재발할 수 있고, 무의식 속에서 지속적으로 해로운 영향을 끼치면서 건강한 성장과 성숙을 저해할 가능성이 높기 때문이다. 한국의 현 지배질서가 국가폭력이라는 사회적 경험과 무관하지 않다는 것을 고려한다면, 트라우마 기억의 치유는 피해자 개인뿐 아니라 한국사회의 성장 및 성숙과도 관련되어 있음을 알 수 있다.

기록된 역사가 가변적이고 주관적인 성격을 갖고 있듯이, 기억 또한 현재 관점에서 과거를 주관적으로 해석하는 것으로서의 실천행위이다. 기억의 유동성으로 인해 무엇을 기억하고 무엇을 망각할 것인지 선택하는 기억의 재구성이 가능한데, 이러한 재구성은 과거를 바라보는 현재의 관점을 수정하는 기능을 발휘할 수 있다.

전쟁과 같은 집합기억에서 무엇을 기억하고 무엇을 망각할지를 선택하는 기준을 정하는 것은 중요하고도 필수적인 시대적 요청이다. 기억과 망각을 선택하는 기준을 권력주체들이 결정해 온 것이 한국 현대사의 비극이었지만, 그렇다고 해서 '민중'이 결정하는 것이 정답이라고 할 수도 없다. 민주사회에서 이 기준은 정부, 학계, 종교계, 언론, 시민단체 등이 참여하는 사회적 합의를 통해 '공동의 선(善)' 또는 '공동선(common good)'을 위해 도출되어야 한다. 즉, 자유, 인권, 민주주의와 같은 보편적 가치들이 그것이다. 한국전쟁은 빛바랜 과거의 역사적 사건이지만 국내에서 한국전쟁 연구가 본격적으로 시작된 것은 1990년대부터이다. 따라서 한국전쟁 연구의 역사는 30여 년에 불과하다. 마을 단위까지 샅샅이 연구되었다고 하지만 여전히 대표 논저들이 전쟁의 발발과 기원 문제에 머물러 있고, 연구의 발전도 현실적인 이념 공세에 가로막혀 진전이 더딘 것이 사실이다(김태우, 2015: 358~359). 이제는 이 전쟁을 어떻게 기억할 것인지에 대한 성찰적 논의가 필요한 시점이다. 냉전적 이분법을 넘어, 인권과 평화 등의 인류 보편적 가치의 관점에서 과거 근현대사의 트라우마 기억에 대한 새로운 철학적 사유방식을 창출해야 한다.

재기억이란 무엇인가

한반도의 역사적 트라우마는 어떻게 치유될 수 있을까? 먼저 트라우마 치유를 위한 재기억이 어떤 과정을 통해 이루어지는지 살펴볼 필요가 있다.

재기억(rememory)은 20세기 중반 생물심리학 분야에서 기억 연구가 이루어지면서 제안된 개념이다. 사람은 외상 사건을 겪으면 사건 직후 기억이 불안정한 상태를 보이는데 시간이 흐르면서 점차 안정화(응고)된다. 그러다가 외상 사건을 연상케 하는 어떤 충격이 가해지면 기억 흔적이 재활성되어 다시 불안정해지고, 다시 시간이 지나면서 재안정화(재응고)된다. 문제는 외상기억이 재활성화되었을 때 그에 동반되는 생리적 흥분이 기억의 재응고화를 강화시켜 이전보다 더 강한 외상기억이 형성될 수 있다는 점이다. 이 과정이 반복되면 마침내 통제할 수 없고 지워지기 힘든 외상기억이 형성된다. 따라서 기억의 재활성 단계에서 개입하면 외상기억의 재응고화를 완화시킬 수 있다. 기억처리는 외상 사건의 시공간에 갇혀 고착화된 자신의 외상 경험을 세세하게 떠올리고 사건의 시작부터 끝까지를 이야기하거나 글로 쓰는 일을 수차례 반복하는 방식으로 이루어진다. 그 과정에서 자신이 겪은 외상이 자신의 삶에 어떤 의미가 있는지 찾아내고, 외상 경험을 회피하지 않고 마주함으로써 자신의 핵심 감정을 온전히 확인하고 해소하며, 외상 경험이 자신의 삶의 일부로 통합되도록 돕는 것이 치료의 목표이다. 한편으로 재기억은 파편화된 트라우마 기억을 명확하게 불러내고 개인적으로 애도하는 과정이기도 하다. 이렇게 함으로써 무기력감과 고립감에서 해방되고 원래의 모습으로 재연결될 수 있다. 기억을 더듬고 상처와 마주함으로써 트라우마의 근원을 찾을 수 있다는 점에서 재기억은 트라우마의 치유와 회복의 시작점이 될 수 있다. 애써 부정하고 싶었던 과거의 이야기, 또는 실제로 존재하지만 말할 수 없었던 이야기를 꺼내는 것에서 정체성 회복이 시작되기 때문이다. 자율성이 향상되고 일상생활의 문제해결 능력과 정서조절 역량이 강화되는 재연결 또는 재통합 단계까지 이르면 자신의 삶의 의미와 가치를 발견하게 되고 실존적이고 영적인 인식의 회복이 이루어진다. 재연결 단계에 도달하기 위해서는 과거의 상처와 아픈 기억들을 의도적으로 회상하고 또 반추함으로써 근원까지 치유하려는 결연한 의지가 중요하다.

안정화, 재기억화, 재연결을 통한 긍정적 경험은 외상후 성장으로 이어질 수 있다. 외상후 성장(post-traumatic growth: PTG)이란 1995년 칼혼과 테데스키가 제안한 개념인데, 이들은 "시련으로부터 회복을 넘어선 긍정적 변화", 즉 개인적인 역량과 삶에 대한 만족도가 트라우마 사건을 겪기 이전에 비해 더 향상되는 현상을 표현하기 위해 이 용어를 사용했다(Tedeschi and Calhoun, 1995). 외상후 성장에 도움이 될 수 있는 인지적 요인으로 지목되는 것이 '의미 만들기'이다. 의미 만들기는 개인의 기존 신념을 깨뜨리는 외상 사건을 이해하기 위해 외상의 의미를 전반적인 삶의 의미와 목적에 통합해 이해하는 인지적 과정을 말한다(Park and Folkman, 1997: 115~144). 의미 만들기는 자기 경험의 긍정과 또 다른 피해자들과의 연대를 통해 가시화된다.

이러한 의미 만들기의 개념은 '삶의 의미'라는 더 넓은 범주에 포함될 수 있을 것이다. 의미를 만드는 데는 삶에 의미가 있느냐에 대한 철학적·과학적·사회적 논쟁보다도, 인간이 의미를 추구하려는 본성과 의지를 갖고 있다는 사실이 중요하다. 유대인으로서 제2차 세계대전 중 아우슈비츠와 다하우 등지의 강제수용소에서 3년을 보냈던 빅터 프랭클은 빈대학교 신경학 및 심리치료학 교수로서 '로고테라피'라는 치료법을 개발했다. 그리스어로 '의미'라는 뜻을 가진 'logos'라는 단어와 '치료'의 'therapy'를 합성한 용어이다. 프랭클은 "살아가야 할 이유가 있는 사람은 어떤 방식으로든 견딜 수 있다"라는 니체의 말을 인용하면서, 나치 강제수용소에서는 자신이 해야 할 일을 알고 있는 사람이 대부분 살아남더라는 자신의 경험을 강조한다.

죄수의 내적 자아의 상태에 더 궁극적인 영향을 미친 것은 누적된 정신적·신체적 요인들보다는 자유의지에 의한 결정이었다. 죄수들을 심리학적으로 관찰해 보면 자신의 도덕적·영적 자아에서 마음의 피난처가 붕괴되도록 내버려둔 사람만이 수용소의 퇴행적인 영향력에 결국 희생되었음을 알 수 있다. 여기에서 질문이 생겨난다. "마음의 피난처"는 무엇으로 만들어지는가? …… 미래에 대한 기대(sub specie aeternitatis)[10]가 있어야만 살 수 있는 것이 사람의 특성이다. 때로는 자기 과업에만 강제로 몰두해야 할지라도, 가장 힘들고 어려운 순간에 그를 구원하는 것은 바로 그것이다. (Frankl, 2006: 69~73)

프랭클에 의하면 '의미를 향한 의지'는 워낙 강력해서, 인간은 어떠한 고통을 겪더라도 그 고통에서 의미를 찾을 수 있다면 기꺼이 감수할 수 있다. 심리적 외상을 경험한 개인에게도 그 사건이 갖는 의미를 아는 것은 매우 중요하다. 고통스러운 경험이 주는 의미와 목적을 깨닫는 것은 그 경험에 대처하는 긍정적인 전략이 될 수 있으며, 이는 외상후 성장으로 연결되는 중요한 요인으로 작용한다. 일례로 김대중 대통령은 1980년 내란음모조작 사건으로 전두환 정권에 의해 사형판결을 받고 육군교도소에 수

---

10 'sub specie aeternitatis'는 '영원의 관점에서(under the aspect of eternity)'라는 뜻으로 철학자 스피노자가 쓴 용어이다.

감되었던 기간에 대한 소회를 밝히면서 자신이 어떤 생각을 하며 버텼는 지를 회상한다.

> 죽음을 앞둔 한계 상황에서 '인간의 삶과 죽음은 무엇이고, 나는 어디에서 왔다 어디로 가는가'라는 본질적이면서도 철학적인 주제에 대해서 관심을 갖게 되었습니다. 하느님이 계시다면 나와 우리 국민이 겪고 있는 이러한 불의한 현실이 어떻게 가능한 것인지, 악이 승리하고 정의가 패배하는 것으로 보이는 이러한 절망적인 현실이 어떻게 가능한 것인지 등의 종교적인 생각도 했습니다. 내가 많은 사색 끝에 내린 결론은 유한한 인간의 시간으로 보면 당장은 정의가 망하고 역사가 후퇴하는 것처럼 보이지만 길게 보면 정의가 승리하고 역사는 발전한다는 것이었어요. 지난번 납치사건 때 내가 바다에 수장되기 직전에 예수님을 만난 이후로 하느님이 실제로 계신다는 생각을 확고하게 했어요. 내가 죽고 사는 것은 하느님께 맡기고 내가 현실에서 죽는다고 해도 패배하는 것이 아니고 결국은 역사 속에서, 우리 국민 속에서 살아나고 승리할 것이라는 믿음을 갖고 이겨내려고 했던 것입니다. (김대중, 2024: 390~391)

역시 나치 강제수용소 생활을 겪었던 유대계 이탈리아인 화학자이자 작가인 프리모 레비의 경우를 보면 이와 같은 신념이 중요하다는 사실이 더 명확해진다. 그는 1944년 폴란드의 아우슈비츠에서 11개월을 보냈다. 당시 함께 수용된 이탈리아계 유대인 650명 중 20명만 살아남았다. 그는 오로지 살아남아서 자기가 겪은 일을 증언하리라는 의지로 버텨냈고, 생환한 이후『이것이 인간인가』(1958),『가라앉은 자와 구조된 자』(1986) 등 다수의 책과 소설을 집필했다. 프리모 레비는 강력한 신념을 가진 사람들이 더 많이 살아남은 데 주목했다.

(정치적 믿음이든 종교적 믿음이든) 믿음을 가진 사람들이 권력의 유혹에 더 잘 저항했고 더 많이 살아남았다. …… 나는 믿음이 없이 살아왔고 라거(수용소)의 경험이 신의 섭리를 믿지 못하도록 막고 있다. …… 믿음이 무엇인지는 중요하지 않았다. 그들은 믿음 속에서 구원의 힘을 얻고 있다는 공통점이 있었다. 그들에게는 열쇠와 버팀목이 있었다. …… 그들의 고통은 해석 가능한 것이었고 따라서 절망으로 넘어가지 않았다. (레비, 2014: 176~178)

레비는 수용소 내의 인간관계가 단순하지 않았다는 점을 지적한다. 그것은 "'우리'와 '그들', '친구-적'이라는 이분법"으로 단순화되거나 "희생자와 박해자의 두 덩어리로 축소될 수 없는" 것이었고, "적은 주변에도 있었지만 내부에도 있었다"(레비, 2014: 139~140). 그는 희생자들을 "동물처럼 현재의 순간에만 국한"(레비, 2014: 88)되게 만들었던 수용소 환경에서 자신의 인간성의 밑바닥까지 보게 된 데서 수치심과 죄책감을 느꼈다. 그러나 홀로코스트 이후 세상이 더 나아질 거라고 기대했던 그가 목격한 것은 인류 전체를 파멸시킬 위력을 가진 핵무기를 개발하는 인류의 모습이었다. 좌절에 빠진 그는 "아우슈비츠의 자취는 지워지지 않는다. 한 인간의 삶 속에서, 세계의 역사 속에서"라는 말을 남기고 1987년 자살로 생을 마감했다. 신념이 없었던 그는 자신이 겪은 고통의 의미를 끝내 해석할 수 없었던 것이다.

반면 자신의 고통에서 의미를 찾아내고 인생의 목표를 설정하는 사례도 있다. 1991년 8월 14일, 당시 67세였던 김학순은 일본군 성노예제의 진실을 고발해 국내외에 큰 파장을 일으켰다. 그의 용기 있는 첫 공개 증인은 한일 양국에서 일본군 '위안부' 문제가 본격적으로 제기되는 계기가 되었다. 김학순은 엄연히 자신과 같은 피해자가 살아 있는데도 그 존재를 부인하는 일본정부에 분노했고, "하나님이 이때를 위해 모진 삶 속에서도 살아남게 했다"라고 생각했다(이나영, 2022: 114). 그의 증언은 일본에 대한 원망보다는 다시는 이런 일이 없도록, 전쟁이 일어나지 않도록 힘써주기를 바라는 내용이었고, 일본의 미래지향적인 책임을 촉구하는 데 방점을 두었다. 그의 등장으로 한국과 일본의 여성단체들과 기독교단체들이 문제해결을 위해 연대하게 되었고, 이후 1992년 북한, 필리핀, 대만, 중국, 네덜란드 등의 피해자 여성들이 참석하는 집회가 열리는 등 초국가적 운동으로 발전하게 되었다. 이들의 연대활동은 일본정부의 태도 변화를 가져왔다. 1993년의 '고노 담화'는 그 결과물이었다. 비판의 소지는 있지만, 고노 담화는 일본이 일본군의 개입과 강제성을 인정하고 재발방지를 위한 역사교육을 약속했으며 사죄와 반성을 처음으로 표현했다는 점에서 의미 있는 성과를 끌어낸 것이었다. 1997년 12월에 세상을 떠나기까지, 김학순의 존재는 수많은 다른 여성 피해자에게 용기를 주었고 기억의 연대를 형성했으며 문제해결을 위한 운동을 국제적으로 확산시켰다(이나영, 2022: 140).

외상에 대한 반응은 이처럼 개인차가 있다. 인구사회학적 특성, 그중에서도 성별, 연령, 결혼, 교육수준, 종교 등은 PTSD 증상에 영향을 미치는 변수이다(Smith et al., 2016: 55~61; Bryant-Davis and Wong, 2013: 675~684). 프랭클과 김대중의 사례에서 보듯이, 의미를 이루는 체계 가운데 중요한 요인 중의 하나는 인간의 종교성, 다른 말로 하면 "영원을 추구하는 마음"이다. 종교는 인간이 어디에서 와서 어디로 가는지 일관된 시각을 가지고 인생 전체를 통합하게 하는 의미체계로 기능하기 때문이다. 단순히 종교를 갖고 있느냐보다는 종교적 신념이 자신의 삶에 얼마나 내면화되고 통합되어 있는지가 더 중요한 변수이다(Steger and Frazier, 2005: 574). 이는 한국사회의 트라우마를 극복하는 데서 사회를 통합할 수 있는 이상과 가치, 신념의 유무가 중요한 요소로 작용할 것임을 추론케 하는 대목이다.

역사적 트라우마의 재기억

역사적 트라우마를 극복하는 것은 공동체, 사회, 국가의 집단적 상처를 인정하고 이해하고 치유하는, 복잡하고 장기적인 과정을 통해 이루어진다. 트라우마를 공식적으로 인정하는 것이 첫 번째 단계이다. 즉, 국가의 이름으로 저지른 잘못을 인정하고 사과하는 절차가 필요하다. 트라우마의 구체적인 성격을 규정해 올바른 이름을 붙여주는 것도 중요하다. 5·18을 광주 '사태'나 '폭동'이 아니라 '항쟁' 또는 '민주화운동'으로 호명하는 것은 그 사건의 역사적 의의를 인정하는 것이다. 인정하고 이해함으로써 집단적 애도를 국가적으로 표현하는 것은 역사적 트라우마를 치유하는 데 도움이 된다. 둘째, 트라우마를 재기억하는 것이다. 이것은 피해자와 가해자, 방조자 등 관련자들의 목소리를 듣고 그 역사를 보존함으로써 역사적 트라우마를 역사의 일부로 받아들여 '재통합'하는 단계이다. 이 과정은 치유적 스토리텔링, 문학, 예술, 의식, 기념문화 구축을 통한 문화적 재기억 작업으로 구현될 수 있다. 재기억은 개인과 공동체가 자신의 상처와 고통이 개인만의 것이 아니라 집단적이고 역사적인 것임을 이해하는 데 도움이 된다. 트라우마의 재기억을 통해 개인들은 자신을 단순한 피해자가 아닌 생존자로 인식할 수 있고 정체성과 존엄성을 되찾는 회복탄력성을 얻을 수 있다. 셋째, 역사적 트라우마를 경험한 공동체가 국가나 시민단체, 종교기관이 제공하는 집단 치료 등 안전한 공동체 환경에서 개인 트라우마를 치유하는 경험을 쌓으면서 사회적 치유 메커니즘을 만들어가는 것이다. 이 과정을 통해 남아공의 경우처럼 다른 나라에 영향을 미칠 수도 있고, 초국가적인 치유의 연대를 형성할 수도 있다. 넷째, 트라우마의 세대 간 전이를 고려해, 상처의 순환 고리를 끊기 위한 문화 및 교육 프로그램을 개발하는 등 세대를 아우르는 노력을 하는 것이다. 다섯째, 과거의 잘못을 해결하기 위한 정의를 구현하는 것이다. 이는 사과와 배상, 의료지원, 인식 제고, 제도적 개혁조치 등 다양한 형태로 이루어져야 한다. 여섯째, 교육을 실시하는 것이다. 교육은 개인과 집단 치유에서 중요한 역할을 한다. 역사적 트라우마를 유발한 사건과 그 결과를 교육적 관점에서 공유하는 것은 보편적인 공감과 이해를 끌어내는 데 도움이 되며, 사회적 연대를 촉진한다. 궁극적으로는 민주주의의 성숙, 인권 향상과 같은 궁극적인 삶의 질을 개선하는 것이 역사적 트라우마를 치유하고 회복하는 데 대한 답이 될 수 있을 것이다.

이 모든 주제는 각각 비중 있게 다뤄질 가치가 있고 상당한 연구결과도 축적되어 있다. 다만, 이 책의 목표는 역사적 트라우마 재기억에 대한 독자들의 개인적인 응답을 끌어내는 것임을 밝히고 싶다. 역사적 트라우마의 재기억은 각자의 성장배경, 가족, 삶의 경험과 깊이 관련되어 있기 때문이다. 집단은 개인들의 단순한 총합이 아니며, 개인의 역학과 집단의 역학은 다르다. 그러나 집단은 결국 개인들로 구성되어 있으며, 국가폭력이라는 개념도 헤치고 들어가면 특정 개인들의 권력욕에서 비롯되는 것이다.

인간만이 다른 인간을 비인간화하는 폭력을 행사한다. 통일의 본질이 '사람의 통일'이라면, 분단의 본질도 '사람의 분단'에 있다. 한반도의 분단은 한반도에서 이 시대를 살아가는 모든 사람의 마음속 깊이 새겨져 있다. 공포와 불안, 혐오와 분노의 언어는 지금도 인터넷과 광장에서 넘쳐나고 있다. 따라서 개인적인 응답이 중요하다. 역사적 트라우마의 당사자가 '나'이고, 트라우마의 극복도 '나'로부터 시작된다는 인식이 필요하다. 용서와 화해가 개인적 차원을 가질 수밖에 없는 이유이다. '나'는 한반도 트라우마의 정점인 한국전쟁을 어떻게 보고 있는가? 북한과 통일을 바라보는 '나'의 관점은 무엇인가? 과연 한국전쟁은 '나'에게, '우리'에게 무엇이었는가?

제4장

한국전쟁은 우리에게 무엇이었는가

한국전쟁의 기원과 성격

한국전쟁의 진실을 다룰 때 처음 부딪치는 문제는 국내 기록의 부재이다. 한국전쟁기 당시 상황을 좌우했던 대부분의 결정에 대한 자료는 한국에 있지 않고 미국의 국립문서기록관리청(National Archives and Records Administration: NARA)에 있다. 한국정부가 자료 보존에 힘쓸 여력이 없는 사이에 미군에 의해 남과 북의 주요 자료들이 반출되었던 것이다. 그러나 1970년대에 전쟁기의 북한 노획문서들이 미국에서 공개되고 1994년에 스탈린과 마오쩌둥, 김일성이 주고받은 전문(電文) 등 극비문서가 러시아에서 한국정부로 전달되면서 한국전쟁 연구는 큰 진전을 이루었다. 중국공산당의 문서자료를 비롯해, 러시아 문서관에서는 조선공산당 북부조선분국 기관지 ≪정로(正路)≫[1] 전권이 발견되기도 했다. 미국 우드로윌슨센터에서 진행한 '세계냉전사 프로젝트'도 도움을 주었다.[2] 이에 따라 미국, 일본, 러시아 등 각국에서 주목할 만한 연구결과들이 연달아 나왔다. 분단 연구가 양적으로 증가하면서 다양한 주제를 포괄하게 되었고, 국책기관 외에 민간 학술기관들도 주체로 참여해 정치학, 사회학, 경제학, 여성학, 심리학, 인문학 등으로 영역을 넓혀가면서 주제와 방법론도 다양해졌다.

---

1 조선공산당 북조선분국에 의해 1945년 11월 1일 창간되었으며, 1946년 9월 1일 현재의 이름인 ≪로동신문≫으로 개칭되었다. 창간 이래 북한 최고지도자의 의지와 당정책을 선전·선동하는 목적으로 활용되고 있다.
2 Woodrow Wilson International Center for Scholars는 1968년 미의회가 제28대 우드로 윌슨 대통령을 추모하기 위해 설립한 외교·안보 분야 정책연구소이다. 각국 기밀외교문서를 다량 보유한 싱크탱크로 유명하다. 이 센터에서는 '세계냉전사 프로젝트(Cold War International History Project)'의 일환으로 한국전쟁 연구를 진행했다.

분단사 연구에는 크게 세 가지 학파가 있다(신복룡, 2001: 47~58). 첫째는 보수주의 또는 전통주의로, 서구와 재미 한국학자들이 보는 시각이다. 이들은 분단의 원인에 대해 일본 패망 후 일본군 항복과 조선인 귀환을 위한 군사적 목적으로, 그리고 미국 안보와 소련 팽창 저지를 위한 정치적 목적으로 38선이 그어졌다고 하는 '군사적 편의주의' 또는 '정치적 편의주의'로 답한다. 둘째는 수정주의로,[3] 분단 책임을 규명하기 위한 접근방식을 취한다. 이들은 북한의 남침이 미국에 의해 사전 조종되었다는 '함정설', '도발설' 등을 제시한다. 셋째는 후기 수정주의로, 책임 소재를 찾기보다 '내전'의 관점에서 분단과 전쟁의 발생 배경과 과정을 내재적으로 설명하려고 한다. 현대 한국을 형성한 결정적인 전환점이었던 한국전쟁의 기원을 둘러싼 학파 간의 논쟁은 지난 100년간 학계에서 진행된 가장 뜨거운 사안 중 하나로, 다국적군이 참전했던 한국전쟁의 성격상 국제적으로 진행되었다. 이 논쟁에서는 전통주의에 대한 수정주의의 비판이 이루어졌고, 다시 수정주의에 대한 비판이 이어졌다. 그 가운데 미국 시카고대 커밍스와 한국 연세대 박명림의 연구는 한국전쟁 연구사에 큰 획을 그었다.

1990년대에 박명림은 전쟁의 구조적 기원과 행위적 원인을 포괄적이면서도 세부적으로 연구해, 한국전쟁이 처음부터 러시아와 중국이 개입된 국제전 성격을 갖고 있었다는 사실을 밝혀냈다(박명림, 1995: 118).[4]

---

[3] 역사학은 모든 영역에서 1차 사료를 바탕으로 기존 학자들의 해석을 반박하거나 보완하면서 발전해 왔다. 이렇게 보면 모든 역사학자는 기본적으로 종래의 역사 해석에 도전하는 수정주의자라고 할 수 있다. 그러나 한국에서 '수정주의'라는 용어는 한국전쟁에 대한 1950~1960년대의 전통주의적 역사관에 도전하며 새로운 해석을 제시한 1980년대 커밍스 등의 진보 역사학자들만을 통칭하는 매우 좁은 의미로 사용되어 왔다.

[4] 박명림은 인민군 내부의 기밀문서를 분석한 이 논문에서 남한의 부분적 북침이 있었을 가능성을 제기한 커밍스, 스톤(I. F. Stone), 데이비드 콘데(David W. Conde), 카루나카르 굽타(Karunakar Gupta) 등의 주장이 잘못되었다고 반박한다.

그의 연구결과는 캐스린 웨더스비의 연구에 의해서도 뒷받침되었다. 웨더스비는 우드로윌슨센터에서 1991~1995년 구소련 외교부, 공산당, 국방부, 대통령 문서보관소 등의 기밀문서를 분석해 북한과 소련, 중국이 6·25전쟁을 정교하게 기획한 사실을 규명했다(Weathersby, 1993). 박명림과 웨더스비의 연구는 한국전쟁이 '북한이 소련의 지원으로 기획한 남침'임을 국제적으로 기정사실화하는 데 결정적으로 기여했다. 러시아 학자 안드레이 란코프도 1946~1952년 소련 정치국의 한반도 관련 결정문을 분석한 결과, 한국전쟁은 스탈린의 최종승인으로 이루어졌다고 판단했다(란코프, 1995; 2014 참조). 중국 학자 션즈화 역시 "조선인민군이 38선을 넘은 행동을 공산주의의 세계적 확산으로 간주한 미국이 신속하게 대처했다"라고 기술함으로써 북한의 남침 사실을 인정했다(션즈화, 2000: 88). 다만 중국의 경우 한국사회의 내부모순으로 '조선 내전'이 발발했고 미국의 행동이 이를 촉진했다고 보는 수정주의적 시각이 강하다. 한편, 일관되게 북침설을 주장하는 북한은 미국이 전후 국제질서를 자국 중심으로 개편해 나갔다는 수정주의적 입장이지만 이 전쟁이 내전이라고 주장한 적은 없다.

전체적인 추이로 볼 때 세계 학계는 한국전쟁을 '김일성이 기획하고 스탈린과 마오쩌둥이 후원한 전쟁'으로 결론을 내리고 있다. 대다수 연구자들이 동의하는 것은 한국전쟁이 내전이라기보다 처음부터 미-소를 대리하는 국제전으로서의 성격이 강했다는 사실이다(오버도퍼, 2002: 37~39). 한국전쟁의 결정적인 기원이 1945년의 민족분단이고, 민족분단은 냉전의 산물인 미-소 분할점령의 결과였기 때문이다. 당시 이승만은 1948년 정권수립 이후로 일관되게 '북진통일론'을 주창했으나 남한의 단독 군사행동을 우려한 미국은 군사지원에 소극적이었고, 미국의 지원이 절실했던 이승만 정부에게 북진통일은 정치적 구호에 불과했다. 대조적으로 소련의 대규모 군사지원을 받은 북한은 전력 면에서 열세인 남한을 압도하는 상황이었다. 김일성이 당시 소련의 공산당 서기장 스탈린의 최종승인하에 전쟁을 개시했고 남측의 사전도발이 전무했다는 역사적 정황 증거가 있다. 이것은 구소련의 기밀해제 문서들에 의해, 그리고 미국의 국립문서기록관리청을 드나들며 각고의 노력을 기울인 한국전쟁 연구자들에 의해 밝혀지고 국제적으로 인정받고 있는 진실이다. 전쟁 당시 '항미원조'의 명분으로 참전했던 중국의 입장도 바뀌고 있다. 그동안 중국은 전쟁 개시자를 명시하지 않은 채, 조선에서 내전이 발발하자 미군이 개입해 북중 접경지역까지 밀고 올라온 탓에 중국이 참전하게 되었다고만 설명해 왔다. 그러나 중국의 최고 국책연구기관인 중국사회과학원은 2014년 발간된 보고서에서 "조선(북한)이 소련의 지지와 (소련으로부터) 강요된 중국의 묵인 아래 군사행동을 개시했다"라고 기술해 북한의 남침을 처음으로 시인했다(중국사회과학원, 2014).[5]

　전통주의는 기본적으로 냉전의 책임을 소련에 돌리는 데 반해, 수정주의는 미국의 대외정책이 제국주의적이었다고 비판하는 입장이었다. 그러나 냉전의 기원에 대한 논쟁의 연장선상에서 이런 식으로 연구동향을 구분하는 것은 한국전쟁의 연구동향을 포괄적으로 성찰하기에 한계가 있다(김학준, 2010: 102~103; 김명섭, 2016: 231). 공산주의적 해석이나 반공주의적 해석, 또는 반반공주의적 해석도 특정한 역사적 관점의 편향성 논란에서 자유롭지 못하다. 반공주의 공격에 치중했던 반반공주의적 해석은 한국전쟁을 '통일전쟁'이라고 결론지었는데, 이는 공산주의에 의해 추동된 북측의 무력남침이라는 역사적 진실을 축소하고 쌍방책임론이나 양

---

[5] 그러나 이 사실은 관영 언론에서 크게 강조되지 않았고, 일부 분석가는 정부의 공식적인 정책이 변화한 것이라기보다는 학술적인 측면을 반영한 것일 수 있다고 추측했다.

비론, 진실의 망각을 통한 화해를 내세우려 한다는 비판을 초래했다(김명섭, 2016: 256). 이제는 학문적 엄정함을 토대로 쌍방의 사료에 자유롭고 동등하게 접근함으로써 전쟁의 진실을 알아내야 할 시점이다.

한국전쟁의 성격에 대한 논의는 전쟁의 목적이 무엇이었는지에 대한 질문과 관련되어 있다. 적화인가, 민족통일인가, 국가 형성인가? 북한은 한국전쟁이 남조선을 외세 식민지 지배로부터 해방하기 위한 민족통일전쟁이었다고 일관되게 주장하고 있다. 그러나 소군정하에 있는 북한이 미군정하의 남한을 외세 식민지 지배 상태로 보는 것은 전제부터 잘못된 것이다. 해방 당시 분단의 충격과 이에 따른 민족통일의 열망은 남과 북을 막론하고 절대적인 대세였다. 이승만 정부도 단독정부 수립 이후 줄기차게 국토완정론을 펼쳤는데, 이는 그만큼 분단을 받아들이기 어려웠던 당시의 보편적인 정서를 반영한 것이었다. 북한이 외세를 끌어들여 적화통일을 시도한 것은 사실이지만, 전쟁 그 자체는 민족통일을 위한 전쟁의 성격이 있었음을 부인하기는 어렵다. 이념이 다른 두 정부가 이미 수립된 상태에서 무력은 통일의 유일한 수단처럼 보였다. 그렇지 않았다면 남측은 왜 유엔군 반격 시 38선 이북까지 진격했겠는가? 심지어 이승만의 최대 정적이었던 조봉암은 '평화통일론'을 주창해 전쟁이 아닌 평화적 수단을 옹호했다는 이유로, '국가보안법'에 따라 1958년 사형당했다. 그에게 씌웠던 간첩 혐의는 52년 만인 2011년에야 풀려서 무죄로 확정되었다.

민족통일이 절대적 명분이었던 당대의 역사를 돌이켜볼 때, 무력은 남과 북에서 공통으로 용인된 수단이었다고 보는 것이 정확할 것이다. 그러나 이 전쟁이 통일전쟁이었다고 강조하는 것은 남침의 적화 목표를 희석시킨다는 비판을 초래했고, 근래까지도 이념갈등 논란을 일으키고 있다.[6] 그에 비해 '민족국가 형성 전쟁'(백학순, 2010: 95)으로서의 성격이 국가폭력에 의한 대량 민간인 살상과 관련되어 있다는 시각은 비교적 큰 이견 없이 수용되고 있는 듯하다. 근대국가 형성의 핵심에 국가폭력이 있다는 견해가 막스 베버, 찰스 틸리, 앤서니 기든스 등 서구에서 저명한 학자들에 의해 이미 이론적으로 확립된 영향도 있을 것이다.[7] 한국전쟁은 해방 이후 남과 북 양쪽이 전근대사회에서 근대국가로 전환되는 기폭제가 되었다.

　북한과 달리 남한의 역사관은 하나로 통일되어 있지 않으며, 전통주의적 시각은 우파의 전유물로, 수정주의적 시각은 좌파의 전유물로 인식되고 있다. 한국전쟁의 기원과 성격에 대한 남과 북의, 그리고 남한 내의 상이한 인식 격차를 극복하고 이 전쟁을 진실하게 기억하려면, 보존되어 있는 구체적인 사료에 근거한 세계 학자들의 검증 결과를 상호 인정하는 것이 중요하다. 전쟁의 기원과 성격을 둘러싼 세부적인 논쟁은 앞으로도 계속될 수 있지만, 큰 흐름에서 볼 때 현재까지의 연구결과를 완전히 뒤집을 만큼 결정적이면서도 아직까지 은폐되어 있는 증거를 찾기란 어려울

6　1979년에 발행된 『해방전후사의 인식』(한길사)은 판금과 해금을 거치며 이후 10년에 걸쳐 여섯 권으로 완결되었는데, 학술서로는 드물게 50여만 부가 판매되면서 전후 한국 근현대사 연구에 커다란 족적을 남겼다. 전 ≪동아일보≫ 편집국장인 송건호, 재야 민주화운동가 백기완, 친일반민족행위 진상규명위원장 강만길, 고려대 정치학 교수 최장집, 그리고 당시 젊은 학자였던 이완범, 박명림 등이 저자로 참여했다. 이 책에서 박명림은 "6월 25일 북한 정규군의 남하가 전면적 남침이 아닌 제한적 무력동원을 통한 통일정부 수립의 몸부림임을 알 수 있다"(6권 56쪽)고 주장하며 이 전쟁에 대한 새로운 시각을 제시했다. 한편 동국대 교수였던 강정구는 2005년 7월 27일 인터넷 언론매체에 기고한 칼럼에서 "6·25전쟁은 통일전쟁이면서 동시에 내전이었다. 북한의 지도부가 시도한 통일전쟁이었다. 이 통일내전에 미국이 개입하지 않았다면 전쟁은 한 달 이내에 끝났을 테고, 물론 우리가 실제 겪었던 그런 살상과 파괴라는 비극은 없었을 것"이라고 말해 보수단체들의 고발로 사법처리되었다. 미국이 원수이며 광복 후 공산주의를 택했어야 했다는 그의 과격한 견해는 진보진영에서도 논란을 일으키며 비판의 대상이 되었지만, 6·25를 통일전쟁으로 규정한 것이 북한에 대한 고무·찬양에 해당한다는 고소 내용은 또 다른 비판을 불러일으켰다.

7　막스 베버는 근대국가의 성격을 결정하는 가장 중요한 요소가 폭력(force)이라고 보았다(Weber, 1948: 78). 찰스 틸리는 강압적 수단의 축적과 집중이 동시에 증가하면 국가가 만들어진다고 간파했다(Tilly, 1990: 20). 기든스는 근대국가를 폭력의 담지자로 간주하면서 군대와 관료뿐 아니라 국민에 대한 감시능력도 폭력에 포함시켰다(Giddens, 1981: 190).

것이다.

한국전쟁이 남긴 것

한국전쟁의 주체와 동기에 대해서는 이제 더 이상 이견 없이 보편적인 관점이 정립되어 가고 있다. 그동안 전쟁의 결과와 영향에 대해서도 다양한 논의가 진행되어 왔는데, 이는 남과 북의 현재 상황에 대한 평가와 밀접하게 연관되어 있다. 사실상 남북한의 국가 건설세력은 전쟁을 치르면서 주권, 영토, 국민, 헌법을 가진 근대적 의미의 국가를 확립했다. 이처럼 한국전쟁은 남한과 북한의 상이한 체제와 국가 정체성을 형성하는 데 결정적인 역할을 해왔다. 이 전쟁의 결과는 한반도를 넘어 동아시아와 세계질서에까지 영향을 미쳤다. 한국전쟁의 유산을 종합적으로 정리해 보면 다음과 같다.

첫째, 남과 북은 전쟁을 거치면서 국가로서 확립되었다. 남한에서는 자유민주주의 체제가 구축되었고 전쟁 전의 10만 군대가 60만 대군으로 강화되었다. 1950년대 초 60만 명이 넘는 정규군의 존재는 다른 나라에 비해 매우 큰 규모였다. 과도하게 팽창한 국가기구의 존재는 한국정치의 틀을 만드는 데 결정적인 요소로 작용했다. 1961년 군사쿠데타와 이어진 군부 통치는 분단과 전쟁의 요인을 빼놓고는 설명하기 어렵다(박명림, 1996: 881). 공산주의와의 대결이라는 명분은 민주주의에 대한 요구를 차단하는 논리로 작동했다.

둘째, 한국전쟁을 거치면서 한국은 미국이 주도하는 안보체제와 세계자본주의 질서로 편입되었다. 전후 한미관계의 틀은 정치, 외교, 군사 부문 모두 전쟁의 결과로 만들어진 것이었다. 전쟁 전에 남한은 군사적으로 허약했지만, 북한이 침공에 실패한 후로 남과 북의 역량은 대등해졌다.

셋째, 기본질서가 잡힌 안정적인 상태에서 남과 북은 대규모 원조를 받으면서 빠른 재건에 성공했다. 상대국가와의 필사적인 체제경쟁으로 똘똘 뭉친 정신력은 급속한 경제발전을 가능하게 했다. 그러나 사회주의의 비효율성으로 인해 자본주의의 우위가 확립되면서 남과 북의 경제력은 계속 격차를 벌려갔다. 김정일 집권기에 수십만 명이 아사한 1990년대 '고난의 행군'은 그 격차가 재난으로 드러난 사건이었다.

넷째, 남과 북 모두 사회를 유지하는 기본적인 정신구조가 재편되었다. 유교적 질서와 반상의 신분제가 전격 해체되었고, 신분과 계급 대신 이념과 체제가 중심이 되었다. 그러나 근대화가 전통을 완전히 대체한 것은 아니다. 북한의 주민 성분제는 새로운 유교적 신분사회를 만들었고 가부장제의 유산도 여전히 남아 있다. '어버이 수령'은 근대국가의 통치자라기보다 조선시대의 왕과 같은 존재에 더 가깝다.

다섯째, 분단질서는 역설적으로 사회발전에 기여했다(박명림, 1996: 889). 전쟁 자체는 참혹했지만 그것이 남긴 질서는 건설적으로 작동했다. 내적 통합으로 강해지고 안정된 체제를 기반으로 남과 북은 각자 약소국가에서 중위국가로 성장할 수 있었다. 1인 독재로 굳어진 북한과 달리 남한은 수차례 정치적 격변을 경험했지만 자발성과 민주성에서 앞서나가면서 사회발전을 위한 역동성을 확보했다. 북한은 항일투쟁과 '조국해방전쟁'을 정통성의 두 기둥으로 세웠지만 전자는 과장되었고 후자는 허위에 근거한 것이었기 때문에 그 사실을 감추기 위한 철저한 기만과 통제와 폐쇄의 전략에서 벗어나지 못했다. 그러나 그 전략은 사회발전의 동력을 소모시켰다. 착취적 제도가 국가 실패로 이어진 사례이다.[8] 결국 민중의 자

---

8 경제학자 대런 애스모글루와 제임스 로빈슨의 2012년 저서 『국가는 왜 실패하는가』는 북한

발적인 참여가 가능한지 여부가 양 체제의 미래를 가른 것이다.

다섯째, 세계는 한국전쟁을 계기로 냉전구조로 재편되었다. 그리고 한반도에는 분단이 고착되었다. 전쟁으로 인한 적대적 분단은 이산가족을 비롯해 수많은 비극을 양산했고 트라우마의 근원이 되었다. 지도자들에게 국한되었던 적대감은 전쟁을 거치면서 전 국민에게로 확산되었다. 베트남이나 독일과 다르게, 남과 북은 서로 상대체제의 요소를 자신들의 체제에서 철저하게 뿌리 뽑았다. 내적 통합이 강화될수록 서로에게서 멀어지면서 이질성이 커졌다. 1990년대 구소련의 해체와 동유럽 사회주의 체제의 몰락에 따른 탈냉전 시기에는 진보정권의 주도로 남북교류와 협력의 시대가 열리기도 했다. 그러나 이후 북측의 핵개발이 본격화되면서 상호신뢰는 무너졌고 남북관계는 다시 얼어붙었다. 한국전쟁이 국제전적 성격을 띠도록 원인을 제공한 엇갈린 국제관계는 여전히 남과 북을 뒤흔들고 있다.

한국전쟁의 피해자의식에 사로잡힌 한국사회가 몇 가지 간과하기 쉬운 것이 있다. 첫째는 전쟁을 일으킨 동기와 3년간 지속된 이유, 둘째는 남진과 북진의 과정에서 발생한 민간인 학살, 셋째는 북측의 피해 규모, 넷째는 동아시아와 세계사적 측면에서 한국전쟁이 갖는 의미, 다섯째는 남북한 트라우마의 양태와 영향이다. 한국전쟁은 남한보다 북한에 훨씬 더 심각한 물적·인적 피해를 입었고, 미 공군의 무차별 공습의 최대 피해자는 북한지역 민간인이었다. 남한지역에서는 군경·우익단체에 의한 학살이 인민군이나 좌익에 의한 학살보다 훨씬 더 규모가 컸음이 밝혀졌다. 9·28 서울 수복 이후의 확전은 중국의 경고와 영국의 반대에도 불구하고

과 남한을 대조해 제도가 경제발전에 미치는 영향을 설명한다. 북한은 빈곤과 정체를 초래하는 착취적 정치경제 제도의 대표적인 사례로 소개된다(Acemoglu and Robinson, 2012).

맥아더와 이승만이 밀어붙인 것으로 밝혀져서, 미국과 한국도 전쟁 장기화와 대량 인명피해의 책임에서 완전히 자유롭다고 보기는 어렵다. 또한 전쟁으로 1,000만 명의 대량이산이 발생했지만, 상봉이나 서신교환에 성공한 사례는 2020년 기준 4만여 명에 불과하다. 이와 같은 연구결과는 분단의 책임, 북한 사람들의 피해의식, 이산의 고통에 대한 인식에 대해 다시 생각하게 한다.

국민국가 형성과 민간인 학살

한국전쟁은 공산화를 명분으로 한 침략전쟁이면서 단일민족국가를 형성하려는 통일을 위한 전쟁이었다. 김일성에게 전쟁의 목적은 무엇보다 한반도를 통일해 유일한 지도자가 되고자 하는 자신의 정치적 야망을 실현하는 것이었다. 그가 한사코 북침으로 위장한 이유는 이것이 침략전쟁이며 윤리적으로 용납될 수 없다는 것을 알았기 때문이다(박명림, 2002: 895). 한국전쟁은 또한 내전으로 출발했으나 국제전으로 확대된 전쟁이었다. 무엇보다 국민국가 형성의 성격이 뚜렷했다. 전쟁을 통해 확고하게 서로 다른 체제로 굳어지면서 한반도에는 두 개의 국민국가가 건설되었다. 결과적으로 남한과 북한은 한국전쟁을 거치면서 오늘날과 같은 국가의 모습을 갖추게 된 것이다. 국가 형성 과정에서 정당한 폭력과 정당하지 않은 폭력은 본질상 크게 다르지 않다. 물리적 강제력을 독점하는 세력 집단이 결국 궁극적인 정당성을 획득하기 때문이다.

한반도는 일본의 식민지배에서 벗어나는 동시에 강제분할되었다. 분단과 전쟁은 일제 식민지배의 유산이나 다름없다. 당시 38선은 국경선으로 인식되지 않았다. 외세에 의해 임시로 그어진 선이었기에 하나의 민족

국가를 당연시하던 대부분의 사람에게는 곧 없어져야 할 선으로 여겨졌다. 그리고 38선이 그어진 지 3년 만에 남과 북에 상이한 두 체제가 성립되었다. 당시 남쪽에 세워진 체제는 전근대에서 근대 국민국가로 넘어가는 과도기적 국가 형태였다. 전쟁 전 대한민국정부는 폭력수단을 독점하지 못했기 때문이다. 지방에는 인민위원회가 실질적으로 지배하는 지역들이 있었고 반란을 일으키는 군인들과 빨치산 무장세력, 좌익 민간인들이 조직적인 세력을 형성하고 있었다. 남한정부가 내부 적대세력을 상대로 전쟁을 치르면서 국력을 소진하는 동안, 이미 소련의 장비와 인력지원을 받아가면서 적대세력을 제거하고 체제를 정비한 북한정부는 전쟁 준비에 몰입했다. 그러나 소련과 북한 지도부의 예측과 달리 미군과 유엔군이 신속하게 개입했고, 이어서 중국군이 참전하면서 내전은 국제전으로 확대되었다. 엄청난 피해를 가져온 1년여의 전투 끝에 양측은 어느 한쪽이 한반도를 무력으로 차지할 수 없다는 현실을 인정할 수밖에 없었다. 길고 지루한 협상 끝에 마침내 1953년 7월 27일 정전협정이 맺어졌다. 협상 개시 후에 발생한 양측의 사망자는 개전 이후 1년과 비교할 때 3배나 더 많았다. 남북 경계선의 모양만 약간 바뀌었을 뿐, 전쟁은 시작할 때와 똑같은 모습으로 끝났다. 달라진 점이라고는 수백만 명이 죽었다는 것뿐이었다.[9]

---

9 이 사실은 미국 내에서도 이 전쟁이 무엇을 위한 것이었는지에 대한 회의를 낳았다. 미국의 진보적 역사학자이자 반전주의 활동가였던 하워드 진(Howard Zinn)이 대표적이다. 그는 제2차 세계대전 중 미 공군으로 지원해 임무를 수행하면서 아무런 양심의 가책 없이 민간인 지역에 폭탄을 투하했다. 그는 본디 나치와 파시즘에 맞서 싸우려는 열망으로 입대했으나 전쟁이 끝나가는 상황에서도 '소수의' 독일군이 숨어 있다는 이유로 민간인 지역을 폭격했던 자신의 경험과 히로시마 원폭 투하 사건을 통해 전쟁의 절대적 도덕성에 대한 신념이 무너졌다고 술회한다. 그가 본 한국전쟁은 민주주의 수호라는 가면에 가려진 미국의 제국주의적 폭력이었다. "1950년 미국이 한국전쟁을 시작했을 때도 명분은 남한의 민주주의를 지켜준다는 것이었다. 남한은 독재정권이었다. 그러나 그렇게 사소한 문제에 주의를 기울일 필요는 없었다. 일단 언론과 정부가 계속 반복해서 우리가 한국의 민주주의를 지원하기 위해 그

남북 경계선의 변화

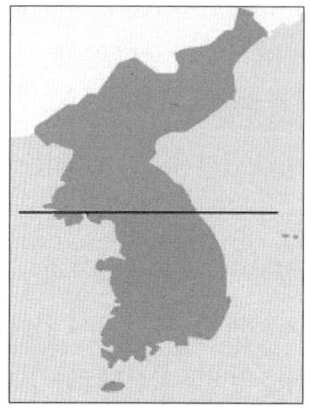
1945년 38선

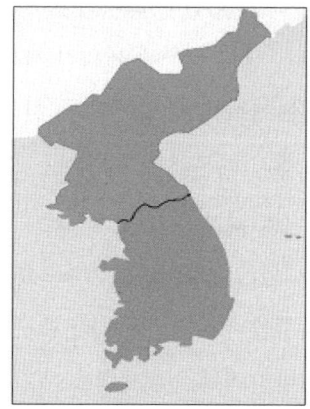
1953년 휴전선

　전쟁은 국가를 만들기도 하지만 해체하기도 한다. 적대적이고 힘의 균형이 불안정하며 근원이 같은 두 국가가 바로 인접해 있다면 전쟁이 불붙을 가능성은 위험할 정도로 높아진다. 1950년 한반도에서 이데올로기 경쟁은 도화선이 되었고 외세가 개입하는 정당한 동기가 되었다. 한 정권의 승리는 곧 반대편 정권의 몰락을 의미했다. 패배한 쪽은 단지 승리한 쪽에 흡수당하는 데 그치지 않고 전쟁을 일으킨 죄로 철저한 응징과 보복을 당할 것이었다. 이러한 공포와 두려움은 양쪽의 지도자들로 하여금 한 치도 물러날 수 없게 만들었다. 이것은 죽느냐 사느냐의 문제였다. 다른

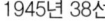

곳에 갔다고 말하면 진실이 무엇인지는 문제되지 않는다. 새로운 진실이 만들어지는 것이다. 그 새로운 진실이란 우리가 한국에서 민주주의를 수호하고 있다는 것이었다. 그리고 미국에서는 사실상 전혀 연구되지 않은 전쟁, 어디에 있는지도 거의 알려지지 않은 나라에서 벌어진 잊혀진 전쟁, 200만~300만 명을 포함해 수백만 명이 사망한 3년간의 한국전쟁이 끝났을 때는 어떻게 되었는가? 한국에 민주주의가 전파되는 것으로 끝났는가? 그 전쟁은 시작했을 때와 똑같은 모습으로 끝났다. 북한에도 독재정권, 남한에도 독재정권이 남았다. 달라진 점이라고는 200만~300만 명이 죽었다는 것뿐이었다."(진, 2013: 407~408)

타협의 여지는 없었다. 이것이 이 전쟁에서 국가폭력이 그토록 광범위하게 자행된 중요한 이유 가운데 하나일 것이다. 사람들은 적에 의해서뿐만 아니라 우리 편에 의해서도 희생되었다. 전후에도 남과 북은 고강도의 폭력을 동원해 반대세력을 뿌리 뽑았다. 양 체제에서 내적 통합 수준은 높아졌지만 시민적 참여와 다양성은 상실되었고 이것은 민주화의 최대 걸림돌이 되었다. 반대를 용납하지 않는 독재체제가 무너진 것은 남쪽이 먼저였고, 지금까지도 민중의 정치 참여를 억압하고 있는 북측은 권위주의 세습 독재국가로 남아 있다.

왜 그토록 많은 사람들이 공산주의로 쏠렸을까

전쟁은 진공 상태에서 시작되지 않는다. 한국전쟁이 일어난 배경에는 식민지배에서의 해방과 권력공백이 가져온 급격한 사회변동의 불안정성이 있었다. 학자들은 대체로 1945년 8월 15일 해방부터 10월 16일 이승만이 환국할 때까지 국내 정국은 좌익이 득세한 시기라고 본다. 해방 직후 1946년 7월 미군정이 실시한 여론조사 결과에서 자신이 우익이라고 답한 비율은 29%, 좌익은 16%, 중도 또는 중립은 59%로 나타났지만, 이데올로기 선호도는 사회주의 70%, 자본주의 13%, 공산주의 10%로 나타났다(이성근, 1985: 119).[10] 우익을 자처한 사람들 가운데 70%가 사회주의를 택한 사실은 종교인 중에서도 진보계열의 사회주의자가 많았다는 관찰과 일치한다(김귀옥, 2010a: 56~57). 개념상의 혼란도 있었지만 당시 사

---

10 미군정이 1만 명을 대상으로 실시한 이 여론조사에 총 8,476명이 응답했는데, 지지하는 정치단체에 대한 질문에서 이승만 국민촉성회에 대한 지지율은 11%에 불과했다.

람들은 사회주의와 공산주의를 구별하고 있었고, "균등한 사회실현 과정으로서 좌익에 속하지 않은 사회주의"를 선호했던 것으로 보인다(이성근, 1985: 122~131). 이러한 분석은 공산주의를 지지하지 않으면서도 민족독립과 만민평등의 새로운 세상을 열망하며 공산주의가 제시하는 이상에 경도되었던 당시 한국민의 보편적인 정서를 추론하게 한다. 1945년 10월 중도우파 성향의 잡지사 ≪선구≫에서 서울 시민 2,000명을 대상으로 실시한 여론조사에서는 "조선을 이끌어갈 양심적인 지도자"로 여운형을 가장 많이(33%) 꼽은 것으로 나타났다. 말하자면 해방정국의 이데올로기 지형은 '좌경반쪽 지형'에 가까웠다(손호철, 1990: 11).

이러한 분석은 당시 미군정과 이승만 정부의 시각을 반영한 것이지만, 내막을 들여다보면 현실과는 상당히 괴리가 있었다. 좌익에 동조했던 사람들의 다수는, 공산주의자였다기보다 사회혁명과 새로운 세상을 갈망하면서 공산주의가 그 꿈을 이루어줄 수 있는지 기대를 걸어보는 수준의 의식을 갖고 있었다고 보는 것이 정확하다. 건국 시점의 대한민국은 정치적으로는 보수였지만 사회적·경제적으로는 사회민주주의에 가까웠다고 할 수 있다. 개인 간의 균등은 정치·경제·교육의 균등을 통해 이룰 수 있고, 민족 간의 균등은 민족자결을 통해 이룰 수 있으며, 국가 간의 균등은 식민정책과 자본제국주의를 부정하고 침략전쟁 행위를 금지함으로써 이룰 수 있다고 한 대한민국 임시정부의 '삼균주의(三均主義)'가 이승만 정부에 의해 그대로 수용되었기 때문이다. 초대 내각구성도 급진 공산주의를 제외한 4대 세력, 즉 보수진영(이승만), 임시정부(신익희와 김구는 불참), 국내 우파(김성수), 진보세력(조봉암)의 연립정부에 가까웠다.

그러나 대한민국 건국 이후 일부 청년 우익단체와 우익 사회단체의 초법적인 횡포와 단압은 새로운 사회질서를 갈망하던 사람들의 반발을 불러일으켜 오히려 그들의 좌경화를 재촉하는 형국이 되었다. 소설가 황석영이 소설 『손님』에서 등장인물 순남 아저씨의 입을 빌려 말하듯이, 해방 이후 북한의 민심은 친일 반민족 잔재를 청산하지 못한 데 대한 불만으로 가득 차 있었고, 공산주의자들은 이를 적절하게 활용했다. 이런 대중심리는 순남 아저씨의 발언을 통해 잘 묘사되어 있다.

> 우리 청년덜언 불만이 많았디. 일제 치하에서두 쪽바리에 빌붙어서 떵떵거리멘 살던 놈덜이 해방이 됐는데두 높직헌 자리에 앉아선 이래라 저래라 하는 판국이댔단 말이다. …… 기독교 지도자라는 사람치구 지주집안 아닌 사람이 있나 말이야. …… 신으주(신의주) 사건[11]은, 양켄이 다 잘못한 거이야. 어지러울 때 좌우로 붙어 돌아치넌 기회주이자덜이 많거덩. 행세식 공산당이 많댔넌데 신으주는 국경도시라 일제에 붙어먹던 놈덜이 많대서. 너이 교인덜도 많았디. …… 공산당 한다넌 넌석덜이 총을 함부루 쏘구 과오럴 저질렀디만 너이 교인덜두 뒤에서 부추거서. (황석영, 2001: 124~126)

공산주의 이념의 확산을 부추긴 또 하나의 요인은 현실적인 경제문제였다. 일제의 토지조사사업으로 인한 수탈로 소작에서 배제된 농민들이 주를 이루었던 귀환자들 사이에서, 공산주의는 토지분배의 혁명을 가져오는 새로운 체제의 가능성을 제시하는 것처럼 보였다. 북한은 이미 1946년에 토지 무상몰수·무상분배를 완료했다. 토지개혁은 북조선 임시인민위원회의 명의로 이루어졌다. 그런데 그 위원장이 김일성이었기 때문에 북한 주민의 절대다수를 차지하고 있던 농민들로부터 전폭적인 지

---

11 1925년 11월 22일 신의주의 한 식당에서 친일파 변호사 박유정이 별실에 있던 신만(新灣)청년회원들에게 구타를 당했는데, 이 청년들 가운데 붉은 완장을 찬 사람이 있는 것이 일제경찰의 의심을 사서 가택수색을 한 결과, 박헌영이 상해의 조봉암에게 보내는 비밀문서가 발각되었다. 이 사건이 확대되어 조선공산당 간부 60여 명이 검거되었고, 당조직은 사실상 무너졌다.

지를 받게 되었다(윤철홍, 2019: 5). 북한은 이어서 1949년 5월에 '공화국 남반부의 토지개혁 실시를 위한 법령기초위원회'를 설립, 이른바 '북한혁명의 남한 재연'을 예고했고, 이에 대해 남조선노동당(남로당)과 전국농민조합총연맹(전농) 등이 지지성명을 발표했다. 경제적 불평등에 대한 저항의식이 확산되었다는 측면에서, 이것은 마르크스-레닌주의와 사회주의 사상이 전파·확산되어 혁명으로까지 이어진 제3세계 국가들에서 공통적으로 나타난 현상으로도 볼 수 있다.[12]

그러나 남한은 북한의 주장과는 달리 1949~1950년에 토지개혁이 상당히 실현된 상태였다. 남한의 토지개혁은 유상수용·유상분배의 원칙에서 이루어졌다. 미군정이 공산주의 확산을 막기 위해 농지개혁을 적극 지지했기 때문에, 이승만 정권은 초대 농림부 장관 조봉암을 주축으로 농지개혁을 추진했다.[13] 남한의 농지개혁은 농민보다 지주의 이해가 관철되었고 평등지권의 완전하고도 항구적인 실현을 성취하지 못했다는 지적도 있지만(전강수, 2010: 323), 그래도 단기간에 성공적으로 지주제를 해체하고 자작농체제를 성립시켰다는 평가를 받고 있다. 이에 대해서는 당시 전라북도 옥구군에 거주하던 농민의 구술 증언이 있다.

처음 농지개혁을 했을 때는 수확량의 30%를 5년간 내야 한다고 해서 북한

---

[12] 배리 슈츠(Barry Schutz)와 로버트 슬레이터(Robert Slater)는 10여 건의 제3세계 혁명을 연구했다. 그들은 모든 제3세계 혁명은 식민지 지배체제에 대한 저항으로서 민족주의가 강력한 혁명이념으로 작용했으며 이는 대부분의 제3세계 국가가 사회주의 사상에 물들어 있었기 때문이라고 분석했다(Schutz and Slater, 1990: 3~18).

[13] 초기에 토지개혁에 반대했던 미군정은 토지개혁을 추진하고 있던 미 국무부와 정책 노선을 둘러싼 갈등을 계속하고 있었다. 그런데 수차례에 걸친 여론조사에서, 다수의 피조사자가 군정이 아닌 훗날 수립될 한국인 정부가 실질적인 토지 처분을 담당해야 한다는 뜻을 밝혔고, 군정은 이와 같은 여론을 이유로 들어 귀속농지 매각 계획을 공식적으로 취소했다(김보미, 2014: 298).

의 무상분배보다 못하다 해서 시들했다. 더구나 한민당 이인이 5년을 15년으로 늘리고 연 25%로 낮추는 농지개혁법 개정안을 냈을 때는 다들 격분했는데 다행히 통과가 안 됐다. 상환량은 일제 때의 기준수확량이었기에 오히려 전쟁 당시 인민군이 들어와 요구했던 현물세 25%보다 낮았다. 6·25전쟁 첫해는 한국정부에서 준 비료로 풍년이 들어서 상환량을 했으나 다음 해부턴 비료도 없고 52년도는 흉년까지 들어서 못 내게 되었다. 그래도 정부에서 강제로 내라고 하지 않았다. 그러다가 10년 후쯤, 농지개혁 당시의 벼 값으로 미납량을 내게 해서 자작농을 만들어주었다. 그래서 쌀 몇 말 값으로 해결되었다. 이렇게 보면 북한이 현물세를 내게 하다가 집단농장으로 빼앗아간 것보다 대한민국 농지개혁이 훨씬 나았다. [전북 군산 전운식(1932년생) 인터뷰]14

북한은 토지개혁 선취를 내세워 남반부 해방전쟁의 명분을 구축하려 했다. 그러나 당시 남한은 토지문제로 인한 농민의 불만이 '혁명역량'으로 분출될 만한 상황이 아니었고, 오히려 농민들이 한국전쟁에서 남한 편에 서는 계기가 되었다. 대다수 농민은 미군정 여론조사에서도 가장 보수성이 높은 우익 집단으로 나타났으며,15 무상몰수·무상분배를 꺼림칙하게 여기는 정서적 반감도 갖고 있었다. 소설 『남부군』에 나오는 저자의 분석도 이를 뒷받침한다. 1988년 『남부군』을 발표한 작가 이태(본명 이우태)는

---

14 2020년 4월 18일 필자와의 인터뷰에서 발췌. 이승만은 집권 후 한민당을 견제하기 위해 초대 내각구성에서 한민당 출신을 2명만 기용했다(이인 법무부 장관, 김도연 재무부 장관). 1948년 초대 법무장관을 지낸 이인은 이승만과의 불화로 퇴임하고 1949년 민주국민당(구 한민당) 소속으로 국회의원에 당선되었다. 그해 7월 1일 개원한 임시국회에서 그가 제출한 농지개혁 개정안은 보상지가를 24%로 제시한 것으로 기록되어 있다(김성호, 1991: 201).

15 미군정 여론조사에서 농민은 스스로 우익이라고 답한 비율(응답자의 50%)이 높았으며, 좌익이라고 답한 비율(12%)은 타 집단에 비해 낮았다.

신문기자 출신으로 '조선인민유격대 독립 제4지대' 또는 '남부군단', '이현상 부대'로 불리던 게릴라 부대인 남부군에서 17개월 동안 생활한 후 생포된 경험을 바탕으로 이 책을 썼다.

> 서울에서 살았던 나는 당시에 농촌 실정은 잘 몰랐지만 토지개혁법이 곧 시행된다는 소문이 항상 떠돌았을 뿐만 아니라 농촌의 인심이 대대로 이웃 간에 살며 알고 지내온 남의 전답을 거저 내 것으로 만든다는 것을 꺼림칙하게 여겨서 '무상몰수 무상분배'라는 좌파의 구호가 크게 먹히지는 않았던 것으로 안다. 지주와 소작인 사이의 갈등 같은 것은 물론 있었겠고 '악질 지주'라 할 만한 예도 있었겠지만 그것이 당시 남한에 그렇게 엄청난 좌경세력을 만들어낸 쟁점이 됐었다고는 생각되지 않는다. '공산'이라는 용어를 글자 그대로 '똑같이 나눠 갖는 세상'으로 오인하고 은근히 동경하던 빈농의 도시 빈민이 차라리 상당히 많았던 것으로 기억한다. (이태, 1988: 82~83)

이태는 "전쟁 전 좌익심파의 거의 대부분은 진짜 공산주의자는 아니었고 정확히 말해 현실 불만에 찬 반정권 세력이었다"고 회상한다(이태, 1988: 84). 당시에는 반이승만 노선이 곧 빨갱이라는 등식에 의해 일부 우익단체의 초법적인 횡포가 만연했고 이에 대한 대중적 분노가 다시 좌익 동조자를 만들어냈다는 것이다. 그에 의하면 농민보다 도시 빈민이 공산주의에 더 동정적이었는데, 그 이유는 가난 때문에 당했던 괄시와 사회 부조리에 대한 불만 때문이었다. 일제강점기에 독립운동가들을 탄압했던 사람들이 미군정 시절에 경찰과 관료의 요직을 차지하니 민심이 좋을 수가 없었다. 흉흉해진 민심이 공산주의로 기울어지는 것을 우려한 미군정은 토지개혁 실시를 압박했고 그 결과는 성공적이었다. 따라서 박명림은 남한의 토지개혁이 이루어진 상태였으므로 경제적인 문제로 한국전쟁이 발발했다고 주장하는 것에는 동의하기 어렵다고 말한다(박명림, 2002: 273). 토지문제는 북한의 입장에서 사회주의 건설의 전제이자 농민을 동원하기 위한 근거로 제기되었을 뿐, 그 자체로 전쟁의 발발에 기여하지는 않았다. 그럼에도 토지개혁 문제가 전쟁명분이 될 수 있었다는 사실 자체는 한민족 내부의 갈등과 적대감이 역사적으로 오래 누적되어 한국전쟁이 발발했다는 내인설(內因說)을 주장한 커밍스의 분석에 일말의 타당성을 부여한다. 구소련의 기밀문서가 해제된 이후로는 한국전쟁의 기원이 내부 사회 모순이나 계급갈등과 상관없는 국제요인에 의한 것이었다는 인식이 보편화되었지만(박명림, 2002: 33), 일제시대의 사회변동, 토지문제, 미국의 대한(對韓)정책, 관료갈등 문제 등에 대한 커밍스의 연구성과는 지금도 일정 부분 인정되고 있다.

해방기 당시 박헌영과 조선공산당의 노선은 반민족적이었다. 이것은 계급을 민족보다 우선시하는 마르크스주의의 세계주의적 방향성이기도 했다. 민족적 양심이 있는 사람들로서는 친일파가 설치는 우익 편에 서기도, 소련을 맹종하는 좌익 편에 서기도 어려운 상황이었다. 따라서 많은 청년들이 해방 후의 현실에 좌절감을 느끼고 방황했다. 폭력과 혼돈의 시대였다.

> 그때 그쪽(남로당) 사람들은 "소련이 조국이다", "붉은 깃발은 우리 깃발이다"라는 말을 많이 했어요. 소련을 완전히 우상숭배한 것이었지요. 이런 말을 직접 듣기 전에는 나도 설마설마했습니다. …… 이것을 경험하면서 우익이 공산당을 비난한 근거가 사실이라는 생각이 들더라고요. (김대중, 2024: 66)

그나마 공산주의에 동정적이었던 분위기는 인민군 점령을 경험한 3

개월 동안 완전히 뒤바뀌고 말았다. 1950년 6월 28일 북한군이 처음 서울로 진입했을 때 시민들의 반응은 엇갈렸다. 강제적 폭압을 경험하고서 공산주의에 완전히 등을 돌렸던 지식인들과는 달리, 일반인들은 군기가 잡혀 있는 인민군에 대해 긍정적인 인상마저 가지고 있었다(김동춘, 2006: 260~264). 조직적 훈련을 거쳐 서울에 입성한 인민군의 첫 인상은 비교적 규율이 엄격하고 훈련이 철저한 것처럼 보였다.

> 그들은 비록 억센 서북 사투리를 쓰긴 하나 우리와 언어·풍속·혈통을 같이 하는 동족이고 보매 어쩐지 적병이란 생각이 나지 않는다. 어디 멀리 집 나갔던 형제가 오랜만에 고향을 찾아오는 것만 같이 느껴진다. 그들이 상냥하게 웃고 이야기하는 걸 보면 아무래도 적개심이 우러나지 않는다. …… 여기서 본 인민군들도 모두 행동거지가 단아하고 정중하여, 이즈음 늘 갖는 느낌이지만 인민군은 질이 좋고 훈련이 잘되어 있다. (김성칠, 2009: 115, 191)

하지만 그런 마음은 불과 두세 달 만에 사라져버렸다. 극도로 억압적인 '인민공화국' 백성으로 살기란 고달픈 노릇이었다. 표현의 자유가 위축되었고 토지개혁도 별 성과가 없었으며 학생들은 의용군으로 강제 편입되었다. 동원과 감시, 노역도 고역이었지만 무엇보다 식량 부족으로 큰 고통을 겪었다. 민심은 어느새 공산당에 등을 돌렸다. 역사학자 김성칠은 일기에 이렇게 적었다.

> 1950년 8월 19일
> 인민군이 하룻밤 사이에 서울에 진주하고 지하에 숨어 있던 공산주의자들이 영웅과 같이 사람들의 면전에 나타나고 어중이떠중이들이 모두 좌익인

체 투쟁경력이 대단한 체 뽐내던 것이 어제런 듯한데 벌써 그들의 황금시대는 지나간 듯, 사람들은 모두 겉으로 타내어 말하지는 아니하나 속으로는 거의 전부가 공산주의를 외면하게 되었다. 아무런 정령에도 비협력적이고 돌아서면 입을 삐쭉한다. 첫째는 그들의 그 입버릇처럼 인민을 위한다는 정치가 일마다 인민에게 너무 각박하기 때문이요, 둘째는 미군이 참전하고 그 폭격이 우심해지자 세상은 멀지 않아 반드시 번복하고야 말리라는 추측에서이다. 이러한 기미를 눈치 채고 볼세비끼들은 더욱 초조해하지만 그럴수록 백성들은 더욱 미련한 체한다. (김성칠, 2009: 247)

무엇보다 사람들을 힘들게 한 것은 '바닥 빨갱이'로 불린 지방 좌익이었다. 이승만 치하에서 경찰에 시달렸던 좌익 관련자들의 보복심, 인공 치하에서의 해방감과 출세 욕구, 이념이나 사상으로 무장되지 않은 자제력 없는 하층민들의 사적인 원망과 과시욕 등이 뒤섞였고, 그들이 새로운 정권의 대리자로 나서면서 무차별적인 폭력이 행사되었다. 사람들은 '바닥 빨갱이'의 사적 보복을 목격하며 공포에 사로잡혔다.

우리 동네는 면 소재지여서 1950년 7월 19일에 처음 인민군을 보았다. 그때 경찰이 철수하면서 보도연맹원을 감방에서 죽였다. 인민군들은 우익인사를 안 죽였는데 지방 빨갱이들은 달랐다. 우익 사람들 던져 넣으려고 자를 들고 우물 깊이를 재러 다닐 정도였다. 원래 우리 동네는 10% 정도가 공산주의자였고 60%는 동조하는 분위기였지만 막상 인민군이 들어와서 1주에 몇 번씩 회의하면서 볶아대서 싫어했다. 현물세를 25%만 받는다고 하면서도 벼알, 콩알, 깨알까지 세서 인심이 확 돌아갔다. 말은 25%지만 벼알 세는 것을 보고 놀란 것이다. (전운식 인터뷰)[16]

가장 고통스러웠던 것은 정권 그 자체가 아니라 세상이 바뀔 때마다 어떻게 적응해야 할지, 평소 알고 지내던 사람들이 어느 편에 서는지 식별해 내는 것이었다. 이 판단은 생사를 가를 수 있었다. 이웃도 친구도 믿을 수 없었다. 안전이 확보되지 않고 통제할 수 없는 상황에서 사람들은 어느새 대한민국을 그리워하고 있었다. 인천상륙작전이 성공하면서 인민군이 후퇴하는 길에 수없이 많은 사람이 끌려가고 죽임 당하자, 민심의 변화는 돌이킬 수 없게 되었다. 해방정국에서 좌로 쏠렸던 이데올로기 지형은 한국전쟁 후 '우경반쪽 지형'으로 확연하게 달라졌다(손호철, 1990: 12).

전쟁기 경험이 남긴 증오의 이데올로기

전쟁기의 경험은 남한에서 공산주의에 대한 거부감을 확립하게 만든 계기였다. 국어학자 양주동은 "남침 구십 일간에 공산주의가 민중에게 실제로 보여준 것은, 물질적으론 전체적인 기아와 대량적 인명의 살상, 정신적으론 극도의 암흑감과 간단없는 협박·초조·전율 — 이것 외에 아무것도 없었다"라고 쓰고 있다(양주동, 1998: 145). 자유주의 지식인들이 일반화시킨 북한 또는 공산주의에 대한 기억들이 반드시 객관적인 것은 아니었더라도, 이후 홍수처럼 쏟아져 나온 반공 텍스트들이 만들어낸 문화적 기억은 국가적 지원 아래 압도적인 것이 되었다.[17] "무찌르자 공산당"의 구호가 전국을 휩쓸었다. 어린아이들은 머리에 뿔 달린 괴물로 공산당을 그

---

16 2019년 7월 14일 필자와의 인터뷰에서 발췌.
17 이범선의 대표작 『학마을 사람들』(1957), 『오발탄』(1959), 『동트는 하늘 밑에서』(1972)는 공산주의를 '악'으로, 국군을 '선'으로 묘사한다. 선우휘의 『불꽃』(1957)에서 공산주의자는 잔악하고 파렴치한 존재이다.

려냈고 학교마다 반공 글짓기, 반공 웅변대회가 매년 열렸다. 반공을 전가의 보도처럼 휘둘렀던 군사독재정권 시절, 이문구, 김원일, 김지하, 이호철, 조정래, 박완서 등이 회고한 대로 반공주의는 작가들의 자유로운 창작을 제약하는 결정적인 요인이었다(강진호, 2004: 3). 학계도 마찬가지였다. 진보적·급진적인 주장을 하다가 간첩으로 몰리는 위험한 세상에서 반공의 자기검열은 혹독했다.

5·18광주민주화운동 당시 광주시민들은 자신들이 공산주의자가 아님을 호소하기 위해 관 위에 태극기를 덮고 태극기를 흔들며 애국가를 불렀다. 심지어 시민군은 가두방송을 하던 여성들을 간첩으로 의심해서 감금하기도 했다(황석영·이재의·전용호, 2017: 467~468). 그들은 자주 애국가를 불렀다. 죽은 이들의 관을 일일이 태극기로 감싸는 광경은 자기 가족을 죽인 국가를 사모하는 듯한, 기이한 불일치의 인상을 남겼다.

> 그 과정에서 네가 이해할 수 없었던 한 가지 일은, 입관을 마친 뒤 약식으로 치르는 짧은 추도식에서 유족들이 애국가를 부른다는 것이었다. 관 위에 태극기를 반듯이 펴고 친친 끈으로 묶어놓는 것도 이상했다. 군인들이 죽인 사람들에게 왜 애국가를 불러주는 걸까. 왜 태극기로 관을 감싸는 걸까. 마치 나라가 그들을 죽인 게 아니라는 듯이. (한강, 2014: 17)

1979년 '남민전 사건'[18]으로 프랑스 망명을 신청해 난민으로 살면서 관광 가이드와 택시 운전으로 생계를 이어갔던 홍세화는 망명의 이유를

---

18 남민전(남조선민족해방전선)은 1976년 결성된 반유신투쟁 지하조직으로, 1979년에 남민전 조직원 84명이 체포되면서 세상에 알려졌다. 주동자 이재문은 감옥에서 사망하고 신향식은 사형되었으며, 나머지는 무기징역이나 징역 15년형을 받았다. 관련자들 모두 1988년까지 석방되었는데, 2006년에는 관련자 중 최석진 등 29명이 민주화운동 관련자로 인정되었다.

묻는 파리 7대학의 교수에게 이렇게 대답한다.

> 이상하게 들으시겠지만 별로 한 일도 없어요. 다만 저항했을 뿐이지요. 남한의 국시는 반공이랍니다. 프랑스의 '자유, 평등, 박애'처럼 적극적인 가치를 이루자는 것이 아니라 다만 반대의 이데올로기였지요. 내 나이 스무살 때, 나는 이 반대이념이 인간의 인간에 대한 증오심을 살찌운다는 것을 알아야 했어요. 나도 공산주의가 무엇인지 모르면서 벌써 공산주의자를 철저히 증오하고 있었으니까요. 그것은 무서운 발견이었지요. 인간을 알기도 전에 이미 인간을 증오하고 있었다니. 인간에 대한 사랑을 알기 전에 증오부터 배웠다니. 그 충격이 있은 뒤에 남한의 권력이 모두 이 증오의 이데올로기만을 기초로 하고 있다는 것이 보였지요. 나는 저항하여 나에게 강요된 증오를 거부했지요. (홍세화, 2003: 54)[19]

그러나 사회 지배담론으로서의 기능이 약화된 이후로도 반공주의는 '성역'의 자리에서 쉽게 물러나지 않았다. 적대적 분단체제에서 그것은 불가피한 일이었을 것이다. 사회비판적 주장들은 '좌익', '종북', '용공'의 좌표와 자주 결합되었다. 이런 상황은 심각한 사회적 갈등을 유발한다. 국민들이 인식하는 국내 갈등의 심각성 정도를 국제적으로 비교한 조사에서도

---

19 1947년생인 홍세화는 대학 1학년 때 충남 아산군 염치면 황골마을에 성묘 갔다가, 집안 어른으로부터 한국전쟁 당시 황골 양민학살사건에서 기적적으로 살아난 이야기를 듣고 큰 충격을 받는다. 자퇴하고 방황하던 중 1969년 다시 서울대 외교학과에 들어갔지만 1971년 학내에서 '민주 수호 선언문'을 작성해 배포하다가 퇴학당하고 군대로 끌려갔다. 제대 후 유신독재에 저항해 남민전에 가담, 반독재 전단을 뿌렸다. 1979년 무역회사에 취직해 파리지사에 근무하던 중 남민전 사건이 터졌고 프랑스로 망명했다. 2002년 공소시효가 만료되자 비로소 귀국해 《한겨레》 논설위원, 《말과 활》 발행인, 진보신당 대표, 벌금을 낼 돈이 없어 징역형을 사는 이들에게 무담보 무이자로 돈을 빌려주는 장발장은행의 은행장 등을 지냈으며, 2024년 4월 18일 타계했다.

한국은 28개국 중 2위를 차지했다(IPSOS, 2022). 1987년부터 2025년까지 약 40년 동안 한국사회의 갈등 유형 중 부동의 1위는 정치영역, 즉 여당과 야당 또는 진보와 보수 사이의 갈등이었다. 2025년 2월 한국보건사회연구원의 「사회갈등에 대한 한국인의 인식 변화와 시사점」 보고서에 따르면 응답자 열의 아홉은 진보와 보수 갈등이 심각하다고 답했고, 절반 이상은 정치 성향이 다른 사람과 연애하거나 결혼할 의향이 없다고 답했다.[20]

이념갈등을 통해 정치적 이득을 취하고자 하는 집단이 갈등을 부추기는 현상은 사실상 남과 북에서 동시에 나타났다. 남북한 전시소설을 연구한 성동민은 남북 전시문학이 너무도 유사한 방식으로 서로를 적으로 규정하는 이야기 구조를 가지고 있음에 주목했다. 그는 그러한 유사구도에 대해 민족 단위 공동체가 분화되면서 이데올로기적 적대성을 정치적 헤게모니로 작동시킨 전시 상황논리가 소설 장르에 반영된 결과라고 해석한다(성동민, 2004: 138). 오랫동안 남한의 반공주의와 북한의 반미·반제주의는 반대편에 대한 비판적 태도나 부정적 반응과는 차원이 달랐으며, 이성적 토론을 불가능하게 하는 '압도적인 감각(the sense of overriding)'(Kovel, 1994: 8)[21]으로 작용했다. 그 감각에는 시퍼런 증오의 날이 서 있었다. 이렇게 하여 전후 남에서는 '북괴'와 '공산당'을, 북에서는 '미제'와 '자본주의'를 악마화하는 집단기억이 강력하게 확립되었다. 남에서는 1960년대를 지나면서 전쟁에 대한 비판적 성찰을 시도하는 작품들이 나왔고 민주화 이후로는 대항기억의 빗장이 많이 풀렸다. 그러나 북에서는 공식기억에 어긋

---

20 정치 성향이 다른 이와 연애 및 결혼할 의향이 없다는 사람은 58%였고, 정치 성향이 다른 이와 시민·사회단체 활동을 할 의향이 없다는 사람은 71%로 상당히 높았다. 해당 보고서는 2023년 사회통합 실태조사 원자료를 활용해 작성되었다(곽윤경 외, 2023: 37~38, 60, 128).
21 이 압도적인 감각은 혹독한 반공의 자기검열에서 비롯된 것이었다. 제주4·3을 겪은 청년들은 한국전쟁이 발발하고 대대적인 예비검속이 벌어지자 빨갱이 낙인에서 벗어나고자 해병대 3·4기로 자원입대했는데, 그 숫자가 3,000여 명으로 1개 연대에 달했다.

나는 일반 사람들의 대항기억이 여전히 철저하게 억눌려 있다. 전쟁을 직접 체험한 세대가 사멸해 가고 있으므로 통일이 멀어질수록 특히 북한 사람들의 진실한 전쟁기억은 영원히 사라질 수도 있다.

호소하는 핏소리

한국전쟁의 인적 피해는 엄청났다. 국가기록원의 공식기록을 보면, 군인은 남측 14만 명, 북측 20만 명이 죽었고, 민간인은 남측 37만 명, 북측 49만 명이 죽었다. 유엔군은 4만 명, 중국군은 20만 명이 사망했다. 북한 측과 중국군의 피해는 남한 측의 추정치이다. 북한은 정확한 피해 통계를 공개하지 않아서 간접적인 추정만 가능한데, 공식자료로만 추산해도 줄잡아 140만 명 이상이 전쟁통에 목숨을 잃었다.[22]

민간인 학살은 다량의 살상무기가 동원되기 때문에 조직화된 폭력을 집행할 수 있는 국가나 정권에 의해 자행된다. 기억과 학살의 사회심리가 서로 연관되어 있는 것으로 파악한 미국 정치학자 허버트 허시의 논리는 학살이 인간의 본능에 의해 발생하는 것이 아니라 공동체 의식이나 폭력 이데올로기, 집단배제, 권위적 문화 등의 공통조건에 의해 이루어진다는 다수의 연구결과로 타당성이 입증되었다(Hirsch, 1995).[23] 기억조작이나 학살의 사회화 과정은 문화적 특수성과 관련되어 있다. 예컨대 미국은 이라크 전쟁 당시 후세인을 독재자와 악마로 형상화했지만 일본은 제2차 세

---

22 국가기록원, "6·25전쟁 피해 현황 통계", https://theme.archives.go.kr/next/625/damage Statistic.do(검색일: 2024.7.19)
23 이와 관련한 연구로는 Gamson(1995: 1~20); Staub(1988: 81~100); Dower(1993: 33~59); Hinton(1998: 93~122) 참조.

계대전 때 중국을 침략하면서 적을 감정이 없는 로봇으로 형상화했고, 캄보디아에서는 앙코르 제국의 기억과 민족주의, 명예와 체면의 문화가 학살을 정당화하는 기제로 작용했다. 나라마다 서로 다른 문화적 이미지와 이데올로기가 주입된 것이다. 한국전쟁 당시 대량학살에 가담한 사람들의 심리에는 공산화에 대한 집단적 공포가 그 중심에 있었고, 여기에는 북한 공산당의 지배를 겪은 월남인들의 체험적 반공주의가 반영되어 있었다.

한 사회의 공식기억은 주로 그 사회의 지배계층에 의해 형성된다. 오랫동안 군경에 의한 피해는 "공비토벌과정에서 빚어진 국군과 경찰의 작전상의 과잉진압이나 일부 부대의 '주민학살' …… 군과 경찰이 작전을 하다 보면 지휘관의 성격과 개인차에 따라 작전상의 과오나 실수를 범할 수 있"는(남정옥, 2016: 13) 것으로 간주되어 왔다. 참전 군인으로서 제7대, 제10대 육군참모총장, 제4대 연합참모본부총장, 제19대 교통부 장관을 지낸 백선엽은 숙군 작업을 벌여야 할 정도로 대한민국 군대에 좌익 세력의 규모가 컸으며, 빨치산은 지리산을 정점으로 존재하는 또 하나의 북한과 같았다고 회고한다. 그 역시 민간인 학살이 빈번했음을 알고 있었지만 그 주된 주체는 인민군이었다고 말한다.

이 땅에서 전쟁이 벌어진 뒤에는 그렇게 나 아닌 남에 대한 무차별적 학살이 자주 벌어졌다. 특히 해방 후 좌우로 갈라졌다가 북한이 일으킨 전쟁으로 그 갈등의 골이 깊어진 경우가 그랬다. 이념적 지향이 다른 상대방에게 가족을 잃은 사람들이 특히 그랬다. 피는 피의 보복을 끊임없이 불러들였고, 결국은 다시 처절하게 피를 흘리고 상대를 죽여야 하는 진흙탕 싸움으로 빠져들어갔다. 정부와 군대가 나서서 조직적으로 벌이는 학살은 국군과 연합군에는 거의 없는 일이었다. 그러나 그런 일은 공산 북한군에 의해서 빈번하게 일어났다. (백선엽, 2010: 412)

백선엽이 말하는 '정부와 군대가 나서서 조직적으로 벌이는' 학살 대상에는 이른바 보도연맹원 등 좌파 이념성향으로 분류된 사람들이 포함되지 않는다. 그들은 '양민'(良民, 선량한 백성)이 아니라고 간주했기 때문이다.[24] 남과 북은 자신들이 저지른 학살은 정당한 것이고 상대가 저지른 학살은 잔인무도한 것이라고 비난했다. '빨갱이'와 '반동'은 마땅히 죽여도 되지만 '무고한 양민'을 죽인 것은 잘못이라는 것이다. 그러나 혼란스럽고 무질서한 전쟁통에 '무고한 양민'을 가려내는 기준이 공정하고 올바르게 수립·집행되는 게 과연 가능했을까? '양민'이 누구인지는 누가 정하느냐에 따라 수시로 달라졌다.

공산주의에 대한 자유민주주의의 승리라는 공식기억의 뒤편에서 군경에 의한 민간인 학살은 오랫동안 은폐되어 왔다. 구술사 연구자들은 군경, 우익, 미군에 의한 학살의 기억이 억압된 나머지, 많은 전쟁 체험자들이 모든 학살의 책임을 인민군과 좌익에 돌리는 기억 오류 현상이 일어났다고 지적한다. 예를 들어, 대전 지역에서는 남한의 군경이 자행한 '낭월동 골령골 학살사건'과 '대전형무소 우물 학살사건'을 공산당이 한 짓이라고 알고 이야기하는 경우가 많았다(백민정, 2018: 152). 이는 적대적 분단의 현실에서 '적군=북한=악, 아군=남한=선'이라는 등식이 집단무의식 가운데 성립되어, 끔찍한 학살의 주체는 당연히 북한일 것이라는 예단에서 비롯된 현상이다. 사건 현장에 있었던 당사자들조차도 행여 좌익에 연루되었다는 의심을 살까 봐 고통스러운 기억을 그저 가슴에 묻고 살아야 했다. 좌익은 지방으로 내려갈수록 광범위하고 강력한 조직을 갖추고 있었는데, 이는 전국 방방곡곡에서 자행된 민간인 학살이라는 결과로 나타났

---

[24] 당시 피학살자 대부분이 이념 때문이 아니라 정치적·군사적 필요에 따라 양측 모두에 의해 죽임을 당했으므로 양민보다는 민간인이라는 단어가 적합하다. 대체로 2000년대 이후로는 '양민' 대신 '민간인'이라는 표현이 널리 통용되고 있다.

남과 북의 민간인 학살 대상 및 학살 주체

남		북	
학살 대상	주도적 학살 주체	학살 대상	주도적 학살 주체
보도연맹원	경찰, 국군	공산당원	국군, 미군, 우익청년단
형무소 수감 좌익혐의자	경찰, 국군	정권기관, 대중단체 등의 활동가 및 가족 등 일반인	국군, 미군, 우익청년단
좌익·부역혐의자 및 일반인	경찰, 국군, 우익청년단	치안대 등 적극적 우익인사 및 부역혐의자	인민군, 내무서원 등의 공권력과 민간인
피난민	미군	피난민	국군, 미군, 우익청년단
적극적 우익활동가	인민군, 지방 빨치산 등 좌익활동가		

자료: 이신철(2010: 518).

다. 알고 지내던 사람 가운데 좌익만 무서운 것은 아니었다. 원수를 갚는다는 이유로 우익세력이 저지른 학살도 공포스럽기는 마찬가지였다. 전쟁이 정말 무서운 것은 "가까운 사람들 사이에 네 편과 내 편을 갈라서 불신과 갈등을 자아냄으로써 죽고 죽이는 악순환을 가져"(신동훈 외, 2016: 50)온다는 데 있다. 극심한 좌우 이념의 대립 속에 남과 북은 혼란과 분열에 빠져 공동체와 인권과 민족의 가치가 실종되었고, 아무도 믿어서는 안 된다는 불신의 세계관이 형성되었다.

1987년 민주화 이후 권위주의 통치체제가 해체되자 억압되었던 기억이 분출되었다. 2005년 12월에서 2010년 6월까지 4년간 활동한 진실화해위원회는 남한지역에서 군경·우익단체가 인민군이나 좌익보다 훨씬 더 많은 민간인을 학살한 것으로 보고했다(김동춘, 2013: 26~27). 제주4·3사건이나 여순사건의 경우 정부가 공식 확인한 희생자의 압도적 다수는 반란군에 의한 피학살자가 아니라 군경·우익에 의한 피학살자였다. 학살 대상과 주체로 본 남과 북의 민간인 학살의 개요는 위의 표와 같다.

1기 진실화해위원회의 보고서가 나오고 오랜 시간이 흐른 뒤 2021년 5월 2기 진실화해위원회가 최대 4년으로 보장된 진상규명 활동을 시작했다. 2023년 5월 10일 충남 서산과 태안지역에서는 해군과 경찰에 의해 살해된 2,000여 명의 유해가 발굴되기 시작했다. 이렇게 추산된 민간인 피학살자 현황에 의하면, 전쟁 초기 군경과 우익에 의한 민간인 피학살자는 20만~30만 명에 달하고 인민군과 좌익에 의해 피살된 민간인은 5만~7만 명 정도일 것으로 추정된다. 민간인들끼리 벌인 보복학살은 마을 단위로 벌어졌다. 대대로 몇 개의 같은 성씨가 무리 지어 살아온 동네에도 피바람이 몰아쳤다.

인민군 치하의 그곳에서 이른바 인민재판이라는 것이 있었다. 이런저런 죄명으로 몇 명이 처형되었다. 마을의 인심은 흉흉했다. 먹을 것도 없었다. 이윽고 찌는 듯한 더위가 가시고 인민군이 밀려 올라갔다. 즉시 보복이 시작되었다. 우선 일곱 명이 몽둥이로 타살되었다. 그 외에도 이른바 반공청년들에게 맞아 죽은 사람들 중에는 우리 일가의 종손인, 나의 오촌당숙이 있었다. 그는 마을의 인민위원장이었다. 피를 본 마을 사람들은 더욱더 피에 굶주리게 되었다. 그리고 복수의 피였기에 또 다른 복수의 씨앗을 아예 없애버려야 했다. 오촌당숙의 가족은 물론 먼저 처치한 일곱 사람의 가족도 하나하나 없앴다. 어린애도 예외가 없었고 남자, 여자 할 것 없이 할머니 할아버지까지도 죽였다. 그리하여 그 크지 않은 마을에서 80명 가까운 마을 사람들이 죽어나갔다. …… 사람은 잔인했다. 사람은 원래 잔인했다. 증오의 이데올로기로 부추기는 것으로 충분했다. 사람은 죽이는 데 잔인했고 또 사는 데도 악착같았다. (홍세화, 2003: 170~171)

박찬승은 한국전쟁기에 아무리 국가권력이 뒤에서 조종했더라도 왜

마을 사람들이 그렇게까지 갈라져서 서로 죽고 죽여야 했는지 의문을 품었다. 그가 보기에 시골 마을에서까지 상호보복과 학살이 벌어진 것은 이념 탓이 아니라 잠복해 있던 갈등이 폭발적으로 점화한 데서 기인한다. 그것은 오랜 세월 뿌리 깊은 신분제와 지주제로 인해 씨족 또는 마을 간에 얽혀 있었던 복합적인 갈등이었다. 지배권력이 강하고 안정된 시대에는 협력과 경쟁, 지배와 피지배 관계 자체가 사회운영 기제로 작동해 마을 내외의 갈등구조가 은폐될 수 있었다. 그러나 전쟁은 통치력의 혼란과 치안의 공백기를 가져왔고 갈등의 폭발과 충돌을 견제할 수 있는 물리력이 작동하지 않았다. 양반과 천민, 지주와 소작인, 부농과 빈농, 계파와 문중, 종교와 이념이 충돌했다. 인민군 치하에서 인민재판에 의한 처형이 시작된 것이 불씨가 되어, 체포, 구금, 재판, 처형까지 민간인의 손으로 이루어지기 시작했다. 한 사람의 죽음은 또 다른 피의 보복을 불러왔다. 이른바 '톱질전쟁'이었다. 산으로 들어가거나 체포되어 수감되거나 추방되는 사람들이 많아지자 과거의 공동체가 무너지고 새로운 권력이 형성되고 새로운 질서가 만들어졌다. 충돌하는 사건마다 열쇠를 쥔 주요 인물이 있었고 그들이 주민에게 행사한 영향력은 지대했다. 마을 안팎에서 벌어진 주민들 간의 학살에는 대부분 남북의 국가권력이 개입하거나 방조했는데, 남쪽은 경찰과 우익청년단이, 북쪽은 인민위원회, 연맹, 치안대 등이 그 역할을 담당했다. 국가권력이 개입하지 않았더라면 대규모의 민간인 학살은 없었을 것이다(박찬승, 2010: 51).

 1950년 9월 말부터 1951년 3월 초까지 인민군 후퇴와 대한민국 군경 수복 사이의 기간에는 지방좌익이 우익인사 가족을 학살하는 일이 더욱 광범위하게 이루어졌다. 학살 규모는 인민공화국 초기인 1950년 7월보다 훨씬 더 컸다. 대전형무소와 진주형무소, 전주형무소에 수감되어 있던 우익인사들이 죽임을 당했고, 전라남도 지역에서는 심지어 빨치산에 비

협조적이라는 이유만으로 우익인사의 집안이 몰살당하는 일이 빈번했다. 1950년 10월 30일 전남 영광군 백수면 대전리에서는 지방좌익에 의한 피해자 651명 중 65.4%인 426명이 이날 하루에 죽임을 당했다. 그러나 적대세력에 의한 사건의 경우 국가를 상대로 어떤 배·보상 청구 소송을 제기하는 것도 불가능했다. 군경에 의한 희생자만 배·보상되는 이 모순은 또 어떻게 할 것인가?

전쟁은 모든 사람에게 '적과 나'의 이분법을 강요한다. 공산주의와 반공주의의 표지는 생사를 가르는 것이었다. 중립지대는 없었다. 이런 상황에서 보통 사람들은 목숨을 부지할 수 있는 체제를 선택할 수밖에 없다. 이념보다 생존이 우선이기 때문이다. 그러나 그렇게 살아남은 많은 사람들이 또 다시 부역죄로 '우리 편'에 의해 죽어갔다. 그런 죽음이 너무 많았던 것이 1차적 비극이었다면, 그 죽음의 실상이 은폐되고 연루된 남은 사람들이 고초를 겪어야 했던 것이 2차적 비극이었다. 김동춘은 1기 진실화해위원회에서 일하는 동안 한국에서 학살의 주체가 군·경찰·우익·미군이었던 사건들을 조사하는 데 고충이 많았고 한계가 있었다고 토로했다. '우리 편'에 의한 죽음을 정당화하려면 피학살자가 유죄여야 한다. 그런데 피학살자의 무죄를 인정하기란 '우리 편'이 옳다고 믿는 사람들에게 쉬운 일이 아니다. 그들에게 한국전쟁은 자유민주주의를 수호한 '성전(聖戰)'으로 의미화되어 있다. 김동춘이 보기에 학살사건은 국제적으로 거의 동일한 배경, 동일한 가해자 유형, 동일한 피해자 반응을 보여주고 있다.

한국에서 '6·25'의 기억은 건드릴 수 없는 성역이다. 일본은 침략의 역사를 조작하고 있으며, 국민들에게 히로시마와 나가사키의 비극만 주입해 왔다. 일본 우익의 60년 장기집권의 배경은 기억의 통제에 있다. 미국은 인디언 학살, 베트남전쟁에서의 학살, 인도네시아·남미 등 군사독재정권 지원과 학살 지원 사실을 국민들에게 가르치지 않는다. …… 한국은 한국전쟁기 군경에 의한 학살사건을 국민들에게 가르치지 않고, 베트남전쟁에서 한국인들이 어떤 일을 했는지 가르치지 않는다. …… (우리는) 식민주의와 반공주의가 우리 국민들을 얼마나 지적 불구 상태로 만들었는지 모르기 때문에 우리가 무슨 일을 했는지 모른다. (김동춘, 2013: 435~437)

남측을 피해자로, 북측을 가해자로 규정하는 등식은 남측의 가해자와 북측의 피해자를 인정하지 않는다는 한계를 지니고 있으며 단순한 이분법에 따른 악마화와 비인간화의 문제도 안고 있다. 인민해방군으로 7년을 복무한 뒤 미국에서 영문학을 공부한 중국계 소설가 하진은 한국전쟁에 참전한 중국군 초급장교 유유안의 입을 빌려 "우리에게 모든 미군은 악마여야 했고 그들에게 우리 모두는 빨갱이여야 했다. 인간적인 개별성을 그렇게 지우지 않고서야 어떻게 무자비하게 싸울 수 있겠는가?"라고 말한다(하진, 2008: 291). 나치 통치의 가장 잔악한 점은 희생자를 파괴하기 전에 사람이 아닌 존재로 격하시키는 것이었다. 단지 빨갱이라고 해서 죽여도 된다는 반공주의와 단지 유대인이라고 해서 죽여도 된다는 나치즘과의 거리는 얼마나 될까? 개별 행위자의 구체적인 행위가 아니라 이념을 경계로 가해자와 피해자를 구분하는 방식으로는 진실을 볼 수도, 정의를 구현할 수도 없다.

인간인가, 악마인가

인간은 왜 서로를 해치고 죽이는가? 토머스 홉스는 "규모가 크고 오래 지속된 사회들은 모두 상호 간의 선의가 아니라 두려움에 기초해 구성되어 있다"고 간파했다(Hobbes, 1651).[25] 홉스에 의하면, 인간은 모두 똑같은 것을 욕망하지만 자원은 희소하기 때문에 인간에게는 서로에 대한 두려움과 서로를 해치려는 동기가 있다. 다툼의 원인은 허영심, 비교의식, 경쟁, 불신, 명예욕에 있다. 자신의 것을 지키려는 과잉욕구, 자신의 힘에 대한 과잉신뢰, 타자의 명분과 힘에 대한 과소평가가 어우러져 다툼이 벌어진다. 그러므로 자연상태의 인간사회는 모든 사람이 모든 사람에 맞서 싸우는, '만인에 대한 만인의 투쟁'의 상태가 된다.

> 능력의 평등에서, 목표를 달성할 수 있다는 희망의 평등이 생긴다. 두 사람이 함께 누릴 수 없는 대상을 놓고 그것을 서로 가지려 하기에 그 둘은 적이 되고, 자신의 목표를 추구하는 과정에서 상대방을 파괴하거나 굴복시키려 하게 된다. 이들의 목표는 주로 자기보존인데, 때로는 파괴와 정복에서 오는 쾌감 그 자체가 목표인 경우도 있다. 다른 힘은 두려워할 필요 없이 오직 상대방 한 사람만 이기면 침략이 성공하는 상황에서는, 누군가 농사를 짓거나 안락한 거처를 마련해 놓으면 다른 사람들이 몰려와서 그의 노동의 열매를 약탈하고 심지어는 생명이나 자유까지 박탈할 가능성이 언제든지 있다. 그리고 그 침략자 또한 같은 종류의 침략을 당할 위험이 있다. 이와 같이 서로를 불신하는 상황에서는 자기 자신을 안전하게 지키기 위해서 선제공격보다 합리적인 조치는 없다. 그것은 곧 폭력이나 계략을 써서 가능한 많은 사람들을 오랫동안 지배하여 더 이상 자신을 위협하는 힘이 보이지 않을 때까지 무력화하는 일이다. (홉스, 2008: 169~170)

---

25 『시민론(De cive)』은 『리바이어던(Leviathan)』의 주제를 앞서 다룬 저작으로, 제1장에서 "만인에 대한 만인의 투쟁(War of All against All)"이 언급된다.

칸트는 홉스와 마찬가지로 인간의 선의가 아닌, 인간의 폭력성에 기대어 세계평화를 기획한다(Kant, 1939). 만인에 대한 만인의 투쟁이라는 자연상태에서는 개인이 자신을 보호하기 위해 국가에 귀속되듯이, 국가들도 국제적 체제 속으로 들어가야 한다는 것이 바로 칸트가 주창한 영구평화론이다. 그리고 제2차 세계대전 이후 칸트의 이론에 근거해 국제연맹과 국제연합이 창설되었다.

카를 슈미트는 '행위로서의 전쟁'과 '상태로서의 전쟁'을 구분한다(슈미트, 2012: 146~219). 한반도는 한국전쟁 이후 '행위로서의 전쟁'은 종료되었지만 적대적 대립이 계속되는 '상태로서의 전쟁'인 상황이다. 그런데 전쟁이란 '누가 적인가'에 대한 정치적 판단을 전제로 하는 것이다. 적을 설정하고 그 적을 제거하려는 국가적 행위가 전쟁이다. 나치를 옹호한 정치신학자였던 카를 슈미트는 감옥에서 이렇게 쓰고 있다.

> 도대체 누가 나의 적일 수 있을까? 내가 그를 적으로 인정하고 그가 나를 적으로 인정하는 것을 통해서이다. …… 나는 도대체 누구를 나의 적으로 인정할 수 있을까? 분명히 나를 문제시하는 자, 바로 그자만을 적으로 인정하면서, 그가 나를 문제시한다는 것을 나는 인정한다. 그렇다면 누가 나를 진정 문제시할 수 있을까? 오직 나 자신 혹은 나의 형제. 바로 이것이다. 타자는 나의 형제이다. 타자는 나의 형제임이 입증되고 형제는 나의 적임이 입증된다. 아담과 이브에게는 두 명의 아들이 있었다, 카인과 아벨. 인류의 역사는 이렇게 시작한다. (Schmitt, 1950: 89. 이해영, 2004: 17에서 재인용)

슈미트에 따르면 적은 나의 정체성과 나의 존재를 구성한다. 타자 속의 자기와 자기 속의 타자를 부정하는 것, '부정의 부정'은 무한하다. 그래서 적은 무한하고 투쟁도 끝이 없다. 이 투쟁의 원초적인 형태가 바로 성서에 나오는 '카인과 아벨'의 싸움이다. 왜 남과 북은 한민족끼리 이렇게 오래도록 상태로서의 전쟁을 지속하고 있는가? 오랜 역사를 공유한 형제이자 혈족이기에 무차별 살육에 대한 분노와 증오와 공포가 더 컸던 것은 아니었을까? 한국전쟁기에 테러와 학살이 왜 그렇게 잔인한 양상으로 전개되었는지에 대해, 김동춘은 한국의 공동체는 씨족집단과 동족집단으로 구성되어 있고 이데올로기보다 혈육의 정에 기초한 증오감이 폭력의 기반이 되기 때문에 상대방에 대한 폭력과 보복에 감정이 개입되어 더 잔인한 양상을 보였다고 진단한다(김동춘, 2006: 371). 박명림 역시 한민족의 오랜 동질성이 이념적 갈등과 잔인성의 정도를 높였을 수 있다고 하면서, '동근원성의 역설'을 제시한다.

> 결국 인간들에게 가장 깊은 하나의 의문은 가혹한 내전, 즉 동족과 근친상잔의 문제이다. 자족학살(self-slaughter)과 자족말살(auto-genocide)을 말한다. …… 인간들은 종종 너무도 사소한 차이에 대한 자기집착과 확대해석으로 인해 증오와 폭력과 살육으로 치닫는다. 인류의 시작이 카인의 아벨에 대한, 가장 가까운 '형제' 살인으로부터였다는 점은 인간 본질의 핵심을 함축한다. (박명림, 2019: 315~317)[26]

『카인의 후예』는 작가 황순원이 1954년에 발표한 소설 제목이기도 하다. 그는 월남 후 현실성이 강한 작품들을 좌익 매체에 발표하고 조선문

---

[26] 기독교의 구약성서에는 인류 최초의 살인이 형제간에 벌어졌다고 기록되어 있다. 아담과 이브는 범죄한 후 에덴동산에서 내쫓겼는데, 그 후에 이브가 아들들을 낳았다. 형 카인은 농부였고 아벨은 양치기였다. 어느 날 둘 다 하나님께 제사를 드렸는데 하나님이 카인의 제물은 받지 않고 아벨의 제물만 받으셨다. 이에 분노한 카인은 동생을 불러내서 죽여버렸다(창세기 4장 1~15절).

학가동맹에 가입한 전력 때문에 1949년 12월 전향서를 쓰고 보도연맹에 가입했다. 이 소설은 1945년 해방 직후 북한의 공산정권 치하에서 정치적 시련을 겪던 한 청년 지주 인텔리가 자유를 찾아 월남하는 과정을 묘사하면서, 북한의 토지개혁으로 파생된 부정적인 현실을 분단과 전쟁의 원점으로 고발한다. 그러나 작가는 타자를 향한 적대감과 분노보다는 비극적인 현실에 대한 절망과 고통을 부각시키면서 보복의 악순환을 끊고 인간다움의 가치를 추구하고자 한다. 그러한 의도는 인간의 본질을 형제 살인자 카인의 후예로서의 정체성으로 연계하는 표제를 붙인 데서 드러난다. 국가권력에 의해 도구화되기를 거부하고 자유를 찾아 탈출하는 주인공의 선택은 인간 자체를 목적으로 삼는 것이 구원임을 암시한다.

전쟁은 인간의 본성에 대해 무엇을 말해주는가? 인간은 폭력적이다. 그러나 동시에 인간은 타인을 필요로 하는 사회성을 갖고 있다. 2024년 노벨문학상 수상 작가 한강의 말대로, 인간은 이토록 폭력적이기도 하고 동시에 이토록 압도적인 폭력의 반대편에 설 수도 있다.[27] 끔찍한 폭력을 휘두른 사람들도 있지만 시련 속에서 서로를 돕고 희생한 사람들도 있다. 극과 극의 인간상이 표출되는 것이다. 그리고 대부분의 인간은 신과 악마의 중간 어디쯤에 있는 존재인 듯하다.

---

27 한강, 노벨문학상 수상자 강연(2024.12.7) 전문 중에서. "인간은 어떻게 이토록 폭력적인가? 동시에 인간은 어떻게 그토록 압도적인 폭력의 반대편에 설 수 있는가? 우리가 인간이라는 종에 속한다는 사실은 대체 무엇을 의미하는가?" "세계는 왜 이토록 폭력적이고 고통스러운가? 동시에 세계는 어떻게 이렇게 아름다운가?" https://www.nobelprize.org/prizes/literature/2024/han/225027-nobel-lecture-korean/ (검색일: 2025.1.13)

역사 앞에서는 모두가 피해자

전쟁의 경험은 일률적이지 않다. 2012년부터 3년에 걸쳐 건국대학교 한국전쟁체험담 조사팀은 서울, 경기, 강원, 충청, 호남, 영남, 제주 등 전국 각지에서 300명 이상의 전쟁 체험자들을 만나서 그들의 구술을 채록해 데이터베이스화했다. 대부분의 구술자가 이미 고령인 탓에 더 이상 늦출 수 없는 연구 프로젝트였다. 대한민국 국가권력은 국군과 우익, 미군에 의한 학살에 대해서는 침묵하고 좌익과 인민군에 의한 피해만 부각시키는 '빨갱이=악마'의 공식담론을 주도해 왔으나, 실제로 현장에서 만난 구술자들의 기억은 그렇게 단순하지 않았다. 한국전쟁기 좌익피해담은 세 가지 유형으로 나뉘는데, 첫째는 공비에 의한 학살로 은폐되었던 국군의 민간인 학살에 대해 "우리를 죽인 것은 빨갱이가 아니다"라고 밝히는 방식, 둘째는 실제 경험해 보니 "빨갱이도 우리와 똑같은 인간이더라"라는 옹호적 방식, 셋째는 좌익과 우익에 의한 학살을 모두 경험하고 그것을 성찰한 끝에 "전쟁은 우리 모두의 상처이다"라고 보듬는 방식이다(정진아, 2013: 8).

첫째 유형에 해당하는 사건들은 주로 빨치산에게 식량을 제공한 혐의, 좌익에게 협조한 혐의, 좌익 가족 등의 이유로 국군과 군경 토벌대에 의해 집단사살된 사례이다. 이들의 주장은 "우리는 빨갱이가 아닌데 빨갱이로 몰려서 억울하게 죽었다"는 것이다. 이들의 주장은 빨갱이는 죽여도 된다는 투철한 반공이념을 반영하는 것일 수도 있지만, 만약 빨갱이로 밝혀지면 사회적 차별을 겪어야 하고 보상이나 위령사업에서도 배제되는 등 불이익을 당할 것이라는 두려움과 불안감에 의한 방어적 주장일 수도 있다. 그만큼 한국사회에서 반공 이데올로기의 영향력은 막강했다.

동네 사람을 논에다 몰아넣고 이래 가지고 총을 쏘는데 그래 처음에는 뭐 빨갱이다 카고 막 이런 욕설을 하면서 그 박재춘이라고 그 사람을 먼저 쏘 드라고요. 빨갱이라고 그러면서. 니들이 빨갱이 뭐 머리를 깎아주고 뭐 어쩌고 그 사람이 이발을 인제 어려서 막 조금 했는데 그런 소리를 하면서 그래 욕설을 하고 총을 놨는데 무신 총을 놓았던지. 그 사람 그래 쏜게로 옆에 있던 참말로 그 안양반이 막 여보 여보 고러면서 이런께 고 또 여자도 쏴갔고. 그 세 살 난 그 언나 안고 있는 것도 다 죽이고. 그 사람 세 식구가 고만. 제일 먼저러 그래 다 죽이더라구요. [채홍연(여, 1938년생) 인터뷰, 2012년 3월 10일. 정진아, 2013: 16에서 재인용]

둘째 유형은 공산주의자를 인간화하는 기억이다. 인민군에는 국가의 공식기억에서 묘사되는 것처럼 잔인무도한 사람들만 있는 게 아니었다. 사람들이 기억하는 인민군의 실제 모습은 저마다 다르다. 피난길에서 인민군의 도움을 받은 사람도 있었다. 김문정의 회고에 따르면, 어머니의 출산을 도와준 인민군은 직접 아기를 씻기고 겉옷을 벗어서 아기를 감싼 다음 어머니에게 아기를 넘겨주었다. 김문정은 인민군을 친절하고 정이 많고 착한 존재로 기억했다[김문정(여, 1939년생) 인터뷰, 2012년 4월 7일. 정진아, 2013: 23에서 재인용].

셋째 유형은 모두가 피해자라는 시각이다. 피의 보복이 벌어지던 전쟁기에는 민간인 학살에서 가해자와 피해자를 엄밀히 구분하기가 어려웠다. 국군과 인민군은 부역혐의자를 처단하는 데 마을 사람들을 가담시켰고 그 상처는 깊고도 오래갔다.

남로당 애들 …… 끄집어 나온 놈들이 무슨 짓을 했느냐면 인민재판 한다고 돌아댕기며 유지들 다 붙잡아다가 국민핵교 운동장에 세워놓고 인민재판 한 거지. "이사람 죽여야 옳으냐? 살려야 옳으냐?" "옳소" 하면 그냥 죽여버리고 …… 이쪽은 가만히 있나? 걔들 갔으니까. 이쪽도 보복해야지. 그놈들 다 붙잡아다가 남로당들 붙잡아다가 또 죽였지. 서로 죽인 거여. 이쪽은 이쪽 죽이고 저쪽은 저쪽 죽이고. 그 사람들 많이 죽었다고. [최광윤 (남, 1938년생) 인터뷰, 2013년 2월 15일. 정진아, 2013: 26에서 재인용]

전체적인 구도에서는 기습침략을 당한 남측이 피해자, 먼저 쳐들어온 북측이 가해자인 게 사실이다. 그러나 전쟁이 진행되면서 피해와 가해의 경계는 흐려졌다. 한반도뿐 아니라 전 세계 분쟁지역에서 그런 일은 흔하게 벌어진다. 북아일랜드, 캄보디아, 르완다 등 민간인 학살이 벌어졌던 분쟁지역마다 피해자는 얼마 후 자신과 가족들의 복수에 나서면서 가해자가 되고 가해자는 다시 피해자가 되는 일이 수없이 반복되었다. 그 결과 최종적으로는 누가 가해자이고 누가 피해자인지 정확하게 구분하기 어려워졌다. 나치가 자행한 홀로코스트는 가해자와 피해자가 명확히 구분되는 보기 드문 사례였다.

권정생의 1981년도 작품 『몽실 언니』는 해방 직후와 6·25전쟁 시기의 사회상을 다루고 있다. 몽실이 엄마는 궁벽한 살림을 못 견디고 도망갔다. 새엄마는 아기를 낳다가 죽고, 몽실이는 홀로 아기를 키우느라 고군분투한다. 동생들을 거두고 가족들을 보살피며 생명을 살리려는 몽실이로서는 편을 갈라 죽기 살기로 싸우는 사람들이 이해되지 않는다. 난리통에 이상한 인민군도 만난다. 인민군이 입성하는데 몽실이가 착각하고 태극기를 꺼내들자, 낯선 인민군 청년이 황급히 달려와 지금 태극기를 갖고 있으면 큰일 난다면서 태극기를 불태워주고 떠난다. 몽실이는 국군하고 인민군하고 누가 더 나쁜지, 누가 더 착한지 잘 모르겠다고 생각한다. 몽실이 말을 들은 인민군 언니는 이렇게 대답한다.

그런 거야, 몽실아. 사람은 누구나 처음 본 사람도 사람으로 만났을 땐 다 착하게 사귈 수 있어. 그러나 너에겐 좀 어려운 말이지만, 신분이나 지위나 이득을 생각해서 만나면 나쁘게 된단다. 국군이나 인민군이 서로 만나면 적이기 때문에 죽이려 하지만 사람으로 만나면 죽일 수 없단다. (권정생, 2012: 122)

몽실이는 자기만의 생각과 고민 끝에 "나쁜 건 따로 있어요. 어디선가 누군가가 나쁘게 만들고 있어요. 죄 없는 사람들이 서로 죽이고 죽는 건 그 누구 때문이어요"(권정생, 2012: 228)라는 결론을 내린다. '그 누구'라는 것은 실재하는 사람들이다. 역사 앞에서는 모두가 피해자이지만, 그렇다고 진짜 가해자가 없는 것은 아니다. 몽실 말대로 누군가가 사람들을 나쁘게 만든다. 권력을 탐하는 누군가로 인해 사람들이 서로를 미워하고 해치게 되는 비극은 지금도 세계 곳곳에서, 한국 땅에서도 벌어지고 있는 엄연한 현실이다.

선악의 이분법을 거부하고 해체하려는 학계와 시민사회 영역에서의 시도는 계속 이어져왔다. 많은 연구자들이 기존의 고정관념을 깨뜨리는 사료들과 구술을 근거로 '빨갱이=악'의 공식을 깨뜨리는 대항기억을 계속 발굴해 냈다. 김종군은 속초지역 사례에서 북한을 경험했다는 공통점을 가진 세 부류의 집단을 이야기한다(김종군, 2018: 6). 먼저, 원주민 집단이 있다. 이들은 전쟁 전 북한체제 속에서 공사주의 사상교육을 받았고 가족이 북에 거주한다는 이유로 '잔재 공산주의자'로 간주되었다. 그다음으로, 아바이마을 실향민 집단이 있다. 이들은 초기에는 감시 대상이었지만 1962년 이래 '월남 귀순인'으로 환대받는 입장이 되었다. 마지막으로, 남북귀환어부 집단이 있다. 이들은 분단체제가 고착된 이후 북한을 경험했다는 혐의로 필요에 따라 정략적으로 간첩으로 조작되면서 국가폭력에 직접적으로 노출되었다. 국가라는 거대 권력 앞에 개인은 한없이 작고 초라하다. 듣지 못하고 말하지 못하는 사람처럼 살아온 세월이 이를 증명한다. 서로의 고통에 연대할 기회를 찾기도 어려웠다. 자칫 동조한다고 나섰다가 또 다른 피해를 볼까 봐 움츠러들 수밖에 없는 현실이었기 때문이다. 그나마 납북귀환어부에 대한 다른 두 집단의 시선은 대체로 동정적인 편이다. 그러나 이제는 세상이 변하고 있다. 많은 간첩조작 사건이 수십 년이 흐르면서 무죄로 판명되고 있다. 그럼에도 뒤늦은 명예회복과 배·보상으로 피해자들과 가족들, 후손들의 한이 조금이라도 풀릴지는 알 수 없는 일이다.

전남 영광군 불갑산 지역에서 인민위원장으로 취임한 농사꾼 강내원은 6·25 전에 아들 삼형제가 모두 남한 경찰의 손에 죽었음에도 불구하고 인공 치하에서 일체의 복수를 하지 않았다. 주민들의 증언에 따르면 그는 보복학살은커녕 경찰과 우익에 아무런 불이익도 주지 않았다. 덕분에 마을은 평화로웠고 이장을 비롯한 전쟁 발발 전의 우익들이 그 자리를 지키는 희한한 일이 벌어졌다(박명림, 2002: 257~258). 이것은 공식담론에서 거의 호출되지 않는 기억이지만, 이념을 넘어 생명을 구원하는 숭고한 인간정신을 보여주는 사례이다. 가해자의 잘못을 덮거나 피해자의 참상을 외면하자는 뜻이 아니다. 가해자와 조력자만 있었던 게 아니라 그 사이에 양심에 따라 선택을 했던 적잖은 '의인들'이 있었음을 기억해야 한다는 뜻이다. 과거사를 기억하는 이유 중의 하나가 화해와 치유의 가능성을 발견하는 데 있기 때문이다.

우리가 과거사를 기억하는 이유 중 하나가 화해와 치유의 가능성을 발견하는 데 있다면, 양심의 선택을 했던 '의로운 이웃'이야말로 그 가능성을 몸소 보여주었던 사람들이다. …… 우리가 특히 발굴하고 기념해야 할 사람들은 '평범한 의인들'이다. 우리가 기억토록 할 것이 있다면 그들의 '양심에 따른 선택'일 것이다. 이것이야말로 칸트가 평생 동안 공부했던 인간의 본성이요 윤리학의 목표였다. 우리의 기억문화가 갈등으로 들끓는 사회를 바꿔갈 수 있다면, 우리의 기념문화 속에서 이 선한 순간과 지점들을 적절한 방식으로 재현하는 일이 하나의 방편이 될 것이다. (최호근, 2019: 59~60)

의인이 소수이듯 악인도 소수이다. 대부분의 보통 사람은 의인과 악인 중간 어디쯤의 회색지대에 몰려 있다. 그러므로 '생사를 오가는 한계상황에서 나라면 다르게 행동했을까' 자문해 볼 필요가 있다. 가해자와 피해자, 동조자와 방관자, 어느 쪽이든지 그 입장에 서보지 않고서는 섣불리 정죄하고 비판하기 어렵다. 전쟁은 인간의 존엄성을 앗아가고 때로는 짐승만도 못한 수준으로까지 인간을 내몬다. 인간을 인간 되게 하는 것은 무엇인가? 철저히 짓밟힌 인간은 어떻게 존엄성을 회복할 수 있는가? 이러한 시각으로 한국전쟁 속에서 인간의 얼굴을 찾아내는 작업이 필요하다. 그것은 곧 '나'와 '우리'의 얼굴을 찾아가는 과정이기도 하다.

통일이 폭력이 되지 않으려면

전쟁의 폭력에 노출된 인류는 평화를 갈망하게 된다. 두려움에 근거해 상대를 해치고 죽이려는 것이 자연상태의 본성이라 할지라도 그것은 제도와 구조화된 질서로 제어될 수 있으며 마땅히 공동의 노력으로 제어되어야 한다. 고대 로마제국의 통치자들은 베게티우스의 말대로 평시에도 군대를 상비하며 전쟁 준비를 해야 평화가 유지된다고 믿었을지 모르지만, 이른바 '로마의 평화'의 실체는 강자가 폭력으로 약자를 억누름으로써 유지되는 가짜 평화였다. 말하자면 평화는 강자의 권리이자 통치 이데올로기였던 것이다. 그것은 반란과 내분이 끊이지 않았고 관리들의 탐욕스러운 수탈에 시달리는 평민들의 고통을 덮어버리고 감추었던 '회칠한 무덤'이었다.

한반도 평화를 위해 지금 중요한 것은 인내심을 가지고 대화하려고 노력함으로써 남북 간에 무너진 신뢰를 다시 쌓는 것이다. 대화는 상대를 인간으로 존중하는 마음에서 비롯된다. 서로를 악마화하고 '상종 못할' 존재로 또는 '한 하늘을 이고 살 수 없는' 존재로 취급하는 자세를 고치는 것이 그 시작이다. 남과 북은 '평화를 위해' 합동군사훈련과 핵무력 강화로 서로를 위협하고 전쟁 위기를 고조시키고 있다. 이것이 평화로 가는 올바른 길일까? 칼을 쓰는 자는 칼로 망하는 법이다.[28] 평화를 세우고 만들고 지키려는 노력이야말로 전쟁에 대비하는 가장 확실한 수단이다. 단지 전쟁이 없는 상태라는 소극적 평화에 그치지 않고 구조적·문화적 폭력이 해소된 적극적 평화를 구체적으로 실현함으로써 개인·집단 사이의 두려움과 적대감, 긴장과 갈등을 적극적으로 통제하려 노력해야 한다. 남과 북 모두 한국전쟁이라는 트라우마의 고통을 겪고 있으며, 역사 앞에서는 모두가 피해자라는 관점은 그러한 노력의 일환이 될 수 있을 것이다.

한국사회에서는 1989년 노태우 정부가 '민족공동체 통일방안'을 발표하고 1994년 김영삼 정부가 이를 계승해 왔는데, 대한민국정부의 공식 통일방안으로 제시되어 온 '민족공동체 통일방안'을 재검토하고 부분적으로 수정·보완해야 한다는 목소리가 나오고 있다(제성호, 2015; 박종철, 2024). '민족공동체 통일방안'은 남북 간 화해협력을 통해 상호 신뢰를 쌓

---

[28] "이에 예수께서 이르시되 네 칼을 도로 칼집에 꽂으라 칼을 가지는 자는 다 칼로 망하느니라."(신약성서 마태복음 26장 52절)

고 평화를 정착시킨 후 통일을 추구하는 점진적·단계적 통일방안으로, 남과 북의 이질화된 사회를 하나의 공동체로 회복·발전시켜 궁극적으로는 '1민족 1국가'의 통일국가를 만드는 것을 목표로 한다. 그러나 한국의 국력 우위를 바탕으로 점진적 교류협력을 통해 통일을 성취하려던 이 방안은 핵을 보유하게 된 북한이 민족 동질성 회복이 무의미하다고 선언함으로써 근본적인 도전에 직면했다. 북한이 핵능력을 바탕으로 통일을 주도하려고 한다면 자유민주주의 가치에 기반한 통일을 원하는 남한과는 협력이 불가능할 것이다. 한국사회에서 통일 필요성에 대한 공감도가 낮아지고 통일담론이 민족주의에서 탈피해 보편주의로 가는 추세도 고려해야 할 사항이다. 통일은 국민 모두의 삶에 지대한 영향을 끼치는 문제이므로 국가가 일방적으로 주도하기보다 시민들의 자발적인 참여를 이끌어내는 것이 중요하다.

오랫동안 통일은 한반도에 영구적인 평화를 정착시키는 가장 확실한 방법으로 인식되어 왔다. 문제는 평화를 이루기 위한 수단도 평화적이어야 한다는 것이다. 이것이 노르웨이 평화학자 요한 갈퉁이 말하는 평화적 수단에 의한 평화이다(Galtung, 1996: ch. 2, ch. 4 참조). 상대편을 일방적으로 흡수하거나 제압하는 군사정치적 정복은 힘에 의한 가짜 평화가 될 가능성이 높을뿐더러 심각한 통일 후유증을 남길 것이다. 무력에 의한 통일 시도가 남긴 상처가 얼마나 깊은지는 한국전쟁이 남긴 트라우마 역사가 증거하고 있다. 그러나 분단이 장기화되면서 평화와 통일을 별개로 분리하는 시각이 생겨나고 있고 특히 북한이 핵무력 완성을 선언한 후 한반도를 둘러싼 신냉전구도가 전개됨에 따라 평화와 통일의 실천적 간극이 계속 커지고 있다. 통일을 목표로 할 경우 오히려 전쟁의 위험이 높아질 수 있기 때문이다. 이런 맥락에서 "사실상(de facto)뿐만 아니라 국제법적(de jure)으로도 두 개의 국가가 한반도 내에 존재하고, 이들 간에 평화적 공존의 관계가 형성되지 않으면 안 된다"(최장집, 2006: 216~218, 234)는 주장이 나온다. 탈분단과 긴장 완화, 군축을 통한 평화를 추구하는 과정에서 통일을 부수적인 열매로 성취하는 것이 어쩌면 가장 바람직한 평화통일의 모델일지도 모른다.

제5장

전쟁이 빚어낸
인간의 얼굴들

한국전쟁의 최대 비극은 민간인의 희생이 극대화되었다는 것이다. 전쟁기 남한에서 피살된 민간인만 최소 10만 명에서 최대 수십만 명에 이를 것으로 추산된다(박찬승, 2010: 20). 비극의 파장은 피살자로 그치지 않고 그 가족과 마을 공동체에 이르기까지 확산되었다. 서로 알고 지내던 사람들끼리의 상호보복과 적대감은 공동체의 유대를 현저히 약화시켰다. 서슬 퍼런 반공의 세월을 지나며 그 쓰라리고 비참한 경험은 친족 간의 모임에서 암묵적으로 합의된 침묵으로 봉인되었다.

국가 공식기억에 의해 억압되었던 개인들의 외상 경험은 간간이 소설 형태로 공개되다가, 2000년대 이후 주로 회고록, 수기, 구술 형식으로 담론화되기 시작했다. '멸공'과 '호국'의 기치로 저술된 이전의 수기들은 이념적 편향성으로 인해 진지한 학문적 관심의 대상이 되지 못했다. 그러나 연구자들은 이러한 '반공' 텍스트들이 갖고 있는 문화적 맥락에 주목해 근대국가의 기획, 전쟁기 담론 구성의 과정과 전략, 냉전의 공식기억을 형성하고 재생산한 기제들, 이념으로 수렴되지 않는 개인들의 감정과 욕망, 정치성을 다루는 방향으로 분석의 틀을 확장해 나갔다(권채린, 2016: 110~111).

한국전쟁 트라우마 담론은 전쟁기 민간인이 겪었던 전쟁 체험, 즉 공포와 굶주림과 죽음의 기억으로 형성되어 왔다. 2000년대 이후로는 지배세력이 뒤바뀔 때마다 억울하게 온갖 수난을 겪어야 했던 민간인들의 경험이 구술로, 수기와 소설, 영화로 가장 많이 알려졌다. 그렇기 때문에 민간인들이 피해자로서 트라우마 담지 주체의 대표성을 갖게 되었다고 볼 수 있다. 그러나 군인이든 민간인이든 간에 전쟁에 휘말린 모든 사람은 각자의 처지에서 서로 다른 트라우마를 겪었다. 부자와 가난한 자의 경험이 다르고, 국군과 인민군, 미군과 연합군, 중국군, 포로, 부상자의 경험이 다르고, 대도시 시민과 지방 시민의 경험이 다르고, 여성, 아동, 지식인, 종교인, 장애인의 경험이 각각 다르다. 폭격 등으로 장애인이 된 사람은 평생 폭력의 상흔을 육체에 안고 살아야 했다. 특히 공산주의자를 지칭하는 용어인 '빨갱이'는 바이러스나 전염병과 동의어였고, 비국민 만들기의 강력한 기제로 작동했다.

    전쟁기에 미군과 연합군은 '우리 편'이 되었고 같은 민족인 '북괴'와 '빨갱이'는 적이 되었다. 전쟁 상황에서 아군과 적군을 가르는 기준은 곧 생과 사의 갈림길이 되기도 했다. "죽여야지. 빨갱이는 죽여야지. 왜? 그놈 살려두면 우리 열 명씩 죽이니까. 그놈 하나 살리기 위해 우리는 열 명, 스무 명 죽여야 되니까"(정용욱 외, 2004: 523)라는 논리는 극한상황에서 살아남기 위한 방편이었을 뿐이다. 민족이나 인권을 따질 겨를이 없는 상황에서 오로지 생존만을 추구한 선택을 도덕적으로 정당화하기 위해 이데올로기가 동원되었다. 유엔군의 북진으로 북한 또한 수도 평양을 점령했고 전선이 압록강까지 올라가면서 김일성 지도부가 탈출하는 등 남과 북 상호 간에는 위기의식이 극에 달했다. 이 전쟁은 서로가 살기 위해 싸웠다. 한국전쟁의 잔혹성과 비참함을 '공산당의 천인공노할 만행' 탓으로만 돌리는 것은 공정하지 않다. 한국사회의 갈등구조가 불씨였다면 이념의 역할은 불쏘시개에 불과했다. 그러나 그것은 국제적 냉전구조에서 너무나 큰 불길로 타올랐고 수없이 많은 것을 태워버렸다. 남겨진 사람들 대다수에게 감당하기 힘든 트라우마였다. 흔히 민간인 학살사건의 가해자로 분류되는 군인과 경찰도 예외는 아니어서 많은 군경이 극심한 트라우마에 시달렸다.

참전 군인과 경찰의 트라우마와 도덕적 손상

한국전쟁은 공식기록상 국군 전사자가 14만 명, 부상자가 45만 명, 실종자가 3만 명이 넘은 전쟁이었다. 그러나 전후 수십 년이 넘도록 정부는 참전 군인들을 대상으로 정신적 지원을 실시할 여력이 없었고 그 중요성도 인식하지 못했다. 한국전쟁뿐 아니라 그 이후 참전한 베트남전쟁 또한 참전에 대한 공식기록은 전략과 전술, 군 운용, 작전상황, 전투 특성과 같은 전쟁 수행을 중심으로 기술되어 있을 뿐이다. 따라서 일반 병사들의 경험이나 생활을 알 수 있는 문헌자료는 부족한 편이다. 이로 인해 참전 군인은 주로 영웅 담론, 전투와 전과기록, 또는 사상자 통계기록으로 남겨졌다(윤충로, 2009: 230). 그러나 정형화된 공식기억의 뒤편에서는 일반 군인들의 고통과 상처의 기억들이 그 의미가 해석되지 못하고 치유되지 못한 채 잊히고 있다.

대다수의 참전 군인에게서는 공통적인 경험이 보고되고 있다. 미의회에서 주도한 전미 베트남전 제대군인 재적응 연구에 따르면 일반 인구의 평생 PTSD 유병률이 약 7%인 데 비해, 참전 경험이 있는 퇴역군인은 30.9%의 유병률을 보였다(Kulka et al., 1990). 국내에서는 간혹 베트남 참전 군인에 대해서는 고엽제 피해와 트라우마 연구가 이루어졌지만 한국전 참전 군인에 대한 연구는 매우 부족하다. 그들의 생활 실태, 보훈 실태, 참전 경험의 본질에 대한 질적 연구도 거의 이루어지지 않았다. 2005년의 한 연구에서는 한국전 참전 군인들의 PTSD 발병률이 8.8%로 조사되었다. 하지만 상대적으로 적은 표본을 사용했고 보훈병원 입원환자 집단을 대상으로 한 연구여서 일반화하기에는 한계가 있다(Chung, Suh and Jeong, 2005: 8~17). 이미 오랜 시간이 경과했고 대상집단의 고령화, 사망자 증가 등의 이유로 추가적인 연구조사도 어려운 상황이다. 2018년 참전 군인들을 대상으로 한 정미경·김승용의 질적 연구에서는 오랜 세월이 흘렀는데도 총성과 포성 소리, 피비린내를 기억한다는 증언들이 나왔다(정미경·김승용, 2018: 243~278). 참전은 승리자의 기억보다는 잊고 싶은 기억이 더 많은 참혹한 경험이었다. 또한 경제적 어려움과 사회적 지지의 결핍은 많은 참전 군인의 고통을 가중시켰다.

참전의 후유증은 장기적이고 복합적이다. 참전 군인들은 전투에서 살인을 포함해 가해했다는 자책과 함께 비인간적 행위나 상황을 막지 못한 데 대한 죄책감과 수치심까지 경험한다. 여기에서 '도덕적 손상(moral injury)' 개념이 도출된다. PTSD 개념으로는 참전 군인의 정신적 고통을 충분히 다룰 수 없으므로 전투 중 살인과 같이 도덕적 신념이나 가치가 손상되는 사건에 노출될 때 나타나는 증상은 도덕적 손상으로 분류된다(Shay, 1991: 561~579). 도덕적 손상은 전장에서 살인과 상해를 직접 실행한 경우, 죽음 또는 죽어가는 사람을 목격하는 간접 행위를 한 경우, 도덕적 위배로 여겨지는 판단 및 명령을 내리거나 그 명령을 이행한 경우에 발생한다. 베트남전 참전 군인들을 오랫동안 치료해 온 조너선 셰이가 1991년 도덕적 손상을 개념화한 이후로, 전문가들은 전투 현장이 윤리적 도전을 제기하며 이로부터 영속적인 심리적 피해가 발생할 수 있다는 데 동의해 왔다(Dombo, Gray and Early, 2013: 197~210; Drescher et al., 2011: 8~13; Litz et al., 2009: 695~706). 도덕적 손상의 심리적 피해에는 내적 갈등과 혼란, 수치심, 죄책감, 불안, 분노 등의 정서반응, 그리고 자살이나 알코올중독과 같은 자해적 행동이 주요 증상으로 포함된다. 도덕적 손상의 핵심은 도덕적 '배반'과 이것을 '합법적 권위자'가 허용한다는 데 있다. 그 중심에는 살인이라는 맥락이 있다. 도덕적 손상으로 인한 가장 큰 고통은 폭력을 당하는 것이 아니라 폭력을 가하는 경험과 결부되며, 전투 중 방어를 위해 적을 죽였을 경우에도 고통과 죄책감이라는 상처가 남는다.

특히 부지중이라도 민간인을 죽였다면 그 고통은 배가된다. 가장 심대한 상실의 맥락은 가까웠던 전우의 죽음이다. 전우를 지켜주지 못했다는 죄책감은 오래도록 상처로 남는다.

한국전쟁 관련 수기와 증언에서 참전 군인들의 도덕적 손상을 시사하는 민병돈의 인터뷰 사례를 살펴보자(≪월간조선≫, 2010.6). 전쟁 발발 시점에 15세의 중학생이었던 그는 1950년 12월 학도의용군으로 자원입대했다. 당시 사단장은 백선엽이었다. 휴전 후 그는 육사를 졸업하고 공수특전여단장, 육군특수전사령관, 육군사관학교장을 역임했다. ≪월간조선≫ 2010년 6월호에 실린 인터뷰에서 민병돈은 그 당시 대부분 이념이 뭔지 제대로 모른 채 막연히 '민주주의는 좋고 공산주의는 나쁜 것'이라는 생각으로 싸웠으며, 농촌 출신은 가서 죽으라면 죽는 우직함으로, 이북 출신은 공산당에 대한 적개심으로 싸웠다고 술회한다. 전투 중 죽은 군인들의 시체를 보면 섬뜩했고, 고지로 달려 올라갈 때 소리를 지르는 것은 사기충천해서가 아니라 두려움 때문이었다고 고백한다.

임진강에서 전투를 하면서 정말 적을 많이 죽였다. 진지에 웅크리고 앉아 저항하지 못하는 적도 무수히 죽였다. 그런 적과 눈이 마주친 적도 있었다. 겁에 질린 눈이었다. 그냥 방아쇠를 당겼다. 쓰러진 적을 보니 내 또래였다. 순간 6·25 직후 학교에 갔다가 멋모르고 의용군에 나가겠다고 손을 들었던 생각이 났다. '저놈도 어쩌면 나와 비슷한 놈일지도 모른다'는 생각과 함께 '저 애의 부모는 쟤가 여기서 이렇게 죽었다는 것을 알까?'라는 생각이 들었다. 늙어가면서 그때 생각을 하면 늘 마음이 아팠다. 돌이켜 보면 저항할 의사가 없는 자를 죽인 것은 적군을 사살한 것이 아니라 살인을 한 것이었다. 지금도 그 병사의 겁먹은 눈빛이 기억에 생생하다. 전쟁 때 일을 생각하면 부끄러운 일뿐이다. 나는 겁쟁이였다. 얼마나 겁이 많았으면 저항의지가 꺾인 적까지 쏘아 죽였을까?

참전 군인 중에는 전역 후 심리적 압박을 견디지 못하고 자살하는 사람들도 있다. 베트남전 참전 미군 중 자살자의 숫자가 5만~15만 명에 이른다는 연구결과도 있다(Dean, 2000). 2019~2020년에 미국 재향군인 4,069명을 대상으로 실시한 '국가 재향군인 건강 및 회복력 연구'에 따르면, 배신과 가해, 끔찍한 행위나 현장을 목격한 경험은 죄책감과 수치심, 자기혐오, 정신건강 장애, 자살 충동, 알코올중독 등 자기파괴적 행동의 위험을 증가시키는 것으로 나타났다(Maguen et al., 2023: 1364~1370). 군인은 전쟁의 가해자이자 피해자로서, 그들이 겪은 고통과 상처는 그들의 마음에 상흔을 남긴다. 그런데도 나라를 위해 개인적 희생을 치른 자신을 가족이나 사회가 무시한다고 느낄 때 그들은 모멸감을 느끼고 그 모멸감은 분노와 적의로 표출된다(김진욱·허재영, 2018: 53~80).

6·25전쟁 때 우리 참전 전우들이 죽음을 두려워하지 않고 싸운 것이 지금 와서 어리석었다는 생각이 드니 너무도 안타깝다. 정부당국은 너무도 무관심하고 일부 386세대니 진보니 하며 민족 민주라는 탈을 쓴 친북좌경세력들은 "같은 민족끼리 싸워서 죽인 그런 전쟁을 해놓고 부끄러움을 느껴야지 뭘 잘했다고 공로를 인정해 달라느냐?", "같은 민족을 얼마나 죽여놓고 국가유공자라 하느냐?"고 반문하는데 적반하장도 분수가 있는 것이지 이것은 해도 너무하다. 그들 주장대로라면 북한정권이 6·25전쟁을 일으켰을 때 아무 저항도 하지 않고 그냥 두어서 김일성 독재체제로 한반도가 공산당 지배하에 통일되어야 했고 그래서 기아와 폭정에 시달리며 생명을 걸고 제3국으로 탈출하지 않으면 안 되는 그런 처참한 사회가 되도록 방치해야 했다. 또한 그들의 주장대로라면 저항을 하지 말고 도망을 가거나 인민

군을 환영했어야지 자유민주주의 국가 대한민국을 지키기 위해 며칠씩 잠도 못 자고 먹지도 못하고 비 오듯 쏟아지는 총포탄 속으로 돌진하여 죽고 다치고 운이 좋아 살아난 우리 참전 전우들은 타도되어야 할 역적이요 '악질반동'이다. 오늘날 한반도의 절반이라도 세계적 경제대국이 되어 저마다 행복을 추구하며 자유롭게 생을 향유하도록 자유민주주의 체제를 지키고 온 정성을 쏟아 경제를 건설한 역사적 사명을 다해 온 우리들은 당장 없어져야 할 '보수골통'들이라는 얘기이다. 이래도 되는 것인가? 해도 해도 너무하지 않느냐?(이성복 외, 2011: 335)

전쟁기에 대한민국 경찰은 직전의 식민지 지배라는 역사적 배경으로 인해 특수한 상황에 처해 있었다. 일제강점기에 조선인 경찰(순사)은 전체 조선인 관리의 43.1%를 차지했기 때문에 경찰이 곧 총독부 관리라고 해도 과언이 아니었다(장신, 2009: 146). 일본군이 독립군을 토벌한다는 명목으로 1920년 연변 지역의 한인을 학살할 때 조선인 경찰은 한인 체포와 학살에 적극 참여했다(김주용, 2021: 31~64). 쌀을 공출해 가고 징용과 징병을 강요하는 존재였던 경찰은 조선인들에게 공포와 증오의 기억으로 각인되었는데, 해방 후 이들 경찰은 미군정의 반공 우선 정책에 의해 극적으로 회생했다. 미군정은 남한을 공산주의 세력의 저지선으로 삼기 위해 일본 등과 연합해야 할 필요성이 크다고 보고 남한정부에 일본군 장교 출신을 비롯한 친일세력이 대거 진출할 수 있도록 했다. 이에 따라 경찰 인력을 충원하는 과정에서 경위급 이상 간부의 82%가 일제 경찰 출신으로 구성되었고 전체 2만 5,000명의 경찰관 중 일제 경찰 출신이 5,000여 명에 달했다(김왕식, 1994: 213). 경찰은 전시 군사작전의 중요한 전투력 일부를 담당했고, 준군사조직으로서 전투활동에 참여했다.

경찰은 스트레스가 가장 큰 직업군 중의 하나이다. 경찰은 평시에도 각종 사고와 폭력 현장에 노출되는 일이 많고 대민 접촉이 잦으므로 전시에는 민간인 학살 트라우마에 노출될 가능성이 더욱 높다. 1945년에서 1953년에 이르는 기간은 국가를 건설하는 특수상황이었기 때문에, 창설 초기 경찰의 주요 임무는 38선 경비와 빨치산이라고 불리는 무장공비 또는 유격대 토벌이었다. 경찰은 군경합동 군사작전에 투입되어 공비토벌 작전을 포함한 전쟁 기간에 6만 3,424명이 참전했고 1만여 명이 전사한 것으로 기록되어 있다(박종현, 2021: 186). 이렇게 막대한 희생을 치렀지만, 한편으로 경찰은 민간인 학살에서 잔인성의 수위를 높이는 데 일조했다는 비판을 받는다.

> 한국전쟁 당시 학살의 양상이 1945년 이전 일본군의 그것과 매우 유사했다는 점을 생각해 보면, 우리는 한국 군인과 경찰의 억압적 군사주의적 문화 자체에서 이미 학살이 예비되고 있었다는 점을 알 수 있다. …… 경찰과 행정조직은 전국의 구석구석까지 미쳤고, 고도로 중앙집중적이었으며, 일반 국민들에게는 두려움의 대상이었다. …… 이들은 군과 경찰이 오직 상관·권력자에게만 복종할 뿐 국민의 편에 서야 한다는 것은 생각조차 하지 않았던 일본 군대와 경찰 문화를 그대로 학습하였다. …… 위기에 몰린 친일세력이 일제에서 배운 대로 학살에 앞장섰다는 것을 생각해 보면, 한국전쟁 시기의 대량학살은 바로 일제 식민지 지배의 직접적인 유산이라고도 볼 수 있다. (김동춘, 2006: 351~365)

그럼에도 한국전쟁기의 국가권력을 민간인 희생의 가해자로만 규정하고 비판하는 것은 타당한가 하는 질문이 남는다. 군경 역시 적을 죽이지 않으면 자신이 죽게 되는 절박한 처지였고 생사의 갈림길에서 공포와 위기의식에 사로잡혔다. 기습남침으로 시작된 전쟁의 전개 상황은 극도로 긴박했고, 치열한 전선에서의 전투뿐 아니라 후방에서 벌어지는 빨치산과의 전투 부담도 컸다. 미처 후퇴하지 못한 인민군 정규 병력이 기존 지리산 일대의 빨치산 대열에 합류하면서 대한민국 내부에 또 하나의 북한이 존재하는 상황이었다. 기록에 의하면 1949년 이래 5년여에 걸친 소백 지리 공비토벌작전에서 교전 횟수는 1만 717회, 전몰군경 수는 6,333명에 달한다(민간인 포함 시 7,287명). 관공서 습격, 통신망 절단, 군경 보급로 차단, 무기 및 식량 약탈, 보복 살인이 이어졌고, 철도가 수시로 끊겼다. 백선엽은 그들의 활동이 대한민국의 존립 자체를 위협할 정도라고 판단하고 대대적인 토벌작전을 실행했다. 그런 그에게도 전쟁이 남긴 상처는 깊었다.

> 1,128일의 6·25전쟁. 나는 무엇을 위해 전선을 내달렸고, 무엇을 위해 적 앞에 나섰던 것일까. 나는 잘 싸웠던 것일까. 삶과 죽음이 엇갈리며 스쳐가는 총탄과 포화의 거친 전장을 뛰어다니며 우리가 얻은 것은 과연 무엇일까…… 구십이 넘은 지금도 60년 전의 악몽 속에서 잠을 설칠 때가 있다. …… "슉—" 한 발의 총탄이 가슴을 깊게 뚫었다. "어—억" 거리며 소스라치게 놀라 잠에서 깬다. 내가 또 악몽을 꾼 것이다. 내 나이 이제 구십을 넘었지만 나는 이런 꿈을 꾸다가 놀라서 깨는 경우가 아직도 많다. …… 나는 늘 전쟁을 잊지 못했다. …… 어둠 속을 서성이는 유령처럼 내 영혼은 늘 전장의 주변을 맴돌았다. …… 나 또한 전쟁의 음울한 기억, 밤에 찾아오는 그 전쟁의 악몽에서 이제는 놓여나고 싶다. (백선엽, 2010: 473~479)

그동안 군인과 경찰 집단의 가해 트라우마에 대한 서사화는 거의 이루어지지 않았다. 그들의 행위는 호국의 충정이라는 가치로 선양되어야 하기에 그 이면에 있는 진실이 가려진 것이다. 발화되지 않은 트라우마는 의식의 깊은 곳에 묻히고 의도적 침묵으로 가려진다. 가장 큰 문제는 전쟁 중 저지른 반인도적 범죄까지도 그 당시 나라를 지키기 위해서는 불가피했던 일로 치부함으로써 자신의 선택적 행위에 대한 도덕적 주체로서의 책임을 부인하게 된다는 사실이다. 이는 자신에게 주어진 역할의 윤리기준, 즉 역할 도덕(role morality)에는 충실했으되 인권과 생명 존중이라는 보편적 가치를 위배했던 것이라고도 볼 수 있다. 자신의 행위가 일반 공동도덕의 기준을 거스르는 것으로 비난받을 때 역할 도덕의 규범을 활용해 정당화하려는 것이다(Wueste, 1994: 103~120). 이로써 반대 집단에 대한 증오는 호국 충정으로 정당화되고 선악의 이분법적 세계관은 강고해진다. '빨갱이는 죽여도 된다'는 신념은 나와 견해를 달리하는 상대방을 없애버려도 되는 적으로 간주하는 배타적 태도를 지지한다. 역설적으로 그것은 그들이 지켜내고자 했던 민주주의의 가치를 가장 훼손하는 반민주적인 세계관이다.

학살 명령을 내린 당사자들에게 가장 큰 책임이 있지만, 그들의 배경에는 그런 행동이 용인되고 암묵적으로 추인되는 현실적 분위기가 있었다. 적으로 의심되는 민간인들을 무차별 살해한 것은 그러한 행동이 국가나 최고권력자에게 용인될 수 있다는 신념과 확신에서 비롯되었다. 국가권력의 수뇌들과 그들의 명령에 복종한 개인들 사이에는 분명히 큰 차이가 있다. 결정권이 있었던 사람들에게 더 큰 책임이 있기 때문이다. 그러나 상부의 지시나 명령에 단순 복종한 행위였다고 하더라도, 비판적 사유를 결여한 인간이 져야 할 책임에서 자유로울 수는 없다. 한나 아렌트가 말하는 "악의 평범성"(Arendt, 1964)은 단지 악행자가 자신이 무슨 일을 하고 있는지 깨닫지 못하면서 악행을 저지를 수 있다는 점에서, 평범한(어쩌면 선량한) 인간이 악을 인지하지 못한 채 악행을 저지르는 구조적 현실이 실재한다고 제시한다. 임지현이 '대중독재'라는 패러다임을 통해 파시즘에 대한 악마론적 해석을 비판하고, 평범하고 선량하기까지 한 학살자들, 즉 파시즘 체제를 용인 또는 지지함으로써 그 체제를 유지할 수 있게 한 '평범한' 대중이 져야 할 역사적 책임 문제를 제기했을 때, 그는 독재자 대신 독재의 희생자였던 대중을 비판했다는 이유로 거센 논쟁에 휘말려야 했다.[1]

그러나 1980년 5월 대한민국 광주에서 평범한 시민들을 향해 총을 쏜 것은 누구인가? 예루살렘의 아이히만이 그러했듯이, 광주에 투입된 공수부대는 '그저 위에서 시키는 대로 했던' 평범한 사람들 아닌가? 학살에 동원되어 시민들에게 직접 위해를 가했던 군인들은 계엄군 지휘부에 의해 세뇌된 상태였다(황석영·이재의·전용호, 2017: 249, 273). 지휘부는 극도로 통제된 상황에서 정보 조작을 통해 광주에 투입된 계엄군에게 적개심을 주입했다. 군인들은 광주시민의 저항을 '용공분자들의 준동'으로 인식했고 그들을 '섬멸해야 할 대상'이라고 생각했다. 시위대의 과격함에 섬뜩해진 나머지, 그 배후에 용공세력이 있다고 쉽사리 믿어버렸다. 그 결과 광주시민은 국민의 구성원이 아니라 '적'이 되었고 군인들은 양심에 거리낌 없이 그들을 살해할 수 있었다. 그러나 잔혹한 행위를 자행한 군인들의 양심은 스스로를 고발했다. 이창동 감독의 영화 〈박하사탕〉(1999)에서, 주인공 영호는 광주 진압작전에 투입되어 여고생을 사살한 후 그 트라우마로 인해 점차 삶이 파멸되어 간다. 절망한 영호가 철교 위에서 "나 다시 돌아갈래!"라고 울부짖는 모습은 인상 깊은 장면으로 남아 있다. 정작 군인들에게 발포 명령을 내렸던 신군부는 그들의 고통을 외면했다. 자신의

---

1 임지현은 20세기 근대 독재가 '대중의 동의'를 통해 진행되었다고 분석했다. 다시 말해 소수의 독재자가 프로파간다를 통해 독재체제를 밀고 갔다는 도식에서 벗어나, 왜 대중이 그렇게 나쁜 체제를 지지하고 동의했는가에 문제를 제기했다. 2004년 출간된 그의 저서 『대중독재』(서울: 책세상)는 당시 학계는 물론 사회 전반에 큰 파문을 일으켰다. 그는 '한국 학계가 만든 세계적인 자생이론'이라는 찬사와 '독재정권에 면죄부를 주는 행위'라는 비난을 동시에 받았다.

고통을 인정받지 못한 군인들은 민주화 이후 5·18항쟁의 주도자들이 국가유공자로 인정받는 데 소외감과 피해의식을 느낀 나머지 반공, 반북, 국가주의에 더 집착하는 행태를 보이기도 했다(김동춘 외, 2014: 34).

구조가 사람을 학살할 수는 없다. 오직 사람만이 사람을 학살할 수 있다. 다시 말해서, "특정한 조건만 주어진다면, 전 세계의 아주 평범한 사람 누구라도 학살자가 될 수 있다"(임지현, 2019: 151). 이것은 전쟁이나 대량학살, 테러와 같은 상황에서 빈번하게 발생하는 일이며, 가해자와 피해자의 구별을 모호하게 한다. 사회정의와 개혁을 지향하는 이데올로기적 신념, 파시즘과 같은 악을 근절하려는 의로운 열정, 또는 단지 국가나 정부에 대한 충성심과 성실함에 의해서도 인간은 아무 생각 없이 거대 악에 동참할 수 있다. 이것이 아렌트가 통렬하게 지적하는 '순전한 무사유(sheer thoughtlessness)'의 죄에 해당하는데, 이것은 비판적 자기성찰을 불가능하게 만든다(아렌트, 2006: 391). 개인의 원자화는 사유할 능력, 즉 나를 뛰어넘어 타인의 처지에서 생각할 수 있는 상상력을 결여시켜 철저히 나와 남을 분리하는데, 이 같은 개인의 원자화는 공동체를 파괴하고 결국은 개인까지 파괴한다.

전쟁은 이와 같은 형태의 '평범한 악'을 양산하는 한편, 피해자뿐 아니라 가해자까지 '악의 희생자'로 전락시킨다. 희생자도 누군가의 희생으로 살아남았다는 죄책감에서 자유로울 수 없다. 가장 저열한 자만이 살아남았다는 자책은 수치심을 유발한다. 베르톨트 브레히트의 「살아남은 자의 슬픔」이라는 시가 바로 그것을 묘사한다.

물론 나는 알고 있다, 오직 운이 좋았던 덕택에
나는 그 많은 친구들보다 오래 살아남았다.
그러나 지난 밤 꿈속에서

이 친구들이 나에 대하여 이야기하는 소리가 들려왔다.
"강한 자는 살아남는다."
그러자 나는 자신이 미워졌다. (브레히트, 1999: 117)[2]

1950년대 초 상이군인은 영웅으로 추앙받았지만, 국가는 그들을 위한 대책을 마련할 여력도, 의지도 없었다. 기본적인 의수족 보급이나 연금정책도 제대로 시행되지 않는 상황에서 그들은 자활이라는 명분 아래 사실상 방치되었다. 전사자와 달리 상이군인은 피해자이자 장애인이었고 이에 따른 사회적 차별과 생활고로 인해 일부는 무직 건달, 정치깡패, 조직폭력배 등으로 전락하기도 했다. 그러다 경북 왜관에서 상이군인과 경찰이 충돌해서 상이군인이 다치고 흥분한 상이군인들이 부산역을 점거하는 사태까지 벌어졌다.

부산역은 그야말로 상이군인 천지였다. 수만 명의 상이군인이 부산역은 물론이고 인근까지 점거하고 있었다. 상이군인들은 거칠었다. 전쟁터에서 몸의 일부를 잃고 살아갈 길이 막막해져 마음마저 찢겨 있던 그들이었다. 그러니 불만을 행동으로 옮기는 데 주저함이 없었고 그 정도가 어느 누구보다도 격렬했다. …… 길거리를 떠도는 상이용사들의 불만도 문제였다. 생계대책이 별로 없는 수많은 상이용사가 전국 곳곳에서 문제를 일으키고 있었다. 무임승차는 물론이고, 식당에 들어가 소란을 피우면서 공짜로 음식을 먹는 무전취식은 아주 흔했다. 아예 위협을 하면서 구걸 행위를 벌이는 상이용사들도 점차 눈에 많이 띄기 시작했다. (≪중앙일보≫, 2010.11.17)

---

2 브레히트는 불의, 전쟁, 생존의 도덕적 딜레마라는 주제를 자주 탐구했다.

전쟁의 참혹성과 살인(죽음)을 경험한 상이군인들은 정상적인 삶을 살아갈 수 없었기에 전후 사회에서 폭력적 성향을 가진 존재자 혹은 사회 부적응자의 모습으로 전후소설에 자주 등장한다. '육군종군작가단'의 기관지 ≪전선문학≫은 1952년 4월에 창간되어 1953년 12월까지 총 7호를 발간했는데, 그 가운데 박영준이 쓴 「임야」라는 단편소설이 실렸다. 육사 출신 장교인 임 대위가 빨갱이가 되어 잡혀온 친동생 경재를 사살한다는 줄거리이다. 전시 중 군인은 공적인 인간으로 존재하기에 임 대위가 사살한 것은 가족이 아니라 공적인 적일 뿐이다. 전시에 빨갱이가 된 가족을 죽여야 했던 군인들도 평생 트라우마에 시달려야 했으니, 이들도 정신적 상이군인이라고 봐야 할 것이다. 김필남은 상이군인들이 분노를 폭력으로 표출하는 시기를 거쳐, 1950년대 후반부터는 그들의 훼손된 신체가 국민국가를 건설하려는 국가권력에 이용되었다고 지적한다(김필남, 2012: 324). 하근찬의 『수난이대』(1966), 오상원의 『백지의 기록』(1957), 황순원의 『소리』(1957)와 『너와 나만의 시간』(1958)을 비롯한 문학작품에서는 비사회적 존재가 된 상이군인들이 사회적 인간으로 개조되어 열심히 살아간다는 메시지를 전달하면서 전 국민이 동참하는 국가 재건의 당위성을 강조했다는 것이다. 상이군인 중에는 자신의 고통을 극복하고 국가와 사회에 기여하는 사람들도 있었는데, 당시에는 국가에서 국가유공자들을 대상으로 모범 생활수기를 공모해 당선된 사람들의 이야기가 회자되었다.[3]

군경의 트라우마는 전쟁에서 불가피한 측면이 있다. 그들도 전쟁의 피해를 고스란히 겪었다. 그러나 해방 이후의 혼란기, 한국전쟁 직전의

---

3 1929년 함경도 출생 이천석의 사례가 있다. 1951년 4월 중국군과 교전 중 오른쪽 다리를 잃은 그는 여러 번 자살을 시도하다가 실패한 뒤 당시 상이용사들의 두목이 되었고 공갈과 협박, 폭력을 일삼아 '명동의 백곰'이라고 불렸다. 그러나 8년의 방황 끝에 극적으로 회심해 기독교 신앙을 갖게 되어 유명한 부흥강사가 된 그는 말년에 사회적 약자를 돌보는 삶으로 국민훈장을 받았다(윤은석, 2019: 101~139).

공비토벌작전과 전쟁기에는 국가 재정여건이 충분하지 못한 상태였으므로 이때 발생한 군경 희생자들에 대해서는 형식적인 원호만 이루어졌다. 이들에 대한 물질적 지원과 정신적 예우 시책은 '국가유공자 예우 등에 관한 법률'이 제정된 1984년부터 본격적으로 이루어지기 시작했다. 1990년대에야 참전 유공자와 제대군인이 보훈대상자로 편입되었지만 실제로 도움을 받은 인원은 제대군인의 2%에 불과하다(박효선, 2022: 173). 한국전쟁 참전 군인들의 PTSD와 도덕적 손상은 전문적으로 다뤄지지 못한 채 오랜 시간이 경과되었다. 그중에는 타고난 회복탄력성으로 극복한 사람도 있고 충분한 예우나 보상을 받은 사람도 있겠지만, 일부는 트라우마가 다른 기억이나 경험과 결합되어 더 위험한 상태가 되기도 했고 폭력이나 대인관계 기피 등의 형태로 트라우마가 표출되기도 했다. 사회의 부정적인 시선과 생계 곤란은 심리적·심리적 면역체계를 현저히 약화시키며, 가장의 삶에 대한 태도, 해석, 대처방식은 가족들에게도 부정적인 영향을 끼친다. 이러한 병적 요소들이 집단의식에 누적되면 사회가 건강하게 갈등을 관리하기가 매우 어렵다.

전쟁은 여자의 얼굴을 하지 않았다

한국전쟁에서 여성들이 겪은 경험은 몇 가지 범주로 나누어볼 수 있다. 기존의 기득권보다 더 큰 권력을 갖게 된 상층 인텔리 여성도 있었고, 수동적이거나 침묵하는 대중으로 존재하는 여성도 있었다. 반면 소수의 여성은 미국과 이승만 정권에 저항하면서 좌익 빨치산으로 활동하기도 했고 각종 저항적인 사회활동에 참여하기도 했다. 간호사나 전투요원으로 참전한 여성도 있었다(김귀옥, 2012: 9). 어떤 범주에 속하든, 여성의 전쟁 경험은 남성과 구별되는 젠더적 고유성을 갖는다. 그들의 경험은 잘 알려지지 않았고 큰소리로 논의된 적이 없다는 공통점을 갖고 있다.

한국전쟁에 참전한 여군에 대한 공식적인 기술은 2012년에야 이루어졌다. 국방부 군사편찬연구소 자료에 의하면 참전 여군은 2,400여 명, 참전 유공자로 등록된 여성은 2,554명으로 추산된다(국가보훈처, 2019). 여성 간호장교 664명, 육군 986명, 해군 75명, 공군 26명이 전쟁터에서 각자 임무를 수행했다. 군번 없이 참전한 여성도 600여 명에 이르며, 방송·간호 등을 했던 학도의용군 200여 명, 돌격·통신·첩보수집 등을 했던 유격대 300여 명도 있었다. 군사들의 사기를 끌어올렸던 군예대도 있었고 철도 운행을 도왔던 군무원도 있었다. 그러나 나라를 위해 자진 입대하고 똑같은 훈련을 거쳐 전장에서 목숨을 걸어야 했던 여군들의 업적은 오랫동안 조명을 받지 못했고 혜택도 거의 없었다. 오히려 대다수 여성 유공자들은 제대 후 결혼도 취업도 어려워서 경제적으로 큰 어려움을 겪었다. 참전 여성들은 남성 중심적인 전쟁과 안보 이해로 인해 구조적인 차별과 모순에 처해 있었다(김엘림, 2021: ii). 여성들은 승진에서 누락되었고, 군에 남으려면 임신과 출산을 포기해야 했으며,[4] 결혼할 때는 복무 사실이 오점이 되었다. 당시 참전 여군이라고 하면 '기가 센' 여자, '발랑 까진' 여자라는 편견과 군에서 성폭력을 당했을 거라는 편견이 팽배했기 때문에 참전 사실을 숨기는 경우도 많았다. 하지만 그런 이야기들은 전쟁에 어울리는 '투철한 애국심'과 '영웅' 서사에 가려져서 제대로 논의되지 않았다.

---

4   당시 여군단장이었던 김현순 대령의 건의로 여성 부사관의 결혼이 허용된 것이 1984년이었다. 임신과 출산은 1987년부터 허용되었고, 기혼자의 여군 지원은 2007년이 되어야 가능해졌다. 육군에서 1962~1972년 미스코리아 선발대회를 본뜬 '미스 여군 선발대회'가 실시된 것은 당시 여군에 대한 사회적 인식을 적나라하게 보여준다.

안 됐어 …… 우리 여군들이. 위에 사람들이 다 장군 달고 나가야 될 텐데, 자격이 충분하지! 남자 같애? 그랬는데, 못 하고 다 나간 거야. 그래 맺혔어, 속이. …… 그 고생한 노고를 하나도 생각 안 해줘! 여자다! 여자가 무슨 별 달아, 이 지랄을 하는. …… 여자 높이게 되는 걸 싫어해.(임동순, 1930년생)(김엘림, 2021: 190)

가서 연애 안 했나, 이렇게 묻더라고. 그런 성폭행 당했는 것 그런 걸 말하는구나 (싶어서) 그때부터 인제 내가 입을 다물었어요. 의용군 갔다 소리를 못했어요.(도달숙, 1933년생)(〈KBS 뉴스〉, 2020.6.25)

이러한 경험은 한국의 참전 여군에게 국한되는 것이 아니다. 벨라루스 출신 작가 스베틀라나 알렉시예비치는 제2차 세계대전 중 전쟁에 참여한 여성 100만 명의 경험이 철저히 배제되어 온 데 문제의식을 느끼고, 그중 200여 명의 이야기를 모아서 『전쟁은 여자의 얼굴을 하지 않았다』라는 책을 펴내어 2015년 노벨문학상을 수상했다. 나치 독일에 맞서 자진해 소비에트 군대에 입대한 여성들은 위생병, 간호병 외에도 전차병, 보병, 소총병 등의 보직을 포함해 남자들과 똑같이 임무를 수행했지만 그들의 이야기는 여태 세상에 공개되지 않았다. 세상에 알리기에는 지나치게 끔찍하고 잔인하다는 이유로 2년 넘게 출판 거부를 당했던 이 책에는 전장에서 활약해 훈장을 받은 이야기도 있고, 사람을 죽이고 또 누군가를 땅에 묻어야 하는 일상의 고통을 겪었던 이야기도 있다. 또한 "전쟁터에서는, 말하자면, 반은 사람이고 반은 짐승이어야 해. 그래야만 하지, 목숨을 부지하고 싶다면 말야. 만약 사람답게만 굴잖아? 그러면 살아남을 수가 없어"(알렉시예비치, 2015: 127)와 같이 전쟁을 치르는 군인들의 공통된 경험도 포함되어 있다. 한편 여성이기 때문에 겪은 일들, 즉 약탈과 강간의 공포, 성적 수치심을 비롯해, 갓 낳은 아기를 자기 손으로 죽여야 했던 이야기, 생리가 끊어졌던 이야기, 마침내 전후 가족에게 돌아갔을 때 '전쟁터에서 몸을 함부로 굴린 여자'라는 낙인으로 인해 냉대와 소외, 좌절을 경험해야 했던 이야기는 한국전쟁 참전 여군의 서사와 많은 공통점을 지니고 있다.

여군에 비할 때 민간인 여성이 겪어야 했던 고통은 더욱 끔찍했다. 전시 성폭력은 성본능의 결과라기보다 여성을 육체적·정신적으로 파괴하고 이를 통해 그가 속한 집단 전체를 굴복시키려는 의도로 행해지는 전시범죄의 한 유형이다. 민간인 여성들은 강간, 모성성 또는 여성성 파괴, 강제결혼, 납치, 성고문, 성상납 등의 전시 성폭력에 무방비로 노출되었다. 유방을 도려내거나 임신부의 배를 가르고 창으로 여성의 성기를 찌르는 등의 가혹행위들이 빈번하게 자행되었다. 제주4·3 당시에는 경찰이나 서북청년단원들이 총칼을 들고 에워싼 채 사위와 장모, 시아버지와 며느리에게 성교를 하도록 강요하고 성교 후에는 죽여 버리는 등 패륜적인 만행까지 벌어졌다(강정구, 2001).

해방 직후 북한지역에 군정으로 들어온 소련군은 북한 여성을 대상으로 한 강간과 성폭력, 약탈적 범죄로 악명이 높았다. 중국군의 경우 강간은 즉결처분감이었지만 미군은 광범위하게 강간과 성폭력을 자행했다(김귀옥, 2012: 15~16). 한국에서 구술사 연구를 통해 드러난 성폭력 사건은 대부분 한국 군인과 경찰, 반공단체 조직원들에 의해 저질러졌다. 국제여맹 보고서에 의하면 북한지역에서는 주로 세 가지 유형의 성폭력이 있었다. 첫째는 전시 강간, 둘째는 여성 신체의 특정 부위에 대한 가학행위나 야만적 성희롱·성고문 행위, 셋째는 여성을 납치해 유곽 등으로 불리는 특정 장소에 감금한 후 장기간에 걸쳐 집단 성폭력을 가하는 행위이다. 국제여맹 조사위원들은 미국인들이 평양 국립예술극장을 '군인유곽'

으로 활용했다는 증언을 기록했다(김태우, 2021: 246~247).

　이러한 성폭력은 남한지역에서도 동일하게 나타났다. 일제강점기의 위안부 제도는 국군에 의해서도 유지되었다. 당시 고위장성들 가운데 상당수가 일본군 출신이었는데 이들이 과거 일본군 시절의 경험을 따라 1951년부터 1954년까지 3년간 이 제도를 운용했다(김귀옥, 2019: 145~146).[5] 위안소 여성들은 군대에서 모집한 이들이 대부분이었고 인민군 간호원, 좌익 여성, 북한에서 끌려온 여성도 일부 있었다. 한국정부는 연합군과 미군을 위한 위안소도 운영했다. 국군이 진주한 지역에서 젊은 여성이 사령관의 성노리개가 되는 일도 흔했다. 유엔군과 국군이 북진할 때는 잔적을 소탕하는 임무를 맡은 부대의 군인들이 주로 성폭행을 했다. 점령지역에서 성폭력의 희생자들은 빨갱이 혐의를 받은 가족과 마을에서 주로 발생했다. 여성 민간인 학살과 집단 성폭력은 '빨갱이 씨를 말리는' 종족 말살을 목표로 실행되는 경우가 많았다. 남과 북을 막론하고 전시 여성은 국가폭력과 젠더폭력이라는 중첩된 폭력의 대상이었다(김상숙, 2021: 94).

　그러나 여성을 대상으로 한 국가폭력 문제는 오랫동안 공론화되지 못했다. 가부장제의 순결 이데올로기가 강했던 사회에서 당사자인 피해자들이 성적 수치심과 굴욕감으로 피해 사실을 숨겼기 때문이다. 강간을 당사자 여성의 부적절한 처신 탓으로 여기거나, 반공주의적 기제의 개입으로 군경에 의한 폭력을 발설할 수 없었던 사회적 분위기도 한몫했다. 범죄의 결과로 태어난 생명을 책임지는 것도 여성이었다. 한국전쟁은 수많은 여성의 몸과 마음에 지울 수 없는 흔적을 남겼다. 전쟁 중에도, 전쟁 이

5　김귀옥은 육군본부가 1956년 출판한 『육·이오 사변 후방전사: 인사편』에서 국군 '특수위안대'에 대한 정부의 공식기록을 발견했다. 국군 위안부에 대한 기록은 채명신 장군의 회고록 『사선을 넘고 넘어』(1994), 차규헌 장군의 『전투』(1985), 김희오 장군의 『인간의 향기』(2000)에도 나온다. '특수위안대'는 1954년 3월 폐쇄되었다.

후에도 여성들이 짊어져야 했던 짐은 너무나 크고 무거웠다.

그럼에도 여성들의 경험을 피해 일변도로 한정하는 것은 또 다른 편견이 될 것이다. 2000년대부터 구술사 연구가 활발해지면서 참전 여군을 포함한 많은 여성의 전쟁 경험이 젠더화된 위계질서에 굴하지 않고 순응과 저항을 오가며 역동적으로 구성되었다는 사실이 밝혀졌다.

6·25가 우리 민족에게는 뼈아픈 전쟁이긴 했지만 나를 여군으로, 사람으로 만들었어. 이를 악물고 하면 남녀 떠나서 군인으로서 일하고 그에 따라 대우받는 거지. 우리가 힘들게 여군 자리를 지켜낸 거야. (임동순, 1933년생)(≪한국일보≫, 2020. 6. 22)

참전 전후의 인생은 완전히 바뀌더라고. 외적인 변화는 말할 것도 없고 애국이라는 생각을 달리하게 되더라고. 협의회를 창립할 때도 그랬어. 참전 당시의 애국이 아직 뼛속 깊숙이 남아 있어서, 그래서 얼마 남지 않은 인생을 국가를 위해 마지막으로 봉사하고 싶었어. 그게 전부야. (김범녀, 1928년생)(≪데일리안≫, 2010. 7. 4)

이와 같은 고백은 전장을 누빈 군인으로서의 경험이 개인 정체성에 끼친 영향을 보여준다. 전쟁은 비참했지만 각 사람에게는 완전히 인생을 바꿔놓는 선택의 시간이기도 했다. 빨치산도 그런 선택의 기로 앞에 섰던 사람들이었다.

빨치산은 역사의 패배자인가

빨치산은 한국전쟁 전후로 좌익 계열과 인민군 패잔병들에 의해 전국의 산지에서 조직된 유격대를 일컫는 말이다. 빨치산은 민족 분열과 분단의 상징적인 존재이다. 빨치산의 주 무대였던 지리산 일대 마을들은 빨치산과 군경 양쪽에 의해 많은 사람들이 희생되었다.[6] 5년여의 빨치산 토벌작전에서 줄잡아 1만 2,000여 명의 빨치산이 사망했다. 북한은 그들을 외면했다. 그들은 무엇을 위해 그토록 극한투쟁을 벌였던가? 남부군 사령관이었던 이현상이 죽고 빨치산 부대가 궤멸 지경에 이르렀을 때 1952년 3월 19일 체포된 이태는 당시의 심정을 이렇게 저술했다.

> 의롭다 하는 것은 대체 무엇인가? 한때 수많은 일본의 젊은이들이 의를 믿고 죽었다. 하나 그것은 결국 덧없는 희생이며 죄악일 뿐이었다. 절대의란 결국 존재하지 않는 것인지도 모른다. 절대의가 존재하지 않는다면 그와 마찬가지로 절대악도 존재하지 않는다. 존재하는 것은 오직 살육뿐이었던 것이다. 내가 맞아 죽지 않고 굶어 죽지 않고 살아 온 것은 오직 내 손에 총이 있었기 때문이다. 총은 그러니까 나의 모든 것일 수밖에 없었다. 그 저주스러운 총과 함께 나의 신앙도 끝나버린 것이다. (이태, 2014: 550)

---

6 1951년 2월 경남 거창군 신원면에서 국군 제11사단 소속 군인들이 마을 주민 719명을 사살한 '거창 양민학살' 사건이 대표적이다. 이 사건은 빨치산의 소행으로 보고되었다가 유족 증언 등으로 진상이 밝혀졌다. 당시 국회에 회부되어 군사재판까지 열렸으나 유죄 판결을 받은 학살책임자들이 모두 1년이 못 되어 풀려나와 이승만 정권에 등용되기까지 했다. 반면 학살된 사람들의 시신은 3년 동안이나 현장에 그대로 방치되었고, 시신이 수습된 후에도 위령비조차 세울 수 없는 억압적인 상황이 계속되었다. 학살 당시 면장으로 있으면서 주민 600여 명을 빨갱이로 지목한 박영보라는 인물은 1960년 유족들 70여 명에 의해 돌에 맞고 화장되었다. 이는 유족들의 원한과 증오가 얼마나 깊었는지 보여준 사건이었다.

'잔혹하고 비인간적이며 여색을 밝히는' 빨치산의 이미지는 1954년 영화 <피아골> 이후로 오랫동안 대중의 뇌리에 각인되어 있었다. 그러다가 1980년대 중반 이후 이병주의 『지리산』(1985), 이태의 『남부군』(1988), 조정래의 『태백산맥』(1989), 정지아의 『빨치산의 딸』(1990) 등 일련의 빨치산 관련 책들이 발간되고 그중 『남부군』과 『태백산맥』이 1990년과 1994년에 각각 영화화되면서, 빨치산은 극악무도한 폭도의 이미지에서 벗어나 고뇌하는 인간, 역사의 패배자, 신념의 강자, 사회변혁의 주체적 계승자로 재평가되기 시작했다. 하지만 사회주의의 몰락과 더불어 2000년대 이후 대중적 관심이 급속히 사라지면서 빨치산은 '호명되다 만' 존재로 남겨졌다(유서현, 2020: 72). 북에서도 버림받은 빨치산의 개인적 삶은 생존투쟁 그 자체였다. 생포된 603명의 빨치산 중에서 미전향자들은 만기출소 후에도 사회안전법에 의해 평생을 사회와 격리된 채 살아야 했다. 빨치산의 입산, 산중생활, 체포, 출소 후 생활까지 전반적으로 살펴볼 때 그들의 트라우마는 다층적이고 복합적인 것으로 나타난다.

참전 여군으로도 분류될 수 있는 또 하나의 집단은 여성 빨치산이다. 최기자의 연구에 의하면 여성 빨치산은 고등교육을 통해 좌익사상을 접한 주변 남성들의 영향을 받아서 조직 활동에 참여하게 되었다. 정지아의 『빨치산의 딸』 2부에는 자진해 남로당에 입당한 어머니 이옥남의 이야기가 나온다. 광의면 여맹위원장이 된 이옥남은 부락을 돌아다니며 아녀자들을 모아놓고 평생 종처럼 살아온 여성들이 사람대접을 받으려면 봉건적 잔재와 계급을 타파하고 평등한 세상을 만들어야 한다고 설득했다.

지난 7년을 어떻게 표현할 수 있을까? 가장 고통스러웠으되 또한 가장 아름다운 시절이었다. 처음으로 삶이 무엇인지 알았고 자신의 존재를 알았으며 조국을 알았고 역사를 알았다. 그녀는 혁명을 위해 아이를 바쳤으며 남편을 바쳤다. 그리고 자기 자신까지 송두리째 바쳤다. 그리고 혁명은 실패로 돌아갔다. 그러나 그녀 자신의 혁명은 그녀를 새로운 사람으로 탄생시켰다. 지금은 졌다. 그러나 언젠가는 또다시 해방이 올 것이다. (정지아, 2005: 388)

빨치산 여자 대원들은 예외적 대우를 요구하지 않았고 비교적 성평등한 분위기 속에서 생활했다. 그러나 당대 언론은 맹목적이고 비자주적인 존재로 여성 빨치산을 표상화하면서 그런 여성을 '이용'하는 공산주의자의 반인륜성을 부각시키고 가부장제적 여성비하를 결탁시켰다(임종명, 2016: 205~219). 빨치산 여성은 남성과 똑같이 극한의 산중생활을 했고, 무월경중, 아무 데서나 배설할 수 없는 수치심, 임신과 출산의 고통, 아이를 돌보지 못하고 포기해야 했던 경험, 포로가 된 후 당한 성폭행 고문에 이르기까지 이중삼중의 고통을 겪어야 했다. 출소 후에도 부모의 사망이나 외면, 일가친척 관계망의 단절로 아는 사람 없는 타지로 옮겨 다녔고 형사들의 감시로 한 동네에 오래 정착할 수 없었다. 가난은 꼬리표처럼 따라다녔다. 그럼에도 비전향자들은 대체로 정지아의 어머니처럼 주체적인 삶에 대한 의식전환의 불가역성을 보여준다.

내 인생에서 최고로 행복했던 시절이 그 시절이었지. 거그서는 참 보람이 있었어. 뭐든 내 맘대로 해도 되고 내 몸 하나만 건수하면 되었잖아. 내가 하고 싶은 건 다 할 수 있었응께. 긍게 거그는 차별도 없고 여자도 남자랑 똑같이 차별이 없었어. …… 참 좋았던 시절이었어. 행복하고. (조항례, 2015: 62)

과연 빨치산은 어떤 사람들이었을까? 그동안 묘사되어 온 것처럼 역사의 패배자, 좌우 양쪽에서 버림받은 비극적인 존재인가? 비전향자는 끝까지 사회주의 이상에 대한 신념에 투철했던 '영웅'인가? 아니면 그들도 그저 더 나은 사회에서 살기를 원했던, 여느 누구나 다를 바 없는 보통 사람이었을까? 어쩌면 그들을 한반도 분단에 나름대로 저항했던 일군의 민중으로 기억하는 것이 가장 진실에 가까울지도 모른다.

김진환은 그들을 '비인간적인 가해자'로만 인식할 경우 육체적 폭력과 아울러 가족의 죽음, 연좌제, 사회안전법, 보안관찰법의 제도적 폭력을 겪었던 '피해자'로서의 빨치산을 부인하게 되고, '역사의 패배자'로만 인식할 경우 신념을 지키기 위해 폭력과 외로움과 가난을 피하지 않았던 빨치산의 면모를 이해할 수 없게 되며, '신념의 강자'로만 인식할 경우 가족 구성원과 생활인으로서 그들이 겪었던 고통에 둔감해질 수 있다고 지적한다(김진환, 2011: 320~321). 정지아는 2022년에 발표한 『아버지의 해방일지』에서 끝까지 비전향자로 남았던 아버지가 죽은 후 장례식을 치르면서 사회주의의 이상을 실천하고 이웃을 사랑해 온 아버지의 삶을 마주하고 비로소 이념을 넘어 상처를 극복하고 화해하는 과정을 묘사한다.

> 아버지 유골을 손에 쥔 채 나는 울었다. 아버지가 만들어준 이상한 인연 둘이 말없이 내 곁을 지켰다. 그들의 그림자가 점점 길어져 나를 감쌌다. 오래 손에 쥐고 있었던 탓인지 유골이 차츰 따스해졌다. 그게 나의 아버지, 빨치산이 아닌, 빨갱이도 아닌, 나의 아버지. (정지아, 2022: 265)

이 책이 발간 즉시 화제가 되고 베스트셀러가 되었다는 사실은 여전히 조심스러운 주제인 빨치산에 대한 작가의 시각이 객관화되면서 보편성을 획득한 것으로 해석될 수 있다. 이처럼 이데올로기적 이해를 전제로 한 당위적 포용보다는 거리를 두고 멀리서 바라보는 것이 트라우마 치유와 더 나은 미래를 위해 거쳐야 할 단계일 수도 있다.

전쟁미망인에서 윤락여성까지

성별과 연령층으로 볼 때, 한국전쟁 최대의 희생자 집단은 10대 후반부터 30대까지의 남성이었다. 이 연령대의 손실은 전쟁미망인의 양산[7]과 결혼적령기 남성의 절대부족이라는 결과로 나타났다. 전쟁미망인의 대다수가 극빈상태였고 기술이나 지식, 사회경험이 없었다. 가장을 잃고 생계 최전선에 내몰린 여성들은 노동시장에 대거 유입되었다. 노점상, 삯바느질, 식모, 품팔이 등 학력이나 자본이 필요 없는 직종이 주를 이루었고, 고된 노동과 천대, 성폭력에 노출되기 일쑤였다. 성매매에 뛰어드는 경우도 많아서 1950년대 보건사회부 성매매 여성 통계에는 '하녀', '미군동거', '(군인 상대) 위안부'라는 범주가 포함되어 있었다. 미군을 상대로 하는 성매매 여성은 '양공주', '양색시'로 불리며 민족의 수치로 여겨졌다. 생활고에 시달린 여성들의 사회적·경제적 활동이 급증했으나 유교 전통이 강했던 사회에서는 전통적인 여성상이 파괴될까 봐 두려움과 혐오의 시선을 거두지 않았다(이임하, 2000: 11).

남성중심사회에서 자녀교육과 가정관리면만 맡았던 그들에게 생산면이 있을 리 없다. …… 남편이 얻어오는 돈이 어떤 루트를 통해서 들어온 것도

---

[7] 「대한민국통계연감」(1952)에는 전쟁미망인 수가 10만 1,845명으로 되어 있다. 그러나 여기에는 남편의 사망을 확인할 수 없는 경우, 좌익 관련 혹은 피학살자 미망인이 신고를 하지 않은 경우 등이 누락되었을 가능성이 있어, 실제로는 50만 명 이상일 것으로 추정된다(이임하, 2000: 17~18).

모르고 소비하던 습성이 …… 모름지기 미망인을 여성으로 인식하기 전에 …… 그대 동료 부인들을 좀 더 인간적으로 친하고 이해한다면 많은 여성들이 타락의 구렁으로 휩쓸리지 않을 것이다. (정충량, 1959: 51~54)

전쟁으로 인한 변화는 남성 중심 사회를 균열시키는 계기가 되었지만, 전쟁미망인은 보호와 규제의 대상으로만 간주되었다. 관청과 금융기관 사무처리, 자녀의 진학과 결혼 문제 등에서 많은 미망인은 차별의 시선과 대접을 견뎌야 했다. 게다가 "미망인이란 누구나가 점유할 수 있는 무주공산적 존재"로 모든 남성에게 "가능의 세계요, 희망의 세계요, 환락의 세계"를 제공한다는 식의 성적 대상화가 공공연히 이루어졌다(이임하, 2000: 34). 재혼도 어렵고 여초 현상이 두드러진 사회적 배경에서 축첩도 성행했다. 전쟁미망인들은 열녀와 효부로 살 것을 강요받았고, 남편이 없는 시집살이의 고통을 공통적으로 겪어야 했다(김귀옥, 2013). 그들에게 딸린 부양가족, 특히 평균 3명 이상의 자녀를 돌보는 부담은 오롯이 그들의 몫이었다.

1959년 6월 말 당시 통계에 의한 전국 미망인 수는 50만 5,296명으로, 군인과 경찰 미망인을 제외한 44만 5,119명에는 납치인사 미망인이 포함되었다. 월북자의 아내는 더 이상 고향에 살 수 없었고, 남은 가족을 부양하기 위해서는 어떤 일이든 해야 했는데, 그 일들 중 하나가 성매매업이었다(김귀옥, 2010a: 47). 이산가족, 전쟁미망인, 윤락여성, 양공주는 모두 별도의 개념이 아니라 한 사람에게 투사된 다중적 개념일 수 있다는 의미이다. 이는 난리통에 남편을 잃은 여성들이 짊어지기에 너무도 무겁고 중첩적인 시련이었다. 그들의 고통은 곧 자녀세대로 이어졌다.

전쟁고아와 혼혈아

　전쟁고아는 전쟁이 낳은 최대 희생자 집단이다. 남한의 수용시설에 수용된 전쟁고아만 5만여 명이었고, 파악되지 않은 인원까지 포함하면 대략 10만~12만 명으로 추산된다(박동찬, 2014: 267). 학살과 납북, 폭격과 포격에 의한 희생 등은 가정의 붕괴로 이어져 전쟁고아를 양산했다. 전쟁통에 부모를 잃거나 버림받은 고아들에게 전쟁은 더 가혹했고 그 고통은 전후의 삶에까지 영향을 미쳤다(소현숙, 2018: 348).

　전후복구와 체제수호에 경황이 없었던 남북한정부의 고아 정책은 서로 달랐다. 북한정부는 고아원 수용과 아울러 소련의 프로젝트에 따라 5,000여 명의 고아를 중국과 동유럽 등지로 위탁했고, 남한정부는 해외 입양과 고아원 수용을 병행했다. 1955년 기준으로 남한 전국의 고아원은 484곳에 달했다(김창진·박갑룡, 2020: 34). 전후 상황에서 정부의 관리감독은 허술했고, 고아원 또는 보육원 운영과정에서 구호물자를 횡령하는 등 각종 비리가 난무했다. 수용된 아이들이 체벌과 굶주림, 강제노동에 시달리기도 했다. 납북자기념관에 소장된 전쟁고아의 수기를 보면, 고아로서 멸시와 천대를 받고 부모 없는 서러움에 죽고 싶었다는 이야기, 거짓 입양되어 머슴처럼 살다 도망친 이야기, 보육원에서의 학대로 병들어 죽은 친구를 묻어준 이야기 등이 나온다.[8] 학대를 견디지 못해 탈출하거나 아예 시설에 들어가지 못한 아이들은 삼삼오오 무리를 이루어 지냈는데, 이들은 '부랑아' 또는 '부랑인'으로 불렸다. 주로 구두닦이, 껌팔이, 신문팔이 등의 노동으로 생계를 이어갔고 일부는 성매매, 소매치기, 절도 등의

---

[8] 오여진, 「전쟁고아의 삶: 2024년 특별전시 『인권, 잊혀지지 않을 권리』 깊이 보기」(2024), 3쪽에 실린 '전쟁고아의 수기(1969), 가번호 25-055' 참조.

범죄에 연루되기도 했다. 그들은 잠재적 범죄자로 취급되기 일쑤였고 사회적 차별과 낙인의 대상이었다. 1987년 부산 형제복지원 사태는 부랑아에 대한 누적된 국가정책의 부재와 잘못된 관행이 극단적으로 구체화된 사건이었다. 폭행과 감시, 강제노역에 시달리던 원생들의 실태는 사회적으로 큰 물의를 일으켰다.

혼혈아 문제도 있었다. 미군계 혼혈아는 현대판 위안부인 미군 대상 성매매의 결과물이다. 일제강점기의 '위안부' 공급체계는 해방 이후 미군정이 들어서면서 다시 가동되었다. 어린 여성을 일본인에게 제공하던 제도는 계속 유지되었고 그 대상이 미군으로 바뀌었을 뿐이다. 한국전쟁으로 더욱 취약계층이 된 수많은 빈곤 여성이 이러한 성매매업에 종사했다. 이들을 바라보는 사회적 시선은 싸늘하기 그지없었다. 남한사회는 성매매 여성과 그 혼혈자녀의 경험을 지워버리려고 했고 이를 통해 국가폭력의 공모자가 되었다. 오랫동안 이들의 존재는 트라우마가 부인되고 숨겨지는 비가시화의 과정을 거쳤다. 미군계 혼혈인은 외국의 침략에 의한 한국인의 고통을 보여주는 비극적인 증거이지만, 한국사회에서 외모로 구별되는 이들이 겪어야 했던 고통은 외부인이 아닌 같은 한국인들에 의해 자행된 폭력이었다. 혼혈아 중에서도 흑인 혼혈아는 극도의 혐오 대상이었다. 미군의 백인 우월주의는 미군 부대에 기생해 살아야 했던 사람들에게도 내면화되었고, 이는 흑인에 대한 멸시로 이어졌던 것이다(곽사진, 2014: 324). 권정생의 소설 『몽실 언니』에는 우연히 쓰레기장에 버려진 '검둥이 아기'를 발견한 이야기가 나온다.

"검둥이 새끼구나. 어느 나쁜 엄마가 내다 버린 거야!" 또 한 사람의 남자가 화난 소리로 말했다. 검둥이 갓난아기는 조그만 까만 주먹을 꼭 쥐고 줄곧 울었다. 몽실은 너무 뜻밖이어서 숨도 제대로 쉴 수 없었다. "에잇, 더러운 것!" 어떤 남자가 침을 뱉으며 발길로 찼다. 아기가 자지러지게 울었다. "안 되어요!" 몽실이 저도 모르게 몸을 아기 쪽으로 가리고 섰다. "비켜! 이런 건 짓밟아 죽여야 해!" "화냥년의 새끼!" 사람들은 웅성거리며 제각기 침을 뱉고 발로 쓰레기 더미를 찼다. 몽실은 다급하게 아기를 덥석 보듬어 안았다. …… 몽실은 열 걸음쯤 달아나서는 사람들을 향해 돌아섰다. 그리고 애원하듯이 꾸짖듯이 말했다. "그러지 말아요. 누구라도, 누구라도 배고프면 화냥년도 되고, 양공주도 되는 거여요."(권정생, 2012: 190~191)

이러한 마음이야말로 인간을 인간답게 한다. 그러나 비참한 가난 속에서 이 마음을 지키기란 쉽지 않은 일이었을 테다. 더 많은 사람들은 쉽게 혐오하고 멸시하는 편을 택했고, 그 결과 7만 명 가까이 태어난 혼혈아는 언제인지 모르게 거의 다 사라졌다(곽사진, 2014: 315).[9]

1957년 경기도 포천에서 흑인 미군과 한국인 어머니 사이에서 태어난 혼혈인 가수 인순이(본명 김인순)의 삶은 차별과 편견을 극복하기 위해 얼마나 피나는 노력을 해야 했는지 보여주는 사례이다. 1978년 '희자매'의 멤버로 데뷔한 후 가요계 정상에 오르기까지 그는 끊임없이 자신의 정체성을 고민해 왔다(≪이데일리≫, 2008.4.10). 중졸 학력을 고졸로 속여 2007년 연예인 학력위조 파동의 당사자가 되기도 했다. 공전의 히트를 기록한 노래 「거위의 꿈」은 그의 인생사와 결부되어 큰 공감을 불러일으켰다.

난, 난 꿈이 있었죠 버려지고 찢겨 남루하여도

---

[9] 2014년 기준으로 100만 명 이상의 남한 여성이 미군을 상대로 성매매를 했으며 약 10만 명이 미군과 결혼했다. 그 결과 미군계 혼혈인은 7만여 명이 태어났지만 99% 이상이 사라져서 한국에 약 300명 정도 남아 있다. 이 통계수치는 국가인권위원회의 「기지촌 혼혈인 인권실태조사」(2003)를 근거로 한 것이다.

내 가슴 깊숙이 보물과 같이 간직했던 꿈
혹 때론 누군가가 뜻 모를 비웃음 내 등 뒤에 흘릴 때도
난 참아야 했죠 참을 수 있었죠 그날을 위해
늘 걱정하듯 말하죠 헛된 꿈은 독이라고
세상은 끝이 정해진 책처럼 이미 돌이킬 수 없는 현실이라고
그래요, 난, 난 꿈이 있어요 그 꿈을 믿어요 나를 지켜봐요
저 차갑게 서 있는 운명이란 벽 앞에 당당히 마주칠 수 있어요
언젠가 난 그 벽을 넘고서 저 하늘을 높이 날을 수 있어요
이 무거운 세상도 나를 묶을 순 없죠
내 삶의 끝에서 나 웃을 그날을 함께해요

국내에서 성장한 혼혈인들이 맞닥뜨려야 했던 '돌이킬 수 없는 현실', '차갑게 서 있는 운명이란 벽', '무거운 세상'이 한국사회의 차별과 편견에 의한 것이었다면, 해외 입양인들이 경험해야 했던 현실은 한층 더 복잡다단했다. 사회복지제도를 아직 갖추지 못했던 남한정부의 대책은 고아들을 해외로 입양시키는 것이었다.[10] 여기에는 동성의 친족집단 내에서만 입양을 받아들이는 부계혈통주의적 사고방식이 강했던 당시 한국사회의 분위기 탓에 국내 입양이 어려웠던 배경도 있었다. 1950년대는 국내 입양 비율이 5%에 불과한 시절이었다. 해외 입양의 주요 대상은 전쟁고아들, 그리고 전쟁기 유엔군 참전과 전후 미군 주둔으로 태어난 혼혈아들이었다. 특히 혼혈아의 경우 순혈주의 정서가 강했던 사회의 부정적인 시각으로 말미암아 정부 주도의 해외 입양이 대대적으로 추진되었다.

---

10 당시 국가 예산의 40%가 국방에 쓰였으며, 사회복지 예산은 2%에 불과했다(Kim, 2020: 74).

오늘 우리 경찰의 성심을 다한 노력으로 서울 시내에 있는 고아 5,800명 중 1,911명이 양부모를 얻어 그 결연식을 가지게 된 것을 크게 기뻐하며 축하하는 바입니다. 6·25사변 이후 공산괴뢰의 남침으로 수많은 전쟁고아들이 부모와 집을 잃고 거리를 방황하며 참담한 정경을 만들었으나 우리 동포들이 서로 도우며 우방 사람들의 원조도 얻어서 고아원도 경영하며 또는 해외에 양자로도 보내게 된 것입니다.[11]

미군계 혼혈아들은 수천 명의 미국인 가정으로 입양되었는데, 이는 당시로서는 보기 드문 인종 간 입양 사례에 해당되었다.[12] 전쟁 직후 해외입양은 민간단체들이 주도했다. 최초의 입양은 인도주의적·종교적 신념에 따른 동기로 시작되었지만, 정치적 요인들이 맞물리면서 자국의 군사적 개입을 정당화하는 외교 수단으로 변질되었다는 지적도 있다. 문화인류학자 엘리나 김은 입양이 '민간외교'로 활용되었다고 말한다(Kim, 2020: 72~75). 참전 미군과 미국에 있는 그 가족들은 한국 고아들이 미국 가정에 입양되는 것을 보면서, 한국이라는 작고 낯선 나라의 전쟁에 개입하는 것을 인도주의적 행위로 받아들일 수 있었다는 것이다. 미국식 기독교 구원의 서사와 반공 이데올로기가 결합된 측면도 있다. 1950년대 미국의 주요 교육 매체는 아시아의 버려진 아이들과 전쟁고아들을 입양하는 것이야말로 공산주의의 확장을 저지할 수 있는 주요한 전략이라고 홍보했다. 미국이 온정주의로 돌봐주지 않는다면 억압받는 아이들이 "공산주의자의 손에서 가장 강력한 무기"가 될 것이라는 논리였다(Klein, 2003: 47~48). 이에 따라 한국 전쟁고아의 입양은 홀트와 같은 복음주의 기독교인들과 교

---

11 대통령기록관, 「대통령 이승만 박사 담화집」(연설일: 1956. 11. 24).
12 한국 보건사회부 통계에 따르면 1955~1961년 미국에 입양된 아동의 수는 총 4,100명으로, 혼혈아동이 2,601명, 비혼혈아동이 1,499명으로 집계되었다(정기원·김만지, 1993: 73~74).

회들이 주도했다.

문제는 전쟁고아들을 위한 대책으로 시작된 해외 입양이 1970년대 중후반에 오히려 급증해 1980년대까지도 지속되었다는 점이다. 주된 이유는 해외 입양이 자율화되면서 높은 입양 수수료를 챙길 수 있는 환경이 조성된 데 있었다. 전두환 정부는 자율화 정책을 대외비로 추진했기 때문에 그 실상은 언론을 통해 보도되지도 않았다. 이런 식으로 17만 명에 달하는 아이들을 내보내면서, 한국은 '고아 수출국'이라는 오명을 얻었다. 정부와 입양기관들이 버려진 아이, 길 잃은 아이 등 친부모를 확인할 수 있는 아이들까지 해당 절차를 제대로 거치지 않고 '고아 호적'을 만들어서 해외로 보낸 것은 명백한 인권침해에 해당한다. 영리를 추구하는 중개기관에 의해 국제입양이 무분별하게 확산된 것은 입양 명목의 아동매매나 다름없었다. 이 시기 최대 아동 수출국인 한국의 입양 관행은 대표적인 아동권리 침해 사례로 주목받았다(이경은, 2017: 270).

인종 간 입양이 거의 없던 시절에 한국 출신 아이들 다수는 중산층 백인 미국 가정과 공동체에서 거의 유일한 아시아인으로 타자화되면서 정체성 혼란과 사회적 압력에 시달렸다. 2009년 한국계 미국인 엘리자베스 김은 자신의 입양 경험을 토대로 『만 가지 슬픔』이라는 회고록을 펴냈다(Kim, 2000). 미군의 아이를 낳은 김의 어머니는 가족의 핍박에 의해 죽임을 당했고, 엄마의 죽음을 목격하고 상처투성이가 되어 고아원에 버려진 김은 미국인 목사 부부에게 입양되었지만 엄격한 기독교 윤리를 가장한 양부모의 학대에 시달렸다. 양친의 강요로 결혼한 남편은 가학성 변태성욕자였다. 결국 김은 어린 딸을 안고 가출해, 지방 주간지를 거쳐 캘리포니아의 소규모 일간지 편집국장으로 미국 주류사회에 편입했다. 김은 오랫동안 방치했던 입양통지서를 꺼내서 입 맞추며 엄마와 그리고 자기 자신과 화해했다.

나는 그 방으로 가서 밧줄을 자르고 엄마의 목에 걸린 올가미를 빼내 엄마를 내 팔에 안을 수 있다. 그리고 푸르게 변한 엄마의 가여운 얼굴에 예쁜 홍조가 되살아날 때까지 입 맞출 수 있다. …… 그리고 바로 그 꿈에서 어른이 된 나는 그 방에 들어가서, 피투성이가 된 채 겁에 질린 아이를 안고 내 가슴이 녹아내리고 아이가 그 안에서 녹아들 때까지 내 품에 꼬옥 안아줄 수 있다. 나는 이제 그 애가 다시는 외롭지 않을 거라고 말할 수 있다. 나는 그 애의 엄마가 죽은 것이 그 애 잘못이 아니라고 말해줄 수 있다. (Kim, 2000: 223)

김의 인생이 이토록 고통스러웠던 배경에는 한국전쟁과 그로 인한 미군의 한국 주둔, 그리고 한국사회의 뿌리 깊은 제노포비아(외국인 혐오)와 혼혈아에 대한 편견이라는 현실이 있었다. 그의 삶은 한국전쟁과 그 후의 역사 속에서 한국인들이 배제해 버린 17만 해외 입양인의 존재를 상기시킨다.[13] 김의 회고록은 오늘날 한국사회가 누리고 있는 풍요가 한국이 외면한 전쟁고아들과 혼혈아들을 대가로 했다는 것을 절감하게 한다(정은숙, 2013: 143).

국내 입양도 순탄한 것은 아니었다. 유교적 부계혈통 사회였던 한국은 가문계승, 재산관리, 노후봉양, 제사상속을 주목적으로 입양하는 '양자제도'의 관행이 있었다. 1954년 이승만 대통령의 지시로 현대적인 의미의 입양이 시작되었지만, 친족관계가 아니면 영유아가 아닌 전쟁고아를 받아들이는 가정이 드물었다. 비밀입양을 통해 친자입적하려는 의도가 주

---

[13] 보건복지부 통계에 따르면 세계 3위 '아동 수출국'인 한국은 1953년부터 2022년까지 65년간 16만 8,427명을 해외로 입양 보냈다. 이는 국내 입양보다 배 이상 많은 수치로, 전체 입양의 67.4%를 차지한다. 보건복지부 홈페이지, https://www.mohw.go.kr/board.es?mid=a10107010100&bid=0040(검색일: 2024.6.10)

를 이루었기 때문이다. 이제는 입양에 대한 인식이 긍정적으로 개선되고 있지만 아직까지 입양 자녀가 살기 힘든 사회라는 데는 대체로 이견이 없는 듯하다.[14]

빨치산 고아들은 가장 처절하게 내몰린 존재로 각인되었다. 대개 젖먹이부터 중학생 나이에 이르는 아이들 중에서 일부는 친인척이 수용소에 찾아와 데려가기도 하고 지방 경찰들이 입양하기도 했지만, 대다수는 수용소에 기거하면서 포로로 잡힌 빨치산과 그 주변 가족들 틈에 끼어 어렵게 생활했다. 백선엽은 회고록에서 군사령부 차원에서 빨치산 고아들을 돌보기로 하고 전남 광주 송정리에 '백선육아원'을 설립했다고 기술한다. 처음에는 빨치산 자녀만 수용했지만 다른 고아들도 들어오기 시작하면서 세계 선명회 총재로서 당시 종군기자로 들어왔던 로버트 피어스가 후원회를 조직해, 거의 20년간 1인당 10~15달러씩 지원해 주었다. 백선엽은 "이미 벌어진 상처를 두고 그것이 생겨난 연유만을 따지는 것은 옳지 않"으며 "지리산 인근을 떠돌면서 온갖 냉대와 설움을 받아야 했을 이 고아들을 보살핀 게 다행"이라고 술회한다(백선엽, 2010: 452).

작가 박완서는 『그해 겨울은 따뜻했네』(1982)라는 소설에서 전쟁고아의 문제를 다룬다. 전쟁통에 아버지가 반동으로 몰려 끌려간 후, 실의에 젖은 어머니는 삼남매를 방치한다. 일곱 살 수지와 다섯 살 오목이(수인), 그리고 오빠 수철은 애정결핍을 먹을것으로 충족하려고 한다. 언니 몫까지 차지하려는 동생에게 지친 수지는 1·4후퇴의 피난길에 고의로 오목의 손을 놓아버린다. 전쟁이 끝난 후 아버지의 유산 덕분에 중산층의 삶

---

14 한국리서치「입양에 대한 인식」(2023.8.22) 조사에 의하면 '입양 자녀에 대한 부정적인 시선과 편견이 많다'는 데 71%가 동의하고 '입양 자녀가 살기 힘든 사회'라는 데 59%가 동의해 우리 사회가 입양 자녀에 대해 포용적이지 않음을 보여주었다. https://hrcopinion.co.kr/archives/27411(검색일: 2025.7.4)

을 누리게 된 수지는 동생을 버린 죄의식으로 곳곳의 고아원을 돌며 오목을 찾아내지만 그것은 자기 위안을 위한 것이지 진심은 아니다. 그래서 막상 오목을 만났는데도 동생이 맞는지 확인하지 않고 덮어버린다. 오빠 수철도 동생을 찾으려고 신문광고도 내지만 막상 오목이 고아원에 있음을 알게 되자 익명으로 후원하기만 할 뿐 가정의 평화를 지켜야 한다는 핑계로 모른 체한다. 결핵을 앓던 오목은 남편이 떠난 날 쓰러지고 만다. 마침내 수지는 자신이 오목이를 버리고 수차례 외면한 사실을 고백하며 용서를 구하지만, 긴 참회가 끝났을 때 오목은 이미 숨을 거둔 뒤였다. 수지가 위선이 아니라 진정한 사랑으로 오목의 아이들을 떠맡기로 하면서 가족은 다시 의미를 찾게 된다.

이 작품은 진정한 가족이 무엇인지를 돌아보게 한다. 전쟁은 가족을 찢어놓았고 고아들은 홀로 그 가운데 남겨졌다. 그러나 인간애의 잿더미 속에서도 불씨는 남았다. 혹독한 겨울날을 따뜻하게 한 것은 바로 그 불씨를 꺼트리지 않으려는 각자의 작은 몸짓들이었을 것이다.

피학살자 유족

한국전쟁은 민간인의 희생이 유독 컸다. 그 이유는 국가 건설, 혁명, 내전이라는 대규모 폭력 발생의 세 가지 요소가 중첩된 데서 찾을 수 있다(김동춘, 2006: 331~342). 내전은 20세기의 보편적인 현상으로, 보통 국가 간 전쟁보다 오래 지속되는 경우가 많고 반란세력과 주민들 간의 관계가 가깝기 때문에 보복 양상을 띠면서 피해가 커지는 경향이 있다. 이에 따라 내전에서 민간인 사망 비율은 갈수록 높아져서 1990년대에 이르면 내전의 사망자 중 민간인 비율이 90%를 넘어선다(Downes, 2007: 313~323).

한국전쟁기에 이루어진 민간인 학살 유형과 시기

유형	시기	내용
봉기 진압	1946년 대구10·1사건	대구에서 미군정의 실정을 비판하고 시정을 요구하며 총파업을 벌이자 시위 진압과정에서 민간인들이 희생된 사건
	1947~1954년 제주4·3	제주도에서 발생한 남로당 무장대와 토벌대 간의 무력충돌과 토벌대의 진압과정에서 다수의 주민이 희생당한 사건
	1948년 여순사건	여수 주둔군 일부가 제주4·3을 진압하라는 명령을 거부하고 남로당과 합세해 여수·순천 지역을 점거하자, 진압과정에서 반란군과 진압군에 의해 민간인들이 집단살해된 사건
공비 토벌	1949~1955년	지리산 중심의 빨치산 토벌 전선이 북상한 후 제2전선이 형성된 소백산맥과 노령산맥 일대 등지에서 군경 토벌대와 우익단체 등에 의해 발생한 민간인 집단살해
예방학살	개전 초	군경에 의한 국민보도연맹원(좌익 전향자), 형무소 재소자, 정치범 예비검속, 구금, 즉결처분, 집단처형
부역자 학살	1950년 9월~ 1951년 1월	군경, 우익단체 등이 인민군 점령지에 남아 있던 민간인들을 부역혐의로 집단살해
미군 폭격		미군의 공중폭격 등에 의한 피난민 집단살해
점령기 학살	1950년 7~9월 인민군 점령 직후, 후퇴 직전	인민군과 지방좌익에 의한 우익인사와 가족, 부역자 살해
사적 보복		현지 좌익, 우익 측 피해자 등 민간인들끼리의 사적 보복에 의한 살해

자료: 한국전쟁유족회 홈페이지(http://coreawar.or.kr/)와 다음 연구자들의 글을 참고해 필자가 구성. 김동춘(2006); 강정구 외(2003); 정병준(2004).

한국전쟁과 관련된 민간인 학살은 크게 일곱 가지 유형으로 나뉜다. 전쟁 상황과 전선 이동을 고려해 시기와 유형별로 정리하면 위의 표와 같다.

국민보도연맹(이하 '보도연맹')은 여순사건을 계기로 1949년 4월에 창설된 조직이었다. 좌익에서 전향한 사람들을 국가가 보호하고 지도한다는 취지였지만, 실제로는 중도파와 남한만의 단일정부에 반대하는 통합주의자들까지 대상으로 삼았다. 전쟁이 터지자 국군과 경찰은 이들이 북한에 도움을 줄지 모른다는 이유로 예비검속하고 집단학살했다. 개전 초에 벌어진 학살은 결국 부메랑이 되어 북한 점령기의 보복학살로 이어졌다. 예방학살은 잠재적인 친북 동조세력을 제거하는 결과뿐 아니라 한국 군경과 우익의 내부결속을 강화하는 결과도 가져왔다(정병준, 2004: 121). 학살의 주체들로서는 보복이 두려웠으므로 사생결단으로 싸워야 할 이유가 생긴 것이기 때문이다. 군경에 의해 대대적으로 벌어진 예방학살은 순식간에 한반도를 피비린내 나는 광기의 현장으로 변모시켰다.

　전선이 계속 이동하며 밀고 당긴다는 뜻의 '톱질'이 빈번했던 이 전쟁에서 민간인 학살은 전국적으로 벌어진 참극이었다. 작가 박완서는 이를 두고 "몇 달을 두고 전선이 일진일퇴를 거듭하는 대로 세상도 손바닥 뒤집듯이 바뀌었으니 그때마다 부역했다 고발하고 반동했다 고발해서 생사람 목숨을 빼앗는 일을 마을 사람들은 미친 듯이 되풀이했"(박완서, 2006: 282)다고 표현한다. 피학살자가 좌익이든 우익이든, 적군이 죽였든 아군이 죽였든, 가족을 잃은 사람들의 슬픔과 고통은 다르지 않을 것이다. 그러나 전후 한국사회에서 그 차이는 국민으로 수용되느냐 마느냐를 가르는 가차 없는 분단선이었다. 적군에게 죽은 군경 유가족은 반공 이데올로기가 지배하는 한국사회에서 피해자로 당당하게 나설 수 있고 국가적 지원도 받을 수 있었던 반면, 좌익 관련 피학살자 유족은 경위를 불문하고 빨갱이 가족으로 지목되어 연좌제의 굴레를 벗어나지 못했다. 그들은 극심한 경제적 고통에 시달렸고 정치적 배제로 집단적 침묵을 강요당했으며, 여성 유족들은 가부장제와 반공 군사주의와 같은 구조적·문화적 폭력으로 이중, 삼중의 고통을 겪어야 했다. 남성 유족들은 군, 경찰과 같은 직종에 진출하지 않는 것으로 연좌제의 사슬을 적극 회피하기도 했지만, 여성 유족들은 공적 영역에서 배제되어 직업 선택의 기회도 갖지 못한 채 생계 해결을 위해 재가를 하거나 성매매에 종사하기도 했다(이령경, 2003: 100~101).

　민간인 학살사건들은 이승만 정부 수립 전후에 발생했기 때문에 1950년대에는 거의 공론화되지 못했다. 다만 유족들의 노력에 의해 극히 일부 가해자가 처벌을 받거나 마을 단위로 학살사건이 기념될 뿐이었다.[15] 전쟁에서 적의 편에 선 것으로 간주된 좌익 관련 민간인 피학살자들의 죽음은 국가의 공식기억에서 배제되었지만, 가족을 잃고 생지옥 속에 살면서 걸인과 고아가 된 수만 유가족의 한은 너무도 깊었다.

　1960년 7월 28일에 2천 명 가량의 사람들이 같은[대구 기차역] 광장에 모였다. 가까운 곳에서 온 사람부터 먼 시골에서 온 사람까지 대구 전역에서 모인 사람들이었다. 오전 10시쯤 역광장에는 사람들이 가득 들어찼는데, 많은 수가 소복을 입은 여성이었다. 집회는 10시 45분에 시작되었다. 한 여학생이 단상에 올라 아버지에게 쓴 편지를 읽자 모인 사람들 사이에서 엄청난 동요가 일었다. 여학생의 부친은 전쟁 초기에 실종되었다. 편지 낭독에 이어 한 여인이 역시 1950년 7월에 실종된 남편을 애타게 불렀다. …… 그 사이 군중 속 몇몇 소복 입은 여성들이 오열하기 시작했고, 곧 다른 울음소리가 합쳐지면서 귀가 먹먹할 정도의 집단 곡소리가 되었다. (권헌익, 2020: 44)

　그러나 이처럼 가족을 잃은 슬픔을 공적으로 애도하는 행위는 국가 안보에 대한 위협으로 간주되었다. 지역에서 전국 단위로 유족회가 발족

15　몇 가지 사례는 다음과 같다. 1950년 8월 김해에서 강성갑 목사가 빨갱이로 몰려 학살당한 사건이 주민과 유족들에 의해 알려졌고, 그 결과 경찰 및 우익 청년단체 간부들이 유죄 판결을 받았다. 1951년 거창사건의 경우 군의 불법적인 민간인 살해 사실이 밝혀져 연대장과 대대장 등 몇몇 책임자가 구속되었지만 곧 감형 처분을 받고 사면되었다. 제주에서는 유족들이 피학살자들의 유해를 수습해 1956년 공동묘역을 조성했다.

하고 군경을 포함한 학살 가해자에 대한 고소·고발과 피학살자 위령제 등이 추진되자 당국은 민심의 동요를 우려했다. 대부분 주검도 수습하지 못하고 사망일시를 몰라서 법률문제를 겪기도 했던 유족들의 절규는 4·19 직후에 조직된 피학살자유족회 사건으로 분출되었다. 4월혁명 직후 과도정부는 학살사건에 대한 문제 제기가 확대되어서는 안 된다고 판단했다. 군인들이 전시 중 민간인 학살로 고소당한다면 사회적 파장이 엄청날 것이기 때문이었다. 결국 유족회는 5·16쿠데타 직후 반국가단체로 낙인찍혔다. 단체 대표들과 간부들이 구금되었고 가족들은 혁명재판에 회부되었다. 유족회 관계자 일부는 징역과 사형 판결을 받았고 일부는 간첩으로 조작되기도 했다. 국가는 피학살자를 '좌익사망자' 또는 '북한괴뢰군과 호응해 아군경과 대적하다가 사망된 좌익분자'로 규정했다. 피학살자는 '비국민(호모 사케르)'[16]으로 간주되었고 따라서 그 죽음을 애도할 수도 학살자의 죄를 추궁할 수도 없었다. 몇몇 피학살자 유족은 진실화해위원회에 심사를 청구해 진실규명결정서를 받았지만 여전히 상당수는 미해결 상태로 남아 있다.

    1950년 7월에서 9월 두 달 간 경북 경산시에서 벌어진 코발트광산 학살사건의 경우, 3,000명이 넘는 보도연맹원과 대구 및 부산형무소 수감자들이 손발이 묶인 채 수직 50미터 갱도에서 줄줄이 밀려 떨어졌다. 군경은 일부가 살아남을 가능성에 대비해 총격을 가하거나 불을 질렀고 심지어 폭약까지 사용했다. 이 사건은 2001년 MBC 〈이제는 말할 수 있다〉에서 첫 보도되었다. 그해부터 시작된 유해 발굴은 20년 넘게 진행 중이

---

16 '호모 사케르(homo sacer)'는 직역하면 '신성한 생명(인간)'이라는 뜻이지만, 희생물로 바치는 것은 허용되지 않으면서 그를 죽이더라도 살인죄로 처벌받지 않는 자들을 가리키는 조르지오 아감벤의 용어이다. 아감벤에 의하면 호모 사케르는 주권자들에 의해 추방되어 법으로부터 버림받은 예외적 존재이다. 나치 치하의 유대인이 대표적이다(Agamben, 1998).

다. 작가 한강은 『작별하지 않는다』(2021)에서 이 사건을 언급한다. 제주 4·3의 희생자 일부가 대구형무소로 이감되었다가 이곳에서 처형되었기 때문이다. 주인공 인선의 어머니는 시체를 찾지 못한 남동생을 평생 동안 찾아 헤매다가 치매로 생을 마감한다. 어머니는 제주4·3사건 당시 십대의 나이로 가족이 학살되는 현장에 있었다. 인선은 어머니가 모아놓은 자료집에서 유족회가 찍어놓은 사진, 신문기사 스크랩, 유족회에서 보내온 서신 등을 찾아낸다.

> 1960년 겨울에 코발트 광산 앞에서 찍은 사진이야. …… 사진 가운데 서 있는 안경 쓴 남자를 집게손가락으로 짚으며 인선이 말한다. 이 사람이 유족회장이야. 이듬해 5월 군사 쿠데타 직후 체포돼서 사형 언도를 받았어. 옆에 있는 총무는 십오 년 형이 나왔어. …… 그 후로는 엄마가 모은 자료가 없어, 삼십사 년 동안. 인선의 말을 나는 입속으로 되풀이한다. *삼십사 년* …… 군부가 물러나고 민간인이 대통령이 될 때까지. (한강, 2021: 278~281)

국내에서 미군이 민간인을 학살한 대표적인 사례로 거론되는 노근리 사건은 미국 대통령의 사과, 국회의 특별법 제정, 다큐 영화(이상우 감독 〈작은 연못〉, 2009년) 제작 등 일련의 기억 활성화 과정을 거쳐 공식기억으로 자리 잡았다. 공식기억이 되었다고 해서 대중적 기억도 완전히 재구성된 것은 아니다. 한국사회에서는 반공주의적 관점이 여전히 지배력을 갖고 있기 때문이다. 미국을 한국전쟁의 '은인이자 구원자'로 인식하고 한미동맹의 중요성을 확신하는 사람들에게 미군에 의한 동족학살은 외면하거나 정당화하거나 덮어버리고 싶은 사실일 수 있다. 그들은 전쟁에서 인민군과 좌익이 저지른 범죄가 더 크다고 강변하기도 한다. 그러나 사실을 인정하는 것은 정의를 실현하는 데 필수적이다. 상대의 전쟁 피해나 '우리'의 범죄 자체를 부정하려면 모든 악과 고통의 원인을 오로지 상대에게 전가해야 하지만, 자기성찰이 없는 그런 식의 일방적인 비난으로는 결코 보편적 정당성을 획득할 수 없다.

돌아온 포로들, 돌아오지 못한 포로들

포로 문제는 휴전회담에서 첨예한 갈등을 빚었던 주요 의제이다. 1952년 1월 2일 기준으로 북한 측은 1만 1,599명, 유엔군 측은 13만 2,474명의 포로명단을 제시해 그 차이가 현격했던 데다, 북한 측은 '전원송환'을, 유엔군 측은 '자원송환'을 원칙으로 내세웠기 때문이다. 유엔군이 잡은 포로는 한국인이 약 15만 명, 중국인이 약 2만 명이었다(김행복, 1996: 56). 정전협정을 전후해 세 차례의 포로교환이 이루어졌는데, 공산군 측 포로는 8만 3,000명이 귀환했고, 유엔군 측 포로는 1만 3,469명이 귀환했다(제성호, 2008: 146). 유엔군사령부는 전쟁 중 발생한 한국군 실종자 수를 8만 2,318명으로 집계했지만, 공산군 측으로부터 최종 인도된 것은 10분의 1 남짓한 8,343명에 불과했다.

한국인으로서 포로가 된 사연은 다양했다. 피난 못 간 민간인, 인민군에 강제 편입되어 싸우다가 잡힌 의용군, 인민군에 포로가 되었던 국군, 국군 패잔병과 탈영병, 간첩으로 오인되어 체포된 민간인, 부역자 등이 뒤죽박죽으로 섞여 있었다(오세희, 2000: 215). 이념적으로 균질하지 않았던 이 포로들은 점차 '반공(백색)'과 '친공(적색)'으로 변형 분류되었다. 송환되기를 바라는 포로들과 송환을 거부하는 포로들 간의 싸움은 1952년 5월 7일 공산포로들이 수용소장 도드 준장을 납치해 일괄북송을 요구하는 대규모 폭동과 유혈사태로 번질 정도로 험악했다.[17] 이 사건으로 거제도에는 대부분 공산포로만 남고 반공포로들은 기타 수용소에 분리수용되었다.

1952년도에 나온 최초의 포로 수기집 『거제도 일기: 석방된 포로의 혈(血)의 기록』은 좌우대립으로 인한 살상, 집단행동, 심사와 이송 등의 주요 사건과 수용소 생활을 체험수기 형식으로 펴낸 것이다. 이 책은 기본적으로 반공 기조에서 서술되었지만 같은 동포이자 동족인데도 "사상이 무엇이기에 인간적 교류까지를 유린하는 것인지"에 대한 근원적인 질문을 던진다.

"잘 가라. 또 보자."
"몸 건강히들 해요."
"잘 있어."

이렇게 바래는 포로나 떠나는 포로나 목이 매여 울며 손수건을 휘두르는 것이었다. 수용소 변두리는 우름으로 변하였다. 여기에는 좌익 우익 중간 그 아무것도 없었다. 다만 인간 대 인간 더구나 동족 대 동족 포로수용소라는 그것밖에 그 아무것도 없었다. MP(헌병)도 손수건을 눈씨울에 적시고 병원 군의 너나 할 것 없이 흐느껴 우는 것이었다. — 이 죄 없는 민족의 비극은 누가 만들어낸 것인가. (이한, 1952: 130~131. 임세화, 2016: 76~77에서 재인용)

역사의 수레바퀴는 예상치 못한 방향으로 굴러갔다. 휴전협상 타결

---

17 약 14만 명이 수용되었던 거제도포로수용소는 이념성향을 고려하지 않고 남한 출신 의용군, 북한 인민군, 중국군, 민간인 등 크게 네 부류로 나뉘었다. 수용소 내의 충돌이 격화되면서 1951년 '9·17폭동'이 발생했다. 미국 국립문서관리기록청(NARA)에 보관된 미군 자료에는 친공포로들이 반공포로 15명을 살해한 것으로 기록되어 있다(성강현, 2016: 225).

직전인 1953년 6월 18일, 이승만 대통령은 유엔군과 사전협의 없이 기습적으로 반공포로 2만 7,000여 명을 석방했다(김행복, 2015: 121). 한미상호방위조약을 체결하기 전에는 결코 휴전할 수 없다고 버티던 이승만의 이른바 '벼랑끝 전술'이었다. 한국인과 중국인을 포함한 공산군 8만 8,000여 명은 본국 송환을 거부하고 남한, 대만, 중립국에 정착했다. 남한에 정착한 3만 5,000여 명의 공산군 반공포로는 '반공용사'로 환영받았으나 실제로는 의심과 경계의 대상이 되었고, 극단적인 투쟁방식으로 우익정당의 폭력시위에 가담하는 '정치깡패'의 이중적인 이미지로 각인되었다. 한국정부는 그들의 탈출과 석방에만 집중했을 뿐 구체적인 정착 지원은 제공하지 않았다. 이에 따라 일부는 입대하거나 행방불명되기도 하고 자살하거나 월북을 시도하거나 범죄자가 되는 등 사회 부적응 사례가 발생하기도 했다. 남한의 시대적 요구에 따라 반공포로들은 존재를 증명하는 방식을 바꿔나가야 했고, 그렇지 않으면 최대한 신분을 드러내지 않은 채 침묵의 집단으로 살아야 했다.[18]

북한에 억류된 미귀환 국군 포로의 수는 개념을 어떻게 정의하느냐에 따라 2만~10만 명까지로 추정된다. 그나마 국방부의 2만 명이 가장 근접한 수치로 보이지만 그마저도 가족들의 신고에 기초했다는 점에서 정확한 근거가 되기는 어렵다.[19] 미귀환 국군 포로에 대한 논의가 시작된 것은 1980년대 중반 이후였다. 민주화와 더불어 한국전쟁에 대한 연구가 다양해지면서 포로 문제도 다뤄지기 시작했다. 이 문제가 전격적으로 부상한 것은 국군 포로 조창호가 1994년 10월, 휴전 이후 처음으로 북한을 탈

---

18 정치화된 반공포로들은 1957년 5월 장충단집회 방해사건, 1958년 7월 법원청사 난입사건을 비롯, 야당 집회에서 공격적인 폭력을 행사해 물의를 빚었다(이선우, 2024: 34, 65).

19 국방부는 1997년 10월 행방불명자 신고와 병적부 확인을 통해 참전 실종자 수를 1만 9,409명으로 공식 발표했다. 다만 이 수치는 신고된 인원만 포함했고 군적에 있는 인원만 정리한 것이기 때문에 학도의용군이나 유격대원 등은 제외되었다(국방부, 1999: 17).

출해서 43년 만에 조국으로 돌아온 사건에 대한 충격 때문이었다. 당시 한국정부의 미흡한 대응은 바로 직전인 1993년 3월 북한으로 송환되어 대대적인 환영을 받은 인민군 종군기자 출신의 장기수 이인모의 사례와 비교되었다.

2000년대에 장기수 송환에 대응한 미귀환 국군 포로와 납북자 문제는 즉각 송환을 요구하는 국내 보수층의 요구와 '단 한 명의 포로도 존재하지 않는다'는 북한정부의 완강한 입장 사이에서 정치적 이슈로 변질되었고, 정부가 내놓은 방법은 '포괄적 이산가족'이라는 개념을 적용하는 것이었다(이신철, 2003: 98). 미귀환자 중에는 포로로 잡혔다가 인민군에 입대한 사람, 그리고 전후복구 사업에 강제동원되었다가 돌아오지 못한 사람도 있다. 이들이 조선민주주의인민공화국의 공민으로 남게 된 데는 자발성과 강제성이 혼재되어 있을 텐데, 그것을 가려낼 방법이 마땅치 않다는 것이 문제이다. 미귀환 국군 포로와 비슷한 처지의 사람들이 남한에도 존재한다. 억류된 인민군 포로, 비전향장기수 등이 그런 존재이다.

1993년 이인모의 최초 송환에 이어, 2000년 비전향장기수 63명이 북으로 귀환했다. 비전향장기수로 북으로 송환된 63명 중 43명은 남파공작원이었고 나머지는 빨치산, 의용군, 인민군 출신이었다.[20] 나머지 송환희망자 46명의 송환은 계속 미뤄졌고 시간이 흐르면서 하나둘 세상을 떠나, 2023년 10월 기준으로 6명이 남아 있다(≪통일뉴스≫, 2023.10.12). 구술연구에 의하면 1970년대 초반 비전향장기수를 대상으로 사상전향공작이

---

[20] "국가보안법, 국방경비법, 반공법, 형법상의 간첩죄 등이 적용된 공안사건과 관련된 사상범으로서 7년 이상의 장기형을 선고받고 복역한 사람 가운데 전향하지 않은 수형자"로 정의되는 비전향장기수는 크게 네 부류로 나뉜다. ① 한국전쟁 중 유격대 활동과 관련해 체포된 사람들, ② 간첩으로 불리는 남파공작원들, ③ 통혁당, 인혁당, 남민전, 구미유학생 간첩단 등 변혁운동의 맥락에서 발생한 사건들로 투옥된 사람들, ④ 납북 귀환어부들 혹은 고국에 유학 온 재일동포 중 간첩조작 사건에 얽힌 사람들이다(국사편찬위원회, 2006).

실시되었을 때 구타와 고문 등이 자행되었음이 밝혀졌다. 김하기의 소설 『살아있는 무덤』(1990)에는 그들을 대상으로 한 백색 테러가 묘사되어 있다. 테러의 주체는 빨갱이를 증오하는 깡패들이었다.

> 어이 빨갱이들아. 나는 소지반장 원삼실이다. 나로 말할 것 같으면 너희 빨갱이들과는 고양이와 쥐처럼 상극이다. 내 인생이 이렇게 비참하게 된 것도 알고 보면 다 네놈들 때문이야. 아버지는 6·25 때 인민군 탱크에 깔려 죽고 어머니는 인민재판에 회부되어 대창에 찔려 무참하게 운명하셨단 말이다. (김하기, 1990: 27)

전향제도는 2003년 7월에야 폐지되었다. 비전향장기수들이 남한에서 고초를 겪는 동안 국군 포로들도 북한에서 고통스러운 나날을 보냈다. 북한은 국군 포로에 대해 체계적으로 '사상개조'를 시키고 이들을 인민군에 편입시키는 정책을 폈다. 정전협상이 진행 중이던 1952년 9월 김일성이 스탈린과 중국군 지도부와 가진 만남을 기록한 회의록에는 국군 포로 2만 7,000명을 인민군으로 편입시켰다고 되어 있다(Wilson Center, 1952). 교육과 설득, 그리고 식량배급으로 유인되어 인민군에 편입된 국군 포로들은 '해방전사'로 불리며 전투에 참가했다. 이처럼 북한정부는 전쟁 초반에는 그들을 전투력으로 활용했으나 후반으로 갈수록 부족한 노동력을 채우기 위해 포로송환 협상에서 자원송환 의사 대상자 자체를 줄이는 편법을 썼다. 그리고 세 차례에 걸친 포로교환에서 포로 8,000여 명을 석방한 후로는 대외적으로 국군 포로의 존재 자체를 인정하지 않았다. 그러나 북한 당국은 내부적으로는 국군 포로를 '43호'라고 지칭하면서 따로 관리했고, 본인은 물론 직계 가족까지 감시했다. 이러한 감시는 남한 출신자들에게 포괄적으로 이루어지는 것이었지만 특히 국군 포로는 탈북할 가능성

등으로 인해 감시가 더욱 심하게 이루어졌다.

　북한의 성분제도에서 국군 포로와 그 가족은 가장 하급계층에 속했다. 아울러 국군 포로의 자녀는 아버지의 직업을 대물림받는 경우가 많아 탄광에서 일해야 했고, 군입대가 불가능하기 때문에 입당도 불가능했다. 다만 고난의 행군 이후 군입대자가 줄어들면서 입대가 가능했다는 진술도 있다(통일부, 2023: 420). 1994년 조창호가 귀환한 이후 살아서 탈북해 귀환한 국군 포로는 80명이고, 그 자녀로서 탈북해 한국에 입국한 이들은 약 280명이다(≪BBC뉴스코리아≫, 2023.7.27). 이들은 '6·25국군포로가족회'를 결성해 가족의 송환과 참전용사로서의 인정을 요구하고 있다.

　북한 포로수용소에 감금되었던 포로들은 중국 측의 사상개조와 심리전술로 인해 최종적으로 미군 21명과 영국군 1명, 한국군 325명이 공산 측에 잔류를 희망했다(조성훈, 1997: 251). 북한에서 포로생활을 했던 한국군 포로들은 '오염'되었다는 의심 속에 귀환 후에도 침묵한 채 지내야 했고, 그들의 수기는 탈냉전 이후 출간된 경우가 많았다. 송환되어 본국으로 돌아간 미군 포로들의 신세도 크게 다르지 않았다. 그들은 철저한 조사를 받았고 '공산주의 동조자'였다는 혐의로 기초적인 사회적 지원에서도 제외되었다(Young, 2015: 294~295). 북한에 억류된 미귀환 미군 포로도 존재한다. 미국정부는 한국전쟁 중 실종자 가운데 389명을 포로로 분류하고 있으나 이들은 거의 사망했을 것으로 추정한다. 1995년 10월에 귀순한 북한 보위부 관리 오영남은 "평양 북쪽의 격리된 거주지역에 나이 지긋한 흑인과 백인 수명이 수용되어 있었는데 그들은 스스로를 한국전쟁 참전 미군병사라고 밝혔다"라고 증언했지만(≪경향신문≫, 2000.5.17), 그로부터 오랜 시간이 흐른 지금 그 수는 격감했을 것이다.

　어떤 포로는 스스로 송환 거부를 선택했다. 남한에 남는 것을 택한 북한군 포로, 중립국행을 택한 포로, 대만행을 택한 중국군 포로, 중국행을 택한 유엔군 포로도 있다. 1953년 6월 포로송환 협상이 타결되었을 때 북한군 반공포로 3만 5,000명은 남한에 남는 쪽을 택했다. 송환을 거부한 2만 3,000명의 포로에게는 중립국으로 가서 개인 의사에 따라 선택하는 방안이 주어졌다. 송환거부 포로는 중국인 1만 4,704명, 북한인 7,900명, 남한인 335명, 미국인 23명, 영국인 1명이었는데, 이들 가운데 본국 혹은 모국으로 돌아가지 않고 한반도에 남는 것도 거부한 포로는 중국인 12명, 한국인 76명(북한인 74명, 남한인 2명)이었다.

최인훈의 소설 『광장』(1960)에서 주인공 이명준은 남과 북의 현실을 경험하고 포로수용소의 모멸적인 체험을 통과한 후 중립국행을 택했다가, 인도로 가는 배에서 마지막 자유의 열린 광장인 푸른 바다로 몸을 던진다. 당시 최인훈은 함경북도 회령 출신으로 전쟁통에 월남해 북에서 14년, 남에서 10년을 살며 양쪽 사회를 경험한 상태였다. 이명준처럼 중립국행을 택한 한국인은 76명에 불과했으나, 그 정치적 함의와 확장성은 숫자의 한계를 훨씬 뛰어넘는 것이었다. 지식인들 사이에서는 그들의 선택이 미국과 소련, 우파와 좌파, 남과 북이라는 냉전적 이분체제의 견고한 이데올로기 장벽에 균열을 가한 제3의 대안으로 해석되었다(정병준, 2019: 95~96). 그러나 76인의 포로들의 현실은 녹록치 않았다. 현지에서 기반을 잡은 이도 있었지만 뿌리 내리지 못한 채 상처투성이의 삶을 살면서 정신병자가 된 이도 있었다. 1980년대 후반부터 한국사회에서 이들의 존재가 부각되면서 KBS와 MBC에서 다큐멘터리가 제작되었고, MBC 초청으로 1993년 32명이 방한했다. 그중 현동화는 인민군 장교로 한국전쟁에 참전했다가 미군 폭격에 부상당하고 국군에 귀순한 반공포로였다. 76인 중의 하나로 인도행을 택했던 그는 한인회장을 지내고 한국-인도 민간교류에 대한 공로로 국민훈장까지 받았다. 그러나 이런 사례는 예외적인 것으로, 중립국행을 선택한 대부분의 사람은 인도, 브라질, 아르헨티나 등에서 이

민자로서 고달픈 여생을 보내야 했다. 중립국행 당시 최연장자였던 주영복은 브라질에 정착했는데, 『내가 겪은 조선전쟁 I, II』(1990~1991)에 이어 『76인의 포로들』(1993)이라는 책에서 자신의 선택이 공산주의와 극우반공주의로부터 탈출하기 위한 것이었다고 술회한다. 유엔군에 귀순했다가 한반도를 떠난 그의 정체성은 어디에도 소속되지 못한 무국적자였다. 그는 작가 최인훈을 만난 자리에서 이렇게 말했다.

> 저는 일본, 러시아, 북한, 남한, 인도, 브라질, 미국 등 7개 나라의 국가를 부르며 살았어요. 지금도 무국적으로 남아 있고 통일된 조국의 국가를 한 번 더 불러볼 수 있기를 바랍니다. 국제주의라는 게 있는지 모르지만 국경이 없이 모든 사람이 화목하게 살아야 한다는 것이 제 생각입니다. (≪시사저널≫, 1990.6.17)

1929년에 체결된 제네바 제3협약에 따르면 전쟁포로는 인도적으로 대우받아야 하고 인간의 존엄성이 손상되어서는 안 된다. 포로에게는 음식과 구호품을 제공해야 하고 정보를 알아내기 위해 압박해서는 안 되며 죽음이나 건강상 위해를 끼칠 수 있는 불법적인 행동도 금지된다. 북한은 1957년, 남한은 1966년 이 협약에 가입했지만, 미리 가입했더라도 전쟁통에 원칙이 지켜질 것을 기대하기란 어려웠을 것이다. 그나마 유엔군 포로수용소는 유엔군이 포로 관리를 직접 담당했기 때문에 생명을 부지할 만큼의 보급물자가 제공되었지만, 북한 포로수용소의 상황은 극히 열악했다. 특히 소수이지만 여성포로의 경우 성차별과 성폭력에 노출되기도 했다.[21] 여성포로의 목소리는 그나마 반공포로의 것만 전해진다. 3년

---

21 거제도포로수용소 유적공원 내 여자포로관에는 다음과 같은 설명문이 게시되어 있다. "한

간 부산포로수용소에 있다가 풀려난 김정윤에 따르면 그곳에 있던 여성 포로 678명 중 북한을 선택한 여성이 528명이고 남한을 선택한 여성은 150명인데 그 이유는 대다수 여성포로가 북한의 선전선동에 속아 넘어 갔기 때문이었다(≪조선일보≫, 1952.9.17). 여성 친공포로는 우익 측에 의해 "빨강 계집년"으로 불렸다(주영복, 1991: 326). 그들은 "지독스럽게도 영악"하고 "공산주의 소아병적인 악담"을 내뱉으며 아이를 동반한 경우 "공산 괴뢰군 풍기(문란)"으로 출산한 여자들로 대상화되었다(≪조선일보≫, 1952.6.22). 남한에 잔류하거나 북에서 송환된 여성포로들은 빨갱이로 낙인 찍혀 배제될 가능성이 농후했기에, 그들의 경험은 침묵 속에 봉인되어야 했다. 따라서 여성포로 수기는 찾아볼 수 없지만 일부 문학 작품에서는 남성적 시선이나 이념에 재단되지 않고 스스로 포로생활을 증언할 뿐 아니라 이후의 트라우마 기억을 극복하는 주체로서 여성포로의 목소리가 재현된다(오태영, 2023: 88). 손영목의 『거제도』(2006)에 등장하는 여성포로 조양숙은 서울에서 재학하던 중 인공치하 의용군에 지원해 간호장교로 참전했다가 낙동강전투에서 붙잡혀 거제도포로수용소로 이송된 인물로, 수용소 내 간호사로 근무하면서 만난 반공포로 윤석규에게 이렇게 말한다.

국전쟁기 여성포로는 주로 북한군 포로와 중국군 포로들이었으며, 이 중 중국군 여성포로는 단 1명이었다. 북한군 여성포로는 정규군 간호장교와 지리산 등지에서 포획된 일부 빨치산과 민간인으로, 대부분 광주중앙포로수용소와 일부는 부산과 거제도포로수용소 등지에 분산 수용되었다. 거제도포로수용소에 수용된 여성포로는 1952년 기준 550명이었으며, 이 중에는 20명의 어린이와 아이도 포함되어 있었다. 남성포로들과 동일하게 제네바 제3협약에 의거 관리되었으며, 64야전병원에서 간호활동에 동원되기도 했다. 북한군 및 중국군 여성포로들은 모두 송환을 선택했으며, 빨치산 출신 여성포로들은 군사재판 등을 받아 형무소에 재수감된 뒤 형기를 마치고 석방되었다. 여성포로는 전체 포로 중 소수에 해당하나, 그들의 생활상과 활동 등에 관해서는 정확히 알려진 바가 없으며 성차별과 폭력에 노출되기도 했다."

사실 난 조선민주주의인민공화국을 신봉하는 여자예요. 그렇지만 석규 씨가 생각하는 그런 악질 빨갱이 아니라고요. 난 그저 하나 된 조국, 누구나 다 잘사는 코뮤니즘 파라다이스를 원할 따름이에요. 대한민국은 선하고 인민공화국은 악하다는, 또 그 반대의 주장에도 난 찬성을 못해요. 가만히 보면 석규 씬 공산주의에 대해 극도의 악감정을 품고 있는 것 같은데, 편협한 아집이랄까, 고정관념이랄까…… 그런 건 아닐까요? 자기를 반죽음 만들고 다리를 분질렀기 때문에? 그렇지만 조금은 이렇게 생각할 순 없을까요? 모든 건 상대적이라고. 이 수용소 안에서 일어나고 있는 좌우익 간의 싸움뿐 아니라, 더 확대해서 대한민국과 조선인민공화국 간에 벌어지고 있는 이 전쟁까지도 양쪽에 똑같이 잘못과 책임이 있는 거 아닐까요?(손영목, 2006: 263)

구혜영의 소설 『광상곡』(1986)의 서술자는 북한군 예술대에 차출되어 선전활동에 가담하다가 북한군이 퇴각하면서 돌아왔지만 부역을 했다는 이유로 군경의 취조와 고문에 시달려야 했다. 친공포로들이 반공포로들을 위협하고 살해하던 상황은 여성수용소에서도 정도만 다를 뿐 유사하게 전개되었다. 해방 이후 공산주의 사상에 경도되었던 주인공은 친공포로들이 가하는 처참한 폭력을 목격하면서 자신의 사상적 지향에 대해 깊은 회의를 품게 된다. 이는 전쟁이 가져온 인간 파괴를 정당화할 수 있는 이념은 없다는 생각으로 이어진다. 석방 후 미국으로 갔던 서술자는 기억의 상흔 속에서 30년 후 한국을 방문해 사랑했던 남성을 찾는 행위를 통해 트라우마 기억을 극복하려는 능동적인 실천을 보여준다.

돌아온 포로이든 돌아오지 못한 포로이든 돌아가지 않은 포로이든 간에, 국적과 성별과 신분과 계급을 막론하고 한국전쟁 포로의 경험과 그 이후에도 겪어야 했던 배제의 경험은 각 개인에게 트라우마로 남았다. 다만, 북한 포로수용소의 민간 외국인 기독교인 포로 사례에서 보듯이, 자신이 믿는 것에 대해 강한 신념을 지닌 사람은 극한상황을 좀 더 잘 견뎌내고 극복한 것 같다. 그들은 포로수용소에서 개인을 무력하게 만드는 전체화의 고난 속에서도 타인의 죽음을 목격하고 기록하며, 그들의 개인적 삶을 기억하는 '재난을 공유하는 공동체'를 형성했다(윤인선, 2018: 143). 신앙에 의지함으로써 고난을 이길 힘과 용기를 얻은 것이다. 더러는 감시병들 몰래 저녁식사를 절반 덜어두었다가 식량이 더 필요한 사람들을 불러서 나눠주기도 했다. 프리모 레비가 말했던 '신념의 힘'은 절박한 고난의 상황을 견뎌내는 데 도움이 된 것으로 보인다.

납북 피해자와 가족

납북자(피랍자)란 1945년 해방과 분단 이래 현재까지 북한에 의해 또는 해외지역에서 강제로 납치되어 북한에 억류되어 있는 한국인과 외국인을 일컫는 용어이다. 한국전쟁 기간 동안 군인을 제외한 남한 국민이 본인 의사에 반해 북한에 의해 납북되어 북한지역에 억류·거주하게 된 사건을 '전시납북'으로 규정하는데, '6·25전쟁 납북 피해 진상규명 및 납북 피해자 명예회복위원회'에 따르면 정부와 민간의 납북자 명부 12종을 바탕으로 추산된 납북자는 9만 5,456명에 달한다.[22] 강제동원되어 전장에 투입된 사람도 있었고 연행되거나 납치되어 끌려간 사람도 있었다.

북한은 왜 그렇게 대대적인 납치와 강제동원을 실행했을까? 이것은

---

22 국립6·25전쟁납북자기념관 홈페이지. https://www.abductions625.go.kr/home/dta01/dta01_02.jsp(검색일: 2024.4.29)

전쟁 전 자본가, 전문인, 기술인력 등이 대거 남한으로 유출되면서 생겨난 공백을 채우기 위한 계획적인 작전이었다. 전쟁 발발 이후 일시적으로 남한 영토의 90%를 점령했던 상황이 그것을 가능하게 했다. 김일성은 1946년 7월 31일 "남조선에서 인테리들을 데려올 데 대해"라는 담화를 한 것으로 기록되어 있다.

> 며칠 전에 진행된 북조선림시인민위원회 상무위원회에서는 우리와 함께 민주조국 건설에 참여하겠다는 의향을 표시한 남조선의 인테리들을 데려오기 위한 조치를 취하도록 하였습니다. 우리가 새 민주조선 건설에서 직면하고 있는 가장 큰 난관의 하나는 대학교원, 학자를 비롯한 인테리가 매우 부족한 것입니다. 인테리가 부족하기 때문에 산업운수시설을 복구정비하고 관리운영하는 데서 지장을 받고 있으며 교육과 과학, 문학예술을 발전시키는 데서도 애로를 느끼고 있습니다. (김일성, 1946: 66)

김일성의 지시대로 납치는 조직적으로 이루어졌다. 특히 정치인을 비롯한 고등인력의 납치는 나라의 지도층 인사들이 남쪽에 남아 북쪽에 불리한 영향을 행사하는 것을 막기 위한 예방적 조치이기도 했다(기광서, 2020: 12). 정치인, 법조인, 교육자, 문화예술계 인사를 비롯한 사회 저명 인사들은 이른바 '모시기 공작'으로 기획납치되었다. 여기에는 미군정기 입법의원 의장이자 민족자주연맹 주석인 김규식, 사회당 당수 조소앙, 민정장관 안재홍 등과 74명의 전현직 국회의원이 포함되었다(정병준, 2022: 344). 공무원, 언론인, 의사, 기술자와 기능자들이 끌려갔고, 학생, 노동자, 농민, 종교인도 끌려갔다. 인민군 철수가 늦게 이루어진 지역일수록 피해가 컸다. 피해건수는 전남이 가장 많았고 전북, 충남, 경기, 서울 순이었다(정용욱 외, 2010: 502).

많은 청년들이 강제로 또는 속아서 북한 당국이 주최하는 행사에 참여했다가 그 길로 소식이 끊겼다. 등교하거나 출근하다가 영영 돌아오지 못한 경우도 많았다. 당시 서울 성북구에서 강북구로 넘어가는 미아리고개는 서울의 최후 방어선으로 치열한 전투가 벌어졌던 곳이자, 9·28 수복 당시 후퇴하던 인민군이 사람들을 북으로 끌고 가다가 뒤처진 사람들을 지금의 성신여대 뒷산에서 학살했던 비극의 현장이기도 하다. 가수 이해연의 노래로 1956년도에 발표된 반야월 작사의 「단장의 미아리고개」라는 대중가요는 그러한 처절한 상황을 배경으로 했다.

> 미아리 눈물고개 님이 넘던 이별고개
> 화약연기 앞을 가려 눈 못 뜨고 헤매일 때
> 당신은 철사줄로 두 손 꽁꽁 묶인 채로
> 뒤돌아보고 또 돌아보고 맨발로 절며 절며
> 끌려가신 이 고개여 한 많은 미아리고개

가족들과 목격자들의 증언에 의하면 그들은 끌려가는 순간부터 협박, 고문, 구타, 장기구금 등 심각한 인간유린을 당했고, 포승줄에 묶여 도보로 이동하는 북송과정에서도 추위와 굶주림, 질병에 시달렸으며, 낙오 시 피살되거나 죽도록 방치되었다. 그리하여 숱한 목숨이 북한 땅에 닿기도 전에 희생되었다. 전시납북자들 일부는 인민군에 편입되기도 했고, 북한 오지와 만주와 시베리아까지 끌려가 노역에 동원되기도 했다. 가족과 생이별하는 단장(斷腸, 창자가 끊어짐)의 아픔과 그 이후 생존을 위한 사투와 고생은 오롯이 남은 가족의 몫이었다.

큰형은 전방에 투입돼 기마전투에서 화상 입고 포로로 잡혀갔어요. 이북으로요. 불타는 참호에서 뛰어나가다 쓰러졌나 봐요. 그래서 중공군이 끌어내갔죠. 온몸에 형편없는 화상을 입었어요. 그 몸으로 평양까지 끌려갔어요. 여름에 끌려갔으니까 구더기가 말도 못했대요. 구더기가 온몸에 붙어서 나뭇가지 하나 꺾어서 털고…… 비참했어요, 정말. 죽기 아니면 살기로 그 몸으로 끌려갔다가 포로협상 때 제1진으로 넘어왔어요. (납북자 김정기의 아들 김남주)[23]

북한에서 살아남은 사람들은 북한에서 어떻게 살았을까? 자료는 많지 않다. 『북한관계사료집 16』에는 「서울시민 전출사업에 관한 협조사에 대해: 강원내 제3440호」라는 문서에 "해방된 서울 시민(로동자)들로서 공장, 광산, 기업소에 취직을 알선하기 위해 공화국 북반부에 전출하는 사업"에 대한 내용이 기록되어 있다.[24] 1950년 9월 납북된 후 10년간 지내다 귀환한 조철이 기록한 『죽음의 세월』(1964), 박병엽이 증언하고 이태호가 저술한 『압록강변의 겨울』(1991), 1951년 3월 납북되어 남파간첩 활동을 하다가 1976년 귀순한 김용규의 증언집 『시효인간』(1979), 김규식의 측근 권태양의 활동을 분석한 김광운의 『통일독립의 현대사』(1995), 월북·납북인사들의 행적을 추적한 이신철의 『북한 민족주의운동 연구: 1948~1961, 월북·납북인들과 통일운동』(2008) 등이 그나마 납북자들의 삶을 확인할 수 있는 자료이다. 그밖에 북한 매체를 통해서도 부분적으로 파악할 수 있다 (6·25전쟁납북피해진상규명및납북피해자명예회복위원회, 2017: 270). ≪해방일보≫, ≪조선인민보≫를 비롯한 북한 신문자료와 1950~1960년대 초 러시아 문서보관소 소장자료를 분석한 연구에 의하면 북으로 간 정계인사

---

23 2024년 4월 23일 파주 소재 납북자기념관 전시 설명 중에서 발췌.
24 6·25전쟁납북인사가족협의회 홈페이지. http://www.kwafu.org/korean/pop_page/sub_pop4.php (검색일: 2024. 4. 29)

들은 자의든 타의든 방송연설이나 성명발표, 강연 등의 방식으로 북한의 전시정책에 협조하도록 강요받았고, 정치인을 비롯해 과학자들과 문화예술계 인사들도 통일전선 전술과 선전선동 활동에 동원되었다. 남한 출신 정치인들은 '재북평화통일촉진협의회' 활동을 통해 통일운동을 도모했다. 그러나 그들은 1956년 '8월 종파사건'[25]의 여파로 북한 내부의 권력투쟁에 휘말렸고, 가장 영향력 있었던 조소앙은 1958년 9월 대동강에 뛰어들어 자살한 것으로 공표되었다. 그의 사망 이후 월북 정계인사들의 활동은 사실상 종료되었다(기광서, 2019: 27).

탈북민들의 증언에 의하면 납북자뿐 아니라 국군 포로, 의용군 등 많은 남한 출신자들이 아직 살아 있으며 대부분 북한의 변방 지역에서 사회적 차별과 경제적 궁핍을 겪고 있다. 납북은 전후에도 지속적으로 발생했다. 정전협정 이후 4,000여 명이 납북되었고 이 중 86% 정도가 돌아왔다. 그러나 남북 합의로 송환에 성공한 전시납북자나 국군 포로는 한 명도 없다.[26]

정부는 납북자와 월북자를 구분하지 않고 1990년 후반까지 연좌제, '국가보안법', '반공법'을 적용해 국가 차원의 감시를 일상화했다. 그들을 대하는 사회의 시선도 혼란스러웠다. 월북과 납북이라는 두 용어가 혼용되면서 일괄적으로 자의로 입북한 것처럼 치부되는 경향이 있었기 때문이다. 이산의 아픔이 1차적 피해였다면 한국사회의 반공 이데올로기로

---

25 북한 내 연안(중국)파와 소련파 계열 세력이 1956년 8월 당중앙위원회 전원회의 개최를 계기로 김일성 중심의 정치세력을 당에서 축출하고자 했으나, 사전에 누설되어 주도자들이 체포된 사건을 말한다. 김일성은 이 사건을 주동한 세력을 대대적으로 숙청했고, 당권을 완전히 장악해 1인 독재 기반을 공고히 했다.

26 통일부, 국립6·25전쟁납북자기념관, 진실화해위원회 홈페이지를 기초로 필자 작성. https://www.unikorea.go.kr/unikorea/business/abducted/overview/aw_abductee/; https://www.abductions625.go.kr/home/dta1/dta01_02.jsp; https://jinsil.go.kr/KoreanWar/01.do(검색일: 2024.6.25)

인한 연좌제와 사회적 차별이 2차적 피해였다. 이에 따라 납북자의 가족 다수는 사회적 시선과 연좌제의 굴레에서 극도의 고통을 겪었고, 육체적·정신적 상처, 가난과 사회적 차별에 짓눌려 살았다. 그들은 자신도 모르는 상태에서 부역자 기록이 관리되어 신원조회와 민간사찰을 포함한 사회적 배제와 압력을 경험했다. 실제로 부역자로 형사처벌까지 받았던 사람들의 경우, 자신만 구금 생활의 육체적 고통을 겪은 것이 아니라 가족과 일가친척, 자손들까지도 부역자 가족이라는 이유로 불이익을 당해야 했다. 1980년 "모든 국민은 자기의 행위가 아닌 친족의 행위로 인해 불이익을 받지 아니한다"(제13조 3항)는 연좌제 적용 금지 조항이 법제화되면서 비로소 납북자 가족은 연좌제의 굴레에서 벗어나게 되었다. 그러나 실제 연좌제는 각종 신원조회에서 유지되었고 2000년대 중반까지도 지속적으로 논란이 되었다.

무관심과 외면이라는 벽 앞에서 점차 잊혀가던 납북자 가족 문제는 2000년 6·15남북공동선언을 기점으로 남북교류가 활성화되고 화해 분위기가 조성되면서 정치적 합의에 의한 이산가족상봉 행사를 통해 인도적 차원의 문제로 전환되기 시작했다. 특히 2000년 9월 김대중 정부가 63명의 비전향장기수들을 무조건적으로 북한에 송환한 사건은 사회적으로 큰 파장을 일으켰다. 2010년 12월 '6·25전쟁 납북진상규명위원회'가 출범해 납북 피해자와 가족들에 대한 국가적 인정과 명예회복이 이루어지면서, 납북자 문제는 인권 차원에서 중요한 이슈가 되었다. 이어서 2017년 파주에 '국립6·25전쟁납북자기념관'이 설립되었다. 이 기념관은 납북자와 그 가족을 피해자로 규정하는 국가의 공식담론을 확인할 수 있는 기념공간이다. 이제 납북자·억류자·국군 포로는 '북에서 돌아오지 못한 우리 국민'으로 호명되고 있다.

2000~2018년 제21차 이산가족 상봉까지 납북자 133명의 생사가 확

인되었고, 37명이 상봉했다.[27] 한국정부의 납북자 정책은 전쟁 시기와 전쟁 이후의 납북자를 구분해 추진되었다. 특히 휴전협정 이후 발생한 납북자 516명에 대해서는 보상지원제도를 마련하고 장관급회담, 적십자회담 등을 통해 북한 측에 지속적으로 납북자 문제를 제기해 왔다. 반면 북한은 납치 사실 자체를 인정하지 않고 오직 자발적인 의거입북자만 존재한다고 주장한다. 내부적으로는 납북자에 대한 별도의 정책을 실행하기보다 출신성분에 의한 분류를 이용해 사회적으로 차별하는 정책을 취하고 있다.

납북귀환자 문제는 더 심각하다. 1970년대까지 북한은 동해상과 서해상에서 무장 경비정으로 위협하며 남한 어선을 수시로 납치해 갔다. 통일부 집계로는 정전협정 이후 납북어부 3,729명 중 귀환자 3,263명이 납북귀환어부로 특정되었고 이 중 1,300여 명이 '반공법' 위반 혐의로 재판에 회부되었다. 북한에 짧게는 15일에서 길게는 1년 이상 억류되었다가 돌아온 납북귀환자들은 즉각 연행되어 불법구금, 고문 등의 폭력을 당했다. 그리고 합동심문, 경찰서 조사를 거쳐 검찰로 송치되어 '고의월선' 죄로 처벌받았고, 출소 후에도 보안관찰 감시를 받으며 지냈다. 결혼, 입대, 직장, 출국 등에서 차별받았으며, 거주 이전의 자유까지 제한되었다. 국가기관은 월선을 입증할 근거가 없는데도 고문 등 가혹행위를 통해 '국가보안법' 위반, '반공법' 위반 등을 무리하게 적용했다. 국민을 보호했어야 할 해경과 해군, 정부가 그들을 간첩으로 몰았던 것이다. 그 피해는 가족한테도 미쳤다.

---

27 통일부 홈페이지. https://www.unikorea.go.kr/unikorea/business/abducted/activities/pse/0001/(검색일: 2024. 6. 25)

지령을 받은 거, 받아 왔지 않냐 특수지령 대라 그러는데, 없잖아요, 교육받은 거 외에는. 그렇다고 이제 또 유도 심문을 합니다. "야 누구는 홍길동이는 댔는데 니 임꺽정이 너는 왜 안 받았냐?" 아닙니다 해도 맞고 또 인정해도 "이 새끼 너만 또 왜" 인정하면 인정한다고 또 때리고 그런 상태였어요. 그러니까는 긍정도 할 수 없고 부정도 할 수 없고 그래요. (인터뷰 대상자 N)(김아람, 2023: 89)

아니, 막말로 먹고살려고 바다에 나간 죄밖에는 없잖아요. 실제 우리가 월선을 한 것도 아니고. 배야 선장, 기관장이 몰았는데 우리가 왜 죄를 뒤집어써야 하냐고요. 그리고 우리 피해 받는 거야 그렇다고 하지만 나 때문에 우리 자식들하고 친척들에게는 피해 주고 살지 말아야죠. 그러니 내가 술을 안 먹고 살 수가 있나요. 진짜 억울한 건 내가 억울한 것이 아니라 자식들, 친척들이 정말 억울한 거죠. 그 아이들이 어디 나가서 사람 구실을 하며 살지 못하잖아요. (이명선, 1971년 6월 협동호 승선 납북, 1972년 5월 10일 귀환)(≪오마이뉴스≫, 2023. 3. 17)

피해자들의 증언에 따르면 북한 억류 생활 중에 고문이나 구타는 없었다. 납북귀환어부가 겪은 실질적인 고통은 북한에서보다 남한에서 더 컸다(김아람, 2023: 97). 돌아온 남편이나 아버지는 고문후유증, 알코올중독, 대인기피증, 불안 등의 증세를 보이거나 가족에게 폭력을 휘둘렀다. 이처럼 그들이 경험한 극도의 폭력이 재생산되면서 가족에게도 그 고통이 전이되었다. 피해자 일부는 2000년대 초반부터 진상규명을 위해 노력해 왔지만 적극적으로 피해사실을 밝히는 이는 소수에 그쳤다. 1기 진실화해위원회는 10건의 신청 사건과 7건의 직권조사 사건에 진실규명 결정을 했고, 2기 진실화해위원회는 2022년 982명의 납북귀환 피해자에 대한 직권조사결정을 내리고 국가에 직권 재심을 권고했다. 이로써 이들이 국가의 보호로부터 버림받은 피해자라는 사실이 확인되었다.

2023년 6월 28일 '납북귀환어부 인권침해 피해보상 특별법 추진위원회'가 발족했다. 위원회 측은 납북귀환어부 인권침해 사건에 대한 진실화해위원회의 진실 결정과 법원의 재심 무죄 판결이 이어지지만 다수의 피해자가 억울한 누명을 벗지 못했고, 무죄를 받은 피해자와 가족도 제대로 피해보상을 받으려면 다시 국가를 상대로 소송을 제기해 큰 산을 넘어야만 한다고 지적하면서 "가해자인 국가는 피해자와 가족의 명예회복과 권리구제를 보다 빨리 진행해 줘야 할 의무가 있다"고 강조했다(≪연합뉴스≫, 2023.6.28). 그동안 가족 내에서도 쉬쉬 하며 숨겼던 그들의 이야기는 이제야 조금씩 알려지고 있다. 진상규명 전까지 피해 사실을 잘 몰랐던 가족들은 비로소 아버지에 대한 미움과 원망을 내려놓고 관계회복의 발걸음을 내딛고 있다.

억류된 사람들

'억류'는 북한에 들어간 동기나 배경보다는 현재 떠날 수 없는 상태에 초점을 맞춘 용어이므로, 전시납북자, 국군 포로, 전후납북자, 억류자를 모두 포함하는 개념이다. 2014년 2월 7일 발표된 유엔 COI(Commission of Inquiry on Human Rights, 인권조사위원회) 보고서는 '외국인 납치 및 강제실종(abductions and enforced disappearances)'을 기준으로 한국을 포함한 타국 국적자 20만 명 이상이 북한에 억류된 것으로 추정했다.[28] 여기

---

28 "Report of the commission of inquiry on human rights in the Democratic People's

서 20만 명은 미귀환 국군 포로 8만 명과 북한 내 강제실종자를 모두 포함한 숫자이다. 한국인 억류자는 일반 납북 억류자와 2010년대 피랍된 억류자로 나뉘며, 일반 납북 억류자는 다시 전시납북자와 전후납북자로 나뉜다. 전후납북자는 비행기 납치, 어선 납북, 해외체류자 유인 납치 등을 통해 억류된 사람들로, 이 유형의 미귀환 납북자는 516명으로 알려졌다(제성호, 2020: 47).

미국인 찰스 젠킨스는 1965년 주한미군 신분으로 월북한 후 40여 년을 억류되었다가 풀려난 사례이다. 그는 다른 미군 탈영병들과 함께 혹독한 심문과 주체사상 학습, 구타와 핍박, 부족한 식사로 고통을 받았으며, 인민군 장교들에게 영어를 가르치거나 대미 선전영화에 출연하기도 했다. 그는 1968년 미 해군 푸에블로호 나포사건을 다룬 북한의 영화에서 미 엔터프라이즈호의 함장 역할을 맡으면서 유명해졌다. 그러던 중 19세의 나이로 납북된 일본인 여성 소가 히토미와 만났는데, 이것은 젠킨스의 인생에 대반전을 가져다주었다. 사악한 미제국주의자에게 순혈 조선여자를 줄 수 없다는 이유로 이루어진 강제결혼이었고, 외국인 외모를 가진 자녀들을 낳으면 해외 파견 간첩으로 훈련시킬 목적이었지만 다행히도 두 사람은 딸 둘을 낳고 서로 사랑하는 관계로 살 수 있었다. 2002년 김정일이 고이즈미 일본 총리와의 회담에서 간첩훈련을 위해 일본인 13명을 납치했다고 고백함으로써 그들의 사연은 세상에 알려졌다. 이후 생존한 납북 일본인의 귀국이 허용되어 아내 히토미가 먼저 일본으로 돌아갔고, 이어서 2004년 젠킨스도 딸들을 데리고 아내가 있는 일본으로 갔다. 그는 북한을 한번 들어가면 살아서 나올 수 없는 "거대하고 비정상적인 감옥"(Jenkins, 2008: 44)이라고 표현했다.

Republic of Korea - A/HRC/25/63," United Nations Human Rights Council(2014), 13.

아마도 국내에서 가장 유명한 억류 사례는 1978년 영화배우 최은희가 실종되고 6개월 후 아내를 찾아다니던 남편 신상옥 감독까지 납북되어 8년간 억류되었다가 1986년 극적으로 탈출한 사건일 것이다. 처음에는 납북 여부가 확실하게 밝혀지지 않은 탓에, 그 자녀들은 "월북한 빨갱이의 자식들"이라는 손가락질을 받으며 억울한 세월을 보내야 했다. 신상옥은 수차례 탈출을 시도하다가 붙잡혀 고초를 겪었다. 그러다가 김정일의 권유로 영화촬영을 하게 되면서 〈소금〉, 〈돌아오지 않는 밀사〉 등 17편의 영화를 찍었고, 모스크바 국제영화제에서 상을 타기도 했다. 그들은 체제에 순응하는 것처럼 위장했다가 북한 당국의 경계가 흐려진 틈을 타서 오스트리아 빈을 방문하던 중 미국 대사관에 기습적으로 뛰어들어 망명신청을 했다. 1983년 10월 19일 최은희는 몰래 녹음기를 숨기고 들어가서 김정일이 그들을 납치한 사실을 자기 입으로 시인하는 내용을 녹음했고, 이것이 그들의 납북 사실을 증명하는 결정적인 증거가 되었다. 아무리 좋은 대접을 받았어도 자유가 없는 삶은 숨 막히는 것이었다. 훗날 최은희는 2007년 『최은희의 고백』이라는 책을 펴내어 북한의 실상, 김정일과의 일화, 북에서 제작한 영화 제작 에피소드, 아슬아슬했던 탈출과정 등을 털어놓았다.

25개월 간 북한에 억류되었던 한국계 미국인 케네스 배와 북한에 억류되었다가 31개월 만에 풀려난 한국계 캐나다인 목사 임현수는 기독교인으로서 선교 목적으로 사업과 인도적 지원 등의 활동을 하다가 억류된 사례이다. 케네스 배는 북한 전문 여행사를 운영하던 중 2012년 18번째로 북한에 갔다가 '국가 전복 음모죄'로 15년 노동교화형을 받았고, 임현수는 1997년부터 북한을 150차례 드나들며 국수공장을 세우고 고아를 돌보는 등 대규모 인도적 지원 사업을 펼치다가 '특대형 국가 전복 음모죄'로 체포되었다. 둘 다 강제노동에 시달렸고 건강이 악화되었다. 케네스 배는 2014년 미국 오바마 대통령의 특사 방문 결과로, 임현수는 2017년 캐나다 트뤼도 총리의 특사 방문 결과로 석방되었다. 그래서 케네스 배의 수기 『잊지 않았다』(2016)와 임현수의 수기 『내가 누구를 두려워하리요』(2019)의 증언 내용은 유사한 점이 많다. 그들은 어려움 속에서 신앙적 의미를 발견함으로써 북한 사람들에 대한 분노와 증오를 극복하는 모습을 보여주고 있다.

> 나는 평양을 오가면서 평범한 북한 주민들을 전도하려고 해봤지만 소용이 없었다. 주민들과의 접촉은 제한적이었고 모든 대화를 감시받았다. 더 좋은 방법은 그들 속으로 들어가는 것이었다. 그들과 함께 살고, 그들과 똑같이 일하는 것보다 더 좋은 방법이 또 있을까. 하지만 그렇게 하기 위해서는 내가 죄수가 되어야 했다. 그것만이 간수와 검사, 병원의 의사와 간호사들을 전도할 수 있는 유일한 방법이었다. …… 내 신세 한탄은 연민으로 변했다. 이 사람들이 내 백성이라는 것을 깨달았다. 나도 한국인이고, 그들도 한국인이다. 증조부가 북한을 탈출하지 않았다면 나도 이곳에서 태어나 평생을 주체사상 아래서 살고 있었을 것이다. 이 사람들에 대한 내 태도는 근본적으로 변했다. 그리고 그로 인해 그들과 진정한 관계를 쌓기 위한 문이 열렸다. (배, 2016: 270~271)

> 그곳에서 여러 가지 어려움을 겪었지만 지나고 보니 그들은 하나님의 도구로 쓰임 받은 것뿐이다. 그래서 나는 북한을 조금도 원망하지 않는다. 그 안에서 받은 연단을 통하여 온전함을 입었기 때문이다. 할 수 있는 한 배려도 해주었다. 고문이나 폭력행위도 하지 않았다. 노동 교화소이기에 힘든 일이 많았지만 그런 가운데서도 인권유린을 하지 않으려고 노력하는 모습을 볼 수 있었다. 내 체중이 현격히 줄어든 것을 보고 음식도 적지 않게 주

어서 회복이 되었다. 어디에나 힘들게 하는 사람들이 있기 마련이지만 대다수의 보안원들은 나를 선대해 주었다. 또 아플 때 병원에 갈 수 있도록 배려해 준 것도 감사하다. 노동 교화소는 하나님께서 나에게 마련해 주신 수도원과 같았다. 노동과 기도와 말씀 묵상이 2년 7개월 9일 동안 내 생활의 전부였다. (임현수, 2019: 57~58)

반면 『경계인』(2019)을 펴낸 김동철의 경험은 사뭇 다르다. 그는 1987년 미국 시민권을 취득한 후 2001년부터 중국에서 북한을 오가며 무역과 호텔 서비스 사업을 했다. 그는 2015년 국가 전복 음모죄와 간첩죄로 체포되어 요덕수용소에 3년간 수감되었다가 2018년 트럼프 정부의 도움으로 석방되었다. 싱가포르 정상회담을 앞두고 풀어준 미국인 3명 가운데 하나였다. 석방 이후 인터뷰에서 김동철은 2006년부터 미국과 한국의 정보기관과 접촉하기 시작했고 정보를 넘겨주었다고 시인했지만, 한국 측에서는 그와 어떤 관련도 없다고 부정했다. 김정일 정권 시절 아내의 연줄을 이용하기도 했고 조국을 위해 첩보활동을 하면서도 사업을 끝까지 놓지 않았던 그는 자신의 표현대로 회색지대의 '경계인'일지도 모른다. 자신이 한 일이 미국이나 한국에 도움이 되었다고 생각한다는 그는 "정보도 정보이지만, 북한 내부에서 제2의 김동철이 등장할 수 있다는 메시지가 중요하다"라면서 "거기서 잘 먹고 잘사는 사람들이라도 그 체제의 폭력성을 깨닫고 그걸 끝내기 위해 나서야 한다"라고 주장했다(≪NK조선≫, 2019.6.24).

2010년대 억류자는 대부분 국경지역에서 선교활동을 벌이다 체포된 이들이다. 외국인 억류자는 해외에서 납치되어 억류된 이들(11개국 39명으로 추산)과 북한에 합법적으로 체류하던 중 범법행위(선교나 간첩행위 등)를 했다는 이유로 억류된 이들로 나뉜다. 2018년 북미 고위급 협상의 결과로 합법적 체류 중 억류된 외국인은 모두 석방되었다. 전시납북자와 미귀환포로의 경우, 고령화와 사망 등으로 현실적인 송환 가능성은 희박해지고 있다. 그러나 2010년대 억류된 한국인 문제는 아직 해결되지 않았다. 가족들의 탄원이 이어지고 있고 인권 측면에서도 국제적 이슈가 되고 있기 때문에 이 사안은 별도로 다룰 필요가 있을 것이다.

2025년 6월 현재 북한에 억류 중인 한국 국적자로는 김정욱, 김국기, 최춘길, 고현철, 김원호, 함진우가 있다. 김정욱은 2013년 인도적 지원을 위한 입북 유인으로 평양에 갔다가 체포되었고, 김국기와 최춘길은 탈북자를 돕다가 2014년 간첩 혐의로 체포되었다. 고현철은 2016년 중국에 갔다가 북한 국가안전보위부에 의해 납치되었다. 2017년 북중 접경지역에서 보위부에 납치된 김원호, 그리고 ≪데일리NK≫ 기자로 2018년 중국 출장 중에 납치된 함진우의 경우, 북한 당국은 앞의 4명과 달리 억류 사실조차 공개하지 않았다. 이들은 모두 김정은 집권 이후인 2013년 10월부터 2017년 6월 사이에 체포되어 무기노동교화형에 처해졌는데, 북한 당국이 억류자들의 정보를 공개하지 않고 영사접견권도 거부함에 따라 이들의 생사와 안위 여부는 밝혀지지 않고 있다.

북한은 유엔 회원국으로서 '시민·정치적 권리에 관한 국제협약'과 '경제·사회·문화적 권리에 관한 국제협약'에 가입했다. 따라서 유엔 강제실종협약의 적용 대상자인 억류자들의 자유를 박탈하고 생사와 소재를 가족들에게 알리지 않는 것은 명백한 국제법 위반이자 인권침해 사례이다. 한국정부는 적십자사를 통해 송환을 촉구하면서 유엔 북한인권 특별보고관에게 진정서를 제출하는 등 국제협력을 모색했지만 북한 당국은 접촉에 응하지 않았다. 정부의 대처가 대체로 소극적이었던 것은 억류자 문제가 북한의 대남공세에 이용되었던 데다, 전후 70년간 납북자와 국군 포로 문제를 해결하지 못한 학습효과도 영향을 미쳤다(서선경, 2021: 76). 북한은 한국정부가 납북자 문제를 거론하면 인민군 포로와 월남 피난민이 '납남자'라며 이들의 북송을 주장했던 전력이 있다. 가족들도 북한이 주장하는 간첩 혐의가 사실이 아님을 입증해야 하는 부담이 컸다. 이 때문에 민간 차원에서는 가족들을 중심으로 송환 요구 활동이 이루어지고 있지만 국민적 관심이 저조한 탓에 동력을 얻지 못하고 있다. 이들이 어떻게 지내고 있을지는 억류되었다가 송환된 외국 국적자 찰스 젠킨스, 케네스 배, 임현수, 김동철 등의 수기를 통해 짐작할 수 있을 뿐이다.[29]

억류자들은 사례별로 차이는 있지만 대체로 다양한 수준의 인권침해를 경험하는 것으로 알려졌다. 한국정부와 국제사회가 노력하고 있지만 북한 당국의 협조 없이는 한계가 있다. 전화와 서신 왕래가 금지된 채 여전히 가족의 품으로 돌아오지 못하고 있는 몇몇 이는 생사 여부조차 확인되지 않고 있다.

납남자도 있다

남과 북은 서로 상대에 의한 납치행위만 지적했으나, 남북의 적대관계를 감안한다면 상호 간 납치행위가 있었을 것임은 충분히 예상할 수 있다. 전후에도 실미도부대 등의 북파공작원들이 요인 납치, 정탐, 파괴 등

---

[29] 그 외에 2009년부터 2024년까지 유나 리(Euna Lee), 로라 링(Laura Ling), 아이잘론 말리 곰즈(Aijalon Mahli Gomes), 매슈 토드 밀러(Matthew Todd Miller), 트래비스 킹(Travis King) 등의 억류자들을 통해 북한 내에서의 억류 실상이 알려졌다. 미국 청년 오토 웜비어 (Otto Warmbier)의 경우 2016년 1월에 체포되어 2017년 6월에 풀려났다가 석방 6일 만에 사망해, 국제적으로 북한 인권 문제의 심각성이 크게 부각되는 계기가 되기도 했다. 미 국무부는 웜비어 사건 이후 특별 허가를 받지 않은 미국인의 입북을 허용하지 않는 북한여행 금지조치를 취했다.

의 공작을 해왔고 이 과정에서 수많은 납치가 이루어졌을 가능성이 있다. 실제로 직접적인 폭력이나 강압에 의한 것임이 명백한 강제납치는 북한 뿐 아니라 대한민국에 의해서도 벌어졌다. 1955년 9월 8일 대한적십자사는 국제적십자사에 전시납북자가 1만 7,500명이라고 하면서 납북인사와 국군 포로의 송환을 요구했다(대한적십자사, 1976: 99). 1957년 북측은 전시피랍자(실향사민) 숫자가 1만 4,132명인 것으로 국제적십자에 통보했다(이금순, 2003: 59). 북한의 경우 비전향장기수의 존재를 언급하고 훈장을 수여하는 등 남파공작원의 존재를 부분적으로나마 인정했지만, 한국에서 1990년대 중반 대량탈북이 발생하기 전까지 남으로 온 북한 사람들은 간첩 말고는 모두 자발적 동기에 의한 '귀순용사'로 간주되었다.

1999년 7월 29일자 ≪한겨레21≫은 정보사령부 조사내역을 근거로 북한으로의 공작원 침투는 전쟁 이후 1970년대 초까지 계속되었으며 이 과정에서 실종된 공작원은 확인된 숫자만 해도 7,726명에 달한다고 보도했다. 이들 중에 생존자가 얼마나 될지는 알 수 없다. 납남자의 존재가 공론화된 것은 2000년 6월 남북정상회담 직후 납북자 가족들이 장기수 북송을 납북자 송환과 연계시켜 달라고 요구하면서부터였다. 피랍된 동진호[30] 선원 등을 데려오려면 납남자도 돌려보내야 한다는 주장을 통일운동 진영에서 제기했던 것이다.

국제적으로 알려진 대부분의 납치 사건은 북측의 소행으로 밝혀졌지

---

30 1987년 1월 15일 서해상에서 12명이 승선해 조업 중이던 동진27호가 북측 경비정에 의해 납치되었다. 처음에 북한은 동진호 선원들을 돌려보낸다고 했지만, 당시 탈북자 김만철 일가족 11명이 망명신청을 한 상황에서 그들을 동진호 선원들과 맞바꾸자는 북한의 제안을 한국정부가 거절하자 북한은 동진호 선원들의 송환을 거부했다. 납북 선원 중 4명은 이산가족 상봉을 통해 방북한 가족을 만나서 소식이 알려졌지만 그 외에는 생사가 불분명하다. 최연소였던 1954년생 임국재는 탈북하려다 실패한 후 청진에 있는 정치범수용소에서 사망한 것으로 알려졌으며 어로장 최종석도 정치범수용소에 갇혀 있다가 나와서 위독한 상태라는 소식을 끝으로 소식이 끊겼다.

만 남측 역시 다양한 형태의 납치에 연루되어 있을 가능성을 배제할 수 없다. 2005년 김성호 전 국회의원은 한 언론과의 인터뷰에서, 납치된 북한 군인과 어부들의 존재를 언급하면서 확인된 숫자만 대여섯 명 된다고 말했다(≪오마이뉴스≫, 2005.6.3). 구체적인 숫자가 공개적으로 언급된 것은 이것이 처음이었다. 북파공작원들의 주된 임무 중 하나가 요인 납치였다는 점을 감안하면 납남자의 규모도 상당수에 이를 것으로 추측할 수 있지만 아직까지 정확한 현황은 파악되지 않고 있다.

북한에서 북파공작원들에게 붙잡혀온 민간인이 다시 북파공작원으로 동원되는 사례는 '있지도 않고 확인할 수도 없는 일'로 부정되었다. 그러나 2022년 진실화해위원회가 휴전 후 강제납치된 민간인 김주삼의 피해 사실을 인정하면서 납남자의 존재가 공식적으로 밝혀졌다. 북한 황해도 용연읍 용정리 바닷가에 살던 19세 김주삼은 1956년 10월 10일 북파공작원으로 잠입한 공군 제25첩보대 대원 3명에게 끌려가 강제로 민간 위장 목선에 태워졌고 백령도로 끌려갔다. 그는 이틀 간 조사를 받은 후 인천항을 거쳐 서울 구로구 오류동에 있는 공군 첩보부대에 강제 억류되었다. 북한 지형지물이나 인민군 부대 위치 등에 대한 신문을 1년 정도 받은 후 공군 수송부에서 무보수로 4년간 노역했고, 풀려난 이후에도 60여 년간 경찰의 사찰과 감시 속에서 지내야 했다. 그는 2020년 2월 국가를 상대로 15억 원의 손해배상을 청구했고, 같은 해 12월에 진실화해위원회에 진실규명을 신청했다. 진실화해위원회는 2022년 8월 관련 기관 자료를 통해 그 사실을 확인했고, 재판부가 원고 승소판결을 내림으로써 67년 만에 배상을 받게 되었다.

고향에 군부대가 어디 있는지 묻고, 중요 시설은 어디 있는지 묻고. 답하고 나면 다음날 불러서 또 같은 것을 묻고. 그렇게 세월이 다 갔지. …… 이산가족 상봉이 있어도 신청할 생각도 못했어. 어차피 난 안 될 것 같았어. 어머니는 이미 돌아가셨을 것 같지? 동생들이 살아 있어 어디 사는지 알 수 있다면 편지 한 통이라도 쓸 수 있다면 좋겠어. (〈KBS 뉴스〉, 2022. 8. 10)

1955년 8월 당시 13세이던 김성길이 대한민국 육군 첩보부대(HID) 소속 공작원들에게 아버지와 함께 납치된 사례도 있다(≪한겨레≫, 2024. 6. 1). 이들 부자는 서로 인질이 되어 북파훈련을 받았고 이듬해인 1956년 10월 김 씨 아버지가 북파공작에 동원되었다가 사망했다. 국군은 아버지의 죽음도 알려주지 않은 채 15세 소년에게 군사훈련을 시키고 두 번이나 북파공작에 동원했다. 1959년 고등학교 2학년 때 별다른 설명 없이 사회로 나가라고 해서 나온 그는 먹고살 길이 막막했다. 품팔이를 해가며 오징어배도 타면서 근근이 살아가는 동안 경찰의 감시와 사찰이 끈질기게 이어졌다. 우여곡절 끝에 공무원이 된 그는 2009년에야 아버지의 사망소식을 들었다. 관련 기록이 남아 있지 않아 김주삼의 사례처럼 배상을 받을 수 있을지는 알 수 없다.

월북자는 모두 공산주의자였을까?

월북자는 해방 이후 남한에서 북한으로 이주한 사람을 지칭한다. 월북과 납북을 가르는 기준은 북한으로 넘어간 동기의 자발성 유무이다. 국제적인 맥락에서 월북자는 망명자에 해당하지만, 반공이념에 따르면 월북자는 정치적으로 북한을 지지하는 공산주의자로 해석된다. 그러나 원래 고향이 이북이어서 해방 후 귀향한 이들까지 월북자로 분류하는 것은 논쟁의 여지가 있다. 이러한 모호성 때문에 강제납북이나 자진월북이나를 증명하는 것은 매우 어려웠는데, 이는 가족들에게는 생존이 걸린 문제였다. 월북자라 해도 귀향·귀국하지 못한 경우 억류자로 재분류되기도 한다. 사람들은 정치적 성향에 따라 월북하기도 했고, 전쟁 중 북한 점령지역에 속했다가 의용군이나 좌익단체에 편입되어 인민군이 철수할 때 따라가기도 했다. 인민군 치하에서 부역한 사실로 인해 남쪽에 남았다가는 생존이 어렵다고 판단해 월북한 사람들도 있었다.

> 이리하여 자꾸만 없어지는 문화인과 기술자들. 몇십 년을 길러야 하는 이들을 하루아침에 다 떠나보내고 앞으로 대한민국은 어떻게 살림을 꾸려나가려는 것인지? 글줄이나 쓰고 그림폭이나 그리던 사람들, 심지어 음악가·영화인에 이르기까지 쓸 만한 사람이 많이 북으로 가버렸다. 학계로 말하여도 신진발랄한 사람들이 많이 가고 우리같이 무기력한 축들이 지천으로 남아 있다. 간 그들이 모두 다 볼셰비끼였다면 또 모를 일이지만 중립적인 입장을 지키던 사람들 또는 양심적인 이상주의자들이 죄다 가버렸음을 생각하면 우리는 깊이 반성하는 바 있어야 할 것이다. …… 이남의 분위기는 과연 그들에게 유쾌한 기분으로 일할 수 있었을까, 그들의 인권이 보장되고 그들이 생활이 안정되었었나 함을 생각해 볼 때, 결국은 그들의 등을 떠밀어서 38선 밖으로 몰아낸 것이나 다름없다고도 볼 수 있을 것이다. (김성칠, 2009: 325~326)

이처럼 전시납북에서 자발성과 강제성을 명확히 구분하기란 어려운 일이다. 그러나 남겨진 월북자 가족은 이런저런 억울함을 호소할 처지가 아니었다. 그들은 자칫 빨갱이로 몰릴까 봐 두려운 나머지 침묵 속에서 국가 순응적 존재로 살기를 택했다. 똑같이 이산의 아픔을 겪고 있는 이산가족이었으나, 월북자 가족의 슬픔과 고통은 비가시화되었다. 오랫동안 간첩 가족이라는 혐의는 그들의 삶을 옥죄는 굴레였다. 자신이 빨갱이가 아님을 입증하기 위해 철저한 반공주의자가 되든지 아니면 그 시늉이라도 해야 생존을 도모할 수 있었다. 많은 월북자 가족이 월북한 가족구성원과의 가족관계를 숨기기 위해 해당 가족을 '사망신고'했다. 살아 있기를 바라면서도 살아 있을까 봐 두려워하는 불안과 죄의식 속에서 내린 선택이었다.

> 우리 어머니가 염려를 한 거지요. …… 우리가 피해를 볼까 봐. 그래서 사망신고를 한 거예요. 사망신고를 하시고선 우리한테 형을 잊으라고 하셨어요. "너네 형은 이제 죽은 거다" 하고 말이에요. …… 나한테 형이 있었다는 걸 아는 사람들이 있었어요. 같은 고향 사람들이라든가 …… 그 사람들이 자꾸 묻는 거지, 너네 형은 어디 있냐고. 그럼 난 6·25 때 전쟁 중에 죽었다고 하지. 형 있는지 모르는 사람들한테는 그냥 외아들이라고 하고, 형이 살아 있고 간첩으로 왔으면 어쩌나 …… 끔찍한 일이지. (이수정, 2010: 177~179)

'월북'은 공산주의를 선택했다는 의미로 해석되었다. 그러므로 실향민과 달리 월북자 가족은 여전히 북에 있는 '빨갱이' 가족과 연계되어 있고 '치명적인' 사상에 쉽게 오염될 수 있다는 의심과 경계의 대상이었다. 이른바 월북과 납북을 가르는 '자발성'이 국경을 넘은 사람들과 남겨진 사람들의 사회정치적 위치를 결정하는 데 가족관계만큼 중요했던 것이다(이수정, 2010: 174). 국가는 각종 신원조회를 통해 공무원 취업, 여권 발급, 취업 제한 등 사회적 배제를 구조화했다. 보이지 않는 연좌제는 피해망상이 될 정도로 월북자 가족의 행동을 제약하고 피해의식을 내면화했다. 그들은 '떳떳한' 국민으로 인정받기 위해 혈연보다 이념을 중시해야 한다는 사상검증의 압력 아래 있었다.

　의도치 않게 월북자 가족의 존재가 드러난 것은 2000년 남북한정부가 이산가족 상봉행사를 추진할 때 월북자들이 남한의 가족을 찾으면서였다. 그해 8월 서울과 평양에서 동시에 열린 제1차 이산가족상봉 당시 많은 월북자 가족은 상봉신청을 하지 않았다. 이미 사망신고를 했거나 제사를 지내고 있었기 때문이다. 그러나 상봉행사가 거듭되면서 월북자 가족 일부는 상봉신청을 받아서, 아니면 스스로 상봉신청을 하거나 언론의 인터뷰에 응하면서 자신을 드러내기 시작했다. 이산가족 상봉을 계기로 정부와 사회는 비로소 월북자 가족을 이산가족으로 간주하게 되었고, 따라서 월북자 가족으로서의 정체성을 드러내는 것이 더 이상 위험하지 않은 것처럼 보였다. 그럼에도 여전히 다수의 월북자 가족은 조심스럽다. 남북관계가 경색되는 상황이 되풀이될 때마다 불확실성 속에서 그들은 자문한다. 정말 세상이 바뀐 걸까? 자신들은 이제 안전한가?

　월북자와 그 가족은 오랫동안 남과 북 양쪽에서 차별과 배제의 대상이었다. 그러나 2000년대 이래 남북교류협력 분위기에서 이산가족 문제가 사회화되자, 월북자 가족을 이산가족의 한 유형으로 분류하는 연구들이 나오기 시작했다. 김귀옥은 월남자, 월북자, 납북자를 '전쟁을 통해 새롭게 형성된 집단'으로 '극우반공사회를 입증하는 타자적 존재', '낀 존재(in-between)이자 경계인'으로 규정한다(김귀옥, 2010a: 46). 이신철은 월북이라는 용어가 "북쪽으로 넘어감"이라는 사전적 의미와 달리 '자발적으로' 북으로 넘어갔다는 이념적 판단을 전제하고 있다고 지적한다. 이런 인식은 "월북자=배신자, 반역자, 빨갱이"라는 등식으로 연결되었고 월북자와 그 가족을 사회적 멸시와 냉대의 대상으로 전락시켰다. 특히 전시 납북과 월북은 자발성과 강제성을 판단할 만한 근거가 희박한데도 남은 가족은 억울함을 호소할 데가 없었고 연좌제가 두려운 나머지 침묵해야 했다. 그러나 월북자 가족이든 납북자 가족이든, 모두 가족과 재결합하기를 염원하는 이산가족이며 분단의 희생양임에 틀림없다(이신철, 2006: 297~303).

이산가족은 어떻게 다시 하나가 되는가

일제강점기에 남북한 총인구 2,500만 명의 10%에 달하는 250만 명이 해외로 이주했고 그중 절반 정도가 돌아오지 못했다. 그리고 한국전쟁기에 약 1,000만 명에 이르는 대량이산이 발생했다. 1953년 7월 정전협정이 체결된 이후에도 1950년대 중반부터 1970년대에 집중적으로 북한에 의한 강제납북사건이 발생했다. 남북이산인구 가족현황을 최초로 전수조사한 2005년 통계청의 인구주택총조사 결과에 따르면 우리나라의 이산가족은 71만 명에 달하며, 이 중 16만 명이 북한 출신이다.[31] 1985년 9월 처음으로 이루어진 '이산가족 고향방문단 및 예술공연단' 교환방문을 시작으로 이산가족 대면상봉과 화상상봉이 모두 20차례에 걸쳐 성사되었다. 2024년 6월 말 기준 통일부 이산가족정보통합시스템에 등록된 이산인구 13만여 명 중 가족의 얼굴을 잠시라도 직접 볼 수 있었던 사람은 2만 5,000여 명, 서신교환을 포함해도 4만여 명에 불과하다. 6만여 명은 생사확인에 그쳤다. 아직도 많은 이산가족이 상봉자로 선정되기를 간절히 바라며 살아가고 있다. 한국정부는 2023년에 '남북 이산가족 생사확인 및 교류촉진에 관한 법률'을 개정하면서, 9월 27일을 '이산가족의 날'로 지정

---

31 이산가족의 인구통계학적 정의는 '이산의 사유와 경위를 불문하고, 현재 남북으로 흩어져 있는 8촌 이내의 친인척 및 배우자 또는 배우자였던 자'를 가리킨다. 통계청의 남북이산인구 전수조사는 2005년 이후로는 시행되지 않았다.

했다. 이산가족 문제를 해결하는 것이 국가와 사회의 책무임을 분명히 한 것이지만, 사망과 고령화가 급속히 진행 중인 3만 7,000여 명의 이산가족에게는 시간이 얼마 남지 않았다.[32] 장기화된 식량난과 열악한 보건의료 수준을 고려할 때 북한에 거주하는 이산가족의 사망자 비율은 남한보다 훨씬 높을 것이다.

1990년대 이후로는 대량탈북으로 인해 또 다른 형태의 이산가족이 양산되었다. 한국으로 들어온 탈북민은 2024년 기준 3만 4,000여 명에 이르렀는데, 상당수가 북한 또는 중국에 가족을 남겨두고 왔다. 남북교류가 성사되고 이산가족 상봉이 이루어져도 '민족 배신자'로 낙인찍힌 그들은 배제될 가능성이 높다. 그들 중 다수가 한국에 와서 가장 중점적으로 하는 일은 두고 온 가족을 데려오거나 그것이 여의치 않으면 경제적으로 부양하려고 노력하는 것이다. 일부는 사적으로 브로커를 통해 북에 있는 가족의 안위를 확인하고 돈을 보내기도 하지만, 일부는 가족이 병들거나 사망했다는 소식을 듣고 가슴이 찢어지는 아픔을 겪기도 한다. 이 비극은 언제까지 계속되어야 하는가?

월남과 월북, 납북, 탈북 등으로 인한 가족해체와 그에 따른 트라우마는 분단으로 빚어진 인간사의 비극이다. 분단으로 인해 방문과 거주의 제한을 받고 있는 해외 디아스포라도 이산의 아픔을 공유하고 있다. 또한 이산가족 문제는 미래까지 관련되어 있다. 이산된 가족들은 만나야 한다는 당위적 인식이 있지만 실제로 만나고 나면 그다음에 어떻게 될 것인지는 쉽사리 예측하기 어렵다. 상봉을 하는 것이 불편한 현실의 시작일 수 있다. 통일 이후 남북 주민이 겪을 갈등과 충돌이 일상적으로 벌어질 첫 번

---

32 2024년 11월 기준으로 남한의 이산가족 상봉 신청자 중 생존자는 3만 7,425명인데, 80세 이상 고령자 비율이 65.8%에 이른다.

째 현장은 가정일 것이다. 실제로 상봉에 성공했던 이산가족들에 대한 질적 연구는 그들이 양가적인 감정을 갖고 있음을 보여준다. 감격적인 재회로 평생의 한을 풀었다는 사람도 있지만 그 상봉으로 인해 오히려 재결합 가능성이 불확실해지는 경험을 하고 부정적인 감정을 갖게 된 사람도 있었다.

> 그 착하고 순하던 내 누이가 …… 처음엔 지도 감정에 겨워 눈물 한참 쏟더니만 정신 차리고 나선 글쎄, 오라버니, 우리 이렇게라도 만나는 건 다 위대하신 수령님과 지도자 동지 때문이라는 거야, 내 참 기가 막혀. …… 만나는 내내 말끝마다 수령님, 지도자 동지 하니 난 어찌해야 좋을지 모르겠었어. 어, 야, 하고는 이제 다시 만나도 같이 살것나 싶은 거지. 마치 남 같아요. (연구참여자 28)(최연실, 2007: 197)

분단상황에서 이산가족이 상봉하는 체험은 이처럼 긍정적인 효과와 부정적인 효과를 동시에 미치는 것으로 보인다. 작가들의 문학적 상상은 이산가족의 미래에 대한 하나의 예표가 될 수 있다. 이산가족을 다룬 문학 작품을 보면 당사자에게뿐만 아니라 가족과 주변에도 트라우마가 전이되고 대물림되는 문제가 나타난다. 김소진의 소설 『목마른 뿌리』(1996)는 남북의 형제가 한 핏줄이라는 혈연 의식을 통해 아버지의 삶을 이해하게 됨으로써 정서적인 공감에 이르는 모습을 담고 있다. 남북이 통일된 이후 2002년이라는 가상세계에서 남쪽에 사는 주인공 호영이 북쪽에 살며 남한을 방문한 태섭 형님과 함께 아버지 산소를 찾고 다시 배웅한다는 줄거리이다. 북쪽에 살던 태섭에게 월남한 아버지는 그 존재로 인해 자신이 고초를 당하며 살아야 했던 원인을 제공한 사람이었고, 남쪽에 살던 호영에게 아버지는 경제적으로 무능한 데다 죽음을 앞두고 북에 두고 온 아내의 이름을 부름으로써 상처를 준 대상자였다. 그런 이복형제가 서로 만남으로써 아버지의 진실이 밝혀지고 아버지의 죄의식과 상처를 이해하게 되면서 그들 사이에 새로운 치유적 관계가 형성된다.

> 나는 자신도 모르게 그 상처 위에 내 손바닥을 얹었다. 그러자 형님도 약간 놀란 표정을 지었다. 그의 상처를 덮은 내 손등 위로 그의 손이 다시 포개졌다.
> "형님! 우린 누가 뭐래도 한 뿌리입니다!"
> "기거를 새삼 말하믄 무얼 하겠음? 타고난 핏줄인 것을……. 서로에게 가닿지 못해서 그동안 얼마나 애달프고 목마른 뿌리로 살아왔음둥? 이제는 그런 일 없어야 함둥!"
> "예, 형님!"(김소진, 2002: 62)

"반세기 넘도록 만나지 못해 애달픈 모든 이산가족에게 바친다"라고 서문에 밝힌 작가 고호의 『평양에서 걸려온 전화』(2019)는 1996년 평양에서 살고 있는 '설화'라는 여성과 2019년 서울에 살고 있는 '주희'라는 여성이 전화로 소통하게 된다는 판타지 소설이다. 주희는 이산가족 상봉을 바라는 아흔의 할아버지와 같이 살고 있다. 시공간을 넘나드는 대화로 둘은 가까워지고 친척 사이임을 알게 된다. 이들이 먼저 인간적 유대감을 형성한 후에 혈연을 확인한다는 설정이 새롭다. 이처럼 향후 이산가족이 가족 공동체로 회복되기 위해서는 혈연에 기대기보다 서로를 알아가며 친밀감을 형성하는 과정이 우선되어야 할 수도 있다.

비정규군과 북파공작원

'6·25 비정규군 보상법'에서 지칭하는 비정규군은 대한민국 정부수립일인 1948년 8월 15일부터 한국전쟁 휴전협정일인 1953년 7월 27일까지의 기간 동안 적지로 침투해 대북첩보전이나 유격대 활동 등 특수임무를 수행한 조직 또는 부대에 소속된 사람을 의미한다. 비정규군의 기원은 1946년 미군정 시대의 첩보부대로 거슬러 올라간다. 대북 첩보활동이 본격화되면서 미 극동군사령부와 중앙정보국(CIA)의 지도 아래 켈로(Korea Liaison Office: KLO)부대, 네코(Nick)부대, 영도유격대 등이 특수공작을 담당했다.[33] 미군 첩보부대가 아닌 비정규군도 존재했는데, 구월산유격대와 지게부대가 이에 해당된다.[34] 이들은 강제노역 동원자, 구금된 반공인사 등을 구출하고 다리와 열차를 파괴했으며, 첩보작전을 수행했다. 탱크와 전투기 부품 탈취, 군수품 수송 차단을 비롯해, 직접 교전도

---

33 켈로부대는 원래 황해도 지역에 있는 북한 사람들이 자발적으로 조직한 유격대였는데, 그들의 활약상을 보고 미 극동사령부에서 특수부대로 운영했다. 켈로부대, 즉 미 8240부대는 전쟁기에 북에서 내려온 피난민들로 구성되었으며, 미8군 소속으로 북한과 가까운 동해안과 서해안의 섬을 기지로 삼아 적진에 침투해 첩보 수집, 보급로 타격, 포로 구출 등 특수작전을 수행했다. 네코부대는 전쟁기 미국 극동공군(FEAF) 소속으로 북한 적진에서 한미 합동 첩보임무를 수행했는데 옛 소련제 탱크와 미그 전투기의 정보를 빼돌린 것으로 유명하다. 영도유격대는 부산 영도에서 반공 운동을 하던 청년들로 구성된 유격대로, 미국 중앙정보국 CIA에 소속되어 적진 후방인 강원도와 함경남북도 일대에서 게릴라전을 수행했다. 부대 해체가 결정된 1952년 12월까지 북파되었다가 돌아온 영도유격대원은 900여 명 중 40여 명에 불과하다.
34 구월산유격대는 북에서 미처 피난하지 못한 사람들이 1950년 12월 창설한 부대로, 황해도 구월산을 거점으로 800명 정도의 규모로 반공 게릴라 활동을 펼쳤다. 기독교인이 많이 포함된 것으로 알려졌고 신천사건과도 관련되어 있다. 노무사단인 지게부대는 전투 현장에서 매일 지게에 탄약과 식량을 싣고 산악지대를 오르내리며 수송보급을 담당했다. 당시 유엔군은 지게가 영어 알파벳 A를 닮았다고 해서 그들을 'A Frame Army'라고 불렀다. 약 30만 명이 동원되었는데, 그중 9,000여 명이 전사했다(행정안전부 국가기록원, https://www.archives.go.kr/next/newsearch/listSubjectDescription.do?id=006360&pageFlag=C&sitePage=1-2-2(검색일: 2024.6.24).

한국전쟁 시기 특전부대 구분

관할	소속 및 부대 명칭			구분
대한민국 국군 산하 특전부대	육군첩보부대(HID) 백골병단	해군첩보부대 (NIU)	90특무부대 (AISU)	국군
미국 관할 한국인 대원 특전부대	극동육군사령부 8240부대 (켈로부대)	극동공군사령부 6006부대 (네코부대)	중앙정보부 영도유격대	비정규군
미국 관할 외 한국인 대원 특수부대	구월산유격대, 지게부대(노무사단)			비정규군

자료: 국방부 군사편찬연구소, 『한국전쟁의 유격전사』(2003)를 토대로 필자가 재구성.

불사했다.

비정규군의 성과는 전세를 뒤집을 만큼 결정적인 것은 아니었다. 몇몇 작전과 대원들 외에는 임무 실패, 실종, 전사 등으로 대다수가 큰 피해를 입었다. 미국이 북한에 침투시킨 비정규군 특전부대원은 최소 8,000여 명으로 추측되며 유격대원 3만 2,000명 중 5,000여 명이 전사한 것으로 알려졌다. 통계에 집계되지 않고 알려지지 않은 사례까지 고려한다면 전사자와 실종자는 더 많을 것이다. 심지어 침투한 후 사흘 만에 휴전협정이 체결되는 바람에 적지에 고립되어 돌아오지 못한 경우도 있었다. 켈로부대 SOU지대장을 지낸 이창건은 이렇게 회고한다.

1953년 7월 27일 …… 본부를 나서고 있는데 갑자기 라디오에서 '긴급 임시 뉴스'가 흘러나왔다. '긴급 임시 뉴스를 말씀드리겠습니다. 오늘 오전 판문점에서 휴전협정이 조인됐습니다.' …… '불과 사흘 전에 개마고원 일대로 침투시킨 대원들은 도대체 어쩌란 말이냐?' 하는 죄의식이 가슴을 쳤기 때문이다. 나는 급히 지프를 되돌려 본부 무전실로 뛰어 들어갔더니, 무전실은 이미 완전히 초상집 분위기였다. 워키-토키식 무전기를 지급받은 침투 대원들이 적지에서 계속 무전을 보내오고 있었다.

'본부, 본부 나와라. 우린 어떻게 하란 말이냐? 야. 이 ×××들아, 휴전될 줄 알면서도 왜 우리를 들여보냈냐?', '본부, 본부, 대답하라. 우린 어떡하란 말이냐? 본부에선 미리 알았을 게 아니냐? 그런데 왜 우리를 사지로 몰아 넣은 것이냐? 이 ×××들아, 이렇게 내륙 깊숙이 처박아 놓고 너희끼리 휴전한단 말이냐?'

북한의 개마고원에 침투시킨 후 사흘 만에 휴전협정이 조인되자, 적진 중에 버림받은 대원들로부터는 본부에 저주 어린 육성 무전이 끊임없이 계속되었다. …… 그러나 미군들은 휴전협정이 조인됨과 동시에 모든 무전 시설을 즉각 폐쇄했고, 자신들도 황급히 철수하기 시작했다. (이창건, 2005: 320~322)

그들은 민간인 신분이었고 대외적으로는 그 활동이 거의 알려지지 않아서 공식자료도 많지 않다. 일반에 그 존재가 조금이라도 알려진 계기는 2016년에 개봉한 영화 〈인천상륙작전〉이었다. 영화에서 켈로부대원들은 어민으로 가장해 북한군이 인천 해안 도처에 설치한 기뢰를 찾아내고 연합군 군함이 무사히 인천만에 진입할 수 있도록 사전정지작업으로 월미도를 탈환하고 바다의 상태와 항로의 수심을 측정하는 임무를 수행하는 것으로 나온다. 켈로부대는 휴전 이후 해체되었고 한미 양국 정부로부터 외면당했으며, 적절한 보상이나 평가도 받지 못했다. 비정규군은 국군 소속이 아니었다는 이유로 보훈지원 대상에서 배제되었고, 북파공작원의 경우 북한과의 관계나 기타 외교안보적 사유로 존재 자체가 공식적으로 인정되지 않다가 2021년 4월 13일에서야 비로소 관련 법률이 제정되어 명예회복과 보상의 길이 열렸다.

1953년 정전협정 이후로도 남과 북 양쪽은 수십 년 동안 공작원들을

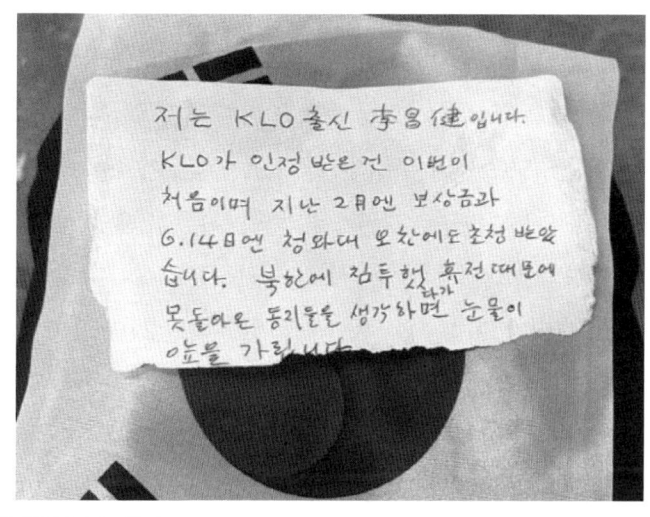

2023년 6월 25일 서울 장충체육관에서 열린 6·25 73주년 기념행사에서 켈로부대 출신 이창건 전 한국원자력문화진흥원장(1930년생)이 한동훈 당시 법무부 장관에게 보낸 쪽지(《연합뉴스》, 2023.6.26)

밀파해 치열한 첩보 공작을 펼쳤다. 북한이 간첩을 남파한 것은 잘 알려져 있지만, 남한도 민간인과 군인들을 간첩으로 북파했다는 것은 오랫동안 공공연한 비밀이었다. 1968년 북한 124부대 소속 무장군인 31명이 청와대를 급습해 박정희 대통령을 암살하려던 1·21사태가 벌어지자, 이에 대한 응징보복을 위해 육해공군 산하에 실미도부대(684부대)를 비롯한 임시 부대들이 창설되었다. 부대 창설을 맡은 중앙정보부는 현역사병 계급 부여, 교육수료 후 하사관 또는 장교 임관, 상당액의 특수수당 지급, 북한 침투 귀환 이후 후방에서 교관으로 채용 등의 조건으로 교도소와 갱생보호회 등에서 부대원을 모집했다. 하지만 이러한 조건은 거의 이행되지 않았고 형편없는 급식에 서신 왕래와 휴가, 외출, 외박 등 기본권이 모조리 박탈당했다. 또한 중앙정보부는 부대원 모집 당시 북파공작 임무의 위험성과 공작원 신분 등에 대해 아무런 언급도 하지 않았다. 이런 상황에서 고된 훈련 중 7명이 사망하고 가혹행위가 빈번하게 발생하는 등 부대원들은 어떤 신변 보호도 받지 못한 채 비인간적인 훈련만 받아야 했다.

그러나 1971년 남북정상회담 논의를 비롯해 정국이 남북화해 분위기로 전환되면서 당초 계획은 유명무실해졌다. 임무가 주어지지 않고 존재목적이 사라진 부대원들은 지원과 관리를 받지 못한 채 방치되었다. 장기간 격리생활로 부대이탈과 사망사고, 인권유린이 끊이지 않는데도 아무 대책이 마련되지 않자, 이에 불만을 품은 부대원 24명이 1971년 8월 23일 기간병들을 살해하고 육지로 와서 버스를 탈취하는 사건이 벌어졌다. 자신들의 억울한 처지를 호소하던 이들은 군경과 대치하다가 대부분 사살되었고 생존자 4명도 이듬해 사형에 처해졌다. 당시 이 사건의 진상은 은폐되었고 무장공비의 폭동으로 조작 발표되었다. 사건의 전모가 정확하게 밝혀진 것은 2000년대 초반 이후였다.

이 사건을 다룬 백동호의 소설 『실미도』가 1999년 출간된 후, 2003년 12월에 강우석 감독의 영화 <실미도>가 개봉했다. '32년을 숨겨온 진실 …… 이제는 말한다!'라는 문구를 내건 이 영화는 남북관계의 해빙에 따른 당시 사회적 분위기에 힘입어 한국 영화사상 최초로 1,000만 관객(누적 1,108만 명)을 달성했다. 영화 <실미도>의 흥행배경에는 모두가 빨갱이라고 매도했던 이데올로기 희생자들에 대한 죄책감, 그들의 아픔을 모른 척했던 무관심에 대한 미안함 등의 대중적 정서가 있었다(민혜숙, 2009: 291). 영화의 사실적 오류에 대한 비판도 있다. 기간요원으로서 실미도 생존자인 양동수는 정부에서 사살 명령을 내린 적이 없고, 기간병과 훈련병이 대치한 게 아니라 일방적으로 기간병이 습격을 당한 것이며, 훈련병이 주로 사형수나 무기수 범죄자로 설정된 부분은 명백히 오류라고 지적한다. 대체로 직업이 일정치 않은 사람들, 구두닦이, 소매치기, 부랑아, 곡마단, 잡범 정도의 전과자들을 공작관들이 데려왔다는 것이다(≪활천≫ 편집부, 2004: 80~83). 실미도에 차출되어 온 밑바닥 인생들은 존재감이 드러나지 않는 유령 같은 존재로서 '인간쓰레기'로 취급받았다. 밑바닥 인생에서 대한민국 군대의 일원이 되기를 원했던 그들은 무장공비라는 누명을 쓰고 죽어갔다.

1950년대와 1960년대의 간첩들은 남파건 북파건 간에 대다수가 이산가족이었다. 켈로부대도 처음에는 전원 북한 출신자로 구성되었다. 그러나 연고를 이용한 공작은 성공적이지 못했는데, 남과 북 모두 철저한 이데올로기 사회가 되면서 부모형제나 친인척이라도 간첩을 신고해 버리는 일이 비일비재했기 때문이다. 따라서 나중에는 온갖 수단을 동원해 공작원을 모집하게 되었다. 북파공작원들은 장기계약으로 채용되어 훈련을 받았지만 군번도 없고 정부에서도 인정해 주지 않자, 2002년 서울 도심에서 명예회복과 보상을 요구하며 격렬한 시위를 벌였다. 북파공작특수임무동지회 전국연합회 소속 회원들은 자신들이 겪은 처참한 인권유린 실태를 고발했는데, 그들이 밝힌 HID(Headquarter of Intelligence Detachment)[35]의 실상은 충격적이었다.

- 김 아무개(40세): 82년 10월에 설악산에 있는 개발단에 들어갔다. 당시에 40여 명의 동기가 있었는데 이 중 복 아무개라는 동기가 탈영을 했다가 잡혀온 적이 있었다. 부대에서는 복 씨를 감금한 채 온갖 고문을 자행했다. 나중에는 '배신자'라는 간판을 목에 걸고 동기들로 하여금 3시간 동안 끌고 다니면서 때려죽이게 했다. 나는 동기를 때려죽였다는 죄책감에서 아직도

---

35 1950년대 후반 군 첩보부대의 일종으로 만들어진 부서로, 실체는 있으나 공식적으로 인정되지 않는 남북분단의 사생아와 같은 존재이다. 보통 군 정보사에 의해 포섭되었으며 특수부대 모집이라는 공개방식으로 모집되기도 했다. 강원도 속초에 1970년대부터 매년 두 차례씩 30~40명이 입소해 매년 320명 정도가 훈련을 받았다.

헤어나지 못하고 있다. 하지만 동기를 죽이지 않으면 내가 맞아 죽는 상황이었기 때문에 그럴 수밖에 없었다.

- 정 아무개(43세): 83년도 12월에 개발단에 들어갔다. 우리에게 거부는 곧 죽음이었다. 24시간 통제 속에 살아왔으며, 부모가 죽어도 알 수 없었다. 정부가 우리를 이렇게 만들었다. 인권대통령이라고 하지만 북파공작원의 인권은 없다. 정부는 개처럼 부려먹다가 사회에 내팽개쳤다. 우리가 얼마나 한이 맺혔으면 이렇게 했겠느냐. 우린 죄인이 아니다. 선량한 백성일 뿐이다.

≪오마이뉴스≫, 2002. 3. 15)

1999년 기자 출신의 민주당 소속 김성호 의원이 언론을 통해 처음으로 북파공작원의 실체를 밝혔다. 이후로 북파공작원들과 희생자 유족들이 연대해 관련 기관에 명예회복 및 보상을 공식적으로 요구하기 시작했다. 한국정부는 2003년 국회에서 북파공작원의 존재를 처음 공식적으로 인정했다. 당시 정부는 전쟁 이후 1만 3,000여 명의 '특수임무' 수행자들을 양성했고 그중 7,726명이 임무수행이나 훈련 중 사망했다고 밝혔다. 2004년 1월에는 '특수임무수행자 보상에 관한 법률'이 국회를 통과했다. 같은 해, ≪문화일보≫와 인권실천시민연대가 민간인도 북파공작에 동원되었고 이 과정에 주한미군이 개입했다고 폭로했다(≪문화일보≫, 2004. 1. 15). 1966년 경남 통영과 삼천포 출신 어민 8명은 상당한 보상을 약속받고 당시 해군 방첩부대장의 지시에 따라 주한미군 부대에서 북파교육을 받은 후 4개월 간 위장납북을 통해 북에 다녀왔다. 이들은 귀환한 후 그곳에 관한 정보를 정보기관에 진술했다. 하지만 이들은 약속한 보상을 받기는커녕 납북송환자 명단에 올라 요시찰자가 되었다. 어디를 가든 경찰의 감시망을 피할 수 없었고, 친척들까지 신원조회에 걸려 외항선을 타거나 공무원이 되는 일이 허용되지 않았다. 김성호는 『북파공작원의 진실』(2022)이라는 책에서 이렇게 말한다.

> 남북이 서로 악마화했던 그들, 공작원들은 정말 악마였나? 그들은 누구인가? 그들은 어디에서 왔으며 어디로 갔는가? 그러나 그들은 머리에 뿔 달린 악마가 아니라 평범한 우리의 형이고 동생이며 이웃이었다. 그들을 악마로 만든 것은 분단이요 이데올로기였다. 이제 "빨갱이만 간첩을 보냈다"는 냉전 시대 우상은 파괴되었다. 공작원 파견은 분단 시대의 아픔이고, 민족의 비극이라 할 수 있다. (김성호, 2022: 31)

뒤늦게나마 공식적으로 그들의 존재와 공로를 인정하고 그 고통에 공감하는 움직임이 있다는 것은 다행스러운 일이지만, 비정규군과 북파공작원은 적대적인 분단상황 속에서 개인들이 국가에 의해 이용당하고 버려졌다는 점에서 한국 현대사의 비극이 아닐 수 없다. 피해자인 동시에 가해자였던 이들을 바라보는 시선은 복잡할 수밖에 없다. 이 문제를 국가가 개인에게 가한 폭력으로 보는 시각이 필요하다. 즉, '국가 대 피해자'의 문제로 축소할 것이 아니라, 공동체 전체의 문제로 인식하고 가해자인 국가기구에도 피해자 집단에도 속하지 않은 공동체 일반 구성원들이 적극적으로 개입할 필요가 있다.

간첩조작 사건

외부의 적을 규정하고 처벌하는 과정은 지배구조와 사회질서의 권위를 유지하고 확인하는 방편이다. 냉전 시기 남북한은 간첩 전성시대를 맞이했다. 국정원 '과거사건진실규명을통한발전위원회'의 발표에 따르면 1951년부터 1996년까지 검거된 남파공작원은 4,495명이고, 남한에서 침투시킨 북파공작원[36]은 정보사 요원만 보더라도 생환자를 포함해 1만 1,273명이다. 억울한 간첩조작도 있었지만 실제 간첩도 차고 넘치던 시대였다.

    1972년 7·4남북공동성명 이후 북한이 직접 남파한 것으로 확실시되는 직파간첩 수가 50명 수준으로 급감하자, 공작원 침투를 담당하던 공안기구는 존립근거를 상실하게 되었다. 그리고 이 시점부터 간첩조작 사건이 급증했다. 이에 따라 한홍구는 간첩조작의 배경을 공안기구의 자위적인 생존노력과 연결시킨다(한홍구, 2008: 17). 의심이 가는 누구라도 간첩으로 둔갑될 수 있었다. 그리고 그 의심의 화살은 주로 정치적 취약 집단을 겨냥했다. 여기에는 월북자·납북자 가족을 비롯해 가까운 친족 중에 한때 공산주의자였던 사람, 공산당에 동조했던 사람이 있는 집안까지, 연좌제로 옭아맬 수 있는 온갖 사람이 포함되었다. 이들은 남북 사회에서 공히 비국민으로 분류되었다. 비국민은 세금을 내고 선거에 참여하고 군복무를 하지만, 정치공동체의 정당한 일원으로 여겨지지 않았다. 일제강점기에 '황국신민'의 본분에 충실한지에 따라 사용되던 국민과 비국민의 이분법이 해방 후에는 북한에 대한 태도를 기준으로 적용되었다. 비국민의 표식은 '빨갱이 집안'이었다. '호적에 빨간 줄이 그어진 가족'이라는 딱지는 무서운 차별과 고립을 불러왔다. 이들은 공직에 진출할 수 없었고 외국으로 나가는 일을 포함해 이동의 자유가 제한되었다. 경찰의 감시를 받거나 재판절차도 없는 자의적 구금을 비롯한 국가기관의 위협에 시달리기

---

36 2018년 8월 개봉한 영화 〈공작〉(감독 윤종빈)은 북파공작원 박채서(암호명 '흑금성') 사건을 다루고 있다. 1990년대 국가안전기획부(현 국가정보원) 비밀공작원으로 일했던 그는 2010년 북한에 군 기밀정보를 넘긴 혐의로 수감되었다가 2016년 5월 31일 만기출소했다.

도 했다. 이들은 언제든지 잠재적 간첩이 될 수 있는 존재로 의심받았다.

가족의 기록에 "빨간 줄이 그어졌다"는 표현은 전후 한국사회에서 상당한 힘을 발휘했다. 그 줄은 가족 중에 정치적 사회에 대한 충성심이 의심되는 사람이 있다는 뜻으로 이해되었다. 나아가 그것은 가족 전체가 의심스러운 배경을 지니고 있다는 뜻이었다. 물론 여기서 가족의 기록이란 개인과 친족 소유의 족보가 아니라, 공공기관에서 나오는 가족계보의 기록, 즉 호적을 지칭한다. 호적은 1920년 일제 식민정부가 처음 만들었고, 이후로 한국의 개인적·집단적 정체성의 주요한 공적 자료로 쓰였다. …… 그렇다면 이 문서에 붉은 선을 도입하는 것이 대중의 상상 속에서 왜 그렇게 두려움 혹은 분노를 일으켰는지 이해할 수 있다. 이 경우 붉은 선은 단지 개인의 신분을 구성하는 하나의 요소가 아니라 그가 속한 집단 전체의 정체성의 지표였기 때문에 가족 전체의 공적·정치적 정체성을 의심스러운 것으로 만들 수 있었다. (권헌익, 2020: 150~151)

1970년대 말 빈번했던 어선 납치 사건에 연루된 납북 어부들과 그 가족들도 간첩조작의 대상이 되었다. 1981년 '진도 가족간첩단 사건'이 대표적이다. 가장이 나포되어 큰 충격과 경제적 어려움을 겪고 있던 중에 북에 억류된 부친과 몰래 접촉을 시도했다는 죄목으로 가족 모두가 기관에 끌려가 호된 심문을 당했다. 실종된 어부의 아내와 두 자녀, 남동생 부부와 여동생 부부가 구속되었다. 이들은 모두 중형을 선고받았다. 무기징역을 선고받았다가 감형된 큰아들은 1998년에 석방되었지만 고향으로 돌아갈 수 없었다. 사람들이 모두 그들을 피했기 때문이다. 2009년 11월 대법원에서는 이 사건에 대한 재심을 했고 무죄가 선고되었다. 그러나 이미 가족 모두가 물리적으로나 정신적으로 망가진 다음이었다. 그의 부인은 친가에 찍힌 낙인으로부터 아이들을 구해내려는 절박한 심정으로 그와 이혼했고, 그의 모친은 어느 절에서 은둔의 삶을 살았다. 모친은 고문의 후유증에 시달렸을 뿐만 아니라 며느리와 달리 자신이 자식들을 구하기 위해 아무것도 할 수 없었다는 심적 고통에서도 내내 벗어나지 못했다(권헌익, 2020: 155~156).

간첩조작의 표적이 된 또 다른 집단으로는 해방 이후 "한국말을 잘 못하는 반쪽발이, 조총련 등에서 연상되는 빨갱이, 경제대국 일본의 자본주의를 배경으로 한 졸부"(권혁태, 2007: 234)로 표상되던 재일조선인이 있었다. 1970~1980년대에는 재일교포 유학생 간첩조작 사건이 연달아 터졌다. 일본에서 태어나 성장하면서도 조국을 잊지 않고 돌아와 공부하려던 130여 명의 청년이 군사정권에 의해 간첩으로 몰려 모진 고문과 폭행을 당했다. 재일조선인 3세 김병진은 『보안사』(1988)라는 책에서 자신이 유학생으로 연세대학교를 졸업한 후 1983년 보안사령부에 연행되고 간첩으로 날조되었으며, 이후 2년 동안 재일조선인을 간첩으로 조작하는 일에 투입되어 일본어 통역과 번역을 담당했다고 폭로했다. 출간 직후 출판사 대표가 연행되고 책은 압수 조치되었으며, 일본으로 도피했던 김병진은 1999년까지 한국 방문이 허락되지 않았다. 그의 책은 간첩조작을 통해 반공 이데올로기를 재생산하던 군부독재정권의 폭압성과 재일조선인에 대한 의심과 경계의 수준을 가늠케 한다. 김병진은 재일조선인에 대한 남과 북의 차별적 시선에 대해 이렇게 말한다.

재일한국인의 역사는 조국이 분단되기 전 일제강점기 때부터 시작했다. 그 역사를 살아가는 재일한국인에게 민단과 조총련의 반목은 피상적이고 알맹이가 없는, 나하고 관계없는 세상에서 일어나는 일일 뿐이다. 재일한국인은 조국의 분단을 어쩔 수 없이 받아들여야 했다. 두 개의 조국은 반공과 공산주의 중에서 하나만 선택하라고 계속 강요했다. 남한과 북한은 제멋대로 재일한국인을 붉고 푸르게 색칠했다. 재일한국인은 처음부터 끝까지 두 정권이 가지고 노는 장기짝이었다. 그 결과 재일한국인은 자신의 역사를 잃어버렸다. 좌익이든 우익이든, 일본 공산당에 가담해 좌절한 김천해(金天海)이든 일왕 히로히토에게 폭탄을 던진 박열(朴烈)이든 1945년 해방 뒤 자유 국민으로서 꿈꾼 조선민주공화국은 잊어버렸다. 그 증거로 일본사회가 재일한국인을 차별하는 것보다 더 심하게 남한과 북한은 재일한국인이 주체성을 포기하게 압박하고 늪에 계속 몰아넣지 않았나? 조국을 꺼리고 일본인인 체 사는 비굴한 삶을 강요하지 않았나?(김병진, 2013: 35)

한국사회의 외면 속에 유학생 가족들까지 협박당하거나 동포사회에서 소외되거나 간첩가족이라는 낙인에 시달렸다. 일본 시민사회는 이들을 돕기 위한 구명운동을 펼쳤다. 사건이 고문에 의해 조작되었다는 의혹이 제기되었고 일본 변호사들이 변론에 나섰다. 민족을 경계로 한 가해와 피해의 이분법이 깨지는 대목이다. 이들 중 36명이 재심을 통해 무죄 판결을 받았지만 여전히 간첩 낙인을 안고 숨어서 살아가는 사람들이 있다.[37] 2019년 문재인 대통령은 오사카에서 열린 재일동포 간담회에서 이들 피해자에게 국가를 대표해 사죄했다.

유학생들도 손쉬운 표적이 되었다. 1967년에는 '동백림(동베를린) 사건'이 터졌다. 중앙정보부는 동베를린을 거점으로 한 대남적화공작단 194명이 검거되었다고 발표했다. 독일에서 활동하고 있던 음악가 윤이

---

[37] KBS는 2021년 8월 19일 광복절 특집기획으로 〈다큐인사이트〉 '스파이' 편을 방영했다. https://www.youtube.com/watch?v=L1ww7ytaxco (검색일: 2024.11.6)

상, 시인 천상병도 이 사건에 연루되었다. 그러나 실제 검찰이 간첩죄나 간첩미수죄를 적용한 것은 23명에 불과했고, 그나마 최종심에서 간첩죄가 인정된 사람은 아무도 없었다. 수사는 강제연행과 고문에 의해 이루어진 것으로 밝혀졌다. 1985년에는 이른바 '구미 유학생 간첩단' 사건이 있었다. 미국 유학생들 몇몇이 북한 공작원에 포섭된 뒤 국내에 잠입, 학생들의 반정부 폭력시위를 주도하며 간첩활동을 했다고 조작한 사건이다. 관련자들은 고문으로 날조된 허위자백을 근거로 사형과 무기징역형을 받았다. 이들이 무죄 판결을 받기까지는 35년이라는 긴 세월이 걸렸다. 이들은 주위의 냉대와 따가운 시선으로 인해 사회생활에 큰 어려움을 겪었고 가족들까지 고초를 당해야 했다. 관련자들은 무죄 선고를 '반공 독재시대를 마무리 짓는 판결'로 평가했다.[38]

> 독재의 기준이 반공이었어요. 독재에 이의를 제기하거나 반대하는 사람들을 반공의 논리로 무수하게 쳤습니다. 우리처럼 간첩으로 조작해서 처벌한 거죠. (그 국가폭력이) 우리 사건이 나오고도 35년을 간 겁니다. 이번 판결로 더 이상 그런 식의 정치공작은 할 수 없는 시대가 분명해졌다고 생각합니다. (《경향신문》, 2020. 2. 17)

2000년대에 이르러서야 간첩조작 사건 연루자들이 조금씩 목소리를 내기 시작했다. 유신 시절의 간첩조작을 연구한 김동춘은 지금까지 정치

---

[38] 1985년 9월 9일 전두환 정권하의 국가안전기획부는 당시 20~30대 청년이던 양동화, 김성만, 황대권, 이원중이 미국과 서독 등지에서 유학할 때 북괴에 포섭된 뒤 국내에 잠입해 간첩활동을 했다고 발표했다. 이들은 북한 지령을 받은 자와 회합·통신한 혐의, 북한을 찬양한 혐의, 북한 지령을 수행할 목적으로 서울에 잠입했다가 탈출하고 운동권 학생들의 동향을 수집한 혐의 등을 받았다. 이들은 각각 사형과 무기징역형을 언도받고 복역하다가 사면 등으로 출소했다. 이 사건으로 기소된 22명 중 재심 무죄 판결이 나온 것은 이번이 처음이다.

권과 언론에서 동원하는 '빨갱이' 담론에서 전형적으로 나타나는 것처럼, 국가 내의 적에 대한 환기와 상징화는 탈냉전 시기에도 '전쟁정치'를 연장시켰다고 말한다(김동춘, 2012: 150).[39] 부당한 권력 쟁취로 국내외 위기에 직면한 정권은 국민의 복종을 유도하기 위해 간첩을 '양산'했는데, 그 과정에서 허위사실 날조와 고문에 의한 자백 등 파시즘 수준의 국가폭력이 개입되었다.[40] 강압적인 사회 분위기 속에서 간첩과 공산주의는 절멸되어야 할 '병균'으로 간주되었고 이에 대한 어떠한 수준의 폭력과 인권유린도 모두 정당화되었다. 공산주의를 악마화해 내부를 통제하려 했던 군사정권의 간첩조작은 전쟁의 공포와 트라우마에서 벗어나지 못한 한국사회에 깊은 상처로 남았다.

간첩의 굴레는 이제 탈북자를 조준하고 있다. 탈북자가 처음 한국에 입국해 거치게 되는 합동신문에서 국정원은 탈북자들을 조사해 간첩을 가려낸다.[41] 간첩 혐의로 구속된 사람들 중 일부는 법원에서 무죄 판결을

---

39 박정희 대통령은 1972년 10월 17일 비상계엄령을 선포하면서 국회를 해산했고, 정당활동을 금지하면서 국민투표를 거쳐 유신헌법 제정을 강행했다. 대통령의 장기집권과 독재를 가능하게 했던 유신체제는 극심한 인권탄압으로 전국적인 저항을 불러일으켰고 1979년 10월 26일 박정희 피살로 종말을 고했다.

40 최대의 간첩조작은 1974년 '인혁당(인민혁명당) 사건'과 '민청학련(전국민주청년학생연맹) 사건'이었다. 당시 중앙정보부는 '국가 변란을 목적으로 북한의 지령을 받는 지하조직을 결성했다'면서 다수의 혁신계 인사와 언론인, 교수, 학생 등을 검거했고, 이듬해 관련자 8명을 형 확정 18시간 만에 전격 사형했다. 그러나 국정원 진실위 조사 결과 이 사건은 유신정권 타도를 목표로 한 학생시위를 '노동정권 수립을 통한 사회주의 정권 건설'로 조작한 것으로 밝혀졌고, 2007년과 2008년 사법부의 재심에서 관련자 전원에게 무죄가 선고되었다.

41 2013년 11월 국회 외교통일위원회 소속 민주당 심재권 의원은 법무부로부터 제출받은 '2003년 이후 간첩사건 구속자 현황자료'를 통해 참여정부 때부터 박근혜 정부까지 최근 10년간 공안당국에 의해 총 49명의 북한 간첩이 적발돼 구속되었으며, 이 중 42%인 21명이 탈북자로 위장해 국내에 잠입했던 것으로 보고했다(≪연합뉴스≫, 2013. 10. 11). 그러나 보도에 의하면, 국정원이 중앙합동신문센터를 2008년 설립한 이후 적발한 탈북자 간첩사건에서 유우성과 홍강철 사건은 재판에서 무죄 판결이 났고 강압 수사에 의해 간첩으로 조작되었다고 주장하는 사람만 5명이다(≪뉴스타파≫, 2017. 7. 27). 진실을 밝혀내기는 쉽지 않으나, 이와 같은 간첩조작 사례 자체가 탈북민들에게 주는 피해와 부담을 고려할 때 이 역시 역사

받았다. 적대적인 분단체제에서 진실을 밝혀내기란 어려운 일이지만, 간첩조작 사례가 탈북민들에게 주는 피해와 부담을 고려한다면 피해자 명예회복과 보상 등 정부 차원의 진상규명과 아울러 문화 예술 분야 등을 통한 대중적인 인식전환 노력이 요구된다.

대중적 인식전환에서 가장 파급효과가 높은 장르는 영화일 것이다. 간첩은 분단국가의 특수성을 가장 잘 반영하는 단골 소재로 남과 북의 영화에 등장한다. 남한에서는 오랫동안 간첩이 북한과 전쟁의 상징으로서 위협과 공포를 일으키는 전염병 같은 존재로 여겨졌지만, 남북관계가 변화함에 따라 영화에서 간첩을 재현하는 양상이 달라지기 시작했다. 2000년대 들어 반공담론이 퇴색하면서 간첩을 다룬 영화 제작이 크게 늘어났다. 간첩을 다룬 영화로는 〈쉬리〉(1999), 〈간첩 리철진〉, 〈이중간첩〉, 〈그녀를 모르면 간첩〉(2004), 〈프락치〉, 〈의형제〉(2010), 〈스파이 파파〉(2011), 〈간첩〉, 〈베를린〉, 〈은밀하게 위대하게〉, 〈동창생〉, 〈붉은 가족〉(2013), 〈강철비〉, 〈공조〉(2017), 〈공작〉(2018), 〈헌트〉(2022)가 있고, 그 외에 북파공작원을 그린 〈실미도〉(2003)가 있다. 이들 영화 속의 간첩은 공통적으로 이념보다는 체제의 차이에서 오는 이질감과 거기서 파생되는 웃음과 갈등, 그리고 가족애 등의 인간적인 면과 더불어 공존할 수 없는 비극을 부각시키는 등 다양한 방식으로 재현되고 있다(이현진, 2013: 78). '착한 간첩'과 '나쁜 간첩'의 분리도 눈에 띈다. '나쁜 간첩'은 북한정권과 동일시되는 반면, '착한 간첩'은 북한 주민들과 동일시된다. 이념에서 분리된 민족주의를 강조한 것이다.

적 트라우마의 연장선상에 있다고 보아야 할 것이다.

재일조선인은 왜 북으로 갔을까

재일조선인은 조선 사람의 후손으로서 일본에 살고 있는 한국적, '조선적', 일본적을 가진 사람들을 통칭하는 용어이다.[42] '조선적'이란 이제는 존재하지 않는 분단 전의 조선의 국적을 뜻하는 것으로, 남한도 북한도 선택하지 않은 채 일본에 사는 사람들 중 소수가 여전히 조선적을 유지하고 있다. 1945년 해방 당시 일본에는 200만 명 이상의 조선인이 살고 있었다. 해방이 되면서 그중 70% 정도는 남한으로 귀국했지만, 60만 명가량은 여전히 일본에 남아 있었다. 재일조선인의 3분의 2 이상은 '조련계'(재일본조선인연맹)에 속했고 나머지는 '민단계'(재일본조선거류민단)에 속했다. 이념성향이 달랐지만 비교적 우호적이었던 두 단체는 남북한정부가 수립된 이후 본격적으로 대립하게 되었다. 조련의 지도자들은 대부분 공산주의자였고 일본 공산당원이었다. 미군정이 일본정부의 협조 아래 공산당을 척결하는 과정에서 조련은 1949년 9월 8일 강제해산되었다. 일본 내 조선인 사회는 극심하게 분열되었고, 한국전쟁에 대한 대응도 전혀 다르게 전개되었다. 그 상황에서 1948년부터 벌어진 제주4·3으로 학살을 피해 많은 조선인이 목숨을 걸고 일본으로 향했다. 1900년대 초부터 일본에 갔다가 돌아온 이들 중에 재입국한 사람들을 포함해, 당시 1만 명가량의 제주인이 밀입국했다. 한국에서 버림받고 외면당한 그들이 심정적으로 민단보다 조련에 끌렸을 것은 충분히 예상할 수 있는 일이었다.

---

42 재일조선인을 지칭하는 용어는 재일조선인, 재일동포, 재일교포, 재일한국인, 자이니치(在日), 자이니치 코리안 등으로 다양하다. '재일동포'란 해방 전에 일본에 건너가서 계속 살고 있는 한국인 및 그 후손을 가리키는 말인데 한국에서만 쓰는 용어이다. '재일한국인' 역시 한국 국적을 가지지 않고 일본 국적 또는 '조선적'을 가진 동포까지 포괄할 수 없는 용어이며, '재일교포'는 한국으로 돌아갈 동포들에게 제한되는 용어이다.

어머니는 언젠가부터 제주4·3사건에 관한 구체적인 기억을 입에 올렸다. …… "이 이야기는 아무한테도 하면 안 돼. 4·3은 특별해. 절대로 들키면 안 돼, 무서운 일이 일어난다니까!" …… 나는 어머니에게 민주화를 이뤄낸 한국이 어떻게 변했는지 알려주었다. …… 하지만 어머니는 여전히 군사독재정권 시절의 한국을 떠올리고 있었다. …… 설마 어머니의 가라오케 친구인 '고씨 아줌마'가 제주4·3사건의 생존자였을 줄이야. "고씨 아줌마는 나보다 훨씬 더한 경험을 했어. 그러니까 한국을 지지하는 남편과 싸워가면서 조총련 부인부 활동을 그래 열심히 했지. 남편이 반대해도 아이들을 조선학교에 보냈고." …… 어머니의 말은 놀라웠다. 개인의 선택에는 모두 각자의 이유가 있다는 사실을 재인식했다. (양영희, 2022: 147~148)

전쟁이 발발하자 조련계는 반미·반전 시위를 벌였고 군수물자 수송 저지를 위한 무장투쟁 노선을 택했다. 반면 민단계는 의용군을 모집하고 자금과 물자를 보내는 활동을 전개했다. 이에 따라 재일의용군으로 자원한 642명이 짧은 군사훈련을 거쳐 전장으로 향했다.[43] 한국전 참전의 경험을 기록한 자서전적 수기들과 인터뷰 기록에 의하면, 이들의 기본적인 동기는 반공주의적 조국애였다(장세진, 2012: 63~64). 민단본부가 재일의용군의 참전의사를 전달했을 때 이승만은 이들 대부분이 조련계일 것으로 의심했지만, 인천상륙작전으로 병력보충이 필요했던 미군 당국은 그들의 참전을 선뜻 승인했다. 인천상륙 자체가 극비리로 수행되었던 탓에 재일의용군은 제대로 군사훈련을 받을 겨를도 없이 어디로 가는지도 모른 채 전장에 투입되었다.

---

43 총 지원자 642명 중 전사자가 135명이었고, 265명만이 일본으로 돌아갈 수 있었다.

아침이 되어 허연 안개 속에서 겨우 보일 정도로 섬이 나타났으나 거기에 무엇이 있는지 도저히 육안으로 판단할 수 없었다. 그러나 점심때에 바닷물을 보니 색이 맑지 않아 동해는 아니고, 또 흐려 있는 것으로 보아 큰 도회지의 항구 앞 바다는 틀림없었으며 이 많은 병력과 보급품을 적재한 것을 미루어 보면 인천항은 틀림없다는 확신을 가졌다. 밤이 되어 미군 대위가 와서 "현재 서울 영등포 일각에서 적군의 맹렬한 저항으로 치열한 전투가 전개되고 있지만, 서울 탈환은 시간문제"라고 전황을 말해주어 인천항이란 것을 확실히 알았다. (이활남, 1958: 21)

1951년 9월 8일 일본과 연합국 간에 샌프란시스코 강화조약이 체결되자, 주권국가의 지위를 회복한 일본은 일본 국적을 갖고 있던 모든 재일조선인을 외국인으로 간주하는 입국법령을 시행했다. 이에 따라 재일조선인의 법적 지위는 매우 불안정해졌다. 1951년 10월 4일에는 입국법령을 제정 공포했는데, 이로 인해 의용군으로 전선에 투입되었던 재일의용군 지원병 242명이 일본으로 재입국하지 못하는 사태가 벌어졌다. 미군부대에 배속받은 조선인들은 미군과 함께 돌아가 무사히 소집해제가 되었지만, 국군부대에 편입되어 한국 땅에서 제대한 조선인들은 돌아갈 길이 막혀버렸다. 이로써 일본 거주 당시 이미 결혼해 가정을 이루었던 이들은 가족과 영영 생이별을 하게 되었다(〈KBS다큐〉, 2013.7.25). 양국 간 외교관계가 수립되지 않았다는 이유로 한국정부도 수수방관했다. 심지어 1955년 5월 조총련이 결성되자 이승만 정부는 한동안 모든 재일조선인의 한국 방문을 금지하는 조치를 취하기도 했다. 북한정부 역시 1955년 재일조선인들이 일본 공산당에서 축출되어 자신들의 조국으로 북한을 선택할 때까지는 그들에게 관심을 기울이지 않았다.

재일학도의용군으로 참전했던 김운태의 기구한 사연은 〈KBS다큐〉를 통해 알려졌다. 그는 합천 출신으로 16세에 일본에 건너가 니가타에 정착했다. 참전을 결심했을 때 그에게는 임신 중인 일본인 처와 세 살배기 딸이 있었다. 1950년 9월 인천상륙작전에 참여했고 12월에 귀국했다가 1951년 3월 다시 한번 지원해 전쟁터로 향한 것이 생이별이 되었다. 출정할 때 간직했던 딸아이 사진 한 장만으로 가족을 찾아다녔던 그는 63년 만에 딸과 연락이 닿았지만, 아내는 이미 사망한 뒤였다. 아버지가 진작 세상을 떠난 줄 알고 있었던 딸은 놀람과 당혹감 속에서 마음이 준비되는 대로 아버지를 뵙겠다는 전화 통화를 하는 것으로 다큐가 마무리된다. 김운태는 애국심에서 자원했으나, 그와 그 가족의 희생은 어느 쪽에서도 의미를 부여받지 못하고 한 개인의 비극으로 치부되었다. 이는 수많은 재일조선인이 겪었던 경계인의 일상이었다.

일본정부는 공산주의 계열의 소요사건으로 구속된 재일조선인들과 불법입국 한국인들을 한국으로 강제송환하기 위해 오무라수용소를 신설했다.[44] 남과 북의 정부들은 입국법령의 적용을 면제해 줄 것을 요구했지만 받아들여지지 않았고, 남한정부는 범법자로서 추방되는 재일조선인의 송환을 거부하다가 결국 1954년 10월부터 모든 재일조선인의 송환을 거부하기에 이르렀다. 오무라수용소에 수감된 재일조선인들은 무기한 억류될 위기에 처했고, 이에 따라 재일조선인 좌파 조직[45]의 지원을 받아서 북

---

44 제주도에서 가장 가까운 일본이라고 할 수 있는 규슈의 나가사키현 오무라(大村)시에 있었다. 한국인 밀항자와 형벌위반자를 수용했는데, 밀항자가 대부분이었고 특히 제주도 사람이 많이 잡혀 들어갔다. 지금은 오무라입국관리센터로 바뀌었다.

45 당시에는 1951년에 결성된 재일조선민주전선(민전)이었다. 1954년 8월 북한 외무상은 재일조선인을 북한 사람으로 간주한다고 하면서 초대회장으로 한덕수를 지지하는 성명을 발표했다. 이후 민전은 산하 행동조직이었던 조국방위위원회(조방위)와 함께 1955년 해체되었고 재일본조선인총련합회(조총련)가 출범하면서 일본 공산당과 관계를 끊었다. 한편 남한정부가 공인한 재일한국인단체는 재일대한민국단(민단)으로, 친북 성향의 조총련에 대항하려는 목적으로 설립되었다. 초기에는 조총련 세력이 압도적이었으나, 1970년대 이후 북한을 지지하는 사람이 줄어들면서 세력균형이 역전되었다. 일본 법무성에 따르면 2018년

한으로 보내달라고 요구하기 시작했다. 일본정부는 1959년에 빈곤한 재일조선인에게 제공되던 복지혜택을 완전히 철폐한 반면, 북한정부는 귀국자들에게 교통편과 입국비용을 부담하고 주거와 생활을 보장하겠다고 선전했다. 지상낙원이라는 총련의 선전에는 일본에 다시 돌아오고 싶으면 3년 안에 올 수 있다는 내용도 있었다. 게다가 한일 국교정상화가 이루어지지 않아서 남한으로 가려면 밀수선을 타야 했고, 그 경우 일본으로 돌아오면 체포되어 수용소에 갇혀야 했다. 이러한 상황은 북한으로 가려는 사람들의 의지를 크게 강화시켰다(테사 모리스-스즈키, 2011: 194). 당시 재일조선인에게는 남북이 분단되었다는 인식이 부족해서 북한에 가면 당연히 남한도 자유롭게 오갈 수 있다고 착각한 사람들도 있었다. 여기에는 일제강점기부터 일본에 살던 제주도민들, 그리고 해방 후 귀국했다가 4·3과 전쟁의 와중에 다시 일본으로 돌아간 제주도민들도 다수 포함되어 있었다. 밀항길에 단속되면 수용소에 감금되었다가 강제추방되는데도, 죽음과 빈곤을 벗어나려는 탈출 행렬은 1954년 4·3이 끝난 이후에도 계속되었다.[46] 1만여 명의 제주 출신이 모여 살던 오사카 이쿠노쿠 이카이노(猪飼野, '돼지를 기르는 들판'이라는 뜻) 지역은 "일본 안의 제주"[47]로 불리는 빈민가를 형성하고 있던 형편이었다.

이카이노는 소설에도 등장한다. 2017년 영어로 발표된 이민진의 소

12월 기준 조총련 소속은 2만 9,559명으로, 재일교포 82만 4,977명 중 3.6%에 해당했다. 2016년 기준 30만 명의 재일동포가 소속된 민단도 일본 귀화자가 늘고 동포 수가 감소하면서 세력 약화와 고령화를 겪고 있다. 재일동포 북송 문제로 첨예하게 대립했던 두 단체는 남한의 김대중·노무현 정권 시기에 한때나마 화합정책을 추진하기도 했다.

46 목숨을 건 밀항길이었다. 1947년 5월 24일 ≪제주신보≫에는 제주 함덕포구를 출항해 가다가 쓰시마 근해에서 폭풍우로 침몰하는 바람에 제주인 20여 명이 희생되었다는 기사가 실렸다. 전쟁 직전인 1950년 3월에도 일본행 밀항선 침몰사고로 4명이 목숨을 잃었다.

47 제주 출신 1938년생 재일조선인 1세 조지현은 1960년대 이카이노의 풍경을 담은 사진기록집 『조지현 사진집 이카이노: 일본 속 작은 제주』(제주: 각, 2019)를 펴냈다.

설 『파친코』(이민진, 2018)는 일제강점기 조선인의 삶, 일본과 미국의 이민사를 다루고 있다. 이 소설은 ≪뉴욕타임스≫와 BBC 선정 '올해의 책 10'에 선정되는 등 호평을 받았다. "역사가 우리를 망쳐놨지만, 그래도 상관없다(History has failed us, but no matter)"라는 첫 문장은 2019년 버락 오바마 전 대통령이 SNS에서 인용하면서 널리 알려졌다. 『파친코』는 2022년 애플TV+에서 시리즈 드라마로 제작되어 전 세계적으로 유명해졌다. 소설의 주인공 선자[48]가 결혼해 정착한 오사카 이카이노는 가난과 온갖 범죄가 창궐하는 절망의 공간이다. 가축 냄새가 화장실 냄새보다 더 지독하게 풍기는 열악한 환경을 보고 놀라는 선자 부부에게 시숙인 백요셉은 "이곳은 돼지들과 조선인들만 살 수 있는 곳"이라고 대답한다(이민진, 2018: 160). 1945년 그들이 이카이노를 탈출할 수 있도록 도운 고한수는 선자의 아들의 생부로, 한국과 일본을 자주 드나드는 야쿠자 사업가이다. 1949년 친구 김창호와 나눈 대화에서 "우리 같은 사람들에게는 고국이라는 게 없어"라고 내뱉는 그의 정세 인식은 대체로 정확했다. 그는 김창호가 북한에 가고 싶다고 할 때도 완강하게 만류한다.

> 네가 사회주의자들 모임에 나가는 건 상관하지 않아. 하지만 고국으로 돌아가겠다는 헛소리는 듣고 싶지 않아. 민단의 우두머리들도 나을 게 없어. 게다가 너는 북한에 가면 살해당할 거야. 남한에서는 굶어죽을 거고. 다들 일본에서 살았던 한국인들을 미워하거든. (이민진, 2018: 353)

일본에서 공직이나 전문직 진출이 원천적으로 차단된 재일조선인이 할 수 있는 일은 도박업계(파친코), 고기구이, 부동산업, 금융업 정도로 국

---

[48] 본명은 김순자(金順子)인데, 번역자가 'Sunja'를 '선자'로 표기했다.

한되었다. 한국정부는 재일조선인을 경계하고 부정적인 태도로 대했다. 이런 상황에서 "모두에게 미움 받는" 재일조선인들의 귀국(북송) 요구 운동은 일본의 국익에 일치하는 것이었다. 일본정부는 조총련의 협조를 받아서 일본적십자사를 통해 국제적십자위원회(ICRC)를 개입시키는 재일조선인 북송사업을 본격적으로 추진했다. 이는 전후 노동력·자금 부족으로 어려움을 겪고 있던 북한의 국익에도 합치되는 것이었다. 한국정부의 맹렬한 반대와 규탄에도 불구하고 북한과 일본은 긴밀하게 접촉하면서 1959년 12월 14일 제1진을 시작으로 1984년까지 25년간 약 9만 3,000명의 재일조선인을 북송시켰다.[49] 전후 소련에서 6만 명, 중국에서 20만 명이 들어왔으므로 재일조선인까지 포함하면 전체 귀국자의 수는 35만 명에 달했다. 당시 북한 인구가 약 850만 명에서 600만 명이었던 것을 감안하면 귀국자들의 비중이 상당했음을 알 수 있다(정은이, 2009: 191). 북송사업, 이른바 북한의 '귀국운동'은 남한 사람들이 재일조선인과 조총련 계열을 '친북'으로, '조선적'을 '북한 사람'으로 인식하는 계기가 되었다. 가난과 차별에 시달리던 재일조선인 사회는 분단 전의 '조국'으로 돌아간다는 생각에 북한으로 가는 것을 커다란 희망으로 여겼지만, 그것은 북한의 실태에 대한 무지에서 비롯된 것이었다. 처음에 북한정부는 지상낙원을 약속하면서 일본으로 다시 돌아와도 된다고 선전했으나, 실제로 북한행을 철회하는 사람들에게는 물리력을 행사하고 일본 귀환을 금지하는 등의 강경조치를 취했다. 이로 인해 많은 이산가족이 발생했고 북으로 간 가족들의 생사나 행방을 알 수 없는 경우도 많았다. 북송사업을 통해 가족을 따라 북한으로 간 일본인은 6,000여 명이었고 그중 일본인 처가 2,000여

---

[49] 1959~1984년까지 9만 3,340명이 북한행을 택했다. 여기에는 재일조선인 8만 6,603명과 그 배우자 또는 부양가족인 일본인 6,730명, 중국인 7명이 포함되어 있다(김귀옥, 2010b: 64).

명이었다. 또한 1970년대에서 1980년대까지 간첩과 테러 활동의 목적으로 100여 명의 일본인이 북한 당국에 의해 납치되었다.[50] 일본인 납북문제는 지금도 북한과 일본 간의 최대 의제로 거론된다. 한반도 분단의 파장이 동심원처럼 확장된 것이다.

'귀국' 후 재일조선인들은 북한에서 어떻게 살았을까? '째포'(재일동포의 줄임말)라고도 칭했던 귀국자들의 일부는 일본의 친인척이 보내오는 돈과 물품 등을 받아서 상대적으로 부유한 편이었다. 일본에서 보내오는 송금은 시간이 지나면서 줄어들었지만 빈곤한 북한사회에서는 그마저도 부러움의 대상이 되었다. 그러나 대부분은 차별과 억압과 통제, 그리고 생활고로 인해 어려움을 겪었다. 일본에 보내는 편지에는 조국이 살기 좋다는 얘기밖에 쓸 수 없었고, 순응하지 못한 사람들은 교화소나 정치범수용소로 끌려가기도 했다. 일본에서 활동하는 '사단법인 북한 귀국자의 기억을 기록하는 회'(기억기록회)는 2022년 귀국사업 당시 북한에 갔다가 탈북해 한국과 일본에 살고 있는 사람들의 이야기를 기록하는 프로젝트를 4년간 수행했다. 그중 일본에서 태어나 부모의 결정에 따라 1960년에 북한에 갔다가 탈북해 현재 남한에 살고 있는 이태경(1952년생)은 다음과 같이 말한다.

먹고 입는 것부터 모든 사는 것이 다 고통스러웠다. …… 경제적인 문제 외 정치적인 압박도 있었다. 귀국자들은 관리라는 명목하에서 심한 감시를 받았다. …… 일부 사람들은 일본에서 왔다고 하면 시기하고 굉장히 부러워했다. 그러나 북한의 보위부들은 본인들의 살림을 위해 귀국자들에게서

---

50 2014 유엔 북한인권조사위원회 보고서, 통일부 북한인권포털 https://unikorea.go.kr/nkhr/current/rights/kidnap_/0007/ (검색일: 2024. 5. 29)

자꾸 돈을 뜯어내려고 했다. 작은 흠집이라도 잡으려고 한 것이다. 어떤 사람들에게는 부러움의 대상이, 어떤 사람들에게는 감시의 대상이 되었기 때문에 양면의 동전이라고 할 수 있다.[51]

영화 〈디어 평양〉(2005), 〈굿바이 평양〉(2009), 〈수프와 이데올로기〉(2021)는 재일조선인 2세인 양영희 감독의 자전적 이야기를 바탕으로 만든 3부작 기록영화이다.[52] 이 작품들은 그동안 배제되었던 조총련계 재일조선인이라는 집단의 존재를 세상에 드러냈는데, 앞의 두 편에서는 조총련 간부였던 아버지, 평양으로 이주한 세 오빠와 조카들의 이야기를 다루고, 최종편에서는 치매로 기억을 잃어가는 어머니가 제주4·3의 피해자임을 알고 나서 비로소 부모의 삶을 이해하게 된다는 자전적 이야기를 다룬다. 표면상 사적인 가족의 경험과 기억에 집중한 것 같지만, 그 배경이 되는 역사적 질곡을 고려하면 다층적인 독해가 가능하다. 양 감독은 영화에서 못다 한 이야기를 2022년 『카메라를 끄고 씁니다』라는 산문집으로 펴냈다.

'아들을 돌려줘!' 가슴속으로 수없이 외쳐댔을 부모님의 회한을 생각하면 누구에게 터뜨려야 할지 모를 분노가 솟구쳤다. 동시에 북송 사업의 선봉장이었던 부모님의 설득으로 북에 건너간 사람들을 생각하면 부모님을 규탄하고 싶어졌다. …… 조총련 커뮤니티에서는 '영광의 귀국'을 한 오빠들을 칭송하며 남은 가족들의 상실감을 '명예'로 채울 것을 강요했다. …… 주변 어른들은 '민족 차별이 만연한 일본에서 고생하는 것보다 차별 없는

---

51 "나는 이렇게 北에 귀국했다가, 이래서 탈북해 다시 돌아왔다", https://www.tongnastory.com/news/articleView.html?idxno=358 (검색일: 2024. 5. 29)
52 일본에서 개봉된 연도이며, 국내에서는 각각 2006년, 2011년, 2022년에 개봉되었다.

조국에서 고생하는 게 낫다. 5년쯤 지나면 조국 통일이 이루어지고 남북도 일본도 자유롭게 왕래할 수 있을 것이다'라며 꿈같은 소리를 했다. 당시에 그런 말은 확실히 꿈같은 이야기였지만, 재일조선인을 둘러싼 일본 상황 역시 악몽 같았다. (양영희, 2022: 47~48)

원래 하나였던 '조선'은 사라졌고 조국은 갈라져서 오갈 수 없게 되었다. 남북의 대립과 냉전적 구조는 어느 한쪽을 편들어야 하는 이분법적 상황을 강요했다. 민단과 조총련은 각각 남북한정부의 대변인 역할을 수행하면서 갈등과 분열을 조장해 왔다. 1965년 한국과 일본정부가 한일조약을 체결하고 국교를 재개하자 많은 사람들이 한국 국적을 선택했고 일본으로 귀화한 사람도 많았다. 여전히 조선적으로 남아 있는 2만 5,000여 명[53]은 이방 땅에서 어느 쪽에도 속하지 못하는 디아스포라적 삶을 살아가고 있으며 그 숫자는 점점 줄어들고 있다. 그들의 구심점은 조선의 언어와 역사를 가르치는 '조선학교'이다. 북한은 조총련을 통해 민족교육 사업에 주력해 조선학교에 지대한 영향력을 행사해 왔다. 일찍이 재일조선인을 해외공민으로 인정한 북한은 1957년 교육원조비와 장학금 1억 엔, 교과서 등을 보내며 민족교육 지원을 시작했다. 교사들은 북한 교과서를 바탕으로 만들어진 교과서로 수업하고 학생들은 만경봉호를 타고 원산으로 수학여행을 간다. 반면 한국정부는 총련계를 공산주의 단체로 경계하면서 민족교육을 외면했다. 총련계 세력은 계속 약화되어 2016년 기준 7만 명으로 추산되는데, 학교 수만 놓고 보면 2022년 기준으로 조선학교는 전

---

[53] 일본 법무성 입국관리국의 2023년 6월 통계에 따르면, 재일조선인 중 한국 국적은 41만 1,748명, 조선적은 2만 4,822명이다. 과거 재일조선인 1~2세는 조선적을 유지했지만 3~4세는 일본 국적 또는 한국 국적을 취득한 경우가 많아서 조선적 보유자 수는 계속 감소하고 있다. 法務省, 『国籍·地域別 在留外国人数の推移』(2023), p. 1.

국 각지에 96개인 반면, 한국정부가 인정한 한국계 민족학교는 4개뿐이다(月刊イオ編集部, 2022: 144).[54] 근래 한국어 교육을 위해 어쩔 수 없이 자녀들을 조선학교에 보내는 경우가 많아지고 한국 국적을 가진 학생들이 눈에 띄게 늘면서 조선학교에 대한 한국정부의 적극적인 지원이 필요하다는 주장도 제기되고 있다(≪연합뉴스≫, 2022.12.15). 조선학교의 교육목표는 "일본 땅에서 당당한 조선 사람으로 살아갈 수 있도록" 교육하는 것이다. 일본정부의 차별과 한국정부의 불신에 맞서서 공동체를 이루고 있는 재일조선인들의 기억은 지금도 세대를 거치며 이어지고 있다. 조국으로 여겨 향했던 한국에서 간첩으로 조작되는 고난의 역사를 겪은 이들에게 진정한 조국은 어디인가?

피해자, 가해자, 화해자의 다면성을 가진 기독교인들

기독교인은 한국전쟁기의 대표적인 피해자 집단 중 하나로,[55] 그들의 트라우마는 별도로 다룰 만한 중요성이 있을 것이다. 현재까지 우파 개신교인들은 강력한 반공주의를 표방하는 집단세력으로 간주되기 때문이다. 여기에는 종교적 요인과 아울러 역사적·정치적 배경이 있다.

천주교(로마 가톨릭, 구교)와 개신교(신교)는 일찍이 박해 트라우마를 경험했다. 특히 개신교보다 100여 년 전에 전파된 천주교는 18~19세기

---

54 2021년 10월 시점에서 일본 각지 25개 도도부현에 초급부 53개교, 중급부 32개교, 고급부 10개교, 대학교 1개교 등 총 96개로 집계되었다. 한국계 민족학교는 도쿄한국학교, 교토국제학교, 오사카금강학교, 오사카건국학교 등 4개이다. 이 중 1947년 교토조선중학교라는 이름으로 설립되었다가 2004년 국제학교 인가를 받은 교토국제학교는 2024년 8월 일본 고교 야구 전국대회(고시엔)에서 우승해서 큰 화제를 모았다(≪매일경제≫, 2024.8.23).
55 교회와 기독교는 천주교(가톨릭), 개신교, 정교를 모두 포함하는 개념이다.

조선왕조의 극심한 핍박을 받았다. 대규모 박해가 다섯 차례 있었고[56] 능지처참, 참수, 생매장 등 갖가지 잔혹한 방식이 동원된 끝에 1만 명 넘게 순교했다. 개신교는 이에 비하면 전래 초기부터 비교적 안정적으로 선교 사역을 수행해 병원과 학교 등을 세우며 교세가 크게 증가했다. 개신교인들은 주로 공산주의자들로부터 핍박을 받았는데, 해방 이후 한국전쟁 이전에는 종교 활동 제한의 형태로, 한국전쟁 중에는 학살의 형태로 박해가 이루어졌다. 박해 트라우마는 현존 권력에 대한 타협적인 태도와 정치적 순응주의, 그리고 교회에 대한 현재 또는 잠재적 박해자로 인지된 세력에 대한 강렬한 거부감이나 저항의식을 조장하는 경향이 있다(강인철, 2021: 285).

해방 전후와 한국전쟁기에 유독 기독교인의 피해가 컸던 이유는 무엇이었을까? 1920년대부터 시작된 기독교와 공산주의의 갈등은 해방 직후부터 본격화되었다. 친미성향이 강했던 북한 기독교인들은 소련군의 진주로 위기의식을 느꼈다. 1948년에는 토지개혁 조치로 종교인과 종교기관의 모든 재산이 몰수되었다. 기독교인 중에는 지주와 자산가가 많았으므로 토지개혁은 그들에게 이중으로 큰 타격이었다. 남한 천주교회는 탄압에 맞서 성명을 발표하는 등 강경한 반공주의 입장으로 전환했고, 1950년 2월 주교단 공동교서에서 공산주의를 강력하게 규탄했다. '공산주의 붉은 신(神) 대 성모 마리아의 일대 결전'이 벌어졌던 것이다.

---

56 기독교는 한국에서뿐만 아니라 전 세계적으로도 유구한 박해 역사를 가진 종교이다. 로마제국이 313년 밀라노 칙령을 반포해 국교로 삼기까지 3세기 가까이 핍박을 당했다. 근대 일본에서 극심했던 천주교 박해는 엔도 슈사쿠의 소설『침묵』(1966)으로 잘 알려져 있다. 조선에서는 신유교난(1801), 기해교난(1839), 병오교난(1846), 병인교난(1866) 등이 천주교회사에 큰 박해로 기록되어 있다. 한국 천주교회는 양반의 신분 특권을 부인하고 조상 제사를 거부해 극심한 핍박을 받았다. 여기에는 조선 문화에 대한 존중과 이해가 부족했던 교회 당국의 책임도 있다.

오늘날처럼 공산주의야말로 '인민의 아편'임을 뼈에 사무치게 깨달아야 할 필요가 절실한 시대는 다시없는 것이니, (1) 그것은 소수 공산당이 전 무산대중을 인민의 이름으로 착취하는 것이며, (2) 그것은 도저히 실현 불가능한 지상천국의 헛된 약속으로 무산자를 잠들게 하는 것이며, (3) 그것은 인간을 공산당의 한 부분품으로 만들어 독자적 창조력을 죽여 버리는 것이기 때문이다. (강인철, 2021: 290~291)

공산주의에 맞서서 전개되는 투쟁을 '적그리스도와의 싸움'이자 '신앙 자유 수호의 십자군전쟁'으로 보는 시각은 개신교 쪽도 크게 다르지 않았다. 이러한 갈등은 종교 내적인 신념체계에서 비롯된 측면이 있다. 교회사가 김양선은 1956년에 한국 개신교회가 공산주의를 배격해야 할 이유를, 무신론, 유물론, 반기독교, 폭력, 독재, 자유 억압 등으로 정리했다(김양선, 1956: 132). 대표적인 월남 개신교 인사 한경직 목사는 1947년 '기독교와 공산주의'라는 제목의 설교에서 공산주의를 '붉은 용'으로 묘사했다.

1848년 마르크스와 엥겔스가 발표한 공산당 선언 첫 구절은 이런 말로 시작이 됩니다. "한 괴물이 유럽을 횡행하고 있다. 곧 공산주의라는 괴물이다." 저들의 말 그대로 공산주의야말로 일대 괴물입니다. 이 괴물이 지금은 삼천리강산에 횡행하며 삼킬 자를 찾습니다. 이 괴물을 벨 자가 누구입니까? 이 사상이야말로 계시록에 있는 붉은 용입니다. 이 용을 멸할 자 누구입니까?(한경직, 2009: 91)

이러한 맥락에서 기독교인들에게 한국전쟁은 신을 믿지 않는 공산주의자들과 싸우는 '종교전쟁'이기도 했다.[57] 자연히 공산주의자들 입장에서 기독교인은 최우선적으로 척결해야 할 대상이 되었다. 전쟁 직전 즈음에는 거의 모든 성직자가 체포되었다. 많은 기독교인이 핍박을 피해 남으로 내려왔다. 전쟁 발발 1년 전에는 남한 천주교회의 신자 수가 약 15만 8,000명이었으나 1953년에는 16만 6,000여 명으로 늘었다. 개신교회도 해방 당시 20만 명에 달하던 북한 신자들 중 7만~10만 명이 남한으로 이동해 교세가 크게 확장되었다(강인철, 2008: 132~135). 1950년대에 신설된 2,000여 개 개신교회의 90% 이상은 월남자로 대변되는 '피난민 교회'였다. 핍박을 피해 내려온 월남 기독교인들은 강력한 반공·반북 성향의 집단적 결속력을 갖고 있었다. 이처럼 반공사상이 형성된 상황에서 발발한 한국전쟁은 기독교인들에게 죽음의 공포와 아울러 가족 상실과 핍박의 깊은 트라우마를 남겼다. 그 중심에는 공산주의자 및 인민군에 의해 자행된 기독교인 학살사건이 있다.

한반도에서 공산주의와 기독교의 대립은 단순히 이념적·사상적 차이에서 비롯된 것이 아니라 정치경제적 상황과도 직결되어 있다. 기독교인 대부분은 공산주의를 무신론과 유물론으로 적대시해 확고한 반공이념을 갖고 있었고, 우익단체의 주축이었으며, 월남자의 비중이 컸다. 예배당 사용 문제로도 인민위원회와 충돌했다. 또한 한국 기독교는 미국 기독교를 배경으로 하고 있었기 때문에 기독교인들은 미제의 앞잡이로 여겨졌고, 확고한 친이승만 세력으로 간주되었다.

아이러니하게도 한인 공산주의 조직을 창설한 이동휘는 개신교 전도사였던 인물이고, 김일성의 부모도 개신교인이었으며,[58] 심지어 김일성이

---

57 냉전에 대응한 천주교회의 동향을 분석한 다이앤 커비는 냉전을 "신을 섬기는 사람들과 신을 부인하는 사람들 사이에 벌어진 국제분쟁(a global conflict between the god-fearing and the godless)"으로 보았다(Kirby, 2003: 1).
58 부친 김형직은 기독교계통인 숭실학교 출신으로 항일투쟁에 가담했고 모친 강반석은 결혼 전에는 하리교회에서, 결혼 이후에는 송산교회에서 신앙생활을 했다. 그러나 김일성은 부모

청년 시절 중국 길림성에서 수감되었을 때 옥바라지해 준 인물은 개신교 손정도 목사였다. 김일성은 회고록에서 손 목사를 친아버지처럼 따르고 존경했다고 서술했으며, 1991년 그 아들 손원태를 평양으로 초청하기도 했다. 흥미롭게도 손원태의 친형인 손원일은 해방 후 한국 해군을 창설하고 최초의 해군참모총장과 국방장관을 역임했던 인물이다. 이런 배경 탓인지, 김일성은 애국심과 민족주의를 우선으로 하는 종교인들을 인정하는 태도를 보였다.[59]

> 우리나라의 기독교 신자들 속에는 손정도처럼 일생을 독립운동에 헌신한 훌륭한 애국자들이 많았다. 그들은 기도를 드려도 조선을 위한 기도를 드리였고 《하느님》에게 하소연을 하여도 망국의 불행을 덜어달라는 하소연을 하였다. 그들의 순결한 신앙심은 항상 애국심과 련결되여 있었으며 평화롭고 화목하고 자유로운 락원을 건설하려는 그들의 념원은 시종일관 나라의 광복을 위한 애국투쟁에서 자기의 보금자리를 찾았다. (김일성, 1992: 355)

북한정권이 보기에 애국심과 민족주의를 우선으로 하는 종교인은 당

의 신앙에 대해 회의적이었다.

[59] 김일성의 종교관은 유물론, 민족주의, 주체사상으로 요약될 수 있다. 천도교와 불교를 제외한 서구 종교는 제국주의 침략과 연관시켜 인식하는 것이 특징이다. 해방 후 기독교인들을 포섭하기 위해 1946년 11월 김일성의 외종조부 강량욱 목사의 주도로 '북조선 기독교도련맹'이 창립되었고 1999년 2월 '조선그리스도교련맹'(조그련)으로 명칭이 바뀌었다. 조그련은 북한 기독교의 유일한 대표기관으로, 불교도련맹, 카톨릭협회, 천도교 중앙위원회와 함께 조선종교인협의회를 구성하고 있으며, 조국평화통일위원회(조평통)에 소속되어 경제 및 국제위상 강화를 목적으로 활동했다. 1985년 세계교회협의회(WCC) 대표들의 방북을 시작으로 세계 교회와 교류해 왔고 한국의 진보 교회들의 협의 상대로 기능해 왔다. 그러나 김정은의 '적대적 두 국가론'에 근거해 2024년 1월 최고인민회의 제14기 제10차 회의에서 조평통이 폐지되면서, 종교인협의회의 거취도 불분명해진 상황이다. 조평통과 아울러 민족경제협력국, 금강산국제관광국 등 남북교류와 경제협력을 관장했던 대남기구들도 폐지되었다.

과 수령을 지지하는 종교인으로 국한되었다. 반종교정책이 강력하게 추진되면서 기독교회는 1955년경에 이르러 거의 절멸되다시피 했다. 1970년대 이후로는 북한에도 종교의 자유가 있음을 내세우며 조선그리스도교연맹 등의 종교기구를 설치하고 평양에 봉수교회와 칠골교회를 건립하기도 했지만, 매년 발표되는 기독교 박해 보고에서 북한은 최악의 기독교 박해국으로 꼽힌다.[60] 다수의 탈북민은 성경을 소지하거나 기독교를 전파한 사람들이 관리소(강제노동수용소) 또는 교화소로 보내지거나 공개총살되는 것을 목격했다(통일부, 2023: 183~187).

지속되는 북한의 기독교 핍박에는 종교적·사상적 측면뿐만 아니라 특수한 역사적 배경도 있다. 한때 항일투쟁으로 동조했던 기독교와 공산주의는 여러 측면에서 그 경로가 엇갈렸다. "민족자주의 원칙을 견지하고 사대주의를 극복"[61]해야 한다는 북한정권의 민족주의적 종교관은 기독교 유일신 신앙을 우선순위에 둔 친미·반공 색채의 기독교와 정면충돌했다. 북한지역에 진주한 소련군은 조만식, 한경직과 같은 기독교 지도자들에게 공산당에 지도권을 넘기라고 지시했다. 김일성이 권력을 잡으면서 기독교인들이 대거 월남하고 남은 세력은 제거되거나 정권에 협조함으로써 북한의 기독교세는 극도로 위축되었다. 1900년대에 대부흥을 경험하며 남한의 두 배에 달하는 교세를 자랑하던 북한 교회의 역사는 이후 철저한 탄압과 어용화 정책에 의해 과거의 기억으로 남게 되었다. 천주교의 경우 정상적인 천주교 조직에 필수적인 신부가 한 명도 남지 않음으로써 교계제도 자체가 소멸하기에 이르렀다.

---

60 World Watch List(https://www.opendoors.org), ICC Global Persecution Index(https://www.persecution.org) 웹사이트 참조. 북한은 수십 년째 종교의 자유 상황이 최악인 나라 중 하나로 꼽히고 있다(≪연합뉴스≫, 2024.4.5).
61 『김일성 저작집 44. 1992.12~1994.7』(평양: 조선로동당출판사, 1996), 168쪽.

남쪽으로 대거 피신한 기독교인들의 일부는 남한에서 공산주의자들과 맞서 싸우는 전위대가 되었다. 북에서 반동분자로 낙인찍힌 청년 학생들이 수백수천 명씩 월남하면서 그 세력은 급격하게 확대되었다. 피해자가 가해자로 변모한 것이다. 해방 후 반공 학생운동을 벌이다가 공산정권과 충돌한 경험이 있었던 월남 청년들은 1946년 11월 각 지역 북한 청년단체를 통합해 서북청년단을 결성했다. '서북'이라는 명칭은 기독교 성장과 부흥의 중심지이자 우회적 항일투쟁으로서의 애국계몽운동이 가장 활발했던 곳이 평안도와 황해도 등의 서북지방이었던 데서 비롯되었다. 서북청년단의 역사적 뿌리는 서북지역의 대표적인 민족주의자였던 안창호, 이승훈, 조만식과 정주 오산학교, 평양 숭실학교 등의 기독교 학교들로 거슬러 올라간다. 애국적 정통성과 기독교 문화의 주체임을 자부했던 그들은 경찰과 미군정의 후원을 받아 대북 첩보 활동과 좌익 소탕 유격전에 앞장섰다. 일례로 미 8240부대의 유격대 중 동키4부대(백호부대)는 주로 황해도 출신으로 구성되어 있었는데 그중 70%가 기독교인이었던 것으로 알려졌다(≪국민일보≫, 2014.6.27). 한편 사설단체인 이들은 경찰권만 있고 봉급을 받지 못했기 때문에 이승만 사진과 태극기를 강매하거나 각종 이권에 폭력적으로 개입해 생계문제를 해결했다. 그들의 과격한 테러 활동은 공포와 지탄의 대상이 되었는데, 대표적인 것이 제주4·3이었다. 이로 인해 기독교인은 군경가족, 지역유지 등과 더불어 공산주의자들의 주요 공격대상이 되었다.

피해자로서 가해자가 되었던 기독교인들은 다시 피해자가 되었다. 개전 한 달 뒤인 1950년 7월 중순, 김일성은 각 지역에 "전직 전과 불량자, 악질종교 등"을 처벌하라고 명령했는데(국사편찬위원회, 1996: 452~453), 이 '악질종교'에는 기독교가 포함되어 있었다. 민간인 학살이 상부의 지시에 따라 조직적으로 이루어진 것이다. 이에 따라 1950년 9월 말 인민군 퇴각시기에 광범위하고 집중적인 기독교인 학살이 벌어졌다. 가장 희생이 컸던 전남 영광군에서는 염산교회 77명, 야월교회 65명, 백수읍교회 36명, 법성교회 7명 등 186명의 교인이 피살되었다(박명수 외, 2021: 47). 두 아들을 죽인 공산주의자 청년을 용서하고 양아들로 삼은 것으로 유명한 손양원 목사도 이때 인민군에게 살해되었다.[62] 2기 진실화해위원회가 서울신학대학교 박명수 교수팀에 연구 용역을 의뢰한 결과, 한국전쟁기에 남한지역에서 공산주의자들에 의해 희생된 기독교인은 피살, 옥사·병사, 납치 등을 포함해 개신교 1,026명, 천주교 119명 등 모두 1,145명에 이르는 것으로 나타났다(박명수 외, 2021: 86).

천주교회는 개신교회와 동일하게 반공에 앞장섰으나 점차 경로를 달리하게 되었다. 1965년 제2차 바티칸 공의회에서 "공산주의자를 포함한 무신론자들, 교회의 반대자들이 왜 반교회적 태도를 보이는지 경청해야 하며, 대화 또한 나누어야 한다"(『사목헌장』 44항)며 변화된 입장을 보인 이래, 천주교회는 북한선교부를 설치하고 파주 지역에 '참회와 속죄의 성당'을 건립하는 등 민족의 화해와 일치를 위한 사업을 적극적으로 펼치고 있다. 현재 한국사회에서 문제가 되고 있는 극우적 반공주의는 전체 기독교회라기보다 개신교회에 국한되는 현상이므로, 개신교회의 입장을 따로 다루는 것이 적합할 것이다.

---

[62] 손양원은 일제의 신사참배에 맞선 항일운동가이자 두 자녀를 죽인 원수를 양자로 삼아 용서와 사랑의 화신으로 추앙되는 함안 출신의 개신교 목사이다. 그는 신사참배를 거부하다 옥고를 치렀고, 여순사건 당시 두 아들이 공산주의자들에 의해 피살된 후 범인이 국군에 의해 총살될 상황에서 구명을 탄원하고 그를 양자로 삼아 세상을 놀라게 했다. 당시 범인을 취조하던 경찰관이 피우던 담배를 떨어뜨리며 "손양원 목사! 당신은 참으로 위대하십니다"라고 감복했다는 일화가 있다. 여수 애양원에서 나환자들을 돌보던 그는 환자들을 버리고 피난갈 수 없다는 의지로 남아 있다가 인민군에게 체포되었고, 1950년 9월 28일 여수 근교에서 총살당했다. 그의 일대기는 1972년 안용준이 쓴 『사랑의 원자탄』(성광문화사)이라는 책으로 알려졌고 1977년 동명의 영화로도 개봉되었다.

일찍이 서구문명을 우호적으로 받아들였던 한국 개신교회는 근대화 운동을 펼치며 한국사회 발전에 크게 기여했지만, 한국 근현대사에 남긴 오점도 많다. 해방 후 한국 개신교회는 신사참배에 대한 죄책고백의 문제로 극심한 분쟁을 겪고 있었다. 한국전쟁 초기에 순교한 손양원 목사가 순교 직전에 작성한 설교문에는 이 전쟁을 국가 지도자들과 한국민족, 미군정, 특히 기독교의 죄악에 대한 하나님의 심판으로 인식하는 시각이 드러난다.[63] 이후 1960~1970년대를 거치면서 월남 기독교 지도자들을 중심으로 멸공통일론이 한국 개신교회를 주도하게 되었다. 멸공통일론은 체제경쟁에서 승리하는 데 집중한다는 명분하에 승공통일론으로 발전했고, 공산주의는 기독교를 탄압하므로 교회의 적이자 타도 대상이라는 논리가 지속적으로 견지되어 왔다. 한국 개신교회는 이승만을 무조건 지지했고, 이승만은 한국 개신교회에 특혜를 주면서 공동운명으로 묶였다. 이승만은 기회가 있을 때마다 북진통일을 주장했고, 개신교회는 이승만의 북진통일론에 힘을 보탰다. WCC를 중심으로 세계 여러 교회와 기독교 단체는 개전 초기 북한을 침략자로 규정하고 미국의 편에서 유엔군 파병을 지지했다가, 재앙적 규모의 인명피해에 경악한 나머지 휴전 촉구로 입장을 선회했다. 그러나 한국 개신교회는 공산주의자들을 몰아내고 통일을 이루어야 한다는 이유로 이승만과 함께 휴전을 끝까지 반대했다.

---

63 "오늘의 이러한 대환난은 4천 년 역사상 초유의 신벌(神罰)이다. …… 나는 네 가지 큰 죄악의 원인을 말하겠으니 각각 자기 죄에 비추어서 회개하기를 바란다. …… 4. 기독교의 죄악. 이것이 제일 큰 책임적 죄악이다. 1) 기독자의 기도와 언행, 교훈, 전도 부족의 탓이다. 2) 과거 우상죄를 회개 불철한다. 3) 우상죄는 여전하게 계속되며 결과적으로 이렇게 됨. 4) 의인 처벌 죗값. 회개 외친 의인을 강당에 세우지 않음. 5) 목사가 변절해 정계로 간 것. 6) 구제품으로 기독자의 추태가 벌어짐. 7) 성경 선언을 변한 신신학자의 죗값. 8) 총회 석상에서 목사 장로들이 서로 치던 죗값." 손양원, 「한국에 미친 화벌(禍罰)의 원인」(1950. 9. 13). 이 설교문은 안용준, 『산돌 손양원목사 설교집, 상』(서울: 경천애인사, 1962), 31~39쪽에 실려 있다.

한국 개신교회가 이념을 넘어서지 못했던 대표적인 예는 베트남전쟁에 대한 인식과 대응에서도 찾을 수 있을 것이다. 개신교회는 베트남 파병 문제에 대해 처음부터 긍정하는 태도를 보였다. 애초부터 참전을 '공산세력'으로부터 '자유세계'를 지키기 위한 전쟁으로 이해했던 한국 개신교회는 박정희 정부의 파병 결정을 적극 지지했다. '파월장병을 위한 전국기도회'가 열렸고 군목이 파견되었으며, 심지어 지휘관과 병사들이 기독교인만으로 구성된 '임마누엘 중대'(제29연대 5중대)라는 것도 만들어졌다(≪기독공보≫, 1966. 9. 3). 임마누엘 중대가 소속된 백마부대는 '신앙의 십자군', '정의의 군대'로 명명되었다. 전정길은 한국전쟁과는 본질상 성격이 다른 제3국의 전쟁에 대해 교회가 고민이나 이해의 과정 없이 '베트콩=공산주의=교회의 적(악마)'이라는 단순한 등식에 의해 행동했다고 비판한다(전정길, 1998: 23). 이러한 한국 개신교회의 태도는 베트남전쟁 개입을 반대한 세계교회의 입장과는 대조적인 것이었다. 세계 각국 교회들은 미국 개입으로 인한 국제적 확전과 핵 사용 가능성의 위험을 심각하게 우려하며, 베트남전쟁을 한국전쟁과는 달리 베트남의 독립국가체계를 갖춰나가는 과정에서 발생한 '정치적 내전'으로 규정했다. 그러나 한국 개신교회의 대표적인 지도자들은 1965년 12월 미국교회협의회(NCC)가 채택한 '베트남전쟁에 관한 성명서'와 동남아 기독교연합회의 성명서를 전달받고서, 1966년 2월 3일 '대공평화론에 대한 한국 개신교회의 입장'을 발표했다.

> 세계교회 지도자들의 평화론 주장에 대하여 기독교윤리의 원칙에서 반대할 이유가 없으나, 다만 이론상으로 공산주의를 이해하고 그 결과의 결론을 얻고 있는데, 한국 개신교회는 공산주의를 이론으로서가 아니라 몸과 생명을 체험하여 얻은 결론으로는 공산주의와는 어떤 타협도 불가능하며, 또 그들의 세력이 팽배해 갈수록 인류사회에서 평화는 점점 멀어져가며 인간의 자

유와 생명의 존엄성은 말살되고 말 것이다. (≪연합기독신보≫, 1966. 2. 6)

한국 개신교회는 이처럼 확고한 태도를 견지하면서 미군의 베트남 철수를 끝까지 반대했다. 비록 현지 구호활동이나 한인교회 설립 등 교회 나름의 합목적적 활동을 펼치기는 했으나, 군사독재정권의 냉전 이데올로기 명분에 가장 충성했던 집단이라는 비판은 피하기 어려웠다. 베트남전쟁에 대한 한국 개신교회 주류의 응답은 박정희 정권이 내세운 반공주의 이념에 대한 무조건적 지지로 해석된다. 개신교회의 태도에 영향을 끼친 한 가지 중요한 요인은 개신교회 주류 신학의 근본주의적인 성향 문제이다. 공산주의를 요한계시록에 등장하는 악마, 사탄, 뱀의 현신으로 간주하는 시각은 미국의 보수주의(복음주의) 교회 주류가 반전시위를 비판하고 전쟁을 지지하는 움직임을 보여준 것과 같은 맥락이다. 미국에서도 근본주의적 남침례교, 장로교 보수교단 등 보수색채가 강한 교단일수록 베트남전쟁의 평화적 해결보다 확전을 통한 승리를 주장하는 경향을 보여주었다. 가장 적극적으로 반전운동에 나선 교단은 NCC 회원인 감리교, 성공회, 미국 연합 그리스도의 교회 등이었다. 그러나 유독 한국 개신교회는 극소수를 제외하고는 보수와 진보를 가리지 않고 반공주의로 결집해 세계교회의 반전·평화운동 흐름에 저항했다. 한국전쟁의 기억을 공산주의 체험으로 동일시했기 때문이다. 이는 트라우마 체험이 인식왜곡을 불러온 전형적인 사례이다. 전쟁이 남긴 공포와 고통의 기억이 신학적으로 깊이 있게 해석되지 못한 채 여전히 영향력을 발휘하고 있는 것이 한국 개신교회의 현실이다.

피해자와 가해자, 화해자의 다면성을 가진 기독교인들은 한국전쟁에 대해 어떤 인식을 갖고 있을까? 기독교 역사 속에서 전쟁에 대한 인식은 평화주의, 정당전쟁론, 성전론으로 유형화된다. 평화주의는 어떤 이유로도 전쟁은 안 된다는 주장이다. 메노나이트와 재세례파가 이런 입장을 취한다. 성전론 또는 대의전쟁론은 상대방이 선제공격을 하지 않더라도 대의를 위해 전쟁을 할 수 있다고 주장한다. 과거 십자군전쟁이 이에 속한다. 정당전쟁론은 전쟁은 안 하는 것이 좋지만 정당한 사유가 있다면 가능하다고 주장한다. 방어적 목적의 전쟁을 옹호하는 이 견해는 초대 교부 아우구스티누스가 제시한 이후 종교개혁자들에 의해 계승되어 왔다. 이에 따르면 전쟁 개시의 정당성과 전쟁 수행의 정당성이 엄격하게 지켜져야 한다. 정당전쟁론은 기독교 주류의 전쟁론으로 받아들여져 왔다. 이러한 인식은 뚜렷하게 구분되기보다 혼재되어 나타난다. 성전론과 정당전쟁론의 경계는 미묘해서 전쟁이 격화될수록 성전론으로 비화되는 경향이 있다. 개신교 우파의 전쟁 인식은 1956년 교회사가 김양선의 성전론적 시각에서 거의 한 발짝도 나아가지 못했다.

> 해방 후 …… 한국은 공산주의화할 염려가 다분히 있었다. …… 교회는 완전한 조직체를 가지고 있을 뿐 아니라 기독교 신앙과 배치되는 공산주의와는 근본적으로 적대관계에 있음으로 그들과 더불어 끝까지 싸울 수밖에 없었고 이 싸움은 신 대 악마의 투쟁으로 인정되기 때문에 …… 일반 사회 속으로 뛰어들어가 공산주의의 나쁜 점을 설파함으로써 일반 대중을 악마의 손에서 구원해 내는 적극적인 투쟁을 전개하였다. (김양선, 1956: 131)

성전론을 지지하는 기독교인들은 한국전쟁을 자유주의 대 공산주의의 대결, 기독교와 공산주의의 대결로 본다. 이는 공산주의를 '절대악'으로, 자신들을 '절대선'으로 보는 이데올로기적 이분법에 따른 것이다(양현혜, 2024b: 39). 여러 민간인 학살에서 개신교인들은 이를 이론적으로 정당화하거나 실제 민간인 학살 명령을 내리는 역할을 했다. 제주4·3 강경

진압을 주도한 경무부장 조병옥은 감리교인이었고 국민보도연맹을 제안했던 사상검사 오제도는 장로교인이었다. 평남 출신의 월남 인사였던 오제도는 공산주의를 '독균', '나병', '적마(붉은 악마)'로 보았고 공산주의자는 나병자로 치부했다(오제도 외, 1951). 오제도를 비롯해 선우종원, 정희택 등 보도연맹을 주도한 사상검사들은 한국전쟁 직전 전국에 33만 명, 서울에 1만 6,000~7,000명의 보도연맹원이 있었다고 밝혔다. 개전 초기 대량의 민간인 희생이 발생한 첫 번째 원인은 보도연맹원과 형무소 수감자를 불법적으로 학살했기 때문이었다. 그들 중 대다수가 대한민국의 사법제도에 의해 처벌을 받았거나 전향한 상태의 농민들이었음을 고려할 때 참담한 희생이 아닐 수 없었다. 그러나 오제도는 이 사건은 "중앙정부의 지시에 의해 이루어진 것이 아니라 그때그때 군경들의 자기보호감정으로 일어난 것"(김태광, 1988: 27)이었고 자신들은 예비검속과 학살에는 관여하지 않았다고 주장했다. 보도연맹원들은 개전 직후와 수복 직후에는 한국 군경에 의해 학살당했고, 북한 점령기에는 대부분 반동으로 몰려 숙청되었다.

아마도 개신교인들이 반공의 최전선에서 싸우면서 발생한 가장 비극적인 사례는 서북청년단(서청)을 매개로 한 제주4·3과의 관계일 것이다. 4·3사건에서 피해주민들이 학살과 만행의 주체로 가장 많이 이야기하는 서북청년단은 "우리는 이북에서 공산당에게 쫓겨왔다. 빨갱이들은 모조리 씨를 말려야 한다"라고 공공연하게 말했다(김종민, 1998: 34). 서북청년단이 좌익 소탕의 전위대 역할을 한 것은 북한으로 돌아갈 수 있으리라는 기대가 있었기 때문이다.[64] 하지만 무자비한 양민학살로 악화된 여론 때

---

64 서북청년단 출신들은 민족주의와 승공주의라는 대의에 편승함으로써 박정희 정권의 출범과 함께 부활했고, 한국의 경제성장에서 주요한 동력이자 주체가 되는 등 오늘날까지도 한국사회에 막대한 영향력을 끼치고 있다. 그들은 박정희 군사정변의 주역이 되었고 일부는 중앙

문에 서북청년단은 정치적 지지기반을 잃었고, 이승만이 우익 청년단체를 통합해 대한청년단을 발족시키면서 서북청년단은 결국 해산되었다. 서북청년단은 기독교인들이 지녔던 체험적 반공주의의 극단적인 사례이다. 그러나 해방 후 좌우의 극심한 대립과 혼란 속에서 벌어진 4·3의 본질을 판단하기에는 정보가 부족했을 뿐 아니라 당시 상황이 너무나 긴박했다. 제주도의 좌익과 교회는 1930년부터 계속 충돌했다. 그해 총회 보고서에서는 제주 모슬포 지역에서 반종교운동의 핍박으로 교역자와 직원이 처한 곤경을 기술했고, 서서평 선교사도 1933년 12월 선교보고서에서 이러한 어려움을 호소했다. "죽음의 위협에 처하거나, 심하게 얻어맞은 청년과 목사도 있습니다. 일본에 갔다 온 제주인들 중에 볼셰비키의 치명적 사상에 빠져 돌아오는 사람들이 유행처럼 번져갑니다. 교회를 포위하고 지도자들을 때리는 사람들입니다."(양창삼, 2012: 401~405) 교회에 대한 좌익의 반감은 잠복했다가 4·3사건에서 다시 분출되어, 무장대에 의한 목사와 교인 피살이 잇따랐다. 따라서 서북청년들은 사태를 철저하게 진압하는 것만이 '공산주의로부터 이 나라와 교회를 지켜내는 길'이라고 진심으로 믿었을 가능성이 매우 높다. 군경은 현지인이 많았고 체계적으로 훈련을 받았기 때문에 4·3 초기 폭력 행사를 자제했지만, 군복과 경찰복을 입고 제주도에 등장한 서북청년들은 봉급을 받지 못했기 때문에 주민 약탈은 예상된 수순이었다. 서북청년단의 주요 후원세력이었던 영락교회에는 사상검사로 유명했던 오제도, 제주 토벌대 장교 출신 채명신, 이세호 등이 장로로 봉직했고 그 외에도 다수가 영락교회의 지도자가 되었다. 한경직 목사 자신도 이렇게 증언했다.

정보부의 창립 구성원이 되었다. 1965년 베트남전쟁에서 한국군 사령관을 맡았던 채명신도 서북청년단 출신이었다(윤정란, 2015: 240, 246~257).

그때 공산당이 많아서 지방도 혼란하지 않았갔시오. 그때 '서북청년회'라고 우리 영락교회 청년들이 중심되어 조직을 했시오. 그 청년들이 제주도 반란사건을 평정하기도 하고 그랬시오. 그러니까 우리 영락교회 청년들이 미움도 많이 사게 됐지요. (김병희, 1982: 55~56)

한경직 목사가 생각한 국가와 기독교의 관계 모델은 기독교가 완전한 종교적 자유를 가지고 국가의 정신적 기초가 되는 '미국적 시민 종교'였다.[65] 그러나 '친미·반공'을 기치로 기독교 국가 건설을 추구했던 보수 개신교 지도자들의 행태는 기독교의 사회적 책임과 역할에 대한 강한 의구심을 불러일으켰다. 이로 인해 한때 5,000~6,000명에 달했던 영락교회 청년들은 실망한 나머지 1971년 대학부를 자진 해산했다(양현혜, 2024b: 268).

1980년대까지만 해도 '공산당에 의한 무장폭동'으로 규정되었던 4·3은 탈냉전과 민주화의 사회적 분위기 속에서 재조명되기 시작했다. 이에 따라 제주 출신 국회의원들의 노력으로 2007년 1월 24일 '제주4·3특별법'이 제정되었다. 2003년 정부 차원의 「제주4·3진상조사보고서」가 확정되고 노무현 대통령의 4·3에 대한 공식사과가 이루어지면서, 대한민국정부는 공식적으로 4·3을 국가폭력에 의한 양민학살로 규정했다. 이에 따라 한국 개신교회와 서북청년단, 그리고 4·3의 관계는 새로운 양상으로 조

---

65 '시민 종교(Civil Religion)'란 공공 영역에 영향을 미치는 종교적 신념체계를 가리키는 용어로, 미국 종교학자 로버트 벨라(Robert N. Bellah)가 제안한 개념이다. 건국 지도자들의 사상에 기원을 둔 미국의 시민 종교는 기독교를 원형으로 하지만 기독교와 같지는 않다. 미국의 시민 종교는 이민자들로 이루어진 미국에서 기독교적 공통분모를 중심으로 국가 정체성을 형성했던 특수한 역사적 경험에서 비롯된 것이라고 할 수 있다. 그러나 이는 해방 당시 개신교인이 30만 명에 불과했던 한국 상황에서는 실현 불가능한 구상이었다. 이 때문에 한경직은 '민족 복음화'에 매진했고, 그 과정에서 군부독재정권과 유착했다는 비판을 피할 수 없었다(양현혜, 2024a: 271~272).

명되기 시작했다. 한국 개신교의 4·3 인식을 연구한 김신약은 예장통합 총회기록과 한국개신교 통사, 단행본, 논문의 기술 성향을 검토한 후, 그동안 개신교회가 4·3을 이념논리로 판단해 온 경향이 있으며 새로운 사료 발굴에 소극적이었다고 지적했다(김신약, 2019: 80). 현대사에서 4·3 연구의 전환점이 된 것은 개인들의 증언을 채집한 것으로, 이로써 집단기억이 갱신되고 좌·우 민간단체가 토론하는 공론장이 형성되었다. 김신약은 이처럼 개신교회도 개인들과 개교회들의 증언을 확보해 진상규명 및 화해와 평화를 지향하는 집단기억을 형성할 필요가 있다고 보았다(김신약, 2019: 52). 한편, 개신교회와 4·3의 관계는 아직 중립적이고 구체적인 증언이 확보되지 않았기 때문에 섣불리 공식적 차원의 사죄와 배상을 논하기는 이르다는 주장도 있다. 예장통합 기관지 ≪예장뉴스≫는 2018년 4월 5일자 기사에서 "서북청년단에 대해 너무 감정적이지 않았으면 좋겠다"는 취지로, 정확한 사실 조사와 연구를 병행하며 총회의 역사 연구회나 교회 사학자들, 제주노회의 발의가 필요하다는 견해를 피력했다(≪예장뉴스≫, 2018.4.5).[66] 한국 교계가 현대사의 흐름과 동떨어져 4·3에 대해 소극적인 태도를 유지하는 동안, 교단과 평신도들이 서로 다른 집단기억 구성을 지향하는 움직임을 보인 것도 주목할 만하다. 정부가 4·3 희생자 추념일로 지정한 2014년 3월 ≪제주기독신문≫에는 "4·3을 추념일로 지정하면 남로당 무장대의 폭동을 인정해 주는 결과가 된다"며 추념일 지정에 반대하는 내용이 실렸다(≪제주기독신문≫, 2014.3.21). 당시 이 기고문을 쓴 사람은 예장통합교단 제주노회장으로 알려졌다. 이에 젊은 시절부터 4·3에 대한 연구와 활동을 해온 송창권 장로(성지교회)와 오승학 집사

---

[66] 제주4·3평화재단 양조훈 이사장도 당시 가해자인 서북청년단에 대해 너무 나쁜 감정을 갖지 않았으면 좋겠다고 조심스럽게 발언한 바 있다(≪예장뉴스≫, 2018.4.1).

(성안교회)가 진실을 알려야겠다는 의미로 평신도 모임을 시작했다. 단체 이름을 '치유와평화를기원하는그리스도인모임'으로 짓고, 그해 추모예배를 시작으로 4·3 역사순례, 평화음악회, 4·3길 걷기 등 매해 4월 3일을 전후로 뜻있는 행사를 이어왔다. 이 단체에서 4·3추모예배를 드릴 때 유가족을 초대했는데, 유가족은 이들이 기독교를 대표하는 단체가 아닌데도 교회가 먼저 화해의 손길을 내밀어주었다며 고마워했다. 이런 노력과 사회 분위기의 변화에 따라 마침내 4·3 70년이 되는 2018년, 제주지역교회연합회 차원의 추모예배가 공식적으로는 처음 열렸다. 같은 해 4월 4일에는 한국기독교교회협의회의 정의평화위원회와 인권센터가 주관한 '4·3 70년 역사 정의와 화해를 위한 기도회'가 제주도 외지에서는 처음으로 광화문에서 열리기도 했다. 이와 관련해 박명림은 외부로부터 강요되는 '값싼 화해'가 아닌, 정의가 함께 구현되는 진정한 평화로 가기 위해 거쳐야 할 마지막 관문이 기독교라고 보았다(《뉴스앤조이》, 2018. 4. 10).

문제는 과거가 아니라 지금이다. 4·3이 화해의 표본으로 나아가고, 아래로부터의 용서, 화해, 상생의 기운을 지속하기 위해 회개하고 반성해야 할 마지막 남은 영역이 기독교이다. 국가도 4·3에 대해 사과했다. 기독교는 사랑과 화해, 용서와 상생을 실천하고 가르치는 종교 아닌가. 서로 용서하고 화해하라는 예수님의 가르침 그대로, 기독교 보수세력이 제주도민에게 진심으로 사죄하고 용서를 빌었으면 좋겠다. 거기서 그치지 말고 4·3의 화해와 상생의 정신을 전국화하고 보편화하는 데 앞장서 주면 좋겠다.

기독교인 집단의 특수성은 이처럼 피해와 가해를 넘나드는 데만 있는 것이 아니라, 종교 본연의 가르침에 따른 자기희생, 용서, 화해, 포용의 실천적 주체로 나타나는 데도 있다. 기독교인의 화해자 역할과 관련해, 김귀옥은 한국의 기독교가 세 가지 얼굴을 가지고 있다고 말한다(김귀옥, 2010a: 56~57). 첫째는 절대 권력자의 얼굴, 둘째는 반공 투사의 얼굴, 셋째는 관용자의 얼굴이다. 절대 권력자라 함은 월남인으로 급증한 피난민 교회들을 중심으로 개신교가 자유당 간부들과 결탁해 미국 구호물자를 분배하는 권력을 누리고 유학파 지식인들까지 가세해 군사정권 아래 폭발적으로 성장했던 현상을 가리킨다. 반공 투사의 얼굴은 목사와 장로의 자격에 '사상검증'(강인철, 2007: 101)이 들어갈 정도로 철저한 월남인의 반공주의에 나타난다. 그런데 세 번째 관용자의 면모에 대해, 김귀옥은 강화지역 현장조사 과정을 통해 '기독교=반공'으로 100% 일치시킬 수 없는 문제의식을 갖게 되었다고 서술한다. 그는 한국전쟁 당시 개신교에 기득권을 가진 보수계열만 존재했던 것이 아니라 지역 토착세력 및 사회주의 세력과 결합된 진보계열도 적잖이 존재했다는 사실에 주목했다. 예컨대 좌우 연합조직이라 할 수 있는 강화중앙청년회에는 '엡윗청년회'[67]처럼 기독교도이면서 진보적인 활동을 한 세력도 포함되어 있었다는 것이다. 김귀옥은 관용자의 얼굴을 뜻밖의 사실에서 발견했다. 그는 강화지역 여러 교회에 월북자 가족들이 신도로 나오고 있는 현상을 관찰하고, 사회적 배제를 경험하고 있던 월북자 가족의 보호막과 은신처가 되어준 지역교회들이 '월북가족'과 '반공가족'의 갈등을 덮어주면서 일정 정도 관용자와 화해자로 기능하고 있다고 보았던 것이다.

---

67 엡윗청년회는 1889년 미국에서 창설된 감리교의 청년 단체이다. '엡윗'은 요한 웨슬리의 고향 이름에서 따왔다. 1897년 5월 5일 서울 정동교회에서 엡윗청년회가 창설되었고, 제물포교회와 서울의 달성교회, 평양 서문안의 아이동교회 등 개교회에 잇달아 엡윗청년회가 조직되었다. 엡윗청년회를 주도한 이들은 서재필, 윤치호 등 독립협회의 중심 인물이었다. 감리교신학대학교 한반도평화통일신학연구소에서 펴낸 『통일 이후 신학연구 1』(서울: 신앙과지성사, 2008)에는 "엡윗청년회가 기독교 사회주의를 적극 수용했다"고 기록하고 있다. 엡윗청년회는 전도와 교육활동, 계몽활동을 했으며, 1920년대 중반부터 농촌운동에도 앞장섰다. 심훈이 쓴 『상록수』의 실제 주인공이었던 최용신이 대표적인 인물로 알려져 있다.

분단과 전쟁을 거치며 견고하게만 보였던 한국 기독교의 반공전선은 탈냉전의 흐름 속에서 균열이 생기기 시작했다. 성전론과 순교 담론에 매몰되어 있던 천주교는 1995년에 발표된 '민족의 화해와 통일을 위해'라는 선언문을 통해 "분단의 구조적 악을 말하기에 앞서서 광복 50년을 맞아 우리 한국교회도 남북의 분단과 민족 사회의 분열에 커다란 책임이 있음을 솔직히 고백"[68]했다. 이후 천주교는 점차 십자군전쟁의 교리와 결별하고 평화주의로 전환하는 움직임을 보였다.[69] 한편 1930년대부터 신학적 차이로 분열되어 있던 개신교 진보와 보수는 대북관과 통일관, 선교관에서 부딪치면서 갈등이 고조되었다. 진보 개신교는 1960년대까지는 보수와 유사한 반공주의를 공유하고 있었으나, 민주화 이후 이른바 '88선언'[70]을 통해 북한 동포를 미워한 분단의 죄책을 고백하면서 큰 파장을 일으켰

---

68 "'민족의 화해와 평화통일을 위해': 1995년 주교회의 북한선교위원장 사목교서"(1995. 11. 4). http://www.sejonglo.org/board_YKHQ02/3883(검색일: 2025. 2. 20)

69 강인철은 ≪사목≫ 2002년 2월호에 실린 가톨릭 전쟁교리를 다룬 여섯 편의 글을 근거로, 이즈음의 한국 천주교가 성전론과 십자군전쟁 교리와 완전히 결별했다고 분석했다(강인철, 2021: 313). 2022년 천주교 서울대교구 민족화해위원회 부설 평화나눔연구소의 설문조사 결과, 천주교 신자는 통일의 필요성에 더 긍정적이고 북한을 협력대상으로 인식하는 경향이 높은 것으로 나타났다. 반성의 주체를 묻는 질문에 천주교인은 '남한과 북한이 똑같이 반성해야 한다'는 의견이 49%로 나타나 가장 높았다. 개신교인은 북한이 더 반성해야 한다는 의견이 54%였고, 똑같이 반성해야 한다는 의견은 36%에 그쳤다. 우리나라가 북한을 용서해야 한다는 의견에 무교인은 14%가 동의했으나 천주교인은 27%로 두 배에 달했다(≪가톨릭신문≫, 2022. 11. 29).

70 1988년 2월 진보교단 측 한국교회협의회(KNCC) 명의로 공표된 '민족의 통일과 평화에 대한 한국기독교회 선언'을 가리킨다. 이 선언은 장기간 공개토의와 합의도출 과정을 거쳐 채택된 것으로, 통일운동의 주류를 '민중 주체·평화의 통일'로 규정하고 민주화와 정의사회 실현을 통일의 목표로 삼았다. 가장 획기적인 부분은 분단에 대한 교회의 죄책 고백이었다. 당시 이 선언은 미군 철수를 거론하고 북한 교회의 실체를 인정했으며 북한이 주장한 핵 문제에 대한 견해를 공유했다는 이유로 보수교단의 반발을 불러일으켰다. 이 선언을 계기로 기독교계 전반적으로 통일에 대한 관심이 고조되면서 보수교단 연합기구인 '한국기독교총연합회'(한기총)가 창립되었다. 진보와 보수를 대표하는 양대 기관은 1990년대와 2000년대 북한돕기운동을 계기로 전격적인 협력관계를 구축하고 한때 기구통합 논의까지 진행했지만 2007년 이후로는 연합 노력이 지지부진한 상태이다.

다. 진보 개신교는 민간 통일운동에 동참하면서 냉전체제의 종식에 따른 패러다임 전환을 실천적 행위로 보여주었는데, 그 정점을 찍은 사건이 1989년 문익환 목사의 전격 방북과 구속이었다. 진보 개신교는 분단이 가져온 모든 고통의 원인을 북한 공산주의 정권에 돌리는 것은 책임 전가이며, 회개와 화해가 통일의 대전제라고 주장했다. 그러나 민간인 학살과 관련해 가해자로서의 공식적인 죄책 고백이 나오기까지는 그보다 훨씬 더 오랜 세월이 걸렸다.[71]

　제주4·3 당시 경찰서장 문형순에게 탄원해 300여 명을 살린 조남수 목사, 1948년 10월 21일 여순사건 당시 두 아들을 죽인 공산주의자 안재선을 처형되기 직전에 탄원해 구해내고 그를 양자로 삼은 손양원 목사, 전남 임자면 진리교회 교인 중 하나로 피살된 아버지의 원수를 갚을 기회가 왔을 때 그것을 포기하고 오히려 동네 이장이 되어 분열된 마을을 회복하는 데 힘쓴 이인재 목사, 우익 청년들이 인민군 퇴각 후 남은 인민군 가족에게 보복하려고 하자 우익 청년들을 저지하고 보복당한 좌익 가족들을 찾아 위로했던 서기훈 목사 등은 분명한 반공의 입장이면서도 좌익을 한 사람의 인간으로 대하고 사랑을 실천하려고 노력한 사례로 볼 수 있다. 여주 여흥교회 임두현 장로는 마을 사람들의 이념갈등을 봉합하는 데 힘썼다. 마을에 경찰도 있었고 내무서 자위대원도 있었지만 이들은 서로를 해치지 않았다. 임 장로의 자애로운 마음과 행실이 양측의 적대감을 완화시

---

[71] 2023년 10월 '개신교 제주4·3연구의 새로운 모색' 세미나에서는 진상규명과 피해 회복에 적극 나섰던 불교와 천주교에 비해 미온적이거나 편향적 태도를 보여온 개신교에 대한 비판이 제기되었다. 2024년 9월 진보 개신교는 '국가폭력과 한국기독교' 세미나에서 제주4·3, 한국전쟁, 베트남전쟁, 5·18광주민주항쟁 등에서 자신의 진영에 속하지 않은 개인과 집단을 적과 마귀, 사탄으로 규정해 국가폭력을 정당화하고 적극 개입했던 과거의 죄책을 고백하는 자리를 가졌다. 역사학자 한홍구는 이 자리에서 기독교가 친일, 민간인 학살, 반공과 독재에 가담했던 역사를 상기시키며 일부의 극우적인 행태를 비판했다(≪한겨레≫, 2024. 9. 4).

컸던 것이다(최태육, 2015: 446). 충남 병촌교회의 경우 가해자를 용서하고 복수하지 않았다. 전북 정읍 두암교회 교인들도 가해자를 찾아가서 용서하고 그들과 같이 신앙생활했다.

이러한 사례는 기독교인에게만 국한되지 않는다. 전남 영광 출신으로 2대와 6대 국회의원을 지낸 정헌조는 불교 신자였는데, 1950년 7월 11일 영광군 군남면 경찰이 보도연맹원들을 총살하려고 할 때 그들을 실은 트럭을 막아서고 영광경찰서장과 담판을 벌여 구금되었던 사람들을 풀어주게 했다(진실화해위원회, 2023). 그는 우익의 최선봉에 섰던 대한청년단의 간부였고 지방좌익에 의해 가족과 일가친척들을 잃었지만 가해자들에게 보복하지 않고 오히려 가해자들을 구제하는 데 앞장섰다. 앞서 문형순 성산포경찰서장의 경우, 성산포 관내에서 예비검속된 주민들을 총살하라는 계엄사령부의 명령을 거부했다. 평안도 출신으로 항일운동 이력이 있는 문 서장은 1950년 8월 30일 「예비구속자 총살 집행 의뢰의 건」이라는 문서에 '부당함으로 불이행'이라고 적었다(제주4·3사건 진상규명 및 희생자 명예회복위원회, 2003: 434). 덕분에 200여 명이 목숨을 건질 수 있었다. 서귀포시 대정읍 상모리 진개동산에는 마을주민들이 2005년 세운 '경찰서장 문형순 공덕비'가 있다.

인민군의 도움으로 위기를 벗어났다는 사례도 있다. 용문산기도원 설립자인 나운몽은 한국전쟁기에 성경을 소지했다는 이유로 인민군에게 체포되어 처형을 기다리고 있었는데, 인민군 소대장이 조용히 다가와 자신의 어머니가 전쟁터에 나가서 한 가지 좋은 일을 하라고 해서 석방시켜 준다고 하면서 통행증을 발급해 주어 석방되었다(나운몽, 1986: 205~207). 이성봉 목사는 목포에서 체포되었는데, 이 목사를 체포했던 사람이 자신도 과거 기독교 신자였다면서 처형 직전에 이 목사를 석방시켜 주었다(이성봉, 1993: 108). 희생도 잇따랐다. 우익의 보복을 막고 좌익을 구했던 손양원 목사와 서기훈 목사는 결국 좌익의 손에 죽임당했다. 제주4·3 토벌에 투입된 김익렬 9연대장은 무장대 총책 김달삼과 협상을 진행하며 유혈사태를 막으려고 애쓰다가 강경 진압작전을 거부했다는 이유로 해임되었다. 광주검찰청 순청지청 차석검사 박찬길은 경찰이 좌익에 대해 지나친 행동을 하지 않도록 저지하다가 좌익 누명을 쓰고 총살되었다.

이처럼 '의로운 이웃'에 대한 기억은 전쟁의 참혹함과 잔인성이 결코 모든 사람을 영원히 망가뜨리지 못한다는 것을 알게 하고, 폐허의 공간에서 희망을 복원시킨다. 이스라엘의 홀로코스트 기념관(야드바셈)을 돌아본 최호근은 『기념의 미래』에서 이렇게 말한다.

> 기념문화에서 중요한 또 하나의 영역은 누구의, 무엇을, 어떻게 기념할 것인가 하는 문제이다. 부담스러운 과거를 기념할 때 희생자의 처연한 사연은 일차적인 주목 대상이다. 가해자의 광포함이나 무사유 역시 중요하다. 그러나 그 어두운 시대에 별처럼 빛나서, 과거를 돌아보는 우리에게 미래의 희망이 되는 지점을 기억토록 하는 것도 그에 못지않게 중요하다. …… '의로운 이웃'에 대한 기억이 바로 그것이다. …… 야드바셈은 '열방의 의인들'에 주안점을 둔다. 위기에 처한 유대인들을 아무런 대가에 대한 기대 없이 위험을 무릅쓰고 도와주었던 사람들 …… 유럽에는 가해자들과 조력자들만 있었던 것이 아니라는 점을 강조한다. 그들과 희생자들 사이에 적잖은 수의 구조자들이 있었음을 환기시키는 것이다. …… 우리가 과거사를 기억하는 이유 중 하나가 화해와 치유의 가능성을 발견하는 데 있다면, 양심의 선택을 했던 의로운 이웃이야말로 그 가능성을 몸소 보여주었던 사람들이다. (최호근, 2019: 58~59)

우리가 기억해야 할 또 다른 사례는 화해와 치유의 실천자들이다. 보수교단인 합동신학교 교장을 지냈던 김명혁 목사는 부친 김관주 목사가 북한 공산정권에 저항하다가 전쟁 발발 이틀 전에 희생되는 아픔을 겪었다. 그러나 세월이 흐르면서 그는 '원수들'을 향해서 적대와 대결과 공격의 자세를 지니고 있던 잘못을 뉘우치면서 회개를 촉구했다. 핵개발을 이유로 식량난에 시달리는 북한에 대한 인도적 지원을 반대하는 일부 보수층의 시각을 강하게 비판했고, 남북 간·남남 간 갈등을 초월해 화해를 실천하고 전파하는 일에 적극 동참했다(전순영, 2020: 174). 그는 또한 교계의 연합과 일치를 위해 힘썼는데, 특히 세계교회협의회(WCC)의 신학과 신학적 노선이 다른 교계 지도자들을 적극적으로 비판하던 입장에서 선회해 강단 교류를 하기도 하고, 가톨릭, 불교, 원불교, 천도교를 포함한 5대 종단 지도자들과 함께 '민족의 화해와 평화를 위한 종교인 모임'을 만들어서 한반도 화해와 통일에 힘을 쏟았다.

> 제가 WCC의 신학적 입장을 전문적으로 비판하던 사람이라는 이야기를 너무 길게 해서 죄송합니다. 그런데 저는 언제부터인가 강원용 목사님을 이해하면서 존경하게 되었고 조용기 목사님도 이해하면서 존경하게 되었고 WCC에 속한 분들도 이해하면서 존경하게 되었습니다. 저는 이단이 아닌 기독교 단체들이나 사람들과 서로 교제하면서 서로 배우는 것이 필요하다는 생각을 하는 지경에까지 이르게 되었습니다. 저는 로마 가톨릭이나 희랍 정교회나 WCC와도 교제하면서 서로 배우는 것이 필요하다고 생각합니다. 물론 애정 어린 비판을 하면서 말입니다. …… 타 종교인들과도 교제하고 협력하면서 사회와 민족과 세계의 평화를 도모하는 일을 하여야 한다고 생각합니다. 사실 3·1운동을 일으켰던 민족의 지도자들인 이승훈 선생님과 길선주 목사님은 타 종교인들과 협력하면서 독립운동과 평화운동을 일으켰습니다. …… 나는 사랑보다 더 귀중한 것은 없다고 생각합니

다. 사람들 사랑, 특히 죄인들 사랑이 가장 귀하다고 생각합니다. …… 남한 사람들은 물론 북한 사람들도 모슬렘 사람들도 사랑하는 것이 귀중하다고 생각합니다. (김명혁, 2014: 2)[72]

진보 개신교계의 김상근 목사는 한국전쟁기에 부친이 공산당에 피살된 후로 복수심에 사무친 세월을 보냈다. 그에게 북한 인민군으로부터 자신과 가족을 지켜준 미국은 '천사의 나라'였다. 그러나 5·18민주화운동을 계기로 미국에 대한 생각이 달라졌다. 전두환 정권의 학살을 방조한 미국은 더 이상 천사의 나라가 아니었다. 또한 그는 한국전쟁 당시 민간인 학살이 북한군뿐 아니라 남한군과 미군에 의해서도 자행된 사실을 알게 된 후, 북에도 자신과 똑같은 심정으로 사는 사람들이 있음을 깨닫게 되었다. 이러한 자각은 그로 하여금 화해의 자리로 나아갈 것을 촉구했다.

6·25전쟁 때도 수많은 사람들이 학살을 당했다. …… 그들의 가족이나 그것을 목격한 사람들에게는 결코 잊을 수 없는 원한으로 남게 된다. 이들의 반공정서를 무조건 나무라고 반통일세력으로 매도해 버릴 수는 없다. 그러나 이들의 문제는, 우리만 당했고 북의 동포들의 가슴에 우리와 똑같은 질의 한을 우리는 절대로 쌓아주었을 리 없다는 확신이다. 사실 북이 해방 후 그랬던 것처럼 남도 그렇게 했다. …… 따라서 우리에게 원한에 찬 반공정서가 있다면 북에도 원한에 찬 반제정서가 있을 것은 당연하다. …… 남북한 모두에게 있는 이 정서는 참으로 어처구니없게도 철부지 같은 살생에 의한 것이라는 말이다. (김상근, 2007: 298)

---

[72] 김명혁은 1974년 미국에서 귀국한 후 진보 측인 기독교장로회의 강원용 목사와 오순절파인 순복음교회 조용기 목사를 비판하고 1991년까지 WCC의 신학을 비판하는 논문을 수차례 기고했다. 그는 자신이 극단적인 보수주의자였다고 말한다.

그러나 '의로운 이웃'과 '화해자'의 사례는 아직까지 예외적인 듯하다. 해방 후와 전쟁기에 기독교인이라는 이유로 더 심각한 피해를 입었기에, 기독교인들이 레드 콤플렉스를 극복하는 데는 더 특수한 난관이 있을 수 있다. 2025년 대통령 탄핵 정국에서, 일부 보수 개신교인들은 여전히 친미·반공을 애국과 동일시하며 태극기와 성조기를 흔드는 모습을 보여주었다. 집단이 어떤 대의명분 아래서 뭉치는지는 매우 중요하다. 사람들에게 영혼을 뒤흔들 만한 열정을 불어넣지 못하는 대중운동은 실패하게 마련이다. 그들의 보편적인 정서는 분노였지만 그 근거는 정당화된 두려움이었다. 그들의 두려움을 요약하면, 첫째는 공산화, 둘째는 기독교 탄압이다. 왜냐하면 그들은 "조국을 잃었을 때의 그 고난의 역사를 보아 왔으며, 공산주의 치하에서 교회가 박멸되는 것을 너무도 잘 앎"(샬롬나비, 2019.6.20)고 있다고 믿기 때문이다. 공산화를 막기 위해서는 경제발전이 이루어져야 하기에, 평등이나 분배와 같은 사회주의적 가치보다 자유경쟁이 보장되는 자본주의적 가치를 선호하는 것이다. 그룹별 아젠다는 다소 차이가 있겠으나, 태극기집회에 참여하는 개신교인들은 공산주의와 동성애를 지지하는 좌파 정치지도자들이 기독교를 탄압하려는 저의를 갖고 있다고 의심한다(전순영·김완기, 2020: 269).[73] 공산화와 기독교 핍박에 대한 두려움이라는 정서의 뿌리는 가족과 경제기반 상실, 기독교 신앙 박해의 고통을 가져온 한국전쟁의 집단기억과 연결되어 있다.

개신교인들은 "진정한 반공이란 민주주의적 국가 수립을 위한 정치발전과 사회적 빈곤에서 탈피하는 경제발전을 통해 공산주의와의 체제경쟁에서 이기는 것"(윤정란, 2015: 335)이라고 정의하고, 경제발전, 민주화

---

[73] 논란의 중심에 선 법안은 차별금지법과 평등법이다. 2006년 정부 발의를 시작으로 8차례 이상 발의되었으나 매번 철회되거나 임기 만료로 폐기되었고 포괄적 수준의 차별금지를 규정하는 방안이 국회 문턱을 넘은 적이 없다.

운동, 통일운동에 앞장섰다. 이미 1930년대의 신학논쟁으로 개신교회는 진보와 보수진영으로 갈려 있었지만, 1960년대까지는 양 진영이 반공·반북 의식을 공유하고 있어서 통일 문제에 관해 대립한 적은 없었다. 그러나 1970년대와 1980년대 민주화 시기를 거치면서, 그 신학적 배경에 기초해 보수는 '북한선교', 진보는 '기독교 통일운동'으로 확연히 구별되는 경향을 보였다(전순영, 2020: 140). 1990년대 중반부터 2010년대까지는 북한의 식량난을 계기로 양 진영이 연합해 대규모의 인도적 지원을 실시하는 단합된 모습을 보이기도 했다. 1987년 6월항쟁 이후 민주화 요구가 상당 부분 수용되면서 '민주화=통일'을 주장해 온 진보적 통일운동은 급격히 동력을 상실하고 시민운동으로 편입되었다. 한편 보수 개신교인들은 진보적 복음주의와 뉴라이트로 갈라졌는데, 뉴라이트는 강한 정치색을 띠고 있다. 기독교 우파와 뉴라이트의 등장은 기독교의 정치적 호전성이라는 새로운 국면을 드러냈다(안교성, 2017: 216). 진보 개신교와 진보 복음주의 측에서 우파의 정치세력화에 우려와 반대를 표명하면서 개신교 내부의 이념갈등도 심화되고 있다. 트라우마 기억에 의한 속박이 과거 냉전적 이분법적 사고를 고착화시키고 용서와 화해, 평화와 연합을 위한 개인과 교회의 전향적인 변화를 저해하는 것처럼 보이는 것은 안타까운 일이 아닐 수 없다.

한국교회 주류 교단들이 속해 있는 보수 개신교는 정치권력과의 결탁으로 급속 성장했고 성장할수록 극우화와 보수화가 가속화되었다는 비판을 받아왔다.[74] 이것은 상당히 일리 있는 비판이다. 그러나 보수 개신교

---

74 이에 대해서는 다음의 논의를 참조하기 바란다. 노치준, 「한국개신교와 국가권력 간의 관계」, ≪기독교사상≫ 제640호(2012); 허명섭, 「최근 한국복음주의 기독교의 정치 및 사회참여」, 『변화하는 한국교회와 복음주의 운동』(서울: 두란노아카데미, 2011); 배덕만, 「정교분리의 복잡한 역사: 한국의 보수적 개신교를 중심으로, 1945~2013」, ≪한국교회사학회≫ 제43호(2016); 류대영, 『한 권으로 읽는 한국기독교의 역사』(서울: 한국기독교역사연구소,

는 단일 연합체가 아니며, 그 안에도 다양한 갈등과 역학 구도가 있다. 비록 소수이지만 기독교 평화주의를 지지하는 흐름도 꾸준히 이어져왔으며, 2000년대 이후로는 정의와 평화의 관계에 주목하는 '정의로운 평화' 담론이 부상하고 있다.[75] 정의로운 평화론은 정의와 평화의 관계에 주목하며, 역사 속에서 반복되어 온 폭력과 전쟁을 멈추고 평화로운 미래를 위해 나아갈 가치와 실천 방향을 포괄한다. 한국 교계에서 평화담론은 아직까지 주류 교회의 호응을 끌어내지 못하고 있지만, 시민운동과 결합해 담론의 다변화가 이루어지고 있다.

지금까지 한국 개신교인들의 집단의식은 대체로 분단과 전쟁의 피해자로서의 트라우마 기억에 머물러 있었다. 전쟁 트라우마는 대북관에 따른 이념갈등과 분열을 가져왔다. 트라우마의 치유 단계에는 기억의 재처리와 재평가를 통한 기억 재구성 작업이 포함된다. 남과 북의 트라우마 피해자들에게는 전쟁과 분단, 이산 기억의 재구성과 트라우마 경험에 담긴 의미를 현재의 삶에 통합시키는 과정이 중요하다. 이로써 피해자로서 자신에 대한 용납, 그리고 가해자로만 간주했던 타자에 대한 이해와 용서와 화해가 이루어진다. 갈등을 겪으며 화해로 가는 길에는 항상 자기성찰의 순간이 포함되어 있다. 고통스러운 과거의 기억이 자아내는 내면의 두려움과 무력감을 대면하는 것은 결코 쉬운 일이 아니다. 화해의 과정에서는 갈등 당사자 간의 반복된 만남이 필수적이다. 남북한 사람들의 거대한 트

2018).

75 '정의로운 평화(just peace)'란 세계교회협의회가 1983년 밴쿠버 총회에서 '정의, 평화, 창조의 보전 위원회'를 만들고 1989년 드레스덴에서 열린 에큐메니컬 대회에서 이 개념을 구체화하면서 널리 사용되기 시작했다. 정의로운 평화론은 기독교회가 신앙의 이름으로 자행한 종교적 폭력과 공동체질서 및 이웃보호의 이름으로 정당화했던 정치적 폭력에 대한 반성의 의미를 내재한다. 나아가 구조적 폭력에 적극 저항하는 개념으로 시민운동 및 국제사회의 맥락과 상호 소통한다(김상덕, 2022: 173).

라우마를 치유하기 위해서는 기독교인들의 적극적인 사회통합 역할이 요청된다(전순영, 2020: 220).

    2016년 연세대산학협력단의 연구보고서는 제주의 화해상생 사례를 '이념을 넘어선 모델'로 만들어 그 속에서 찾을 수 있는 화해의 요소를 일반화시킬 것을 제안하고 있다(전우택·박명림 외, 2016: 104). 갈등을 극복하기 위해 노력하는 제주의 화해상생 모델이 향후 통일 과정과 통일 이후의 사회통합을 이루는 데 의미 있는 모델로 제시될 가능성이 있다고 본 것이다. 제주4·3 70주년인 2018년을 기점으로 개신교에서도 4·3을 교계 차원에서 기억하는 움직임이 구체화되었다. 제주 지역 교회들이 지역사회의 일원으로서 화해상생의 노력에 동참하는 것은 이념과 종교를 넘어 사회통합에 기여하는 계기가 될 수 있을 것이다. 4·3 때 학살을 자행한 박진경 9연대장을 암살한 이들(문상길, 신상길, 손선호, 배경용)은 모두 개신교인이었다. 기독교인들은 선배들의 희생을 종교적 순교 차원에서 의미화하는 데 그치지 않고, 생명을 존중하고 공동체를 회복시키려는 노력에서 실천적으로 보여준 화해자의 얼굴을 기억해야 할 것이다. 그들에게는 '의로운 이웃'이 되기 위한 풍부한 종교적 자원이 있다. 교회가 화해를 위한 기억 공동체가 될 수 있다면, 서독 교회가 통일 과정에서 그러했듯이 기독교인들은 향후 사회적 통합을 실현하는 데서 중요한 시민 주체로서 사회적 책임을 감당할 수 있을 것이다.

제6장

외국인들이 겪은 한국전쟁

극동의 알려지지 않았던 한국이라는 작은 나라는 한국전쟁으로 국제사회에 그 존재를 처음 각인시켰다. 한국전쟁은 남한 측 참전국가만 16개국(필리핀, 에티오피아, 태국, 남아프리카공화국, 미국, 캐나다, 프랑스, 영국, 네덜란드, 벨기에, 룩셈부르크, 뉴질랜드, 호주, 콜롬비아, 튀르키예, 그리스)이었고, 전투지원국과 의료지원국 이외에도 물자지원국과 니카라과, 볼리비아, 브라질 등 지원 의사를 표명한 국가까지 총 63개국에 이르러, 역사상 가장 많은 국가가 하나의 전쟁에 참여한 사례로 기록되었다. 전투지원과 의료지원에 나선 195만 명의 참전 인원 중에서 4만 명 넘게 죽었고, 10만 명이 부상당했으며, 1만 명이 실종되거나 포로가 되었다.

유엔군은 흔히 자유진영의 단일대오를 갖춘 군대로 여겨지지만, 사실은 각기 상이한 이해관계와 동기에 의해 참전한 다양한 인종과 국가의 집합체였다. 미군은 유엔군의 핵심 축으로서 유엔군의 작전을 주도했다. 전쟁 경험의 숙련도나 전투 스타일이 제각각이었던 그들은 서로에게 이질적이었고, 전쟁 수행 과정 내내 공조와 결렬, 갈등과 견제의 대상이었다. "공산주의 침략으로부터 남한을 지켜내기 위해서"라는 참전 명분은 한국전이 '그들만의 전쟁'으로 변질되는 양상 속에서 심각하게 훼손되었고, 종국적으론 낯선 타자들의 "땅과 가족과 사회를 짓밟는 대학살이 되어가고 있다는 사실"에 대한 비판적 자각과 성찰에 이르게 했다(권채린, 2016: 128). 중국군과 북한군도 단순히 '혈맹'이라기보다는 북한정권이 궁지에 몰려서 불가피하게 이루어진 연대 관계에 가까웠다(선즈화, 2023: 225). 내부에는 중국 출신 연안파라는 강력한 정치세력이 있고 외부에는 중국인민지원군이라는 강대한 군사력이 주둔하는 상황에서 북한 지도층은 커다란 위협과 불안에서 벗어날 수 없었다. 그들은 전투 작전에서 휴전 시기에 이르기까지 끊임없이 논쟁하고 갈등을 겪었다.

　한국전쟁은 일본 경제가 회생하는 계기가 되었고 미국 중심의 냉전 질서를 고착시켰으며 중국이 대만을 합병할 기회를 앗아갔다. 이 전쟁의 결과로 수많은 사람들의 운명이 바뀐 것이다. 이 장에서 살펴볼 것은 외국인으로서 한반도의 전쟁에 연루된 사람들의 경험이다. 한국전쟁과 같은 초국가적 전쟁에서 외국인들의 경험이 갖는 비중과 의미는 결코 무시될 수 없기 때문이다. 그러므로 이 '잊힌 전쟁' 또는 '알려지지 않은 전쟁'[1]에 대해 지금까지 출판되고 있는 외국인 수기들과 소설들을 살펴보는 것은 의미 있는 일일 것이다. 수기는 크게 두 유형으로 나뉘는데 하나는 화제성과 현장성을 갖춘 종군기자들의 수기이고,[2] 다른 하나는 가장 많은 비중을 차지하는 것으로 참전 외국인들의 체험 수기이다.[3] 외국인 수기들은

1　'잊힌 전쟁(Forgotten War)'은 미국에서 한국전쟁은 주적이 소련인지 중국인지 불분명하고 미국이 승리한 것도 패배한 것도 아니어서 큰 관심을 끌지 못한 채 역사 속에 묻히게 된 데서 비롯된 표현이다. 그러나 최근 미국 한국학계의 한국전쟁 연구동향에서는 '알려지지 않은 전쟁(Unknown War)'의 측면이 더 부각되고 있다. 1999년 미국 AP통신의 노근리 학살사건 보도와 한국 국방부 군사편찬위원회의 한국전쟁사 작업이 영문으로 번역 소개되면서, 미국에서의 한국전쟁 연구는 역사학과 사회학의 영역으로 진입했다. 최근 미국 학계는 '인간'의 관점에 주목하면서 한반도와 주변 국가, 나아가 미국인들의 경험과 기억을 다차원적으로 해석하는 추세를 보이고 있다(옥창준, 2024: 133~137).

2　퓰리처상을 받은 미국 기자 마거릿 히긴스(Marguerite Higgins)의 "War in Korea: The Report of a Woman Combat Correspondent"(1951), 세르주 브롬베르제(Serge Bromberger) 외 3명의 프랑스 기자가 쓴 "Retour de Corée: Récits de quatre correspondants de guerre français sur le front de Corée"(1951), 역시 프랑스 기자 모리스 샹틀루(Maurice Chanteloup)의 "La Guerre de Corée"(1953) 등이 있다. 이념적 지향이 뚜렷했던 히긴스의 책은 『한국은 세계의 잠을 깨웠다』(삼협문화사)라는 제목으로 1951년에 즉시 번역 출판된 반면, 브롬베르제 외 3명의 책은 『한국전쟁통신』(눈빛)이라는 제목으로 2012년에 출판되어 시차가 크다. 샹틀루의 책은 『북한포로수용소』(동아문화사)라는 제목으로 1953년 국내 출간되었다.

3　미군의 참전기록이 다수를 차지한다. 해리 마이하퍼(Harry Maihafer)의 *From the Hudson to the Yalu*(1993; 『허드슨강에서 압록강까지』, 법문사, 2010), 페렌바크(T. R. Ferenbach)의 *This Kind of War*(2001; 『이런 전쟁』, 플래닛미디어, 2019), 햄프턴 사이즈(Hampton Sides)의 *On Desperate Ground*(2018; 『데스퍼레이트 그라운드』, 플래닛미디어, 2021) 등이 국내에 소개되었다. 영국인의 시각에서는 앤서니 파라-호커리(Anthony Farrar-Hockley) 장군이 쓴 *The Edge of the Sword*(1954; 『한국인만 몰랐던 파란 아리랑』, 한국언론인협회,

기록물이 담지 못하는 생생한 전쟁 현장을 타자의 시선으로 확인할 수 있는 예외적인 텍스트이다. 미국인의 수기가 압도적인 비중을 차지하지만, 그 외에도 영국, 프랑스, 중국, 타이완, 일본, 독일, 동유럽 국가들, 콜롬비아의 전쟁 체험 세대와 전후 세대 작가들의 수기와 소설들이 출간되었다. 그럼에도 국가적 경계가 강고했던 한국사회에서 그들은 '우방'이자 '은인'으로만 집단 형상화되었을 뿐, 그들 개개인의 실존적 체험에 대한 관심은 저조했다. 특히 적군이었던 중국인의 경험은 의도적으로 비가시화된 측면이 있다. 그러나 참전 외국인들의 수기에는 아군들도 서로 다른 이해관계를 가진 타자들로 재현되고, 국가적 기획보다는 개인의 실존적 차원에서의 전쟁기억이 더 선명하게 부각된다.

외국인들이 말하는 참전의 의미

미군과 유엔군의 참전 수기에서 대체로 한국전쟁은 한국으로 표상되는 아시아 세계를 공산주의로부터 지켜내기 위한 전쟁으로 해석된다. 이들의 책이 한국에 번역 소개될 때는 흔히 "공산 침략 세력을 물리치고 자유 대한민국을 지켜낸 이름 없는 영웅들"로 묘사된다. 그러나 개인의 실존 차원에서는 이야기가 달랐다. 이들의 수기에는 영웅이 아닌 보통 사람들의 민낯이 나타난다. 많은 사람들이 참전 명분에 혼란을 느꼈고, 이 전쟁이 자신에게 무엇이었는지 탐색하는 과정 속에서 '이상한', '이해할 수

2003), 앤드루 새먼(Andrew Salmon)의 *To the Last Round: The Epic British Stand on the Imjin River, Korea 1951*(2009;『마지막 한 발』, 시대정신, 2009)이 있다. 호커리의 책과 새먼의 책은 영국군의 시선과 다국적 군대로서의 연합군 내부의 갈등을 보여준다는 점에서 주목할 만하다.

없는', '무의미한', '무용한' 등의 답변을 얻었다(권채린, 2016: 128). 왜 이 낯선 땅에서 싸워야 하는지 알지 못했던 이들에게 자신과 동료들의 희생이 무가치하지 않았음을 일깨워주는 것은 놀라운 경제대국으로 성장한 대한민국의 존재 자체이다. 터키(튀르키예) 참전용사의 구술생애담 연구에 의하면, 참전 군인들은 대부분 '부모를 잃은 어린아이', '길가에 주저앉은 노인', '살아남기 위해 고군분투하는 여인'이라는 약자의 형상으로 한국을 기억하고 있었다. 특히 고아에 대해 깊은 인상을 받은 당시 터키군은 여단 직속으로 수원에 앙카라학교를 설립해 200여 명의 전쟁고아를 수용하기도 했다. 이들의 서사는 스스로를 구원자적 주체로 정립하고 참전을 구원의 행보로 의미화함으로써 자신들의 경험과 정체를 긍정하고자 하는 인식의 발로로 해석될 수 있다(조홍윤, 2020: 288~304). 참전 영국인 장병 22명의 수기를 모은 『후크고지의 영웅들』에서도 오랜 세월이 흐른 지금 그들이 한국전쟁에 어떤 의미를 부여하게 되었는지 보여준다. 1952년 당시 열여덟 살의 나이로 참전했던 대표 저자 케네스 켈드의 서사는 한국이 국가적으로 지향하는 공식기억의 전형이다.

> 나는 내가 60년이나 흐른 뒤에 한국에 다시 와보게 되리라고는 꿈에도 생각하지 못했다. 내가 떠나왔던, 전쟁으로 분단된 국가가 아닌, 자신들의 나라에 자신들이 쌓아올린 업적들에 큰 자부심을 갖고 있는 시민들의 나라 대한민국. 절망과 죽음의 시간에 도움을 주었던 모든 국가에 항상 감사함을 표하는 아름다운 나라, 대한민국으로 말이다. (켈드, 2021: 126~127)

그러나 어쩌면 참전 외국인들의 수기에서 주목해야 할 것은 이처럼 잘 다듬어진 결론보다는 전투 속에 드러난 '인간의 얼굴'일지도 모른다. 훈련받은 대로 명령에 따라 움직이는 전투원은 극히 일부에 지나지 않는다. 전투는 순식간에 벌어지고 전투원들은 이성보다 오감과 반사신경에 의해 움직이며 상황이 어떻게 돌아가는지 판단하기가 어려워 우왕좌왕하게 된다. 옆에서 쓰러지는 전우들, 곳곳에서 난무하는 총성과 폭파음, 피가 낭자한 현장에서 공포와 혼란은 극대화된다.

> 전선으로 가게 될 거라고 통보받던 날 저녁, 나는 내가 전선에 간다는 사실을 믿을 수 없었다. 그때 두려움과 불안에 온몸이 떨렸던 기억이 난다. 나는 완전히 겁에 질렸다. …… 후크고지는 끊임없이 포탄이 떨어지고 저격수의 총알이 날아오는 위험한 장소라고 알려져 있었다. …… 그들[중국군]은 북을 치고 나팔을 불며 함성을 질렀다. 그 모습이 나를 지옥 같은 공포로 몰아넣었다. …… 어느 순간 포탄이 참호 앞에서 터졌고, 그 파편이 입구로 날아와 총신의 소염기를 날려버렸다. 내 오른쪽 팔과 코, 볼에도 파편이 스쳤다. 피를 심하게 흘렸지만 치명상은 아니었다. (켈드, 2021: 211, 214~215)

영국 역사학자 존 키건은 1983년에 펴낸 『전쟁의 얼굴』에서 유럽 전쟁사에서 중요한 3개의 전투를 다루면서, 인간적 관점에서의 전투 이해를 제시한다. 그가 보기에 병사의 입장에서 전투의 본질은 '개인의 생존'이다. 생사를 가르는 경험에서 겪는 공포, 부상과 그로 인한 고통은 전투의 참혹성을 드러낸다. 전술과 전투체계가 바뀌고 무기가 달라져도 전투 경험의 본질은 동일하며 체험자들에게 깊은 트라우마로 남는다. 전투 경험만 고통스러운 것이 아니다. 전장에 있지 않을 때의 시간의 비중은 더 크다. 부상, 질병, 동상, 피로와 허기, 벌레에 시달리고 인간관계에서 갈등과 다툼도 겪는다.

트라우마는 국적을 가리지 않는다

가장 많은 군인을 파병한 미국은 이 전쟁을 어떻게 받아들이고 있을까? 미국 역사교과서에서 베트남전쟁은 여러 페이지에 걸쳐 기록되어 있지만, 한국전쟁에 대한 기술 분량은 극히 적다.[4] 게다가 전쟁의 발발과 기원 외의 다른 주제는 거의 다뤄지지 않는다. 미국에서 이 전쟁은 일찌감치 '잊힌 전쟁'이었다. 미국사회에서 한국전쟁이 아무 성과도 없는 '이기지 못한 전쟁'으로 조롱거리가 되자, 어떤 이들은 참전 사실을 숨기기도 했다. 미국정부는 승자도 패자도 없는 모호한 전쟁이라는 이유로 참전 군인들의 노고를 인정하지 않았다. 1만 2,000명이 몰살된 장진호 전투는 최악의 전투 중 하나로 비난받았다. 그러한 비난은 고스란히 한국에 대한 원망으로 이어졌고 결국 그들은 한국전쟁을 기억에서 지워버리기 위해 평생을 침묵 속에 살았다. 참전 군인들의 고통은 고스란히 개인의 몫으로 남았다.

2015년 KBS는 한국전쟁에 참전한 미군들의 트라우마를 다룬 다큐멘터리를 방영했다. 이 프로그램은 한국전쟁유업재단 이사장 한종우 교수의 참전 미군 인터뷰를 기반으로 제작되었다. 이 재단은 한국전쟁의 기원과 결과, 전쟁을 치르면서 군인들이 직면했던 어려움, 그리고 20세기 후반에 경제발전과 민주화를 달성한 한국이 오늘날 세계에 민주주의와

---

[4] 참전용사들을 중심으로 이를 우려하는 목소리가 높아지자 한국 국가보훈처 지원으로 2019년 6월 미국의 초·중·고교 과정에서 한국전쟁의 의미를 중점적으로 교육할 수 있는 자료집이 출간되었다(≪연합뉴스≫, 2019.6.25). 미국 역사학자들은 한국전쟁의 원인과 발발 문제에 가장 큰 관심을 기울여왔으며, 근래에는 한국전쟁의 국제적인 영향이나 전쟁 생존자들을 다루는 연구들이 나오고 있다. Hajimu Masuda, *Cold War crucible: the Korean conflict and the postwar world*(Harvard University Press, 2015); Samuel Wells, *Fearing the worst: how Korea transformed the Cold War*(Columbia University Press, 2021); Monica Kim, *The Interrogation Rooms of the Korean War: The Untold History*(Princeton University Press, 2019); Charles Hanley, *Ghost Flames: Life and Death in a Hidden War, Korea 1950-1953*(Hachette UK, 2020) 참조.

자유를 증진시킨 유업을 이해하도록 돕는 것을 목표로 설립되었다. 인터뷰는 2006년에 시작되었고 현재 1만 4,000여 개의 인터뷰 영상이 데이터베이스로 구축되어 있다.[5] 그가 인터뷰했던 참전 미군들은 영하 40도까지 내려가는 북한의 혹독한 겨울 추위와 숱한 전우들이 비참하게 죽어간 장진호 전투를 떠올렸다. 최대 참전국이었던 미국은 연인원 180만 명이 참전했고 전사자만 3만 7,000여 명에 달했다. 많은 이들이 평생 우울증에 시달렸고 가정생활도 원만하지 못했다. 해군 포로였던 클리포드 피트레이는 한국에 대한 원망을 버리기까지 오랜 세월이 걸렸다고 울먹였고, 제임스 스톤은 다시는 한국에 가보고 싶지 않다고 잘라 말한다. 제이크 오루크는 전투 중에 누군가를 총으로 쏴야 했던 기억을 평생 잊지 못했고 꿈에서도 괴로워했다.

> 결혼 초에 남편이 저를 때리기 시작했는데 그때는 이해하지 못했죠. 그런데 전쟁포로 경험을 했던 참전용사들의 아내들을 만났는데 다들 저와 같이 학대를 겪고 있더군요. 알코올중독자도 많고요. (제이크 오루크의 아내 루이스의 증언)(〈KBS다큐〉, 2015. 6. 27)

브루스 커밍스는 미국 문학에서 한국전쟁은 "1950년대에 성년이 된 인물의 배경 정도로만 쓰인다"라고 지적하면서, "제2차 세계대전 같은 승리도 아니었고 베트남전쟁 같은 패배도 아니었던 한국전쟁은 큰 전쟁에서 싸웠던 부모들을 존경했던 젊은이들을 비껴 지나갔다"라고 설명한다(커밍스, 2017: 111). 당대의 평범한 미국 청년들에게 한국은 단지 불길한

---

5 2025년 7월 1일 기준 자료. Korean War Legacy Foundation 홈페이지(https://koreanwarlegacy.org/detailed-search) 참조.

곳 또는 낯설고 먼 땅에 불과했다. 병사들은 "죽거나 부상을 당하는 것이 한국에서 빠져나가는 유일한 길"(밧슨, 2016: 184)이라고 생각할 정도로 고통을 겪었지만, 미국인 대다수는 한국의 지리적 위치조차 몰랐다. 별로 중요하지 않은 전쟁이라는 시각 속에서 참전 미군들의 경험은 무의미한 것으로 묻혀버렸다. 따라서 한국전쟁 참전용사협회 총재인 래리 키날드는 참전용사들이 지금 한국이 어떤 모습인지 보는 게 중요하다고 말한다. 자신들이 했던 일이 지금의 한국을 위해 어떤 의미였는지 알고 자신들이 잘해냈다는 것을 깨닫는 것이 트라우마 극복에 중요하다는 취지였다.

영국 군인들도 마찬가지였다. 1950년 겨울 북한의 지독한 추위에 처음 맞닥뜨린 영국군의 복장은 허술하기 그지없어서 수많은 병사가 동상에 걸려 손발가락을 잘라야 했다. 죽은 이는 죽은 이대로 비참했고, 살아남은 군인들도 악전고투를 치렀다.

> 한국전에서 영국군은 1,000명 이상 전사했다. …… 악몽 같은 전쟁이었다. 끊임없는 포격과 공습, 혹독한 추위, 열악한 장비, 고립감, 언제든 죽거나 포로가 될 수 있다는 공포는 인간이 견딜 수 있는 심리적 한계를 시험했다. 끔찍하게 죽은 병사의 시신을 무수히 많이 봤다. …… 한국전쟁에 참전한 영국군이 겪은 비극적인 일 중 하나는, 고향에서는 이 전쟁을 아는 사람이 거의 없었다는 것이다. 복무를 마치고 돌아온 장병에 대한 환영은 없었다. (이향규, 2019: 53)

미국에 이어 두 번째로 많은 병력을 보냈던 영국은 제2차 세계대전에서 치른 막대한 손실을 극복하느라 18세에서 21세 사이의 의무징집병 수만 명을 파병하고도 거기에 관심을 기울일 여력이 없었다.[6] 자국 병사들이 싸우고 있던 그 시간에도 벌써 영국에서 한국전쟁은 '잊힌 전쟁'이었다. 6만 명 이상이 참전하고 1,000명이 넘게 전사했는데도, 영국정부는 마땅한 기념식을 거행한 적이 없다. 영국 학교에서는 한국전쟁을 가르치지 않기 때문에 참전 사실을 아는 사람조차 거의 없다.

이향규의 저서 『영국 청년 마이클의 한국전쟁』(2019)은 한국전쟁에서 전사한 청년 마이클 호크리지의 삶을 그가 다녔던 이스트본 칼리지의 기록과 주변 사람들의 기억을 통해 복원한다. 저자는 학교의 기록관리자들에게 연락하고 직접 그 흔적을 찾아다니면서 마이클의 삶을 재구성했다. 마이클은 외아들이었고 1950년에 학생회장이었다. 학교 럭비팀 대표선수였던 그는 졸업 후 1951년 열아홉의 나이로 입대했고 이듬해인 1952년 2월 6일 로열 레스터서 연대 소속 소위로 싸우다가 경기도 연천과 동두천 사이 어디쯤에서 폭격으로 치명적인 부상을 입었다. 영국군은 전사자를 본국으로 이송하지 않았기 때문에 마이클은 부산의 유엔기념공원 묘지에 안장되었다. 한국에서 온 사람이 마이클의 자취를 찾는다는 사실이 알려지면서, 아흔이 다 된 그의 학교 친구들이 그에 대한 편지를 보내왔다. 마이클은 "자유로운 영혼"을 가졌고 "잘생기고 겁이 없는" 금발의 청년이었다(이향규, 2019: 86). 학교 잡지에는 그를 회상하는 글도 실렸다. 고전문학을 공부했고 옥스퍼드 대학교로 진학할 예정이었던 마이클은 그 대신 미사일에 맞았고 차디찬 이국땅에 묻혔다.

대담하고 유능했으며 전도유망한 미래를 누릴 수 있었던 한 젊은이의 인생이 어떻게 비극으로 마무리되었는지를 알게 될 때 비로소 전쟁은 인간의 얼굴로 보이기 시작한다. 희생자들을 있는 모습 그대로 기억하는 것은 그들에게 인간의 얼굴을 부여하고 새로운 생명을 불어넣는 행위이다. 한국전쟁에서 숱한 외국인이 목숨을 잃었다. 누군가의 자식이고 친구

---

6 영국군은 전사자 외에 1,060명이 포로로 잡혔고 부상자는 수천 명에 달했다.

이고 이웃이었던 이들은 앞으로 무엇이든 될 수 있는 사람들이었다. 한국계 미국 작가 이창래가 2010년 출간한 영문소설『생존자』에서 말하듯이, 한국전쟁 참전 트라우마로 세상과 단절된 헥터라는 인물도 "전쟁만 터지지 않았더라면 평범한 가정의 남편과 아빠가 되었을 것이고 일요일이면 친한 친구들과 야구를 즐겼을"(이창래, 2013: 143) 수도 있다. 우리가 그들에게 그저 감사하고 보은하는 차원을 넘어 그들의 삶에 대한 가해의 측면을 깨닫고 자기반성에까지 이를 수 있을까?

　이정현은『한국전쟁과 타자의 텍스트』(2021)에서 각국 참전 군인들의 목소리를 통해, 그들의 참전동기와 전투경험이 각기 달랐으며 대체로 귀국 후 냉대와 무관심의 벽에 부딪히면서 그들이 겪은 트라우마가 제대로 다뤄지지 않았음을 보여준다. 그렇게 된 배경에는 냉전체제의 이념경쟁에 따른 정치적인 이유와 각국이 처한 경제상황이 있었다. 예컨대 콜롬비아는 1951년부터 1953년까지 연인원 4,058명이 참전해 766명의 사상자를 냈다. 참전 군인들은 마구잡이로 징발된 가난한 젊은이였고 무슨 전쟁인지도 모른 채 한반도에 와서 막판의 소모적인 고지전에 투입되었다. 그러나 보상을 기대했던 그들은 귀국 후 아무런 혜택도 받지 못한 채 가난에 내몰리거나 내전에 휩쓸렸다. 콜롬비아의 대표적인 작가 모레노 두란이 1996년 출간한 책『맘브루』는 반공을 국시로 삼은 콜롬비아 독재정권이 미국의 경제지원을 얻어내고 군대를 현대화하려는 목적으로 한국전쟁에 파병했다는 불편한 진실을 파헤쳤다. 전선이 고착되고 정전협상이 길어지면서 미군은 많은 사상자가 발생하는 전투를 기피했고 위험한 지역은 다른 유엔 국가의 군대들이 떠맡는 경우가 많았다. 콜롬비아 군대는 경기도 연천에 소재한 '불모고지'라는 이름의 고지에서 막바지까지 중국군과 치열한 교전을 벌였다. 참전 군인들의 회고에 의하면 콜롬비아군이 큰 희생을 치르며 고지를 획득하면 미군들이 어디선가 나타나 훈장을 잔뜩

달아주고는 자신들의 전공으로 가로채곤 했다(이정현, 2021: 394).

> 미국의 압력과 매카시 상원의원의 히스테리 앞에 순순히 바지를 내리며 스스로 명예를 잃어버린 건 우리나라뿐이었습니다. 오직 우리나라만이 제1파견대로 천 명이 넘는 염병할 놈들을 징병한 국가였단 말입니다. 우리가 한국에 관해 뭘 알고 있었을까요? 아무것도 몰랐어요. 그래서 칠판 앞에 모여 북한의 파렴치한 행위에 맞서 남한이 얼마나 위대하게 행동했는지 들을 때에도 우리는 아무것도 이해하지 못했어요. …… 통역사는 괴로워하는 목소리로 그들을 빨갱이, 빨갱이 개자식, 빨갱이 살인자라고 칭했지요. (두란, 2015: 166~167)

전쟁의 의미를 포장하고 선전하는 정치인들과 달리, 대다수의 젊은 이들은 낯선 땅에서 기능적으로 전쟁을 수행하면서 각자의 방식으로 견뎌야 했다. 전장을 벗어난 이후의 삶도 녹록치 않았다. 그러나 그들의 진짜 이야기는 영웅담에 가려졌다. 참전 군인들이 자신이 겪은 끔찍한 일에 아무도 관심이 없다고 느낄 때 그들의 트라우마는 치유되지 못한 채로 남는다. 상당수가 타인과 정상적인 관계를 맺는 데 실패하고 가정이 해체되며, 결국 술과 마약에 중독되어 모든 것을 잃고 노숙자가 되는 경우도 적지 않다. 1950년에서 1953년까지, 수많은 외국 젊은이들이 이전에 알지도 못했던 나라에서 왜 싸우는지도 잘 모르는 채 피를 흘렸다. 트라우마는 국적을 가리지 않는다. 낯선 나라에서 상처받은 사람들의 기억은 아직 충분히 기록되지 못했다.

미군과 유엔군 포로들의 이야기

유엔군 포로의 대부분은 미군 포로였다. 북한은 남침을 개시하기 직전까지 포로 정책을 수립하지 못한 상태였기 때문에, 사로잡힌 국군과 유엔군은 사살되거나 최후방인 압록강까지 가혹한 행군을 해야 했다. 그 과정에서 포로들은 영양 부족과 체력 저하로 인해 다수가 사망했다. 이것은 중국군 개입 후 1951년 3월경 포로 관리 책임이 중국군으로 이전된 이후에도 지속되었으며 포로 송환의 순간에 이르기까지 정전협정의 기조에 따라 처우의 개선과 퇴보가 반복되었다(나상철, 2019: 143). 북한포로수용소는 임시수용소 형태로 운영되다가, 중국 측이 인수하면서 압록강 인근에 14개의 영구수용소를 설치해 관리했다. 유엔군의 포로 경험을 기록한 수기는 자국 귀환 후 언론매체에 기고되거나 단행본으로 출간되었고 몇몇 작품이 한국어로 번역되었다. 유엔군 포로수기는 외부인의 시각에서 자국의 한국전쟁 참전에 대한 정치적 이데올로기 문제를 서술함으로써 한국전쟁에 대한 시각을 넓게 확장한다.

미국인으로서는 3년간 포로생활을 했던 윌리엄 딘 장군의 수기가 유명하다. 1950년 7월 미군 24보병사단장 윌리엄 딘은 대전 전투에서 낙오되었다가 전북 진안군에서 잡혀 포로가 되었다. 북한은 그가 사단장임을 알게 된 후 그 사실을 숨겼다. 그렇기 때문에 서방에서 그는 실종상태로 알려졌다가 1951년 11월 공산 측이 제시한 포로명단에서 확인되었다. 딘이 펴낸 수기는 『아아 주검의 생활 3년간: 띤 소장의 수기』(1954)라는 제목으로 번역 출간되었다. 수기는 개인의 사적인 경험에 한정되지 않고 사단장 신분으로서의 공적담론으로 집단기억을 재현한다. 한국전쟁은 냉전체제의 충돌이었기 때문에 상대를 회유하려는 사상심리전술이 매우 중요했다. 유엔군 측은 전후방에 40억 장의 삐라를 뿌렸고, 북측도 포로들을 대상으로 심문과 세뇌를 통한 전향을 강요했다. 딘은 전쟁 책임을 시인하라는 압박과 군사정보를 털어놓으라는 심문에 시달렸고, 자신이 선전 재료가 될 것을 우려해 자살을 시도하지만 실패했다. 그는 협력을 거부하고 침묵하는 방식으로 버텼고 1953년 9월 4일 포로교환 조건으로 석방되었다. 그러나 딘의 수기에는 다른 내용들도 있다. 그가 보기에 북한 사람들은 소련의 꼭두각시가 아니었고 역사에 대한 대안적 이해를 가지고 전혀 다른 미래를 꿈꾸었으며 스스로 공산주의를 선택한 사람들이었다(Gauthier, 2015: 359). 그는 자신을 감시하던 경비병들에 대해 다음과 같이 묘사한다.

> 그들은 추위에 떠는 사람의 어깨에 몇 시간이고 담요를 둘러주고, 웃으면서 개를 때려잡는다. 한 주는 저들끼리 배를 채우고 다음 주에는 자기들의 마지막 밥 한 그릇을 나눠 먹는다. 서로의 물건을 훔치다가도 아끼는 펜이나 단추를 내준다. 규정을 엄격히 지키도록 하다가도, 그저 내가 원한다는 이유로 내 편지 한 통을 부치러 강추위를 무릅쓰고 10마일을 걸어서 다녀온다. (Dean and Worden, 1954: 165)

딘은 자신이 만난 다양한 북한 사람을 한마디로 일반화할 수는 없었다. 그는 책 말미에 "이들 북한 사람을 존중하게 되었다. 인간은 동시에 적도 되고 친구도 될 수 있다. 바로 우리가 그랬다"(Dean and Worden, 1954: 292)라고 적고 있다. 그러나 그러한 인간적인 측면의 관점은 무시되다시피 했다. 미국 언론은 냉전기에는 북한에 대한 적대감을 고양하면서 딘을 포함해 한국전쟁에 참전한 군인들을 '정의'를 수호하기 위해 투철한 반공주의로 투쟁한 '영웅들'이라고 부각시켰다. 그러나 냉전이 종식된 후에는 머나먼 한반도의 전쟁에서 실패한 군인들, 그리고 유엔군 포로수용소의 심리전 실패로 초점이 옮겨졌다(Gauthier, 2015: 360). 한국전쟁은 미국민들에게 '추위', '장진호 전투', '맥아더 장군', '세뇌'의 이미지로 각인되었다. 포로/세뇌의 이미지는 휴전 시 포로교환에서 미군 포로 21명이 본국 송환을 거부하고 중국행을 선택한 것이 미국사회에 가한 충격에서 비롯되었다(Engelhardt, 2007: 63~65). 대규모 물적·인적 자원을 투입하고도 승리를 거두지 못한 전쟁이라는 점에서 귀환거부 포로들은 미국인들에게 더욱 큰 실망을 안겨주었다.

민간인으로 북한군에 체포 억류되었다가 송환된 외국인들의 수기도 있다.[7] 모두 74명이었던 민간인 포로의 국적은 독일, 터키, 미국, 프랑스, 벨기에, 아일랜드, 호주, 러시아 등 10개국에 이르렀다. 이들은 언어도 달랐고 종교나 직업도 달랐으며 한 살짜리 아기부터 82세 노인까지 연령폭도 넓었다. 대부분 일제강점기에 추방되었다가 해방된 한국에 다시 들어왔던 사람들이었다. 호주 출신 선교사였던 필립 크로스비(한국명: 조선희)가 3년여의 포로생활 경험을 기록한 1955년의 수기는 2003년 한국에 번역 출간되었다. 오랜 시간 배고픔과 추위, 벌레에 시달렸던 이들을 하나로 결집시킨 사건은 1950년 10월 31일부터 11월 9일까지 이루어진 '죽음의 행진'이었다. 800명 넘는 인원이 영하 20도의 강추위 속에서 여름옷에 신발도 없이 160km를 걸어서 이동했고 뒤처지는 사람은 총살당했다. 50

---

[7] Raymond A. Lane, *Ambassador in chains: the life of Bishop Patrick James Byrne (1888~1950): apostolic delegate to the Republic of Korea*(1955), 박준영 옮김, 『기억의 돋보기』(바오로딸, 1994); Célestin Coyos, *Ma captivité en Corée du Nord*(1955), 이혜자 옮김, 『죽음의 행진에서 아버지의 집으로: 나의 북한포로기』(분도출판사, 1983); Eujenie, *3 ans de captivité d'une religieuse dans le Nord-Coréen: annales des Soeurs de Saint-Paul de Chartres*(1953), 『한 수녀가 겪은 3년간의 북한 포로기』(바오로뜨락, 1985); Phillip Deane, *I Was a Captive in Korea*(Norton, 1953); Phillip Deane, *I should have died* (Atheneum, 1977); Larry Zellers, *In Enemy Hands: A prisoner in North Korea* (University Press of Kentucky, 1991).

년 동안 한국에서 고아들과 가난한 자들을 돌보던 76세 베아트릭스 수녀도 그렇게 낙오자로 총살되었다. 여드레 만에 중강진에 도착했을 때 이미 100여 명이 목숨을 잃었다. 그러나 살아남은 민간인 포로들은 놀랍게도 서로 도와가며 인간애를 잃지 않았다. 그들은 타인의 죽음을 애도하고 기억하며 '고난을 공유하는 공동체'를 형성했다(윤인선, 2018: 143). 죽음의 행진을 강요한 인민군까지도 배제되지 않았다.

> 평양에서 나를 담당했던 대좌는 광적인 공산주의자였지만 성실했으며 좋은 사람인 것 같았다. 사실 북한 사람들은, 잔학한 짓을 했고 그중 몇 가지는 이미 이야기했다. 그러나 북한 사람들만 그런 짓을 했는가? 그 대좌는 나한테 다음과 같은 이야기를 해주었는데, 나는 그가 사실을 이야기하고 있다고 생각했다. 유엔군이 처음 진격했다가 후퇴한 후, 고향으로 돌아간 그는 밀폐된 방공호 안에서 600구의 시신을 발견했다. 모두가 공산당의 친척들이었는데, 그중 한 구는 그의 어머니 시신이었다. (크로스비, 2003: 300)

프랑스 종군기자였던 모리스 샹틀루의 포로 수기는 1953년 국내에 번역 출간되었다. 그는 미군의 통역관으로 차출되어 수용소 전반을 살필 수 있었으므로 기자의 시각에서 각국의 포로들이 어떻게 적응하고 있는지 관찰했다. 미군은 군기를 상실한 채 자포자기 상태여서 사상자가 많았는데, 그는 그 이유에 대해 그들이 일본에 주둔하면서 제대로 군사훈련을 받지 못한 채 한국전쟁에 참전했기 때문이라고 여겼다. 게다가 순환근무제로 매월 1만 5,000명에서 2만 명의 미군이 본국으로 돌아가거나 일본에서 휴가를 누렸으므로 미군은 소속감과 단결력도 현저히 떨어졌다. 미국 ≪뉴욕 헤럴드 트리뷴≫의 기자였던 마거릿 히긴스도 미군 병사들이 정부를 저주하며 무기를 버리는 것도 보았고 그들 대부분이 전투준비와는 거리가 멀었다고 기술했다(히긴스, 2009: 114). 이는 심문에 굴하지 않고 탈출을 기도하는 등 강인함과 용기를 보여준 영국군 포로들의 태도와 대조되는 것이었다. 영국군의 전투태세를 관찰한 백선엽도 영국군을 조직력과 용기, 진지한 자세를 갖춘 '우수한 군대'로 평가한 바 있다(≪중앙일보≫, 2010.5.14). 샹틀루는 또한 북한이 소련과 중국의 원조로 운영되고 있으며 주체적으로 전쟁을 수행할 능력이 없는 소련의 위성국이라고 폄하했다. 1953년 3월 26일 석방되어 소련을 경유해 프랑스로 귀환하는 동안 그의 눈에 비친 '사회주의 종주국' 소련의 현실은 비참하기 그지없었다. 그의 수기는 전쟁의 은폐된 이면을 드러내며, 유럽인의 타자적 시각으로 미국과 소련을 폭넓게 조망하고 있다(홍순애, 2022: 226).

중국군 포로들과 '전쟁 쓰레기'

중국에서 한국전쟁의 공식명칭은 1950년 10월 25일 참전 전에는 조선인들끼리 벌인 '조선전쟁'으로, 이후에는 조선을 도와 미국에 저항한다는 의미의 '항미원조전쟁'으로 되어 있다. 탈냉전 시기까지 이 전쟁의 기억은 중국 대중에게 통제되어 왔다가, 1980년대 이후 중국인민지원군 간부들의 회고록이 공개되면서 공적 역사자료로 발간되기 시작했다.[8] 주변적 기억에 머무르던 한국전쟁의 기억은 시진핑 집권 이후 새로운 집단기억으로 소환되기 시작해 "중국군이 북한과 손잡고 목숨 걸고 싸워 일궈낸 위대한 승리"[9]라는 서사로 재구성되었다. 중국인의 입장에서 항미원조전

---

8 중국 단둥에는 1958년 항미원조전쟁기념관이 건립되었는데, 1966~1993년까지 28년간 폐관되었다가 재개관된 후 2014년 다시 폐관되었다. 이 기념관은 확장보수공사를 마치고 2020년에 다시 개관했다. 이 외에 베이징 중국인민혁명군사박물관에도 항미원조전쟁관이 있다.

쟁의 목적은 접경지역까지 치고 올라오는 제국주의 침략군으로부터 자국을 지키고 보위하는 것이었으므로 그 목적이 달성된 이상 승리한 '정의로운' 전쟁이라는 시각이다. 1950년 당시 미국과 중국의 GDP 격차는 엄청났다. 미국은 3,001억 달러였으나, 중국은 155억 달러에 불과했다. 건국된 지 1년밖에 안 된 신생 중화민국이 세계 최강의 미국을 상대로 승리했다는 주장은 첨예한 미-중 패권경쟁 구도에서 유리한 선전이 될 수 있었을 것이다.

오랫동안 한국전쟁은 중국의 문화예술계에서 그다지 인기 있는 주제가 아니었다. 중국 현대문학의 거장 바진(巴金)이 쓴 소설 『단원(團圓)』(1961)과 이 작품을 각색한 영화 〈영웅아녀〉(1964)는 한국전쟁에 대한 중국 대중의 인식에 큰 영향을 끼쳤다. 그러나 군인들의 생활과 전쟁 속 가족의 재회를 묘사함으로써 가족을 지키는 것과 국가를 수호한다는 항미원조전쟁의 대의명분이 어떻게 구현되는지 탐구했던 원작과 달리, 〈영웅아녀〉는 평범한 초급병사를 영웅화하는 방식으로 혁명에 맞는 정치적 이데올로기를 강조했다(조영경, 2022: 75~99). 2000년대와 2010년대에는 참전군 간부들의 구술 증언을 바탕으로 제작된 드라마와 다큐멘터리들이 나왔다. 36부작 〈펑더화이 원수〉(2016), 10부작 다큐 〈상감령: 가장 긴 43일〉(2012),[10] 6부작 다큐 〈불타는 철원〉(2015), 〈생사돌파: 조선에서의 180사〉(2015), 〈혈전중생: 50군조선전기〉(2015) 등이 이에 해당한다.

---

9 중국인민해방군 공식 SNS 계정인 '중국군호'는 "74년 전 중국인민지원군이 평화를 수호하고 침략에 반대하는 정의의 기치를 높이 들어 조선인민지원군과 함께 피 흘리며 싸워 항미원조전쟁의 위대한 승리를 쟁취했다"라고 게시했다. 앞서 시진핑은 항미원조 70주년을 맞이한 2020년 베이징 인민대회당에서 "항미원조전쟁의 위대한 승리는 중화민족의 역사책에 영원히 새겨질 것"이라면서 "중국군이 위대한 애국정신으로 북한 인민, 군과 손잡아 2년 9개월간 목숨을 걸고 싸워 위대한 승리를 이뤘다"라고 연설했다(≪뉴스1≫, 2024.10.25).
10 상감령은 북한지역의 강원도 김화군 오성산 삼각고지를 일컫는 지명이다. 43일 간의 치열한 고지전으로 중국군 3만~4만 명이 전사한 것으로 알려져 있다.

이 작품들은 한국전쟁이 아직 국가서사화되기 전 '조용한 해금기'에 제작되어 역사적으로 더 의미 있는 것으로 평가된다(백지운, 2023: 246). 2020년대에는 40부작 드라마 <압록강을 넘어>(2020)를 비롯해 영화 <금강천>(2020), <가장 사랑스러운 이>(2020), <장진호>(2021), <장진호의 수문교>(2022), 24부작 드라마 <상감령>(2024) 등이 대중적인 인기를 모았지만, '승리한 항미원조전쟁'이라는 일관된 공식기억에 매몰되는 한계를 보였다.

그러나 중국의 공식서사에서 이 전쟁이 소련의 승인과 중국의 지원 약속을 받고 북한이 남침해 개시되었다는 사실은 거의 언급되지 않는다. 또한 중국이 미국과 싸운 전쟁이라는 논리는 전쟁의 당사자이자 가장 큰 피해자인 남과 북을 무시하는 것이다. 이렇게 간과되는 대상에는 포로가 된 자국군도 포함된다.

유엔군 포로수용소에서 큰 비중을 차지한 중국군 포로들의 상황은 어떠했을까? 재미 중국 소설가 하진(哈金)이 2004년 출간한 소설 『전쟁 쓰레기』는 중국군 포로 유유안이 가진 전쟁의 기억과 트라우마를 다루고 있다. '미제국주의에 대항하는 전쟁'으로 참전을 정당화했던 중국은 중국군 포로 2만 명 가운데 본토 귀환을 희망한 포로가 7,000명밖에 안 되는 것에 당황했다. 이는 사회주의 혁명을 성공적으로 이루어낸 중국정부의 자존심을 건드린 것이었다. 당시 중국으로 귀환하기를 원한 포로들 대다수는 이념 때문이 아니라 단지 고향집에 돌아가고 싶어서 그런 선택을 했다. 그러나 귀환포로들은 심사를 거친 후 대부분 당적과 군적을 박탈당하고 고향으로 돌려보내졌다. 그들은 배반자나 스파이로 여겨졌고 '쓰레기', '신생 중국의 수치'로 취급당했다. 장렬하게 전사하지 못하고 적에게 항복해 구차하게 목숨을 부지했다는 이유에서였다.

수백 명의 사람들이 배반자나 스파이로 분류되어 다시 감옥에 갇혔다. 우리는 평생 특별 관리 대상이었다. …… 내가 알기로는 유엔 포로수용소에서 돌아온 귀환자들의 자식 가운데 대학에 간 사람은 없었다. 1980년 전쟁 포로들이 드디어 복권될 때까지 27년 동안, 그들 아버지의 과거가 그들에게 제대로 된 교육을 받는 걸 불가능하게 만들었기 때문이다. (하진, 2008: 517~520)

하진의 『전쟁 쓰레기』를 비롯해, 1949년 대만으로 패퇴한 국민당 정권이 38년 철권통치의 막을 내렸을 때 '민족의 배신자'의 최후를 그린 천잉전의 2001년 소설 『충효공원』과 같은 작품들은 중국인들의 경험에 대한 시야를 넓혀준다. 그들 역시 전쟁 트라우마와 어두운 기억에서 자유롭지 못했다. 한국전쟁은 참전국뿐 아니라 참전하지 않은 나라들의 운명도 바꿔놓았다. 일본은 미군의 후방기지 역할을 하면서 패전 후 경제를 단기간에 일궈냈다. 제2차 세계대전에서 적으로 맞서 싸웠던 미국과 일본은 한국전쟁을 계기로 급속도로 가까워졌고 그 관계는 지금까지 유지되고 있다. 대만으로 패주한 장제스 정권은 3만 명이 넘는 본토인을 학살한 1947년의 '2·28사건'[11]으로 매우 큰 원성을 샀지만, 중국이 한국전쟁에 참전한 덕분에 살아남았다. 그 사이에 『충효공원』의 주인공 마정타오와 같은 친일파는 반공주의자로 옷을 갈아입고 권력에 오래도록 기생했다. 하

---

11 대만 2·28사건은 제주4·3과 놀랍도록 유사하다. 2·28사건은 1947년 2월 27일 국민당의 단속반원이 노파를 구타하다가 이에 항의하는 대만인을 사살한 데서 비롯되었다. 대만인들은 자치와 인권보장을 요구하는 시위를 벌였고 국민당이 군대를 동원해 무력으로 진압하는 과정에서 3만 명의 대만인이 학살당했다. 이때 발효된 계엄령은 1987년에야 해제되었다. 일제 식민지배가 끝나자마자 들어온 국민당이 얼마나 악랄하게 대만인을 착취하고 차별했으면 "개가 떠나자 돼지가 왔다(狗走, 猪來)"라는 말이 대만 사람들 사이에 은어로 통할 정도였다. 이 사건으로 대만 사람들은 차라리 일본 통치가 나았다고 생각하게 되었고, 지금까지도 이러한 친일·탈중국 정서가 주류를 이루고 있다.

지만 그들은 엄습하는 자신의 악행의 기억에 짓눌렸다.

마정타오가 지금까지 줄곧 굳게 잠가두었던 기억의 문을 조금 느슨하게 열기만 하면 오래도록 꾹 눌려 있던 기억들이 어두운 기억의 동굴 속에서 시체 썩는 냄새를 풍기며 스멀스멀 기어 나오곤 했다. 꿈속에서 그는 공산당을 막기 위해 농민들을 모조리 이주시켜 버린 무인지대의 무너진 농가에서 동사한 불구자 노인을 보았고, 집안이 풍비박산 나 고아가 돼버린 아이들이 다 떨어진 옷을 입고 기차역의 철길을 돌아다니다 역을 지나던 군용 열차의 일본 병사들이 던져주는 짬밥으로 주린 배를 채우는 모습을 보았다. …… 마정타오는 이런 기억들이 괴로웠다. …… 그가 늙지 않았다면 기억을 꼭꼭 밀봉해 놓은 뚜껑이 헐거워져 시체 냄새와 피비린내를 풍기는 어두운 기억들이 마정타오가 방심한 틈에 제멋대로 피어오르게 하지는 않았을 것이다.(천잉전, 2011: 163~166)

본토 송환을 거부하고 대만으로 간 중국군 포로 1만 4,000여 명의 삶은 어떠했을까? 그들이 대만행을 택한 배후에는 국민당 정부의 집요한 설득과 영향이 있었다. 수용소에 파견된 국민당 비밀요원들은 포로들의 몸에 반공 표어를 문신으로 새겼다(馬國正, 2007: 208~209). 본토로 돌아가지 못하게 낙인을 찍으려는 조치였다. 그들은 '반공의사(反共義士)'로 환영받으며 중국과의 이데올로기 전쟁에서 승리했다는 대만 정부의 선전에 동원되었다. 그러나 그들의 영광은 오래가지 못했다. 국민당 정부는 포로들에게 사상교육을 시켰으며, 포로의 집안과 정치 배경을 파악한 후 그들을 공산당에서 탈퇴시키고 군 입대에 반강제로 동원했다. 반공의사에 대한 긍정적인 분위기는 급속히 약화되고 '전 공산주의자'라는 부정적인 시각이 증가했다. 과거 권위주의 정부와 국가폭력의 또 다른 희생자로서 당

-국가의 이익이라는 굴레에 갇힌 이들은 소외된 존재로 전락해 대부분 사회 최하위계층으로 근근이 삶을 이어갔다(徐宏寬, 2016: 143). 중국군 포로의 삶은 한국전쟁과 냉전이 남긴 불행한 유산 가운데 하나로서, 이념 우선의 국가정책에 희생된 질곡의 역사라고 봐야 할 것이다.

제7장

북한사회의 전쟁기억

북한은 한국전쟁의 기원과 성격을 어떻게 보고 있을까? 북한에서 한국전쟁의 공식명칭은 '조국해방전쟁'이다. 북한은 일관되게 이 전쟁이 미국의 지원을 받은 남한의 북침에 대한 반격으로 발발했으며 사회주의와 제국주의 간의 대결과 충돌 끝에 사회주의가 승리한 전쟁이라고 주장해 왔다. 즉, 북한에서 '조국해방전쟁'은 "리승만 매국역도들이 일으킨 동족상잔의 내전"이자 "조국의 통일과 독립과 자유와 민주를 위한 정의의 전쟁"으로, "력사적 승리와 성과를 달성"한 것으로 되어 있다(김일성, 1953a: 7; 1953b: 3~4). 이에 따르면 미군정 이후 수립된 남한정부는 미제국주의의 괴뢰정권이므로 6·25는 '남조선 인민'을 해방시키고 식민지적 현실을 타파하기 위해 치러진 신성한 전쟁이다. 1950년 6월 25일 내각비상회의에서 김일성은 이렇게 말한 것으로 되어 있다.

> 매국역적 리승만도당의 괴뢰군대는 오늘 이른 새벽 38선 전역에 걸쳐 공화국 북반부를 반대하는 불의의 무력침공을 개시하였습니다. …… 미제의 직접적인 조종하에 리승만괴뢰도당은 이미 오래전부터 공화국 북반부를 침공하기 위한 준비를 진행하여 왔습니다. …… 적들의 야만적인 침략전쟁에 우리는 정의의 해방전쟁으로 대답하여야 합니다. (김일성, 1995: 1~4)

북한의 대표적인 역사개론서인 『조선통사』도 한국전쟁에 대해 '위대한 수령의 영도'로 '승리'한 전쟁이라고 기술하고 있다.

> 조국해방전쟁에서의 조선 인민의 력사적 승리는 오직 위대한 수령 김일성동지의 현명한 령도에 의해서만 이루어질 수 있었다. …… 위대한 수령님

께서 창시하신 주체사상이 있고 수령님의 현명한 령도가 계심으로 하여 전쟁 승리의 모든 요인들이 확고히 마련될 수 있었다. (박득준·김적봉, 1987: 492)

김일성은 전쟁을 주제로 한 작품이 대중교육의 효과적인 도구가 될 수 있다고 여기고, 1954년 8월의 훈시에서 "조국해방전쟁시기 인민군대와 인민들이 세계 '최강'을 자랑하던 미제와 그 주구들을 반대해 영웅적으로 투쟁한 생동한 자료를 가지고 소설, 영화, 노래, 무용과 같은 문학예술작품을 많이 창작해 당원들과 인민들을 교양"하고 널리 보급함으로써 "정전이 된 오늘 우리 인민들이 평화적 건설을 진행하면서 가렬한 전쟁시기 자기들이 투쟁한 모습을 그린 문학예술작품들을 보면 커다란 감명을 받게 될 것"(김일성, 1980: 61~62)이라고 말했다. 이에 따라 북한사회의 전쟁 기억은 '미제와 그 주구들을 반대해 영웅적으로 투쟁해 승리한 전쟁'으로 만들어졌고, 종전협정 체결일인 7월 27일은 '승리기념일'로 제정되었다.

북한의 근현대사 교육은 역사교육과 문학교육이 깊이 관여하면서 만들어진, 매우 독특한 형태로 구조화되어 있다. 소학교에서는 허구적 사실을 이야기식으로 가르치고 있고, 중학교에서는 허구적 사실에 실제 발생한 사실을 혼합해 문학적 서사교육이 실시되고 있다(이영미, 2016: 189). 아이들을 대상으로 한 대중문화 프로그램도 마찬가지이다. 예를 들어, 북한에서 높은 인기를 누렸던 TV 만화영화 〈다람이와 고슴도치〉는 용감한 다람쥐 다람이와 고슴도치가 꽃동산을 지배하려는 족제비와 쥐의 음모를 물리친다는 내용의 애니메이션이다.[1] 이 프로그램은 만화의 형식을

---

1   1977년부터 2012년까지 조선4·26아동영화촬영소에서 제작, 조선중앙텔레비죤을 통해 방영되었다. 등장하는 동물들이 각 나라를 상징한다는 시각에 대해 제작진들은 "현재의 조·미 대결전을 간접적으로 형상화한 게 아니냐는 말이 있는데 절대 그렇지 않고 어린이들에게 조국애

빌려 국제정세를 은유적으로 반영하고 있다. 여기에 등장하는 허풍쟁이 술꾼 곰 아저씨의 허무한 죽음, 그리고 "곰만 믿고 울바자 하나 제대로 쳐놓지 못하니 족제비 놈들에게 봉변을 당한다"라는 고슴도치의 질책은 사회주의 강대국들이 북한의 안보를 책임져주지 않는다고 경고하는 것처럼 들린다. 중국과 멀어지나 싶으면 혈맹을 강조하고, 러시아와 소원해졌다가도 이해관계에 따라 밀착하는 북한의 행보는 한국전쟁 발발 전부터 지금까지 오랜 세월 유지해 온 나름의 생존전략이다.

공습의 공포

한국사회는 전후 극심한 가난, 민주화 운동 탄압, 경제성장의 후면에서 심화된 부정부패 등으로 인해 많은 고통을 겪었다. 그러나 그 후 경제성장과 민주화가 이루어지면서 점차 피해자의식이 치유되기 시작했다. 반면 북한사회의 트라우마는 남한보다 훨씬 더 심각한 상태이다. 언뜻 생각하면 선제공격을 감행했던 북한이 무슨 피해의식과 트라우마를 갖고 있겠느냐고 반문할 수도 있다. 그러나 몇 가지 이유로 인해 북한의 피해의식은 왜곡된 방향으로 심화되었다. 기습침략을 당한 남한 사람으로서는 어처구니없지만, 북측은 자신을 피해자이자 '미제국주의로부터 남조선 인민을 해방시키려 했던 선(善)'으로 규정한다. 사회문화정신의학자인 전우택은 여기에서 북한의 마음 읽기를 시도한다. 북한 사람들의 피해의식은 범죄 피해자의 심리적 후유증과 유사하다는 것이 그의 진단이다.

와 동무를 사랑하는 마음을 심어주자는 데 목적이 있다"고 밝혔다(≪NK조선≫, 2005. 2. 2).

북한도 한국전쟁기의 막대한 손실로 인한 피해의식이 있다. 60년대와 70년대 경제성장으로 피해의식 극복 기회가 있었으나 80년대부터의 경제 악화, 독재 강화 등으로 북한 주민들은 고통을 겪었고, 북한정권은 모든 고통의 원인을 미국과 그 하수인 남조선에게 돌리면서 새로운 피해의식을 주입시켰다. (1) 북한 사람들은 전쟁으로 엄청난 피해를 겪은 후 전쟁 위험에 대해 공포를 갖게 되었다. 이는 선군정치와 핵개발로 드러난다. (2) 외교적 고립상태가 되어 아무도 자신들을 도와주지 못한다는 생각에 더 불안하고 공격적이 된다. (3) 고통의 책임을 외부 책동에 돌려, 한국과 미국에 대한 분노를 조장한다. 분노를 외부로 돌려야 정권에 대한 내부 불만을 잠재울 수 있기 때문이다. (전우택 외, 2021: 187~189, 필자가 내용 요약)

먼저 살펴볼 것은 북한의 전쟁 피해이다. 한국전쟁 기간 동안 인적·물적 손실 규모는 북한이 훨씬 컸던 것이 분명하다. 국방부 군사편찬연구소에 따르면 국군 사망자는 13만 7,899명, 민간인 사망자는 24만 4,663명으로 집계된 반면, 북한군 사망자는 군사정전위원회 편람 기준으로 52만 명, 민간인 사망자는 28만 명에 이른다.[2]

북한지역 민간인은 군사적 대상과 민간인을 구별하지 않은 무차별 공습의 최대 피해자였다. 북한 민간인 사상자는 전체 사상자의 80%에 달하는데 그중 85%가 공중폭격에 의한 피해였다. 군사작전에서 제공권을 장악하는 것은 아군의 손실을 줄이면서 적에게 최대의 타격을 주는 효과적인 방법으로, 전쟁의 승패에 커다란 영향을 미친다. 이에 따라 미군의 북한

---

2 국방부 군사편찬연구소는 러시아 연방 국방성 중앙문서보관소에 보관되어 있던 6·25전쟁 당시 소련 군사고문단장 라주바예프의 비밀보고서를 발굴해 분석한 결과, 북한의 민간인 인명 피해가 기존에 알려진 200만~250만 명의 절반인 120만 명 수준으로 드러났다고 밝혔다. 민간인 사망자 28만 2,000명은 '폭격에 의한 사망'으로 분류되었다(≪조선일보≫, 2001.6.25).

지역 공중폭격은 개전 4일째인 6월 29일부터 신속하게 시작되었다(김태우, 2010: 362). 1950년 8월 5일 외무상 박헌영이 유엔 안전보장이사회 의장 말리크 소련 대표에게 보낸 공식 항의서한에는 원산폭격으로 4,000명 이상의 민간인 사상자가 발생했다고 되어 있다. 말리크는 이에 대해 "조선민주주의인민공화국 정부의 항의를 고려하고, 비무장 민간인에 대한 파괴와 대규모 절멸을 동반한 미합중국 군대의 한국 도시 및 마을을 상대로 한 폭격이 보편적으로 수용되는 국제법 규칙에 대한 총체적 위반임을 인정하며 …… 미국정부가 공군 또는 다른 수단을 동원해 마을과 인구밀집지역을 폭격하고 한국의 비무장 주민들에게 공중사격을 가하는 행위를 중단하고 향후 이러한 행위를 허용하지 않을 것"을 요구하는 결의안(S/1679)을 제출했지만 이에 대한 표결은 이루어지지 않았다.[3]

미 공군의 정밀폭격 목표는 높은 오폭률로 실패하고 목표물 인근의 인구 밀집지역을 무차별 폭격하는 양상으로 진행되었다. 그나마 정밀폭격 지침은 개전 초기에만 해당되는 것이었다. 미 공군 자료에 의하면 1950년 10월까지는 미 공군의 군사목표 정밀폭격 정책이 원칙적으로 중요하게 강조되었지만, 중국군 참전 후 연달아 전투에 패하면서 11월 5일을 기점으로 그 정책은 질적으로 달라졌다. 북한 도시와 농촌의 인구밀집지역을 핵심 공격목표로 설정하는 이른바 '초토화작전'이 공식적으로 하달되었던 것이다. 미 공군은 한국전쟁 3년 동안 63만 5,000톤의 폭탄을 쏟아부었다. 이는 태평양전쟁 때 쓴 50만 3,000톤보다 많은 양이다. 여기에는 삽시간에 모든 것을 불바다로 만들어버리는 소이탄과 네이팜탄, 시한폭탄이 포함되어 있었다. 방침이 변경되면서 도시와 농촌지역 자체가

---

3 "1950년 8월 8일자 유엔 안전보장이사회 회의 요약"(한국현대사료DB FRUS 자료), https://db.history.go.kr/contemp/main.do(검색일: 2024. 10. 2)

공격 대상이 되었다. 전쟁 초기에는 북한의 전쟁 수행을 지원하는 주요 산업시설을 파괴하기 위해 교통의 중심지였던 평양, 원산, 함흥 등의 대도시, 그리고 항구가 있는 흥남, 청진, 나진, 신의주 등의 공업도시를 집중폭격했다. 1950년 7월 13일 당일에만 1,249명이 사망한 원산폭격이 대표적이다(김태우, 2013: 114).[4] 1951년 5월 16일에서 27일까지 열흘 간 북한을 방문한 국제민주여성연맹('국제여맹')의 보고서는 초토화작전의 광풍이 휩쓸고 간 직후의 북한 상황을 목격한 조사위원들의 목격담을 담고 있다.

> 신의주 시내 전체를 커다란 불구덩이로 만들어버린 소이탄 집중폭격 때문에 목조건물들은 모두 전소되었고, 석조건물도 대부분 파괴된 상태였다. …… 수만 발의 소이탄이 내뿜은 네이팜이 도시 안의 모든 가연성 물질들을 불태워버린 듯했다. …… 조사위원들은 커다란 잿더미로 변해버린 도시의 모습을 비롯해, 산 아래 동굴에서 원시 인류처럼 살아가는 다수의 여성과 아이들, 최소한의 쌀과 콩 배급으로 간신히 목숨만 부지해 가는 평범한 사람들의 고달픈 일상을 보고 또 볼 수 있었다. 모든 조사위원들은 도저히 '군사목표'로 간주할 수 없는 수많은 도시와 농촌 마을들의 전면적 파괴에 커다란 공포심마저 느꼈다. (김태우, 2021: 146~147, 285)

시도 때도 없이 나타나서 비 오듯 폭격을 퍼붓는 미군의 공습은 주민들에게는 공포 그 자체였다. 북한 사람들은 미군 전투기를 '쌕쌕기'라고 불렀다. 북한의 전선문학이나 전쟁주제 문학에서 폭격에 대한 묘사가 빠지지 않는 것을 볼 때도 폭격이 얼마나 극심했는지 알 수 있다. 이들 문학

---

4 군대 가혹행위의 대명사로 엉덩이를 들어 올린 채 머리를 바닥에 박는 '원산폭격' 자세가 있다. 한국전쟁 때 원산을 폭격하느라 급강하하던 폭격기의 모습과 유사한 자세여서 붙은 명칭으로 알려져 있다.

에서는 인민들의 처참한 상황과 그 상황을 야기한 적에 대한 분노와 증오가 두드러지지만, 그 속에는 내면화된 공포가 감지된다. 북한정권이 주장하는 민간인 피해는 단순한 선전문구가 아니라 진실에 가깝다.

1970~1980년대 북한에서는 쌕쌔기가 시커먼 연기를 내뿜으며 항공을 수시로 날아다녔다. 그때마다 전쟁을 경험한 세대들은 마치 미군 폭격기가 날아온 것처럼 공포반응을 보였다. …… 나의 할머니도 쌕쌔기만 뜨면, 아니 쌕쌔기가 날아가는 소리와 비슷한 소리만 들려도 심장을 부여잡고 가쁜 숨을 몰아쉬며 공황발작을 일으키곤 했었다. 미군의 폭격으로 동네 뜰에서 모여 놀던 아이들이 여러 명 죽었는데, 그중에는 할머니의 10대 어린 아들도 있었다. 할머니를 비롯한 전쟁세대는 동네에서 마을돌이를 하다가도 쌕쌔기 소리만 들리면 황급히 집 마당에 파놓은 방공호에 들어가 엎드리곤 했었다. …… '미국 놈은 살인자'라는 인식은 단지 머리뿐만이 아니라 그들의 신체와 정신에 깊숙이 새겨진 트라우마 흔적이었다. (감희, 2021: 62~63)

미 공군의 항공차단작전에는 불안과 공포, 공황, 피로와 수면부족에 따른 지각능력 저하, 패전의식을 공산군에게 유발하는 심리전도 포함되었다. 미 극동공군 심리전국의 전쟁포로 825명에 대한 심문결과보고서에서는 유엔공군의 폭격과 포병의 집중포화가 적에게 가장 큰 두려움의 대상이자 효과적인 심리전 무기라고 기술하고 있다(공군본부, 2012: 194). 공습은 식량부족 다음으로 사기를 떨어뜨린 주요 원인이었다. 공습의 위험을 줄이기 위해 야간행군에 의존했던 북한군과 중공군은 극심한 추위와 피로와 배고픔에 시달렸고, 이는 전투력 약화로 이어졌다. 유엔군 공습에 의한 심리적 영향력은 실제 공군이 수행한 물리적 파괴 정도를 능가한 것으로 추정된다(Futrell, 1983: 173).

삐라(전단지)를 이용한 심리전도 빼놓을 수 없다. 전쟁기 3년 동안 유엔군과 한국군은 25억 장의 삐라를 제작해 한반도에 뿌렸다. 전쟁 발발 직후인 1950년 6월 28일 미 극동사령부가 남한 군인과 주민을 상대로 뿌린 삐라 1,200만 장이 시작이었다. B-29 대형 폭격기를 이용해 전단을 가득 채운 포탄을 투하하거나, 소형 항공기로 살포하거나, 곡사포와 박격포 포탄에 삐라를 채워 지상포격을 하는 방식이 주로 동원되었다. 대부분 전황이 북한 측에 불리하게 전개되고 있으니 투항하라고 권유하는 것과 아울러 북한군 내부 분열을 유도하는 것이 목적이었다. 전쟁이 격화되면서 "패망할 날은 닥쳐왔다", "주검이 닥쳐온다"와 같은 과격한 협박성 문구들도 추가되었다(한림대학교 아시아문화연구소, 2000: 74, 108). 1950년 9월부터 1951년 1월까지의 전쟁 상황을 소재로 한 『불멸의 력사』 시리즈 『조선의 힘』(1992) 편에는 다음과 같이 기술되어 있다.

이따금 창백한 조명탄의 불빛이 그들의 머리 우에 푸릿한 빛발을 확 뿌리기도 했다. 그러면 세찬 비줄기 속에서 파들파들 떨어져내리는 하얀 종이장들이 보였다. 적들이 뿌린 삐라였다. ≪유엔군 인천에 상륙!≫ 사품치는 락동강의 흙탕물 우에, 짓이겨진 논밭과 탕수 속에, 구겨박힌 포차들의 잔해 우에, 그리고 필사적인 공격에 내달리는 병사들의 젖은 군모 우에, 어깨 우에, 중기관총 총차 우에 삐라들이 떨어졌다. ≪북조선군 장병들에게 알린다! 강력한 유엔군 부대들이 인천에 상륙하여 서울로 진공하고 있다. 보라! 당신들은 후방과 보급로를 차단당한 채 포위 속에서 전멸될 것이다. 당신들을 구원해 줄 힘은 이 세상에 없다. 투항하라!≫ 삐라에는 포연이 자욱한 서울시 전경, 인천 앞바다에 꽉 들어찬 함선들의 사진이 찍혀 있었다. 평양-서울-대전을 련결하는 철도와 자동차도로를 커다란 가위로 잘라버리는 그림까지 그려져 있었다. (정기종, 1992: 4)

북한과 중국도 이에 맞서 3억 장의 삐라를 살포했는데, 쌀값 폭등 등 '전쟁장사꾼' 미국 비판, 동포애 호소, 귀순 유도 등이 주요 내용이었다. 남측은 '김일성은 소련과 중국의 지시를 받는 꼭두각시이며, 중공군은 북한 국민을 약탈하는 오랑캐들'이라고 주장했고, 북측은 '미제는 일본제국주의자들과 동일한 침략자이며 날강도 같은 폭력배'라고 주장했다. 전쟁 초기에 주로 글로만 쓰였던 삐라는 문맹이 많아 효과가 없자 점차 그림으로 바뀌었다. 남북한 모두 표어, 사진, 텍스트 외에 만화삐라를 많이 제작했다. 이런 식의 이미지화는 남한에서 오랫동안 삽화, 애니메이션, 포스터 등으로 반복 재생산되었다.

　1950년 5월 김일성의 교시에서 "우리 인민은 승냥이무리들이 자기를 뜯어먹는 대로 내맡겨두는 온순한 양의 떼가 아니다"(김일성, 1980: 486)라고 표현한 이래 '미제=승냥이' 이미지가 널리 확산되었다. '교활하고 악랄하고 포악하고 야만적인 미제 승냥이'의 이미지는 지금도 계급교양 교육에서 자주 사용되고 있다. 삐라를 대량생산해 살포한 미군과 달리, 북한군은 상부로부터 보급받는 삐라 외에 자체적으로도 삐라를 만들어 소량씩 뿌리는 체제여서, 비전문가인 선전원들은 당 정책이나 문학작품을 참고할 수밖에 없었다(김은정, 2013: 314). 당시는 종군작가로 참여한 작가들의 보고기사문에 근거해 소설이나 시가 창작되면 그것들이 전선문고로 묶여서 다시 전선에 보급되는 구조였다.

　삐라 살포는 휴전 이후에도 계속되었다. 남북 양측에서 정부 주도하에 조직적으로 삐라를 살포했다. 2000년 남북정상회담에서 상호비방을 중단하기로 합의하면서 남한에서는 국가 차원의 살포가 중단되었다. 그러나 시민단체에 의한 사적 유포는 계속되었다. 2010년 연평도 사건 이후 국방부가 한때 대북전단 살포를 재개했지만 1년도 안 되어서 중단했다. 북한은 1961~1999년까지 3,543종의 삐라를 남측에 뿌렸고 2000년 이후 중단했다가 2016년 박근혜 대통령 탄핵기에 9개월 동안 265만 장을 살포했다. 기구에 시한장치를 달아서 바람에 날려 보내기도 했고, "비행기, 포기구, 활, 연, 기차, 자동차"[5] 등의 수단을 이용하는 방법이나 비닐봉지 등 방수 상자에 담아 하천으로 흘려보내는 방법이 동원되기도 했으며, 공작원을 시켜 도심과 대학가 주변에 은밀히 뿌리기도 했다. 내용은 북한체제와 정책 선전, 남한 지도자와 정책에 대한 비판과 반정부·반외세 투쟁선동, 남한사회 갈등조장이 주를 이룬다(권오국, 2024: 51). 남한정부 주도의 대북전단은 북한에 새로운 정보를 유입시켜 주민들이나 국경지대 군인들로 하여금 탈북을 유도하는 역할을 수행했고, 민간단체들이 살포한 전단은 북한체제와 지도자를 비판해 내부 저항을 유도하는 것을 목표로 했다(장도경 외, 2021: 41~42). 이렇게 해서 남측 시민단체들에 의해 2010년부터 10년 동안 북한에 2,000만 장 이상의 삐라가 뿌려졌다. 대북전단 살포는 2021년 법에 의해 금지되었다가 2023년 해당 법에 대한 위헌 결정으로 재개되었고, 2025년 정권교체 이후 다시 규제되는 등의 우여곡절을 겪고 있다. 삐라의 효과와 영향에 대해서는 여러 가지 논란이 있지만, 최고지도자를 비판하는 내용의 '남조선 삐라'와 거기 담긴 달러화 지폐, USB 등이 주민들의 손에 들어가는 것은 북한 당국으로서는 피하고 싶은 일이 아닐 수 없다. 언론에 노출된 북한 삐라 사진이 끼친 영향에 대한 질적 연구에 따르면, 남한에서도 연구 대상자들이 일정한 수준의 불안, 공포, 혐오 등의 부정적인 정서를 보였고 대북정책이나 남남갈등문제에 대해 부정적인 인식이 강해진 것으로 나타났다(정은진·김성우·이상은, 2021: 114). 북측에서는 대남 담화문 발표, 대남 성토를 위한 군중집회 개최를 거쳤고,

---

5 조선인민군출판사가 2012년 발행한 북한군 학습제강에 나오는 내용으로, ≪월간조선≫ 2013년 1월호에 게재되었다.

김정은에 의해 "적대적 두 국가론"이 공식화된 2024년에는 쓰레기풍선을 날려 보내는 일까지 벌어졌다. 그 외에 국외 서버를 이용해 선전용 채널을 운영하거나, 소셜미디어와 포털사이트 댓글창 등에 허위 정보를 유통시키는 등 상대에 대한 비방전이 사이버상으로 확대되고 있다. 냉전기 유물인 남북 간의 심리전은 지금도 현재진행형이다.

민간인 학살과 세균전 의혹

1951년 18개국 21명의 외국인 여성으로 구성된 국제여맹 한국전쟁 진상조사단의 조사 결과가 『우리는 고발한다(We Accuse)』라는 제목의 소책자로 전 세계에서 7개 국어(영어, 한국어, 중국어, 프랑스어, 러시아어, 스페인어, 독일어)로 발간되었다.[6] 조사단은 북한지역만 10여 일 돌아보고 남한은 방문하지 않았기 때문에 북한군과 중국군의 전쟁범죄에 대한 정보를 얻지 못했다. 따라서 이 보고서에서는 북한지역에서 이루어진 유엔군(미군)과 한국군의 '만행'에 대해서만 일방적으로 기술하고 있다. 이 보고서가 미국에 대해 대단히 비판적인 내용으로 일관한 까닭에, 출간 직후 공산당의 정치선전물로 취급당했고 반세기가 넘도록 학계로부터도 외면

---

6   국제여맹(Women's International Democratic Federation) 위원들은 덴마크, 체코슬로바키아, 네덜란드, 영국, 소련, 프랑스, 이탈리아, 오스트리아, 동독, 서독, 벨기에, 캐나다, 쿠바, 아르헨티나, 튀니지, 알제리, 중국, 베트남 출신이었고, 직업은 변호사, 정치인, 도서관장, 대학교수, 교장, 작가, 저널 편집장, 공기업 대표 등으로 자국에서 지도적 역할을 하는 여성들이었다. 1951년 1월 북한의 '조선민주여성동맹'이 미군의 가혹한 전쟁 수행 방식과 피폐해진 일상을 고발하는 장문의 호소문 「전 세계 녀성들에게 보내는 편지」를 발표했고, 국제여맹이 이에 응답해 조사위원회를 꾸린 것으로 보인다. 국제여맹 조사보고서는 북한의 모든 도시와 농촌이 철저히 파괴되었고, 부녀자들과 아이들은 굴속에서 살고 있었으며, 다수의 여성이 미군에 의해 성폭력을 당했고, 집단학살이 대단히 잔인한 방법으로 자행되었다는 증언들을 다룬다.

당했다. 그러나 2010년 이후 해외 여성학계를 중심으로 이루어진 연구에 따르면, 국제여맹의 주요 임원들과 회원단체들은 공산당과 무관한 경우가 많았으며 이 보고서의 주장은 미 공군 자료와 상당 부분 일치하는 것으로 밝혀졌다. 보고서에는 실제 사건으로 추정되는 많은 사례가 언급되어 있고 특히 현장을 관찰한 내용이 자세하게 기록되어 있다. 북한인의 입장에서 인터뷰한 내용은 편파적일 수 있겠지만, 이 점은 조사단도 충분히 숙지하고 있었으며 특히 개전 책임에 대한 북한 측의 주장을 받아들이지 않음으로써 증거에 기반한 객관성을 확보하려고 노력했다. 북한은 북한체제의 안정성에 대한 대외적 선전과 홍보에 타격이 될까 봐 우익치안대가 학살에 가담한 사실을 숨긴 것으로 보인다. 이에 따라 조사단이 북한 현지 우익 청년들을 학살의 주체로 명시하지 않은 점은 이 보고서의 신빙성을 떨어뜨리는 가장 심각한 문제로 지적된다.

> 일부 조사위원들은 학살의 주체로서 미군이 압도적으로 많이 제시되는 상황에 대해 의구심을 품었다. …… 미군의 직접적 학살 실행·명령·방조 여부는 여전히 학계 내의 주요 논쟁 대상으로 남아 있지만, 우익치안대의 학살 가담은 부인할 수 없는 역사적 사실로 확정된 상태이다. 반면에 국제여맹 보고서는 '미군' 혹은 '미군 통제하의 한국군'만을 학살의 주체로 강조하고, 북한 현지의 우익청년단에 대해서는 아예 거론조차 하지 않았다. (김태우, 2021: 287~288)

북한정부의 자료와 보고에서는 학살과 폭격에 의한 희생자를 모두 미군에 의한 범죄로 규정한다. 국제여맹의 보고서도 북측이 제공한 자료와 증인에 근거한 것이기 때문에 미군이 학살의 주체로 명시되어 있다. 북한지역에서 벌어진 민간인 학살은 두 가지 유형으로 구분된다. 하나는 북한이 점령되었던 기간(1950년 10월~12월)에 국군과 미군, 우익청년단이 행한 좌익혐의자 처벌이고, 다른 하나는 전쟁 초기인 인민군 후퇴기에 인민군과 내무서원에 의해 벌어진 학살이다. 가장 많은 민간인이 희생된 것은 국군과 미군 점령 전후 시기이고 대부분 폭격에 의해 사망했다. 미군 통제하의 지역에서 벌어진 민간인 학살은 그동안 한국사회에서 제대로 조명되지 않았으나, 이것은 북한의 트라우마 체제의 근간을 이루는 사건이면서 동시에 전환기 정의 차원에서 책임문제가 제기될 가능성이 높은 사안이기 때문에 공개적으로 다뤄져야 한다.

    북한은 미군의 전쟁범죄와 이로 인한 피해를 고발하는 서한을 1950년에만 8차례, 1952년 말까지 2개월에 한 번씩 작성해 유엔에 보냈지만, 전체 민간인 피해 상황에 대해서는 통계를 제시하지 않았다. 북한이 공식적으로 수치를 밝힌 자료는 1981년 출간된 『조선전사』 129~130쪽의 내용으로, 점령기 미군·국군에 의해 17만여 명이 학살되었다는 것이다(이신철, 2004: 132, 140). 2000년 3월 북한 외무성은 전쟁기 미군 범죄에 대한 진상조사와 전범자 처벌을 요구하면서 미군 후퇴시기 민간인 학살 규모가 백 수십만 명에 달한다고 밝혔으나, 이를 뒷받침하는 근거는 공개하지 않았다. 대략이나마 가늠해 볼 수 있는 출처는 북한에서 제공한 통계를 바탕으로 작성한 구소련의 자료로, 북측의 자료와 구소련의 자료를 합치면 전쟁기 북한지역의 민간인 희생자 수는 약 49만 명으로 추산된다.[7] 이밖에 북측이 주장하는 세균전에 의한 희생자도 있을 수 있으나, 세균전을 규탄하는 비방 일색의 성명을 발표하면서도 민간인 사망자는 약 350명으로

---

[7] 이신철은 북측 민간인 피해에 대한 기존 추정치들이 대체로 부정확하다는 사실을 근거자료를 통해 밝혀냈다. 북측 민간인 피해에 대해 브루스 커밍스와 와다 하루키는 200만 명으로, 김병로는 153만 명으로 추산했는데, 이는 북측 자료 및 구소련 자료와 대조할 때 과장된 수치라는 것이다(정용욱 외, 2010: 142~143).

자체 추산한 것으로 볼 때 피해는 경미했던 것으로 보인다.

　　북한의 남침이 역사적 사실인 것은 분명하지만, 먼저 공격했다는 이유로 인적 손실과 경제적 피해의 모든 책임을 상대방 탓으로만 돌리기에는 이 전쟁의 양상이 너무도 복잡하게 전개되었다. 또한 북한은 남한보다 더 큰 피해를 겪었다. 유엔군의 화력이 훨씬 강했고 휴전협상이 막바지에 이를 때까지 어마어마한 양의 폭탄이 투하되었기 때문이다. 전쟁 전 인구는 남한이 2,000만 명, 북한이 1,000만 명 정도였는데, 북한은 전쟁기 사망자도 많았고 월남으로 빠져나간 인구도 많아서 실제 감소 규모는 약 200만 명으로 추정된다.[8] 1955년 남한 인구가 전쟁 전에 비해 100만 명 증가한 데 비하면, 북한은 인구의 18~20%를 상실했던 셈이다. 그럼에도 전쟁 승리를 주장하는 북한은 오랫동안 피해규모를 정확히 밝히지 않았다. 그러다가 1999년 노근리 사건이 불거지면서, 북한은 유엔 안전보장이사회에 보낸 서한에서 한국전쟁기에 북한지역에서 190만 명의 주민이 학살당했다고 주장했다.[9] 하지만 이는 과장된 것으로 보인다. 남한정부는 남측의 민간인 인명피해를 99만 968명으로 발표하면서 "공산 오랑캐들의 침공으로 입은 국가적 손실" 정도로 정리하고 피해조사를 대충 마무리했다(공준환, 2015: 65). 한국전쟁에서 민간인은 고려의 대상이나 보호의 대상이 아니었다. 북한은 전쟁 내내 민간인에 대한 폭력을 전쟁범죄로 규정하고 이를 비난하는 선전을 하면서도 남한지역에서 민간인을 서슴없이 살상하고 납치했다. 남한도 북한을 비난하는 한편으로 남한지역의 자국민학살은 정당한 것으로 인식했고, 미군 또한 피난민을 폭격하면서도 이

8　북한의 인적 손실에 대한 추정은 연구자마다 다른데, 전쟁 전후 북한의 인구변화를 근거로 한 김병로의 산출방식에 의하면 이동인구 15만 명을 제외할 때 175만 명이 전쟁으로 인해 사망한 것으로 본다(김병로, 2000: 230).
9　≪평양방송≫(1999.12.21); ≪연합뉴스≫(1999.12.23).

를 정당한 군사작전으로 여겼다. 민간인 피해는 정치적으로 중요하지 않았기에 어느 쪽에서도 정확한 피해조사나 통계산출을 수행하지 않은 채 비난과 선전용의 자의적인 수치만 발표했다.

한국전쟁기 미군의 세균전 의혹이 사실인지에 대한 논란은 지금도 계속되고 있다. 2015년 미국이 한국전쟁에서 세균무기를 사용했다고 주장하는 국제과학위원회의 669쪽짜리 보고서가 공개되면서 논란은 더 커졌다. 이 보고서는 1952년에 작성된 것으로, 영국의 저명한 생화학자 조지프 니덤이 단장이어서 일명 '니덤 보고서'로 불린다.[10] 조사단은 두 달 이상의 현지조사 활동을 벌였고, 미국의 비인간적인 방식의 세균전 실행을 쉽게 믿을 수 없었던 나머지 '주저하는 마음으로' 논리적 단계를 거쳐 결론에 다다랐다고 기술했다(Needham, 1952: 60). 그러나 이 보고서는 전쟁이 끝나지 않은 상황에서 북한과 중국 측이 제시한 증거에 의해 발행된 것이어서 진위를 입증하기 어려운 것으로 여겨졌다. 당시 세균전 증거가 부족하다는 것은 소련에서도 인지하고 있었다. 논란 끝에 소련공산당은 중국 측에 세균전이 거짓 경보였다고 알렸고, 그 결과 중국의 대외선전공작은 중지되었다. 공중에서 세균폭탄을 떨어뜨렸다고 자백한 미 공군 포로들의 진술은 강압과 회유에 따른 것이었다. 우드로윌슨센터의 캐스린 웨더스비와 밀턴 라이튼버그의 논문은 한국전쟁기 세균전의 허구성을 주장하는 대표적인 연구이다(Weathersby, 1998: 176~185; Leitenberg, 2016: 131~146). 하지만 증거가 불충분하게 발견될 수 있는 소규모 실험적 세균전을 미국이 감행했을 가능성이 있고 공산 측에서 증거를 과장했

---

10 김태우는 니덤의 보고서가 매우 신중하게 작성되었으며, 1944년 일본의 세균전 현지조사 경험이 보고서 작성에 영향을 준 것으로 추정했다. 그는 방대한 분량의 니덤 보고서가 정치적 논쟁에 휩쓸린 나머지 제대로 과학적인 분석을 거치지 않은 것으로 보인다며, 부록을 포함한 전체 보고서에 대한 본격적인 분석이 필요하다고 말한다(김태우, 2023: 1037).

을 가능성이 있다는 점에서 세균전설은 여전히 해결되지 않은 문제이다(전예목, 2021: 30).

실제로 세균전이 있었다면 북한뿐 아니라 남한에서도 벌어졌을 가능성을 배제할 수 없다. 세균전 의혹은 광범위하게 퍼져서, 정지아의 실록 『빨치산의 딸』에는 "1951년 3월 20일 오전 11시쯤 느닷없이 미군 비행기 세 대가 백아산 상공에 나타나 저공 비행을 시작했다. 22일 아침 도당의 긴급지시문이 내려왔다. 미군이 세균전을 시도해서 재귀열이라고 하는 병으로 많은 환자가 발생했다는 것"(312쪽)이라는 내용이 나온다. 그러나 미국정부가 세균전 의혹에 대해 공식적으로 부인하고 있는 상황에서 남한은 가해자도 피해자도 아닌 어정쩡한 입장에 처해 있다. 2001년 미군이 무등산과 전남 화순군 일대에 뿌린 의문의 백색가루가 독성이 강한 T-2 진독균일 가능성이 높으며 이로 인해 남측 민간이 수백 명이 사망했다는 전민특위 국제조사단의 조사가 발표되었지만 한국정부는 이에 대응하지 않았다.

한편 북한사회에서 미군의 세균 공격은 공식화된 기억으로 유통되고 있다. 북한의 기록에 따르면, 미군은 1950년 12월 후퇴하면서 천연두를 퍼뜨렸고 포로를 대상으로 실험을 감행한 것으로 되어 있다(리철권, 2007). 1951년 5월 외무상 박헌영은 유엔총회 의장에게 서한을 보내 미군이 "작년 12월에 북조선으로부터 퇴각할 때 …… 천연두를 전파"했다고 공식 항의했다(『조선중앙년감 1951-1952』, 1952: 112). 그리고 나름대로 방역 전문가들을 파견해 피해상황을 조사하고 감염된 것으로 의심되는 환자들을 격리시키는 조치를 취했다. 1952년 초 김일성은 미국의 세균무기가 정기적으로 살포될 것을 매우 두려워한 것으로 알려졌다(전예목, 2021: 28). 그때까지만 해도 북한은 세균 공격이 사실이라고 굳게 믿은 것으로 보인다. 하지만 1953년 6월 소련으로부터 세균전 선전을 중단할 것을 권고받은 후,

북한 지도부도 중국에 의해 세균전설이 조작되었을 가능성을 조심스레 인정했다.[11] 그러나 수뇌부의 의구심은 하부 조직에 전달되지 않았고, 오히려 세균전 선전은 문화매체와 교육을 통해 전 인민에게 확산되었다.

1952년 시인 김북원이 발표한 시「원쑤는 기억하라: 간악한 세균무기도 쓸데없음을」은 오염된 해충을 소각하는 방역대원들을 전면에 등장시키며 미군의 비인간적인 범죄를 폭로하고 비난한다(김민선, 2017: 51). 1952년에는 〈미제의 세균만행〉이라는 기록영화가 제작되었다. 22분 가량의 이 영화는 세균에 감염된 사람들의 흉측한 얼굴, 감염된 조개를 먹고 쓰러진 사람들, 매개체가 된 곤충, 세균전 신문기사 등을 차례로 보여주고 죄수복을 입은 미 공군조종사 케네스 이노크와 존 퀸이 초라한 모습으로 나와 반성하는 모습을 보여줌으로써 '객관적' 증거가 있음을 주장한다. 1954년 리기영의 작품「강안마을」에는 전염병을 퍼뜨리는 '세균 파리'에 대한 내용이 나온다.

『그런데 대동강 연안에서는 미국놈의 비행기가 요새 또 세균 곤충을 뿌렸다지. ― 파리, 딱정벌레, 거미 등의 …… 그중에도 파리는 눈 우에 새까맣게 기여 다니드라니. …… 놈들이 나중에는 별별 흉측한 것을 다 하지 않어요. ―』
『아니 이 치운 겨울에 파리가 어떻게 살아 있나 원!』
『그러니까 놈들이 만들어낸 세균 파리겠지요. ― 라디오에서 들건댄, 그 파리가 과동을 해서 래년 봄에 새끼를 까면 그놈들이 호렬자, 쥐통, 장질부사 등의 전염병을 퍼치게 한답니다.』

---

11 북한의 선전선동부장 박창옥은 "중국 비행기로부터 (세균) 폭탄과 (세균을 담은) 용기가 투하되었고, 또 감염이 없었을 가능성을 배제하지 않는다"라고 말해 세균전설이 중국에 의해 조작되었을 수 있다는 의혹을 제기했다(전예목, 2021: 28).

하고 인민 위원장 안병호가 설명하였다.

『천하에 악독한 짐승만도 못한 놈들 같으니. ― 아니 전쟁을 했으면 했지. …… 후방에서 사는 평화적 주민까지 다아 죽이지 못해서 그런 만행을 한단 말인가? 미국놈들은 정말 식인종이라니 …… 사람이 아니야 ― 엥!』 박로인은 이렇게 격분해서 부르짖는다.

『그놈들은 지금 야수로 환장이 되었는데 무슨 짓을 않겠에요. 어떻게든지 조선 사람을 씨를 말려서라도 죽일라고 들거던요. 그래서 한편으로 정전담판을 하면서도 후방의 폭격은 더 하지 않어요.』

『평화의 목소리가 드높으니까 마지못해서 정전담판도 하게 되었지 제놈들의 진심에서 나온 게 아니거든. …… 그렇기 때문에 놈들은 전쟁에서 실패한 것을 담판에서 벌충하자는 흉책으로 그와 같이 담판 진행 중에 야만적 폭격을 더 하는 거랍니다!』(리기영, 1954: 29)

1957년에 발표된 김찬홍의 동화 「미국비행사와 그의 세균부대」(김찬홍, 1957: 58~61), 1970년대의 아동용 애니메이션 〈불타버린 쉬파리 부대〉, 시리즈 영화 〈조국해방전쟁〉 등에서 북한은 생화학무기를 활용한 가해자로 미군을 지목하며 북측의 피해를 역사적 사실화하고 문화적 기억으로 재현한다. "미제가 조선전쟁 시기 독충들과 균이 묻은 물건들을 떨어뜨리는 세균전 만행을 저질러 수많은 사람들이 천연두, 페스트, 콜레라 등의 전염병에 걸려 죽었다. 전쟁 전 기간 공화국 북반부는 미제의 세균무기 시험장으로 전변되었다"(≪로동신문≫, 2006. 6. 25)와 같은 류의 기사는 계속해서 쏟아져나오고 있다. 최근까지도 ≪로동신문≫은 "극악한 인간도살자의 반인륜적 범죄"(2023. 5. 15), "미제의 치떨리는 세균전 만행"(2024. 6. 13) 등의 기사를 내보냈다.

한국전쟁이 끝난 지 오랜 세월이 지났지만 북한사회의 전쟁 트라우마는 공식담론으로 건재하다. 북한에서도 전쟁 체험 세대는 이미 고령화되었기 때문에 중장년 이하 세대는 전쟁위기보다 경제난이 더 현실적인 고통으로 다가온다. "(북한에 살 때) 통일 자체에 관심이 없었고, 그냥 사는 게 너무 힘들어서 차라리 콱 전쟁이나 나서 이 나라가 없어졌으면 좋겠다고 생각했다"(20대 여성, 2017년 탈북)[12]는 이야기는 고달픈 인민들의 현실 인식을 대변한다. 그럼에도 공식담론이 갖는 힘은 막강하다. 선전, 담화, 교과서, 반미반제교양교육에서 전쟁 트라우마가 강조되어야만 '미제 승냥이'에 맞서 나라를 수호하는 수령의 절대위상이 담보되기 때문이다.

신천박물관의 사상교양

북한은 전쟁 트라우마를 존립 근거로 삼는 트라우마 기억 공동체이다. 그런데 막대한 피해에도 불구하고 17만 명의 양민학살과 미군의 잔혹성을 강조할 뿐 구체적인 피해집계를 내놓지 않았다. 항일 빨치산 묘소인 대성산혁명열사릉은 북한 사람들이 반드시 참배하는 곳이지만, 한국전쟁 전사자 묘지인 평양 인민군 열사추모탑은 2013년에야 조성되었다. 전사자 가족은 우대하지만 희생자들에 대한 추념은 최소화하는 모습이다.

대조적으로 미제의 만행을 고발하는 황해도 신천박물관은 반미반제교양의 거점으로 적극 활용되고 있다. 신천박물관은 북한에서는 모르는 사람이 없고 남한에서는 아는 사람이 거의 없다는 곳이다. 여기에서는 전쟁 중 미군 점령기에 황해도 신천에서 벌어진 학살사건에서 3만 5,383명이 희생되었다고 하면서 미군과 이에 동조하는 기독교인들의 악행에 관

---

12 필자가 수행한 연구의 미공개 녹취록에서 발췌(전순영, 2024: 268).

한 증거물을 전시하고 있다. 최고지도자 김정은이 직접 쓴 글도 걸려 있다. "미제는 지난 조국해방전쟁 일시적 후퇴시기 2달도 못 되는 기간에 신천땅에서만도 3만 5,000여 명의 우리 인민들을 야수적인 방법으로 무참히 학살했습니다." 2024년 3월 9일자 ≪로동신문≫ 6면에는 "무고한 사람들의 붉은 피가 하나의 지층을 이룬 땅, 미제에 대한 치솟는 복수심의 발원점, 력사의 고발장인 신천박물관을 찾아서(2)"라는 제하의 기사에 다음과 같은 내용이 실렸다.

> 실로 신천은 이르는 곳마다가 학살터였고 죽음의 생지옥이였다. ……《인민군대의 재진격에 의해서 신천땅에서 쫓겨나게 된 미제침략군 놈들은 원암리 밤나무골 두 개의 화약창고에서 또다시 야수적인 대학살만행을 감행하였습니다.》강사는 이렇게 말하면서 당시 신천의 거리와 마을을 미친개 마냥 싸다니며 어머니들과 어린이들을 모조리 잡아들인 미제 승냥이놈들이 그들을 두 개의 화약창고에 따로 가두어넣고 얼구어죽이고 굶겨죽이다 못해 제놈들이 신천땅에서 쫓겨가는 날인 12월 7일 새벽에는 그들의 머리 우에 불을 지르고 나중에는 수류탄까지 던져 학살한 사실을 구체적으로 해설하였다. 참관자들의 얼굴마다에는 철천지원쑤 미제에 대한 불같은 적개심과 복수심이 력력히 어려 있었다.

북한 주장과 달리, 검증된 연구결과를 바탕으로 분석할 때 신천사건의 실체는 해방 이후 토지개혁, 이념, 종교문제 등으로 좌우익 간에 원한이 쌓인 상태에서 북진과 후퇴를 겪는 전황에 따라 서로 학살과 보복을 거듭하면서 잔혹상이 극에 달한 사건으로 정리되고 있다. 피해 규모가 커진 데는 반공청년들로 조직된 우익치안대가 큰 역할을 했으나, 북한은 모든 책임을 오로지 미군 탓으로 돌리며 우익치안대의 존재를 배제하는 모습을 보여왔다. 인민의 확고한 지지 위에 세워진 정권이라고 선전해 온 북한 정부는 다수의 북한청년이 우익치안대를 조직하고 대규모 유혈사태를 주도했다는 사실이 공공연하게 알려지는 것을 원치 않았을 것이다(김태우, 2021: 240). 북한 내 반정부세력의 적극적인 활동을 알리는 것은 '압도적인' 지도자로서의 김일성의 이미지에 타격을 가할 것이기 때문이다.

남한에서 신천사건은 '10·13반공의거'로 명명되어 교과서에 실리기도 했고, 고우영의 『구월산유격대』라는 만화로 제작되어 반공주의 교육에 활용되기도 했다. 10·13반공의거는 1957년 당시 사건을 주도했던 조동환이 자신의 경험을 바탕으로 『항공의 불꽃』이라는 책을 펴내면서 세상에 알려졌다. 책의 내용을 보면 황해도 지역에 많은 우파 유격대가 조직되어 곳곳에서 봉기가 일어났고, 이에 맞선 인민군 패잔병과 동조자들에 의해 많은 인명피해가 발생한 것으로 묘사되어 있다. 남한 교과서에는 희생자 3만 5,000여 명이 모두 공산당원으로서 의거의 규모가 얼마나 컸는지를 알 수 있다고 되어 있었다(한모니까, 2013: 105). 그러나 사실 신천학살과 10·13반공의거는 서로 다른 시기에 벌어진 사건으로, 북한이 말하는 '신천대학살'은 1950년 10월 17일부터 12월 7일까지 52일 간의 피점령 기간에 있었던 일이며, 남한이 말하는 '10·13반공의거'는 유엔군의 신천 점령 이전인 10월 13일의 사건을 가리킨다(한모니까, 2013: 100). 말하자면 남한은 유엔군이 신천을 점령하기 전의 사건을 언급한 반면, 북한은 점령 이후의 사건을 언급한 것이다. 이런 상황에서 2001년 발표된 황석영의 『손님』이 최초로 신천사건을 동족학살이라고 규정해 파문을 일으켰다. 이어서 2002년 MBC가 〈이제는 말할 수 있다〉 제57회로 '망각의 전쟁: 황해도 신천 사건'을 제작했는데, 여기서 신천 관련 미군 문서를 관련 증거로 제시하면서 미군의 주둔 가능성을 제기했다. 여기에 황석영 소설에 소재를 제공한 장본인인 유태영 목사가 자신은 미군의 신천학살을 부정한 적이 없고 자신이 말한 것은 신천군 전체가 아닌 남부면 부종리 이야기였다고 하면서(강은지, 2001) 논란은 배가되었다. 어쨌든 북한이 일관되게 신천학살을 미제의 만행으로 규정하는 이유에 대해서는 황석영의 소설에 등장하는 지도원의 해명에서 시사점을 찾을 수 있다.

> 전쟁기간에 미제침략자들은 공화국 북반부 지역을 일시 강점하였던 불과 한 달 반 동안에 천인공노할 범죄를 감행하였소. 외세뿐만 아니라 몰수지주, 친일파, 간상배, 기만과 위협으로 규합한 일부 락후분자들이 저들의 앞잡이가 되어서 만행의 협력자가 되었지요. 그러나 …… 우리가 해외 동포들과 고향방문단 사업을 추진하면서 세운 원칙은 뉘우친다면 절대로 과거를 묻지 않겠다는 것입네다. …… 우리끼리는 상처도 아물게 됩네다. 모두 외세의 탓이라고 해둡세다. (황석영, 2001: 90~91)

북한 문서, 전쟁기 미군의 조사 및 보고서, 월남민의 증언 등을 종합해 볼 때, 1950년 10월 중순은 유엔군 부대들이 평양 점령을 위해 북진하던 시기로, 신천에는 당시 미군 19연대 3대대가 주둔해 있지 않았던 것으로 밝혀졌다(한모니까, 2013: 118). 이후 12월 7일까지 황해도 지역에서는 중대급의 여러 부대가 신천을 들락거렸고 정찰 및 정보수집, 도로차단 및 봉쇄, 인민군 소탕과 포로 검거 등의 임무를 수행하면서 구월산인민유격대 토벌작전도 벌였다. 미군 점령기간에 신천은 현지의 반공우익 인사들이 치안대를 구성했고 남한에서 파견된 반공청년단과 종교인들까지 들어와서 혼란이 가중되었다.[13] 구월산을 근거로 한 빨치산의 공격과 토벌대의 반격이 반복되면서 마을 사람들의 희생도 늘어났다. 러시아의 보고서

---

13 북한이 유엔군의 점령하에 들어가자 기독교계는 월남했던 목사들과 신부들을 다시 파견했다.

에 의하면 신천과 곡산 등지에는 인민군 부대 약 1만여 명이 있었다(국방부 군사편찬연구소, 2001: 265). 인민유격대를 토벌할 목적으로 서울에서 국군이 투입되었고 경비를 위해 경찰병력도 차출되었다. "총 가진 사람이 법이고 쏘면 그것으로 끝"(신천 곽복현 구술; 문화방송 시사제작국, 2002)인 상황이 되풀이되었다. 전시였고 치안이 부재한 데다 인민군이 버리고 간 무기까지 있었으므로 방어, 보복, 재보복의 악순환 속에서 학살 규모가 커지는 것은 피할 길이 없었다. 1950년 초 미군이 후퇴할 때 치안대는 좌익 구금자들을 학살했고 인민군은 '반동분자들'을 학살했다. 양측 다 마구잡이 살인을 저지른 것이다.

> 휘발유 휘발유 저기 끼얹고서 불 지르고 뭐 그냥 이렇게 그냥 총질해서 그냥 죽이고 죽여가지고서 둘 데가 없으니까 그 지서 그냥 우물 속에다 다 갖다 집어넣어서 우물이 그냥 시체가 차 올라오고 방공호에다 갖다 집어넣고 그렇게 죽인 게 시체가 산더미같이 썩는 냄새가 무지하게 나고 하여튼지 그래서 그러고 나서는 내려왔으니까는 어떻게 됐는지 모르지. (신천 홍난영 구술; 문화방송 시사제작국, 2002)

38선 북진의 전황 가운데 신천의 황해선이 집중 폭격 대상이 되어 이미 유엔군이 점령하기 전에 시체가 쌓이고 사방이 폐허가 된 상태였다는 구술 증언(신천 강효식 구술; 문화방송 시사제작국, 2002)을 토대로 할 때, 북한이 주장하는 3만 5,000여 명의 피해 집계에는 미군 공습, 유격대, 인민군, 한국 군경, 좌우익에 의한 학살까지 두루 포함되어 있을 가능성이 높다. 이제는 구체적인 증거자료들을 근거로 한 연구결과들이 나오면서 학살의 주체와 책임, 원인과 규모에 대한 논란은 종결되는 듯하다. 전쟁기에 남과 북에서 벌어진 미군의 민간인 학살 자체는 부정할 수 없는 사실로 드러났다.[14] 그러므로 신천학살박물관에 묘사된 끔찍한 상황은 상당 부분 사실에 기인한 것이지만, 왜곡과 과장이 혼재되어 진실은 교묘하게 은폐되어 있다. '반공의거'로 빨갱이들만 죽였다는 남측 일각의 주장도 사실을 왜곡한 것이다. 남과 북 양쪽 다 신천사건의 단면만을 부각시켜 이념정치의 상징으로 활용하려 했던 것이다. 그나마 남한은 문학작품을 비롯해 언론, 학계에서 사실을 밝히려는 노력을 계속해 왔지만, 북한에서는 이 사건을 줄기차게 반미반제 사상교양을 강화시키는 도구로만 이용하고 있다. 신천사건은 학살 규모나 잔인성 면에서도 충격적이었지만 서로 잘 알던 민간인들끼리 죽고 죽이는 경험을 했기 때문에 더 깊은 상처를 남겼다. 신천군 출신 월남자들이 더러 이산가족 상봉을 신청한 사례는 있으나 고향 방문을 신청한 사례는 거의 없을 정도이다. 북한에서 필수적인 역사교육장소이자 외국인들의 주요 관광코스가 된 신천박물관 자료들의 진실성을 검증할 기회가 주어진다면, 학살을 '미제의 만행'으로 돌리려는 북한이나 학살의 경험을 안고 내려온 월남자들과 그 후손들 모두 크게 반발하고 부정할 것이다. 따라서 진실 검증 과정은 지난한 작업이 될 가능성이 높다.

---

14 1950년 7월 25~29일 피난민에게 미 군용기가 무차별 총격을 가해 여성과 노인, 어린이를 포함한 수백 명이 사망한 것으로 확인된 충북 영동군 노근리 사건이 대표적이다. 1999년 AP통신의 보도로 이 사건이 공론화되자, 북한은 유엔에 진상조사단 파견을 요구하는 서한을 보냈다. 이에 따라 미국의 램지 클라크(Ramsey Clark) 전 법무장관을 단장으로 하는 '미군 학살만행 진상규명 전민족특별조사위원회'(전민특위) 산하 조사단이 남과 북 양쪽을 방문했고, 그해 6월 24일 국제민간법정인 '코리아 전범재판'에서는 이 사건이 반인류적 전쟁범죄행위죄에 해당한다는 유죄 평결이 나왔다. 2001년 1월에는 클린턴 대통령이 유감을 표명하는 성명서를 내놨고, 2004년 '노근리 사건 희생자 심사 및 명예회복에 관한 특별법'이 제정되어 진상조사, 배·보상 및 평화공원 조성 등 후속 사업이 진행되었다.

북한 아이들은 무엇을 배우는가

북한 교과서는 남한 교과서에 비해 한국전쟁에 대해 열 배나 더 많은 분량을 할애하고 있다.[15] 인민학교(초등학교)와 초급중학교(중학교), 고급중학교(고등중학교, 고등학교)의 교과서에서 기술하고 있는 내용은 김일성의 연설 내용과 대동소이하다.[16]

> 오래 전부터 침략전쟁을 준비하여 온 미제침략자들과 그 앞잡이 놈들은 주체39(1950)년 6월 25일 새벽 공화국 북반부에 대한 침공을 개시하였다. 미제가 조선전쟁을 일으킨 것은 우리 공화국을 무력으로 뒤집어엎고 전 조선을 저들의 식민지로, 아시아 침략의 발판으로 만들며 나아가서는 세계를 먹으려는 데 목적이 있었다. (강홍수 외, 2003: 152)

> 지금으로부터 반세기 전 우리나라는 미제침략자들에 의하여 북과 남으로 갈라졌습니다. …… 미제와 그 앞잡이들이 우리나라와 민족을 둘로 갈라놓고 나라의 허리에 600여 리에 달하는 콩크리트장벽을 높이 쌓아 놓았습니다. ……국토의 량단과 민족의 분렬은 정다운 혈육들이 수십년 세월 북과 남으로 헤여져 생사여부조차 모르고 사는 가슴 아픈 불행을 낳고 있습니다. (한상유 외, 2000: 58~59)

'미국 놈들'은 인간이 아닌 '승냥이'로 묘사되었고, 전쟁 후반부에는

---

15 한국전쟁에 관해 서술한 비율이 남한 중학교 국사교과서의 경우 근현대사 전체 서술의 8.57%, 전체 역사 서술의 3% 미만인 데 반해, 북한 교과서의 경우는 초급 6년 조선력사 교과서의 12%, 중급 3년 교과서의 29.81%로 남한 교과서의 10배에 달한다(박은영, 2007: 17).
16 북한의 현행 학제는 2012년 개편된 후로 취학 전 1년 유치원 교육, 소학교(인민학교) 5년, 초급중학교 3년, 고급중학교 3년으로 이루어진 12년제 의무교육으로 실시되고 있다.

북한군의 전력 앞에 집중 타격을 입은 미국이 먼저 정전협정을 요구해 결국 북한이 승리했다고 되어 있다. 전쟁의 참상에 대해서도 자세하게 설명하는데, 주로 경제적 피해와 아울러 미군에 의한 민간인 학살 문제를 부각시키고 있다.

> 신천지구 주둔 미군사령관 놈은 살아 있는 모든 것을 죽음의 재가루로 만들라고 명령하였다. 이에 따라 52일 동안에 군내 인구의 4분의 1에 해당하는 3만 5,383명의 무고한 애국자들과 인민들을 학살하였다. …… [공화국 북반부에서 학살한 수 — 수십만 명] …… [공화국 남반부에서 학살한 수 — 100여만 명]……[원자탄, 세균무기, 의학실험대상으로 학살] …… [폭탄, 포탄 떨군 쉬] 평양시에는 인구수와 맞먹는 수의 폭탄, 나팜탄을 떨구고 북반부지역 1km²에 평균 18개의 폭탄과 포탄을 퍼부었다. (허성철, 2002: 22~23)

북한은 분단과 전쟁의 책임을 미국과 남한정부로 돌리고, 결국 통일을 이루려면 미군을 한반도에서 축출해야 한다는 논리를 전개한다. 모든 악을 외부화해 조국(=김일성)의 도덕적 순결을 지키려는 것이다. 왜 김일성은 선제타격 사실을 그토록 필사적으로 숨겼을까? 추측하건대 그는 패전의 책임을 지고 권력투쟁에서 축출될까 봐 두려워했을 것이고, 조국해방과 민족통일이라는 명분에도 불구하고 같은 겨레를 선제공격한 것이 인민의 지도자에게 도덕적 치명타가 될 것임을 인지했을 것이다. 절체절명의 위기에서 남로당수와 그 세력을 미제 스파이로 몰아 패전 책임을 전가하고 숙청하지 않았더라면 박헌영의 운명은 김일성의 것이 되었을 수도 있었다. 이렇게 해서 거짓은 거짓을 낳았고, 오랜 세월이 흐르면서 돌이킬 수 없을 만큼 견고한 불의의 장벽이 되었다.

전쟁에 대한 남북한 교과서의 가장 큰 차이는 누가 먼저 공격을 시작했고 누구에게 궁극적인 책임이 있느냐에 대한 인식이다. 그 외에도 전쟁 중에 병행된 전후복구사업, 전쟁기 정책, 전후 정치적 변화, 참전국으로서의 일본 언급 등은 북한 교과서에만 주로 부각되어 있다. 남한의 교과서들 대부분은 정전협정 당사국에 남한이 제외된 사실을 언급하지 않으며 전쟁의 위험이나 심각성, 전쟁의 성격, 오늘날까지 미치는 영향 등에 대한 설명도 미흡한 편이다(차승주, 2011: 111). 한국전쟁에 대해 서술하는 분량도 불과 몇 쪽에 지나지 않아, 북한 교과서의 10분의 1밖에 안 된다. 다음 세대의 통일의식이 약화된 것을 탓하기보다 한국전쟁이라는 비극을 되풀이하지 않기 위해 역사적 교훈을 제대로 가르치고 있는지부터 돌아봐야 할 것이다. 북한의 다음 세대가 받고 있는 철저한 반미반제 사상교육을 생각하면 더욱 그러하다.

다른 한편으로, 교육 내용이 이처럼 차이 나는 이유는 남한은 전후 고도의 경제성장을 이루었기에 전쟁의 고통을 그다지 기억하지 않는 반면, 북한은 여전히 전쟁에 모든 것이 걸려 있기에 두려움과 위기의식을 갖고 있기 때문이라는 분석도 가능하다. 누구나 잘살게 되면 과거 어려웠던 시절을 자주 회상하지 않게 되고, 회상한다 해도 과거의 고통을 계속 떠올리는 방식으로 회상하지는 않는다. 북한이 인민에게 극도의 증오심을 고취시키려 한다는 것은 현재까지도 과거 전쟁의 기억에 의한 항구적 피해의식에서 벗어나지 못하고 있다는 뜻이다. 핵무기 개발에 대한 최고지도자들의 집착은 그 외의 것으로는 설명하기 어렵다.

북한 문학에 나타난 한국전쟁

문화적 기억은 과거와 현재의 시공간을 이어주는 매체를 통해서 전수된다. 이때의 매체는 책이나 노래, 영화가 될 수도 있고 박물관이나 기념행사, 상징적인 질서가 될 수도 있다. 문화적 기억의 핵심은 의미를 전승함으로써 집단 정체성을 형성하는 것이다(Assmann, 2008: 106). 실제 역사적 사건을 경험한 사람들의 기억과 달리 문화적 기억은 사회적 맥락에서 형성되고, 이러한 문화적 기억은 그 사회 구성원들이 별다른 의식 없이 받아들이는 인식의 틀(frame)이자 준거체계의 일부가 된다. 인식의 틀은 세상을 바라보는 잣대, 세계관, 판단의 기준이다. 문화적 기억은 한 사회에서 공유되는 '기억의 사회적 틀'을 형성하는 데 기여하기 때문에 북한 사회의 문화적 기억을 살펴본다는 것은 곧 북한 사람들의 인식을 분석한다는 의미가 될 수 있다. 전후 사회구조를 전시대비체제로 발전시키면서, 북한정권은 전쟁영화와 문학작품, 노래와 가극 등의 다양한 매체를 통해 체제수호의 선전선동에 앞장서는 행태를 보여왔다.[17] 김일성, 김정일에 이어 김정은 시대에도 이전과 마찬가지로 전쟁기억은 전승의 공적 기억으로서 영속화되어 사회통합의 기제로 활용되고 있다(유임하, 2013: 7).

한국전쟁에 대한 기억은 우선적으로 제국주의의 침략적 본성을 비판하고 증오심을 고취하는 데 활용되었다. 북한 최고의 전쟁소설로 꼽히는 작품은 1952년에 출간된 『불타는 섬』이다. 작가 황건(1919~1991)은 한설야 이후 이기영과 함께 북한 소설문학을 이끌어온 공로로 1988년 '김일성상'을 받기도 했다. 『불타는 섬』은 미군의 인천상륙작전을 저지하기 위해 월미도 방어작전을 펼쳤던 인민군 해안포중대원들의 '영웅적' 최후를 서

---

17 성동민은 「남북한 전시소설 연구: 스토리 유형을 중심으로」(동국대학교대학원 박사학위논문, 2004)에서 북한 전시소설의 스토리 유형을 김일성 교시를 근거로 집필된 『조선문학사 11』(김선려·리근실·정명옥, 1994)의 기준에 따라 (1) 인민군대의 영웅성, (2) 인민의 불패성, (3) 제국주의의 침략적 본성으로 분류했다. 북한 전시소설에서는 전쟁과 민간인 학살의 책임이 시종일관 미국에 귀속되고 있으며, 미제는 저주의 대상이자 비인간성의 상징으로 묘사된다.

사화한 작품으로, 1983년에 <월미도>라는 제목으로 영화화되기도 했다. 주인공인 여성통신수 김명희가 보기에 월미도를 둘러싼 연합군 해군 함정에 휘날리는 깃발들은 "세상에도 악착스러운, 어떻게 저처럼 눈에 가시 같은 미운 물건"(황건, 2019: 233)으로, 미군이라는 "짐승들에게는 죄 없는 조선 사람의 간장이, 간장의 피가 요구"(황건, 2019: 233)되는 것으로 치를 떨게 만든다.

> 월미도는 줄창 몸서리치는 지진 염병 속에 허덕였다. 낮은 밤보다도 더하였다. 거만스런 놈의 함포들은 이른 새벽부터 아가리를 일제히 쳐들고 북 치듯 땅을 흔들고, 하늘이 까맣게 덮여오는 비행기들은 연속 폭탄을 퍼붓고 휘발유통을 던지고 기총 사격을 하였다. 연기와 흙먼지에 가리어 태양은 종일 달걀 속처럼 흐리었다. 사르고 파헤치고 또 뒤집어엎었다. 조국의 작은 섬은 이 악독한 짐승들의 발악 앞에 맞고 할키우고 불에 지지웠다. (황건, 2019: 217~218)

그 외에도 한국전쟁 기억을 다룬 주요 작품으로는 변희근의 『빛나는 전망』(1954), 윤세중의 『도성 소대장과 그의 전우들』(1955), 박웅걸의 『조국』(1956), 김병훈의 『해주-하성에서 온 편지』(1960), 권정웅의 『백일홍』(1961) 등이 있다. 1950년대와 1960년대의 소설들은 전쟁기억을 도덕적 원천으로 삼아 천리마운동[18]의 복구건설을 독려하는 사회동원 기제로 활용되었다. 1980년대 북한에서 '우리식' 소설의 본보기로 평가받았던 김보

---

[18] 천리마운동이란 하루에 천 리를 달리는 천리마를 탄 기세로 사회주의 건설에서 생산성을 높이자는 의미로, 1950년대 후반부터 1960년대까지 노동자들에 대한 독려와 경쟁을 통한 생산량 증대를 목표로 실행되었다. 전쟁으로 폐허가 되고 공업생산이 급감한 상황에서 주민들의 총력을 동원했던 이 운동의 결과로 1960년 초 북한은 급속한 경제성장을 이루었다.

행의 『녀당원』의 경우, 『강철은 어떻게 단련되었는가』(니꼴라이 오스뜨로 프스끼, 1936) 류의 소설에서 나타나는 공산주의 전형적인 인간형으로서의 '인민의 불패성'을 다루고 있다. 여리고 착한 마음씨를 가진 주인공 주용녀는 6·25 때 남편을 전장에 보내고 주물작업장에 배치되는데, 공장장 강태수는 그에게 작업반장을 맡으라고 권유하며 이렇게 말한다.

> 생각해 보게. 우리레 어떻게 살아왔나? …… 사람답게 산 것은 해방 후 5년 동안이야. 그 전에는 설음에 짓눌려 사람답게 살지 못했지. 그러면서도 그 설음이 어데서 오는 것인지두 몰랐구 그것을 딛고 일어설 힘두 가지고 있지 못했지. (김보행, 1982: 52)

그들을 사람답게 살 수 없게 만든 주범은 바로 일본 제국주의자들, 소설의 시간 배경인 6·25전쟁 속에서 폭격을 퍼부어대는 미제국주의자들로 지목된다. 용녀는 고사하던 작업반장을 맡은 후 최선을 다해 노력하지만 공장 내 미제 스파이들에 의해 번번이 작업을 방해당하고, 남편은 전사하며, 딸마저 스파이 손에 죽고 만다. 그러나 눈물 많고 마음 약하던 이 여성은 온갖 시련을 겪으며 점차 강인해진다. 용녀는 전쟁통에 남편을 잃은 친구에게 이런 편지를 쓴다.

> 미국놈들은 지금 우리에게서 가까운 모든 것을 다 빼앗아가고 있다. 너의 순복이 아버지를 빼앗아가고 나의 명철이 아버지를 빼앗아가고 태수아바니를 빼앗아가고 용선로마저 마사놨다. 이제 또 우리에게서 무엇을 빼앗아갈지 모른다. 그러나 나는 결코 잃어버리고만 있지 않을 테다. 놈들이 더 빼앗아가도록 가만히 있지 않을 테란 말이다. 다시 용선로를 복구하고 잃어버린 모든 것에 대한 복수를 하고야 말 테다. (김보행, 1982: 361)

용녀는 전쟁의 포화를 뚫고 2,000리를 가서 용선로 복구에 필요한 내화벽돌을 가져오고 마침내 공장이 정상 가동된다. 이 사실이 알려져 공장을 방문한 장군으로부터 격려를 듣고 신문에 모범당원으로 실리기까지 한다. 10년 후 용녀는 주물공장 직장장이 되어 있다. 이 소설은 가족 상실 트라우마를 극복하는 '처방'으로 원한과 복수심을 승화시켜 공화국이 요구하는 철저한 당성을 가진 사회주의 일꾼이 될 것을 제시한다. 북한체제에서 '미제'는 결코 용서와 화해의 대상이 될 수 없고 '한 하늘을 이고 살 수 없는 원쑤'일 뿐이며, 증오와 원한은 원수를 갚는 동력으로 강화되고 진작된다.

전쟁기억은 수령 우상화에도 적극 활용되었다. 월북 작가들은 사회주의 건설과 지도자의 업적을 찬양하는 글쓰기에 내몰렸고 이에 동의하지 않는 작가는 대부분 숙청되었다. 대표적으로 "사회주의적 사실주의 문학의 창시자의 한 사람"(윤세평, 1960: 8)으로 평가받는 한설야(1900~1976)의 경우, 해방 이후 첫 작품으로 김일성의 항일 무장투쟁을 다룬 단편 「혈로」(1946)를 발표했고 한국전쟁기에는 「혈로」를 바탕으로 한 장편 『력사』(1951~1953)를 펴냈다. 그는 김일성을 매개로 하는 사회주의 건설에 궁극적인 관심을 두었기에 김일성을 영웅화하는 데 앞장섰지만, 전쟁 이후 유일지도체계가 구축되는 과정을 거치면서 김일성에 대한 언급이 줄어들고 민중에게 관심을 집중하는 모습을 보인다. 1961년에 발표한 작품 『대동강』은 전쟁기 미군 치하의 평양을 배경으로 평양이 재탈환되기까지 벌어진 인쇄소 직공들의 유격대 활동을 다루는데, 김일성에 대한 언급이 거의 없다. 이처럼 전쟁 이후 본격화된 김일성 우상화와 거리를 두었던 한설야는 결국 1962년 8월 24일자 ≪문학신문≫의 글을 마지막으로 역사의 뒤안길로 사라진다(김재용, 2000: 113~114).

1980년대 이후 북한 문학의 흐름은 크게 두 갈래로 나뉘는데, 하나는 과거 역사를 수령의 행적을 중심으로 재구성한 작품들이고, 다른 하나는 북한의 사회주의 현실을 소재로 한 작품들이다(강진호, 2013: 331). 즉, '수령 형상 문학'과 '사회주의 현실 주제 문학'이다. 첫 번째 흐름에 해당하는 대표작인『불멸의 력사』총서는 김일성 항일혁명투쟁과 광복 후 현지지도를 주제로 한 장편소설 연작물로서, 1972년부터 2021년까지 43권이 발표되었다. 이 총서는 소설 형식을 빌렸지만 역사기록을 토대로 한 창작으로 북한체제의 뿌리와 내력을 기술한 실록의 성격을 갖고 있다. 또 다른 연작『불멸의 향도』는 39권이,『불멸의 려정』은 1권이 출간되었다. 수령에 대한 충성을 강조하고 당의 유일사상체계 확립을 통해 수령의 형상을 창조하는 목적에 봉사하는 창작 경향은 김정일, 김정은 시대까지 이어지면서 인민이 아닌 개인에 대한 헌사로 그 성격이 변질되었다(김은정, 2021: 26). 이처럼 북한의 문학은 수령의 지도력을 회상하고 국가의 자주권을 수호하기 위한 유일한 영도력으로서 김 씨 일가의 통치를 정당화하는 데 적극적으로 동원되고 있다. 이른바 '조국통일성전'을 위해 싸우는 '백두산 장군'의 형상은 혁명의 계승자 김정은에 대한 정치적 상징으로 조작된다.

> 그렇소, 강건동무. 혁명을 하는 길에 어찌 힘들 때가 없고 괴로울 때가 없겠소. 그러나 우리는 그럴 때마다 주저앉을 것이 아니라 사랑하는 이 조국과 인민을 생각하면서 용약 일떠서야 하오. 그런 의미에서 고향은 결코 지리적 개념만이 아니요. 고향은 혁명가의 첫 언약이 깊이 새겨진 마음속의 별빛과도 같은 그런 것이요. 그것을 잃으면 안 되오. 명심하오. 그가 아무리 총명하고 솜씨 있는 일군이라 해도 가슴속에 그 별이 없다면 그는 벌써 혁명가이기를 그만둔 사람이라는 것을……. (강철, 2013: 18)

북한에서 역사소설은 문학적 상상력보다는 자료가 충분하지 않은 상태에서 역사적 본질을 살려서 기록하기 위한 상상력에 의해 창작된다.

력사적인 사실들 가운데는 작품의 요구에 따라 반드시 살려야 하겠으나 이러저러한 리유로 하여 자료가 불충분한 것들이 있을 수 있습니다. 이러한 때일수록 작가에게는 열정적인 탐구정신과 풍부한 환상이 필요합니다. 생활소재가 불충분한 것일지라도 그것이 력사적 사실이고 큰 의의가 있는 것이라면 끝까지 파고들어 풍부하고 완전한 생활로 그려놓아야 하며 그 사상적 본질이 진실하게 드러나도록 하여야 합니다. (김정일, 1992: 351)

여기에서 말하는 사상적 본질이란 역사가 역사발전의 법칙에 맞게 발전한다는 의미로, 주체사상의 승리와 혁명역사의 승리를 보여주는 것이 역사의 본질이라는 역사관이다(전영선, 2015: 33). 또한 수령에 대해서는 "시대와 인민대중을 대표하는 주체형의 공산주의 혁명가의 최고전형"(김정일, 1992: 119)으로 설정해야 한다는 원칙이 있는데, 이는 "위대한 수령님들은 혁명사상의 철저한 체현자, 견결한 옹호관철자"(윤기덕, 1991: 174)이기 때문이다. 이러한 원칙에 어긋나는 작품을 창작하는 것은 허용되지 않는다. '위대한 혁명'의 전형은 김일성의 항일혁명이며, 장편소설 시리즈 형식의 『불멸의 력사』, 『불멸의 향도』, 『불멸의 려정』 총서는 혁명역사의 전형으로 평가된다. 소설, 영화, 공연예술 등의 형식으로 계속 재현되는 혁명문학예술은 대부분 '불멸' 총서들을 기반으로 하고 있다. 그 영향력은 교과서를 비롯해 학습교재, 계급교양, 건물, 기념비, 회화, 음악에 이르기까지 광범위하게 미치고 있다. 북한 전역에는 수많은 동상, 탑, 기념비가 세워져 있고, 박물관, 전적지, 유적지가 도처에 조성되어 있다. 이러한 일련의 집단기억 형성기제는 북한 사람들의 내면에 의식화되는 문화적 기억을 형성한다.

북한 문학에서 다뤄지는 과거 사실은 북한 사람들의 실제 기억이 아니라 지향되어야 할 기억이다. "북조선의 문학은 북조선의 정치 사회 체제에서 창작된 문학이며 공식적인 사회주의 문학"으로서 "일정한 계급에 봉사하는 계급투쟁의 강력하고 예리한 '무기'"로 기능한다(남원진, 2019: 75). 정치에 종속된 북한 문학에서 한국전쟁에 관한 공식기억 외의 대항기억을 찾기는 어렵다. 북한의 주체문학은 '혁명적 전통'을 만들어냈다. 만약 북한 사람들 모두가 정부의 거짓말을 믿고 모든 기록도 그렇게 되어 있다면 그 거짓말은 역사가 되고 진실이 된다. 조지 오웰의 말대로, "과거를 지배하는 자가 미래를 지배하고, 현재를 지배하는 자가 과거를 지배"(오웰, 2022: 52)하는 셈이다.

북한사회의 기억에 어느 정도의 균열이 있는지는 알 수 없는 일이지만, 확실한 것은 어떠한 선전과 기록으로도 전쟁을 직접 체험한 사람들의 억압된 기억 자체를 없앨 수는 없고, 가족과 같은 신뢰관계 내에서의 기억 전수도 막을 수 없다는 점이다. 언젠가는 남한사회의 기억과 교차검증이 이루어질 수도 있다. 그러나 시간은 언제나 기억을 약화시키며, 은폐된 채로 오랜 세월이 흐르고 나면 공론화되거나 기록되지 않은 비공식기억은 영원히 소멸할 수도 있다. 통일 이후 집단기억의 재구성은 정치상황의 변동과 밀접하게 관련될 가능성이 매우 높으나, 과거사 극복의 첫 번째 관건은 진실이다. 진실에 기반해 남과 북이 집단정체성으로서의 집단기억을 구성하되, 미래지향적 목적을 위해 기억하는 것이 중요하다.

음악과 영화가 보여주는 전쟁기억

음악은 대표적인 프로파간다 기제이다. 한국전쟁기에 만들어진 100

여 곡의 전시가요 중에서 10여 곡은 지금까지도 널리 불리고 있다. 가사가 있는 노래의 선동효과를 일찍이 간파한 북한 당국은 1951년 6월과 11월에 『전투원들에게 주는 노래집』 1권과 2권을 출판했다. 주된 가사 내용은 지도자 찬양과 우방국(소련 등)에 대한 친선, 국가보위를 위한 임무와 역할, 애국주의로 요약된다. 2권에 수록된 「결전의 길로」(석광희 작사, 김옥성 작곡)(조선인민군 총정치국, 1951: 5)라는 노래는 김일성이 "저 노래는 아무 때 들어도 좋다"(함덕일, 1987: 51)라고 칭찬한 이후로 피아노 협주곡이나 합창, 관현악 등으로 널리 연주되면서 대중적인 명곡으로 인정받았다. 가사는 다음과 같다.

가렬한 전투의 저기 저 언덕
피 흘린 동지를 잊지 말어라
쓰러진 전우의 원한 씻으러
나가자 동무여 섬멸의 길로
만세 만세 만세 높이 부르며
원쑤의 화점을 짓부시며 앞으로
원쑤의 화점을 짓부시며
앞으로 나가자 동무여 결전의 길로

이 외에도 후방 인민들의 역할을 강조한 「샘물터에서」(최로사 작사, 윤승진 작곡)와 같은 노래도 있고, 고향과 부모형제를 지키고자 하는 전장 속 군인들의 심정을 그려낸 「전호 속의 나의 노래」(심봉원 작사, 김옥성 작곡)도 있다. 「전호 속의 나의 노래」의 가사는 다음과 같다.

전호 속의 나의 노래 고향으로 울려가라

조국 땅을 보위하려 총을 멘 지 삼 년 석 달
적탄알이 비발치는 격렬한 싸움에도
공 세우라 하신 말씀 명심하여 싸웠네
공 세우라 하신 말씀 명심하여 싸웠노라
전호 속의 나의 노래 고향으로 울려가라
우리 행복 삼키려는 원쑤 미제 쳐부시고
빛난 훈장 가슴팍에 내 집으로 돌아가면
사랑하는 부모처자 두 팔로써 안기리
사랑하는 부모처자 두 팔로써 안기리라

남한에서도 비슷한 내용의 노래들이 있다. 1951년에 만들어져 해마다 정부 기념행사에서 제창되었던 「6·25의 노래」의 가사를 보자.

아 아 잊으랴! 어찌 우리 이날을
조국을 원수들이 짓밟아 오던 날을
맨주먹 붉은 피로 원수를 막아내어
발을 굴러 땅을 치며 의분에 떤 날을
이제야 갚으리 그날의 원수를
쫓기는 적의 무리 쫓고 또 쫓아
원수의 하나까지 쳐서 무찔러
이제야 빛내리 이 나라 이 겨레

박두진이 작사하고 김동진이 작곡한 이 비장한 노래는 중장년층 세대라면 누구나 불러본 기억이 있을 것이다. 이보다 앞서 1950년 인천상륙작전에 성공한 후 38선을 넘을 때 나온 「전우야 잘 자라」, 그리고 전선에 있는 군인들의 애환을 담은 「전선야곡」(두 곡 다 유호 작사, 박시춘 작곡)도 유명하다. 다음은 「전선야곡」의 가사이다.

> 가랑잎이 휘날리는 전선의 달밤
> 소리 없이 내리는 이슬도 차가운데
> 단잠을 못 이루고 돌아눕는 귓가에
> 장부의 길 일러주신 어머님의 목소리
> 아 그 목소리 그리워
> 들려오는 총소리를 자장가 삼아
> 꿈길 속에 달려간 내 고향 내 집에는
> 정한수 떠놓고서 이 아들의 공 비는
> 어머님의 흰머리가 눈부시어 울었소
> 아 쓸어안고 싶었소

'미제 원쑤'에 대한 증오, 원수를 물리치기 위한 중국과의 친선단결, 지도자 찬양 등의 내용은 북한 전시가요의 특징이자 중요한 부분을 차지하고 있다. 그러나 그 외에는 남과 북의 전시가요가 그 내용과 정서상 매우 유사하다. 남한과 달리 북한에서는 전후 평화시기에도 전시가요가 방송이나 공연에서 많이 불리고 있다는 데서 전쟁이 북한사회에 미친 충격과 영향이 더 크고 깊다는 것을 짐작할 수 있다. 탈북소설가 도명학은 2023년 자유아시아방송(Radio Free Asia)과의 인터뷰에서 "북한과 이념이 다를 뿐이지 노래가 주는 애국심과 헌신성의 농도는 다를 바 없구나 하는 느낌을 받게 되었다. 다만 슬픈 것은 남북이 서로 동족인 상대방을 쳐부수기 위한 내용의 전시가요를 부르고 있는 것이다. 그런 의미에서 남북한의 전시가요 그 자체가 분단의 비극이 빚어낸 산물이라는 생각을 금할 수 없다"(자유아시아방송, 2023. 4. 1)라고 말한다.

한편 선전 예술로서의 영화에 대한 북한정부의 관심은 각별하다. 특히 영화에 대해 매니아적 관심을 갖고 있던 과거 김정일 정권에서는 국가 차원에서 남한보다 훨씬 많은 지원과 관심을 쏟기도 했다. 북한 영화는 기본적으로 실화를 바탕으로 주민을 계도해 당이 요구하는 정책을 관철하도록 고무하고 격려하는 것을 목적으로 하며, 사회교육수단으로 영화 보급일꾼들을 통해 전국적으로 배급된다. 영화관은 전국적으로 1,000여 개 있는 것으로 알려져 있으며 영화 보급을 위해 지방이나 산간에 간이영상시설을 설치해 상영하기도 한다. 한국전쟁을 다루는 영화는 전쟁 직후부터 시작해 1980년대 후반에서 1990년대 초반까지 많이 만들어졌다. 대표적인 전쟁영화로는 기록영화 〈조국해방전쟁〉 6부작, 〈빨찌산 처녀〉(1955), 〈월미도〉(1982), 〈이름없는 영웅들〉 20부작(1979~1981), 〈전선길〉(1991), 〈붉은 단풍잎〉 7부작(1990~1993) 등이 있다. 6·25를 '조국해방전쟁'으로 정의하는 북한의 전쟁영화는 미군의 포악함과 잔인성, 이에 맞서는 인민군대와 인민들의 영웅성을 강조하며, 전쟁을 바라보는 시각이 과거나 현재나 크게 다르지 않다.

1950년 9월 15일 인천상륙작전 당시 미군에 맞서 3일간 싸우다 전사한 중대의 이야기를 다룬 영화 〈월미도〉는 소설 『불타는 섬』(황건, 1953)을 바탕으로 1982년 제작되었다.[19] 시사회 때 《로동신문》이 2~3면을 할애해 소개하고, 2013년 조선중앙TV가 '전승절'(종전) 60주년을 맞아 재방영할 정도로 북한사회에 대대적으로 선전되었다. 극중 중대장과 중대원들은 일제의 강압적인 통치로 고통을 겪었고 김일성의 토지개혁으로

---

19 북한은 6·25전쟁 때 533명에게 공화국 영웅 칭호를 수여했는데 월미도 전투의 주인공 리태훈 중대장은 이들 중에서도 전세를 바꾼 영웅으로 북한 전쟁박물관에도 크게 전시되어 있다. 영화 각본을 쓴 리진우는 1990년대에 간첩혐의로 처형된 것으로 알려져 있다.

비로소 삶과 조국을 되찾은 것으로 묘사된다. 그들에게 조국은 곧 '장군님'이다. '순결한 영혼'으로 묘사되는 어린 처녀 통신병 영옥의 존재는 그들이 지켜내야 할 고향의 가족과 어머니 조국을 상징한다. 시종일관 흐르는 "봄이면 사과꽃이 하얗게 피여나고" 노래는 병사들의 가슴을 적시는 서정적인 멜로디이지만, 그 목적은 3절에 나온다. "살아도 그 품속에/ 죽어도 그 품속에/ 언제나 사무치게 불러보는 곳/ 아 어머니라 부르는 나의 조국이/ 장군님의 그 품인 줄 나는 나는 알았네" 북한 노래 대부분이 선전선동·음악정치용이다 보니, 주민들이 이런 노래만 듣고 부르는지 의문이 생길 정도인데, 실제로는 그들도 남한의 「갯바위」 같은 서정곡을 좋아한다고 한다.

    영화 <조국해방전쟁>도 그렇지만 <월미도> 역시 한국전쟁에 대한 남북의 역사인식 간극이 얼마나 큰지를 실감하게 한다. 북한 출신 주성하 기자는 자신이 북한에 있을 때는 강연, 글짓기모임, 웅변대회 등 '월미도 영웅'을 본받자는 운동에 휩쓸렸으나 남한에 와서 한국전쟁 사료와 다큐를 보고 사실과 전혀 다르다는 것을 알았다고 썼다(≪동아일보≫, 2008. 12. 23; 자유아시아방송, 2010. 6. 18). 사실 9월 13~15일 연합군의 대대적인 포격에도 인민군이 미군 구축함을 명중시켜 사상자를 낸 것은 남측 전쟁사에도 기록되어 있는 내용이다. 다만 이 영화가 작은 진실의 조각을 확대과장하고 원작에 없는 수령숭배사상을 주입시키려 한 탓에 전체적인 신뢰성과 공감성이 소설에 비해 퇴색한 것은 분명하다(손석춘, 2015: 203~228). 인천상륙작전이 남과 북에 갖는 의미는 다를 수밖에 없지만, 남침이냐 북침이냐부터 시작해서 한국전쟁의 진실에 대한 남북 간의 서로 다른 주장을 단지 역사해석의 차이로만 돌릴 수는 없다. 분단과 이념갈등이 지속되는 한, 남과 북에서는 랑케가 말한 "사료와 객관적 사실에 충실한 역사 서술"이 불가능해 보인다.

남한에서 제작된 간첩영화에서 북한에 침투한 북파공작원의 존재는 거의 다뤄지지 않는다. 간첩 자체에 대해 부정적인 인식이 형성되어 있는 한국사회에서 정부가 북한에 간첩을 보냈다는 것은 공식화하기도 어렵고 정서적으로도 거부감을 일으키기 때문일 것이다. 대조적으로 북한은 남파 간첩의 활약상을 영화에서 영웅적으로 묘사하기도 하고, 북한에 숨어든 북파간첩을 추적하는 '반(反)간첩영화'를 만들어내기도 한다(이하나, 2017: 43). 북한 영화에서는 남한과 달리 '착한 간첩'은 없고 북파간첩은 항상 악당으로 묘사된다. 그 배후에는 간첩을 조종하는 남한의 인물과 모든 것을 기획하는 미제국주의자들이 있다. 각 인물들은 냉전적 구도를 유지한 채로 선악의 이분법 속에 배치되어 피아가 분명하게 구분된다. 2000년대 이전 영화들과 아울러 그 이후 제작된〈조난〉(2009),〈미결건은 없다〉(2011)에서도 탈냉전과 무관하게 북한은 변함없이 투쟁을 계속하고 있다는 메시지를 전한다.

북한의 간첩영화는 '제국주의와의 견결한 투쟁', '미제의 꼭두각시인 남조선과는 어떠한 타협의 여지도 없다'는 사회주의 교양의 프로파간다에서 벗어나지 않는다. 그렇지만 북한에서도 정권과 주민을 분리하는 민족주의 기조는 오랫동안 유지되었다. 즉, '남조선괴뢰도당'은 '악랄한 철천지원쑤'이지만, '남조선동포들'은 '한 조상의 피'를 이은 같은 민족으로 묘사되었다.

〈통일의 문을 열자〉
우리 인민은 예로부터 민족도 하나, 조국도 하나였습니다. 그러나 오늘은 미제에 의하여 나라가 허리를 끊기운 채 둘로 갈라져 있습니다. …… 팔을 들면 서로 마주잡을 듯, 발을 들면 저편 강기슭에 건너설 듯한 지척의 남녘 땅, 한 조상의 피를 이어 대대로 화목하게 살아왔고 하나의 지맥으로 이어진 강건너마을이 오늘은 왜 이다지 멀고 아득하단 말입니까. …… 우리 인민들이 그처럼 바라는 조국은 미제에 의하여 아직도 통일되지 못하였습니다. 우리 어찌 민족분열의 고통을 더 이상 참을 수 있단 말입니까. (전장길, 2004: 128~130)

북한체제는 수립될 때부터 강한 민족주의적 색채를 띠고 있었다. 이는 김일성 자신의 항일투쟁 경험에서 비롯된 것이기도 하지만 강력한 민족주의와 결합되어 전개된 제3세계 공산주의 운동의 특색이기도 했다. 북한도 초기에는 사회주의 이론에 따라 '경제생활의 공통성'을 강조하는 민족론을 수용했다. 그러나 1955년 주체사상을 모색하면서 1960년에 김정일이 '피줄과 언어'의 공통성을 강조했고(김정일, 2012: 105), 이에 기초해 1980년대 중반부터는 '위대한 수령을 모신 우리 조선민족이 제일'이라는 '우리민족제일주의'를 체제수호에 활용해 왔다. 김일성을 사회주의조선의 시조로 삼는 소위 '김일성민족론'과 배타적 '우리민족제일주의'가 부상하는 과정에서도 계급-민족-통일을 결합하는 '민족통일론'은 공존했다(강혜석, 2019: 138). '미제와 파쑈정권에서 남조선 인민을 해방시키는' 적화통일이든, '외세와 반동들의 책동 탓에 민족의 넋을 잃어가는 남한과 서로 다른 민족이 되는 것을 막기 위한' 통일이든, 북한의 민족주의는 통일을 해야 할 근거이자 대의명분을 제공했다.

그러나 김정은 체제를 지나면서 '우리민족제일주의'는 '핵무력에 기반한 사회주의 부강조국'을 강조하는 '우리국가제일주의'로 대체되고 있다.[20] 북한정부는 2023년 말 '적대적 두 국가론'을 내세우며 남북연결도로

---

20 2017년 11월 30일자 대륙간탄도미사일 화성15형 발사를 다룬 ≪로동신문≫ 기사에서 대외적으로 처음 등장한 용어이다. 기사 내용은 "모든 일군들과 당원들과 근로자들은 우리국가제일주의, 우리민족제일주의를 심장 깊이 간직하고 사회주의 내 조국을 끝없이 빛내이기 위

를 폭파하고 통일전선부를 비롯한 대남사업부문 기구들을 폐지하는 등 일련의 '통일 지우기'에 나섰다. 하지만 오랜 세월 국가와 사회를 지탱해 온 정신적 토대를 단기간에 해체하기는 어렵다. 선대의 유훈을 부정하는 행위가 어떤 결과를 불러올지는 더 지켜봐야 할 것이다.

증오는 두려움을 먹고 자란다

전체주의 국가인 북한은 내부적으로 공식기억과 대항기억이 충돌하는 사례가 극히 드물다. 대외적으로 공표되는 집단기억은 사실상 정부가 지배적으로 주도하는 공식기억과 동의어이다. 북한은 미국이 1832년 7월 에드먼드 로버트를 특별사무관으로 동아시아 나라들에 파견하면서 조선 '개방'의 가능성을 조사하도록 지시했고, 1866년 8월 16일 미국의 제너럴셔먼호가 대동강 하구에 진입하면서 본격적인 '조선 침략'이 시작되었다고 주장한다(김병철, 2015: 3~4; 원영수·윤금철·김영범, 2010: 15). 미제는 일제의 연속선상에 있다. 즉, 미국은 일본을 대체해 남한에 침입한 제국주의 국가로 규정된다. "남조선은 미제가 다시 강점했기 때문에 통일을 위해서는 남반부에서 미제를 몰아내고 남조선을 해방해야"(박형준, 2020: 109) 한다는 것이다. 북한에서 한국전쟁이 '조국해방전쟁'으로 불리는 것은 이 때문이다. '반미반제'의 구호는 분단, 전쟁, 경제난, 군사적 위협 등 모든 고난이 미국의 제국주의적 침략 기조에서 비롯되었고 모든 책임이 미국에 있다는 논리에서 나온다. 피해의식이 클수록 증오심도 커진다. 불

해 삶의 순간순간을 영웅적 투쟁과 위훈의 서사시로 력력히 아로 새겨야 한다"라는 것이었다. 2019년 김정은 신년사를 통해 공식화된 우리국가제일주의는 이후 《로동신문》의 주요 주제로 다뤄지며 관련 논설, 사설, 기사들이 속속 게재되었다(전영선, 2020: 31, 33).

타오르는 증오는 적에게로 향한다. 미국은 '미제 승냥이', 남한은 '미제의 꼭두각시, 괴뢰'로 묘사된다. '원쑤들에 대한 증오'는 전쟁 시기 북한 문학의 핵심 주제 중 하나였다.

> 원쑤들에 대한 증오 — 이것은 전쟁 시기 우리 문학의 가장 중요한 중심 사상의 하나다. …… 침략 전쟁을 도발한 미제 침략군과 리승만 괴뢰도당들은 각지에서 자기의 야수적인 비인간성과 유사 이래 있어보지 못한 잔인한 야만성을 스스로 폭로시켰다. …… 이 인간-짐승들의 천인공노할 만행과 그의 야수적 본질을 우리 작가들은 불타는 적개심을 가지고 폭로하였다. 한설야의 단편소설 《승냥이》(1951년)는 이러한 쩨마(테마)에 바친 가장 우수한 작품의 하나다. 작가는 여기서 수십 년 전에 조선에 와서 《하느님》의 아들로 자처하면서 온갖 흉악한 만행을 다한 미국 선교사와 그를 중심으로 한 미제 야만들의 정체를 폭로하고 직접 오늘의 문제에 해답하였다. …… 작가 리북명은 단편소설 《악마》(1951년)에서 적의 일시적 강점 지구에서 버러진 치렬한 사실에 취재하여 미제의 야수적인 만행을 폭로 규탄하였으며 인민들의 투쟁을 표현하였다. 이 작품에서 보여진 원쑤놈들의 만행은 문자 그대로 악마다. (조선민주주의인민공화국 사회과학원 문학연구소, 1959: 237~239)

북한에서 악은 미제국주의이고, 반제는 악에 대항하는 선의 실천이다. 한국전쟁에 관한 한 북한은 주적을 남한이 아닌 제국주의로 설정하고 있으며, 계급갈등과 모든 민족적 불행의 근원은 일제국주의와 미제국주의에 연원을 둔 것으로 묘사된다. 북한의 시각에서 미제국주의와 기독교는 불가분의 관계로, 전쟁 서술에 등장하는 미국 선교사의 이미지는 한결같이 악마화된 탐욕의 화신으로 그려지고, 기독교 목사들은 반민족적이고 미제에 굴종하는 괴뢰적 이미지로 나타난다. 기독교가 다른 종교보다 더 북한에서 심한 탄압을 받게 된 데에는 기독교가 '미국 종교'라는 인식이 한몫했다.

북한의 부정적인 종교 이해는 단순히 마르크스주의의 종교론에 근거한 것이 아니라 독특한 역사적 배경에 근거한다. 1945년 소련군정 출범 당시 불교, 천도교, 기독교 단체들은 상당한 정치적 영향력을 가지고 있었다. 많은 종교 지도자들이 일제 식민통치에 맞서 민족주의 운동에 활발하게 참여하고 있었기 때문이다. 그러나 소련군정과 북조선인민위원회(조선민주주의인민공화국으로 계승)는 기독교 세력을 포함한 종교들을 반동·반혁명·반민족 세력으로 간주해 종교 제한, 탄압, 말살로 도식화되는 억압정책을 실시했다. 특히 서북지방을 중심으로 유력한 정치세력을 형성하고 있던 기독교와의 정치적 충돌은 격렬했다. 첫 번째 계기는 1946년 3월의 토지개혁이었다. 서북지방 기독교인 상당수가 중소 지주였기 때문에 계급투쟁의 성격으로 종교탄압이 진행되었다. 이어서 신의주 반공학생사건(1945년 11월), 오산학교사건(1947년 5월) 등의 반체제운동과 목사들의 '기독교사회민주당' 결성 등 저항활동이 계속되자, 당국은 주도자들을 체포하고 처형하기까지 했다. 이런 탄압정책으로 많은 사람들이 월남했고 해방 직후 30만 명에 달했던 북한의 기독교 인구는 한국전쟁 직전 20만 명으로 줄었다.[21] 그러나 전쟁 발발 전까지는 예배의 자유가 완전히 차단되지는 않았다.

한국전쟁을 치르면서 북한 사람들은 미국에 대한 적개심이 커졌고 미국과 연관된 기독교에 대한 부정적인 인식이 널리 확산되었다. 공중폭

---

21 북한 당국의 자료에 의하면 1949년 기준으로 교회가 2,000여 곳, 개신교인이 20만 명이었다 (『조선중앙년감 下 1950』, 1950: 365).

격이 있을 때 북한 사람들 상당수가 보호받을 것을 기대하고 교회당으로 몰려갔지만 오히려 그곳에서 집단적으로 폭사하는 경우가 많았다. 도시에서 가장 눈에 띄는 건물들 중의 하나였던 교회는 오히려 폭격기의 주요 목표물이 되었던 것이다. '선교사의 나라' 미국이 교회를 폭격한 것은 북한 사람들의 뇌리에 깊은 인상을 남겼다. 북한 당국은 북한 기독교인들이 정치적 탄압 때문이 아니라 미군의 폭격으로 피해를 입었기 때문에 자진해서 신앙을 버렸다고 주장한다. 연합군이 일시 북진했을 때 많은 반공적 기독교인들이 치안대와 유격대를 만들어 약탈과 학살을 감행한 것도 민심을 잃는 계기가 되었다. 건국 이래 기독교인들을 미제의 앞잡이로 몰아붙이며 적대시하던 북한정부로서는 기독교 절멸의 호기를 얻은 셈이었다. 많은 종교인들이 반동분자로 몰려 추방되거나 수감되거나 살해되었다. 1955년경 북한에서는 모든 종교단체와 종교의식이 사라졌거나 지하화되었고, 1960년대에 이르면 종교 자체가 모습을 감추게 되었다. 김일성은 1964년 다음과 같이 말한 것으로 기록되어 있다.

> 우리나라에서는 종교인들도 다 개조되었습니다. 다른 나라의 지도자들이 우리에게 조선에서 종교문제를 어떻게 풀었는가고 물어보는 경우가 많은데 사실 해방된 다음 우리나라에서도 종교문제를 푸는 것은 매우 어려운 문제의 하나였습니다. 그때 종교가 자라나는 새 세대들에게 나쁜 영향을 주고 있었으나 그렇다고 하여 종교를 강압적 방법으로 없앨 수는 없었습니다. 그런데 조국해방전쟁 과정에 우리나라에서 종교가 다 없어졌습니다. 전쟁 시기에 미제국주의자들이 례배당들을 폭격하여 다 마사버렸으며 종교인들은 미제침략군 놈들의 만행을 보고 스스로 개조되었습니다.[22]

---

22 김일성, 「혁명교양, 계급교양에 이바지할 혁명적 영화를 더 많이 만들자: 조선로동당 중앙위

북한에서 자란 사람이라면 누구나 아는 이야기가 있다. 미국인 선교사가 자기 과수원에서 사과를 주워 먹은 아이의 이마에 청강수(염산)로 도적이라는 글자를 새겨 넣었다는 이야기이다. 이른바 '허시모 사건'으로 알려진 이 사건은 1925년 평안남도 순안에서 안식교 선교사인 헤이스머(한국명: 허시모)라는 미국인 의사가 자기 과수원에 몰래 들어와 사과를 따먹은 열두 살 아이를 붙잡아 초산은[23]으로 두 뺨에 '도적'이라고 써넣어 상처를 남긴 사건을 가리킨다. 이 일이 알려지자 안식교 내부에서도 비난이 거세져서 결국 허시모는 실형을 받고 본국으로 추방되었다. 이 사건은 서양인들의 '백인우월주의'를 보여주는 사례로 부각되어 당시 기독교에 비판적이었던 민족주의자, 사회주의자, 일본의 우익세력에게 비난의 빌미를 제공했다. 허시모가 기독교에서는 이단으로 간주되는 안식교인이었기에 북한 교회는 별다른 입장 표명을 하지 않고 미온적인 태도를 보였지만, 이 사건은 교회의 이미지에 엄청난 타격을 가했다. 황해도 신천의 신천박물관에는 지금도 '허시모 전시실'이 마련되어 '미제'에 대한 증오를 부추기고 있다. 역설적으로 미국이 주적이자 타도의 대상으로 설정되면서 북한은 민족주의를 버리지 않으면서 내부결속력을 높이고 체제를 견고하게 할 수 있었다.

　증오를 동력으로 삼는 사회는 결코 건강할 수 없다. 미국의 철학자 마사 누스바움은 증오는 두려움을 먹고 자란다고 설파했다(누스바움, 2020: 42). 인간의 가장 기본적인 감정인 두려움은 위험에 처했을 때 본능적으로 발현되며, 두려움은 인간으로 하여금 타자에게 등을 돌리고 자신에게

원회 정치위원회 확대회의에서 한 연설/1964년 12월 8일」, 『김일성 저작집 18, 1964. 1~1964. 12』(평양: 조선로동당출판사, 1982), 251쪽.
[23] 염산이 아니라 초산은인데, 염산과 달리 독성이 약해서 2주 정도 지나면 글씨가 지워질 것으로 생각한 듯하다(한규무, 2005; 한화룡, 2021).

만 사로잡히게 만든다. 북한 지도자의 거대 공포는 자기보존을 위해 계속해서 '원쑤들'을 양산한다. 러시아와 중국이라고 예외는 아니다. 필요에 따라 동맹은 언제든 변할 수 있다.

중국은 정말 혈맹이었는가

중국은 한국전쟁기 1950년 10월을 시작으로 대규모의 지원군을 파병했다. 정전협정이 체결되던 1953년 7월 시점에 한반도 이북에 있던 중국군은 북한군 45만 명의 3배에 달하는 120만 명에 달했다. 그중 20만여 명이 죽었고 80만 명 넘게 부상당하거나 포로로 잡히거나 실종되었다. 마오쩌둥의 장남 마오안잉(毛岸英)도 28세의 나이로 참전했다가 1950년 11월 25일 미군의 폭격으로 사망했다. 게다가 중국정부는 전후에도 김일성의 요청을 받아들여 부채를 전액 탕감해 주고 막대한 원조를 제공했다.[24] 중국군은 노동력이 극도로 부족했던 북한지역에서 농사와 건설공사 등에 투입되었고, 중국정부는 북한의 전쟁고아를 2만 명가량 위탁받아서 기술교육과 직업교육을 시켜주었다. 1949년에 공산주의 혁명을 성공시킨 터라 아직 정치적으로 안정되지 않았고 가난했던 신생 '중화인민공화국'으로서는 엄청난 희생을 치른 셈이다.

중국인민지원군은 전투의 여가를 리용하여 우리 농민들의 밭갈이를 도와주었으며 파종과 수확을 도와주었으며 파괴된 저수지와 동둑을 수리하였

---

24 전후 대북원조는 소련과 동유럽 국가의 합계로는 22억 루블, 중국 단독으로는 30억 루블에 달하는 규모로 이루어졌다(션즈화, 2023: 218).

으며 도로와 교량들을 복구하여 주었습니다. …… 정전 이후 조선 인민이 재더미로 된 도시와 무참히 파괴된 농촌을 복구하는 어려운 투쟁에 궐기하였을 때에 중국인민지원군은 도처에서 우리의 복구건설사업을 적극적으로 방조하여 주었습니다. 지원군 용사들은 정전 이후 몇 해 동안에만 하여도 총연장 80만 6천여 메터에 달하는 수로를 파서 농촌의 관개 공사를 방조하였습니다. 아름다운 학교들과 웅장한 도시 건물들과 교량들이 지원군 용사들의 손에 의하여 많이 건설되었습니다. 지원군은 수천 톤의 군량을 절약하여 전쟁 피해로 말미암아 식량이 부족한 우리 농민들에게 분배하여 주었습니다.[25]

중국은 원래 한국전쟁을 일으켜서는 안 된다는 입장에서 선회해 인민지원군을 투입했고, 막대한 희생을 치렀다. 피하고 싶었던 싸움에 말려들어 피해를 본 셈이다. 중국군이 없었다면 한국전쟁은 이승만이 원했던 '국토완정'으로 끝났을 가능성이 매우 높다. 그러므로 북한정권은 중국에 커다란 빚을 졌다. 그러나 중국도 그만 한 대가를 치를 이유가 있었다. 미군이 중국 국경까지 치고 올라오는 상황은 안보에 큰 위협이 되었기 때문이다. 중국은 처음부터 주도적으로 파병을 추진한 게 아니라 자국의 안보, 동맹국과의 관계, 전세의 변화에 대응하는 과정에서 파병을 결정했다.

두 나라의 관계는 대내외적 정치상황에 따라 '혈맹'의 중요성에 대해 강조하는 정도가 달라졌다. 북한의 ≪로동신문≫, ≪근로자≫, ≪조선문학≫ 등 1차 자료를 통해 고찰한 연구에 의하면, 전쟁 중에는 중국의 역할이 강조되고 양국 간의 친선단결이 부각되었다. 그러나 당시에도 북중 지

---

25 김일성, 「귀국하는 중국인민지원군 환송대회에서 한 김일성 수상의 연설」, 『조선중앙년감』 (평양: 조선중앙통신사, 1959), 10쪽.

도부는 군 지휘권, 남진 전략, 휴전협상 등의 주요 사안을 놓고 내부적으로 극심한 갈등을 겪고 있었다. 중국이 참전하면서 소련의 승인하에 군사지휘권이 중국으로 넘어갔다. 전쟁 중 북한과 의견이 갈리는 거의 모든 주장에 대해 소련은 중국을 지지했다. 김일성으로서는 '굴욕과 치욕을 참으며 승복하는 태도'를 취할 수밖에 없었다. 북한 내부에는 중국 출신 연안파가 강력한 정치세력으로 존재하고 외부에는 중국인민지원군이라는 강대한 군사력이 북한에 주둔하고 있는 내우외환은 김일성의 마음속에 '지울 수 없는 그늘'이 되었다(선즈화, 2023: 205). 이에 따라 전쟁이 끝나자마자 북중관계는 경색기에 들어갔다. 1956년 김일성이 중국 연안파와 소련파를 대대적으로 숙청한 8월 종파사건[26]으로 인해 중국정부와의 갈등이 심화되었다. 당시 김일성 개인숭배 비판에 선봉으로 나섰던 최창익, 윤공흠, 김두봉 등은 모두 연안파였다. 실패한 내부 쿠데타에 대한 평가는 냉혹했다. 이 사건은 "당의 단결과 통일을 와해시키려는 …… 추악한 음모"(≪로동신문≫, 1957. 1. 9)로 폄하되었다. 중국정부는 항일투쟁에 함께한 연안파 간부들이 축출당하는 것을 못마땅하게 여겼지만, 그해 10~11월 폴란드와 헝가리에서 정치적 격변이 일어나자 사회주의 진영을 방어하는 측면에서 정세안정을 우위에 두고 김일성의 실각을 원하지 않는 쪽으로 기울었다. 오히려 1956년 말에는 북한의 요구대로 중국인민지원군 철군을 약속하기까지 했다.

    1956년은 북중관계의 전환점이 된 해였다. 가장 영향력이 컸던 변수는 중국군 철수였다. 1957년 주한미군 감축과 한반도 전술핵 배치가 이루

---

26 1956년 2월 중국공산당 제20차 전국대표대회에서 스탈린에 대한 비판이 나왔다. 이에 영향을 받은 북한 내 연안파와 소련파 계열 세력이 1956년 8월 당중앙위원회 전원회의를 계기로 김일성 중심의 정치세력을 축출하려고 모의했으나 사전에 누설되어 주도자들이 체포·추방·사형당했다. 김일성은 이 사건을 주동한 세력들을 대대적으로 숙청하고 당권을 장악해 1인 독재체제인 유일영도체계의 기반을 확립했다.

어지면서 전쟁억지력이 확보되었다고 판단한 중국은 북한과의 관계 개선에 나섰고, 1958년 25만 명의 중국인민지원군을 세 차례에 걸쳐 북한에서 완전히 철수시켰다. 이로써 북중관계는 밀착으로 급전환되었다. 1961년 북중동맹조약을 맺은 이후 1963년까지 ≪조선문학≫에는 지원군과 관련된 작품이 실렸고 ≪로동신문≫도 2년 연속으로 특집 보도를 게재했다. 이는 당시 북중관계가 우호적이고 상대국에 대한 기대가 모두 높았기 때문이다. 북한은 쿠바 미사일 위기 등의 사건으로 인해 소련으로부터 방기될 우려가 있었고, 이에 따라 중국으로 편향되었다. 중국은 여전히 소련과 대북 영향력을 경쟁하고 있었기 때문에 북한의 대중국 편승을 환영했다. 그 후 중소 분쟁이 심화됨에 따라 북한은 등거리 외교를 채택했다. 이로 인해 혈맹론에 대한 강조가 다시금 줄어들었고 상대적으로 중국에 대해 냉담한 태도를 보였다. 1965년에는 기념행사를 성대히 진행했고 이틀 연속 특집 보도를 실었지만 다른 시기에는 지원군 참전을 기념하는 행사에 관한 기본적인 내용만 보도했다. 1972년 중국이 미국과 수교하면서 중국은 미국과 협력해 소련에 대항하고자 했다. 그러나 북한은 소련과 함께 미국에 대항하기를 원했다. 그렇기에 양국은 다시 냉각기로 접어들었다. 문화대혁명 당시 중국 민간에서 북한을 수정주의로 비판한 데 대해서도 북측은 불만이 있었다. 1985년 이후 중국이 남한과의 경제협력을 추진하고 마침내 1992년 한중수교가 이루어지면서 중국과 북한의 관계는 소원해졌다. 그러나 중국은 미국과 경쟁하고 갈등하는 구도에서는 북한의 전략적 가치를 무시할 수 없다. 그렇기 때문에 양국은 핵무기나 러시아 쪽과의 관계 등을 변수로 계속 멀어졌다 가까워졌다를 반복하고 있다. 북중 양국은 모두 자국의 이익에 가장 부합하는 선택을 해왔고 전략적 필요로 인해 양국관계를 안정적으로 관리하고자 했다. 북중관계는 선전하는 것처럼 피로 맺어진 혈맹의 우의관계가 아닌, 이익에 기초한 정치적 동맹 수준이라는 뜻이다.

그렇다면 북한 사람들은 중국을 어떻게 생각하고 있을까? 1953년 정전협정 체결 당시 북한에는 120만 명의 중국인민지원군이 잔류하고 있었는데 이들은 전후복구에 필요한 절대 노동력이 부족하던 북한에 가장 중요한 인력자원이 되었다. 20대 젊은 중국 군인들은 철도 복구, 주택 복구, 교육시설 재건, 관개수리 공사 등에 투입되었다. 그러나 북한 주민들과 중국군의 관계가 좋기만 한 것은 아니었다. 외국 군인들이 장기주둔하는 상황에서는 복잡한 사건들이 발생하게 마련이다. 군인과 혼인하는 사례도 있었지만 강간과 도둑질, 교통사고 등의 사건사고가 번번하게 일어나면서 주민들과의 관계에서 갈등이 빚어졌다(박영실, 2018: 238). 1957년 북한에서는 주민들과 중국군의 갈등관계로 주민 몇 명이 사살된 사건도 있었다.

북한에는 중국에 친인척이나 지인을 두고 있는 사람이 많다. 1960년대 초에는 중국 사람들이 기근을 피해 두만강을 건너왔다. 1990년대 고난의 행군기에는 북한 사람들이 두만강을 건넜다. 그들이 중국으로 넘어가서 식량을 구해오지 못했다면 아사자가 얼마나 늘었을지 모른다. 최초의 탈북 루트이기 때문에 지금도 중국에 숨어서 살고 있는 북한 사람들이 많다. 가느다란 강줄기 하나로 국경을 맞대고 있다는 지리적 특성과 오랜 역사적 관계가 갖는 힘은 매우 강력하다.

북한과 중국의 공개 자료들은 대부분 중국인민지원군의 성과 위주로 선전하고 있기 때문에 북한 주민들이 이들의 주둔을 어떻게 받아들였는지는 확인할 수 없다. 다만 10년간 탈북 1년 이내의 북한이탈주민을 대상으로 실시한 2022년 서울대 통일평화연구원의 주변국 인식조사 결과에 따르면, 북한 주민에게 가장 친밀한 국가는 압도적으로 중국이었다.[27] 이는 한국전쟁 중의 군사지원, 전후 경제지원, 냉전 이후 북한정권에 대한 지원 등의 오랜 역사가 북한 주민의 마음에 자리를 잡은 결과로 추정된다. 중국에 대한 친밀감이 하락하는 추세이긴 하지만, 양국관계가 멀어졌다 가까워지기를 반복하는 동안에도 근본적인 인식전환이 일어난 적은 없었던 것으로 보인다.

'본받을 나라' 소련

한반도를 둘러싼 주변국들에 대해 북한 사람들이 공유하던 기존의 사회적 기억의 틀이 획기적으로 전환된 계기는 1945년 12월 모스크바에서 열린 삼상회담이었다. 신탁통치 조항이 공표되면서 한반도는 친탁과 반탁, 미국과 소련에 대한 선호와 거부로 극명하게 갈렸다. 이북 지역에서도 소련의 신탁통치에 대한 부정적인 인식이 확산되자 소련 당국은 "조선인민의 총체적 부흥 및 조선 독립국가 수립을 지원"한다는 입장을 강조하면서 자국에 대해 조선을 보호하고 일시적인 대리권을 행사하는 '후견인'의 이미지를 구축하고자 했다(기광서, 2002: 172). 당시 국가건설과 통일이라는 과제를 앞둔 북한정권으로서는 소련의 지원과 협조가 절실했기 때문에 이들의 필요가 맞아떨어졌다. 먼저 해방 직후 진주한 소련군의 폭력적인 이미지를 바꿀 필요가 있었다. 도처에 발생한 성추행과 성폭력, 생필품 약탈, 폭행과 살인 등은 잔인한 점령군의 모습 그 자체였다. 일본 제국주의 침략의 경험이 생생했던 북한 주민들은 강하게 반발했다. 북한 당국은 1946년 정치인들과 문화계 인사들로 구성된 방소사절단의 소련

---

27 서울대통일평화연구원에서 2011~2020년 10년 동안 탈북 1년 이내의 북한이탈주민 1,242명을 대상으로 시행한 북한 주민 통일의식 조사 결과이다(조동준, 2022: 170).

행을 추진했다. 이들은 소련을 다녀와서 『소련기행』을 발표했고, '조쏘문화협회'를 중심으로 소련에 대한 긍정적인 이미지를 대중적 차원으로 확산시키고자 다양한 문화교류 사업을 추진했다. 이어서 1949년 김일성을 비롯한 북한정부 대표단이 소련을 방문해 '조소경제문화협정'을 체결하고 주민들을 상대로 소련 문화를 본받자는 운동을 벌였다. 이처럼 북한정부는 다양한 문화정책을 구사해 소련에 평화적인 국제주의자의 이미지를 덧씌우고 소련의 선진적인 과학기술과 문화예술을 강조하면서 소련을 미제의 침략을 막아낼 동반자로 부각시켰다.

> 쏘련의 작가, 예술가들에 의하여 더욱 형상화된 그 관후하고 겸허하고 소탈하고 그러면서도 적 앞에서는 불요불굴하여 강인성 있고 조국에 일체를 바치는 쏘베트 인민의 새로운 인간타잎은 앞으로 우리 민족의 민족적 성격을 변화시키며 창조하는 데 다시없는 정형이 될 것이다. (≪조쏘문화≫, 1949.5: 29)

소련은 미국과의 관계를 고려해 한국전쟁에 공식적으로 참전하지 않았지만, 김일성의 거듭된 요청에 전쟁 개시를 최종승인한 당사자는 스탈린이었다. 1949년 말까지 군사행동을 줄곧 반대하고 제지하던 스탈린이 왜 마음을 바꿨을까? 이에 대해서는 다양한 분석이 있지만, 치밀한 계산을 거쳐 전쟁의 성패와 상관없이 극동아시아에서 전략적 이익을 취할 수 있다는 판단에 따른 결정임은 분명하다.[28] 소련은 전쟁 준비를 위한 각종

---

28 연구자들은 대체로 스탈린이 동의하지 않았다면 김일성이 선제도발을 할 수 없었을 것이라는 점에 동의한다. 그러나 스탈린이 담당했던 역할의 경중에 대해서는 견해차가 있다. 예컨대 박명림은 스탈린이 동아시아에서 소련의 영역을 확장하기 위한 정책을 추진했다고 하면서 스탈린의 역할을 강조하지만, 기광서는 김일성이 단호한 의지를 가지고 스탈린을 설득했다고 주장한다. 최근의 가장 치밀한 연구로 꼽히는 정병준의 책에서는 개전에서의 스탈린의

무기와 전쟁기술을 제공하고 공군기와 조종사를 지원하며 휴전까지의 모든 과정에 개입했으면서도, 미국과의 정면충돌을 피하기 위해 공식적으로는 참전 사실을 은폐했다. 또한 전후복구에 10억 루블의 무상원조를 해주고 각종 설비와 원자재와 함께 공업기사들을 파견했다. 북한 당국은 '조쏘친선'을 기념하기 위한 각종 일용품을 제작하고 전적지와 탑, 기념비를 세웠다. 예술단체들은 소련 희곡과 음악, 무용을 감상했고, '조쏘친선'을 주제로 한 창작운동도 활발하게 전개되었다. 이처럼 소련 문화를 적극적으로 수용하는 분위기를 조성하는 한편으로 북한정권은 사회주의 소련의 핵심 이미지인 스탈린 중심의 유일영도체계를 수용하려고 했다. 사회주의 건설이라는 국가적 과제 앞에서 북한 인민들이 개인보다 사회와 국가의 이익을 우선하고 수령과 당의 영도를 따르도록 하기 위해서였다.

이러한 상황을 고려할 때 북한 문학에서 소련 군대에 대해 조국을 찾을 수 있게 해준 고마운 존재로 묘사하는 것은 당연한 귀결일 것이다. 한설야의 『얼굴』(1960)에는 일본 형사들에게 잡혀 수감되었다가 소련군의 진주로 자유의 몸이 된 병수라는 인물이 나오는데, 그는 자기를 구해준 은인인 소련군을 볼 때마다 "그날 새벽 제가 만져보던 쏘련 군인의 따뜻한 얼굴과 손을 느꼈"(한설야, 1960: 155)다. 리북명의 『노동일가』(1950)에서 김진구는 아내에게 "소련 군대의 덕분으로 조국을 찾고 김일성 장군 덕택으로 이렇게 행복스러운 생활을 하"(리북명, 2019: 213)게 되었다고 말한다. 진구의 동료인 선반공들 사이에서는 "쏘련 인민들의 강철 같은 정신" 이야말로 "1차, 2차, 3차 5개년 계획을 승리적으로 완수하고 파쇼 독일과 일본 제국주의를 즉살시켜버린 그 단결된 애국정신"(리북명, 2019: 147)이

역할을 강조하는 입장을 부분적으로 수용하면서도 상호 간에 적대적이었던 남북 간의 충돌 상황을 중시하는 복합적인 입장을 취한다(박명림, 1996; 기광서, 2007; 정병준, 2006).

며 자신들은 그것을 본받아야 한다는 대화가 오간다. 그러나 한설야의 원작은 소련 군인에 대해 부정적으로 묘사했었으나 추후 전혀 다르게 개작되었다는 사실[29]을 비롯해, 소련 군인의 만행에 대한 기록들도 존재하는 것으로 볼 때, 당시 북한 문학에 투영된 소련에 대한 우호적인 이미지는 현실을 그대로 반영한 것이라기보다 정치적 지향성을 보여주는 것으로 이해해야 할 것이다.

30년 넘게 국가 형성기의 북소관계를 연구해 온 기광서는 러시아 문서보관소에서 수집한 방대한 구소련 자료를 분석한 결과, 때로는 소련이 북한 측을 지도하고 때로는 북한이 소련 측에 요구하면서 '공동주체'로서 상호 협력했다는 사실을 발견했다(기광서, 2018: 33). 국가 형성기의 북소관계에 대한 남한 학계의 기존 관점은 크게 두 가지로 나뉘는데, 하나는 소련이 한반도 공산화를 위해 김일성과 공산당을 꼭두각시로 내세웠다는 주장이고, 다른 하나는 북한 측이 주도적으로 체제를 구축했고 소련의 역할은 국가건설 원조에 한정되었다는 것이다. 그러나 기광서의 연구에 의하면 두 국가의 관계는 일방적인 '종속'도 '독립'도 아니었다. 분단국가 수립은 근본적으로 소련과 북한의 이해관계가 일치해 물리적 협력 이상으로 내적인 결합을 달성한 결과였다. 누구도 분단국가를 우선적으로 추구하지 않았으나, 두 차례의 미소공동위원회가 결렬되자 자기 주도의 한반도 단일정부를 수립하려고 했던 모든 정치세력의 기대가 꺾였고, 그 결과 남과 북에 각각 단독정부가 들어서게 되었다(조수룡, 2019: 365; 이재훈, 2019: 295~296). 소련의 역할에 대해서는 오랫동안 남과 북의 시각이 큰

---

[29] 한설야가 1946년 발표한 「모자」라는 작품은 원래 소련군 병사가 조선의 승무를 관람하다가 그 내용에 분노해 극장을 뛰쳐나와 총을 난사한다는 줄거리였는데, 1960년 개작본에서는 소련군 병사가 승무를 통해 조선과 소련의 일체감을 얻는다는 내용으로 바뀌었다(김문정, 2007: 84).

편차를 보였다. 그러나 연구결과들이 보여주는 것은 남한이 미국의 꼭두각시가 아니었듯이, 북한도 소련의 꼭두각시가 아니었다는 사실이다.

미우면서도 부러운 일본

북한이 김일성의 항일무장투쟁을 정권 정통성의 기초로 삼고 있는 만큼, 북한에서 일본은 간악한 식민지통치를 실시한 나라로 각인되어 있다. 북한 교과서는 일제가 침략전쟁을 수행하기 위해 징병, 징용, 위안부 납치, 경제적 약탈, 학살, 황국신민화 책동, 교육 군사화, 신사참배와 창씨개명 강요 등 이루 말할 수 없는 악행을 저질렀다고 기술하는데, 이는 남북이 공통적으로 겪은 일이므로 별다른 차이가 없다. 크게 차이가 나는 부분은 일본군이 한국전쟁에 직접 참전했다는 대목이다.

미군과 동맹국의 군대들은 일본에 있다가 전쟁이 개시되자 총동원하였으며 남조선괴뢰군의 적지 않은 장교들은 일본에 있는 미군기지들에서 훈련을 받고 전쟁마당에 나왔다. 일본은 1952년 7월 미국과 〈군사시설 및 군사구역사용에 관한 협정〉을 체결하고 1,280여 개의 군사기지와 군사시설들을 미군에 넘겨주었다. …… 1950년 7월 27일 영국로이터통신은 조선전쟁에 참가한 일본침략군의 수가 이 시기에 벌써 2만 5,000명이라고 하였다. 전쟁 개시 한 달 만에 이쯤 되였으니 3년간의 조선전쟁 전 기간에는 얼마나 많은 일본침략군이 참가하였는가를 짐작할 수 있다. 미24보병사단 스미스특공대가 수원, 오산 일대에서 인민군대에 의하여 소멸되였을 때 그 시체 속에서 30여 구의 일본군 장교들의 시체가 발견되었다. (허성철, 2002: 24)

한국에서는 잘 알려지지 않았지만, 북한 교과서의 주장이 전적으로 허구만은 아니다. 전쟁 발발로 일본이 경제특수를 누린 것은 잘 알려진 사실이다. 일본이 주둔군인 미군의 전선기지와 전쟁 수행을 위한 후방기지 역할을 하게 되면서, 한국전쟁은 "일본 경제 부흥의 소생제"(武田晴人, 2020: 63)가 되었다. 일본은 한국전쟁 기간에 일본 수출총액의 26~37%에 해당하는 군수품을 미군에 공급했고, 3년간 생산 공급한 무기와 의료 및 식품의 총액은 24억~25억 달러에 이르렀다(Department of State, 1952~1953; 최윤철, 2023: 103). 한국전 참전도 사실로 밝혀졌다. 1994년 미국의 국립문서기록관리청에 소장된 『재일병참사령부 고급부관부 공식 극비 파일 1950~1951(Japan Logistical Command AG Section Formally Top Secret File 1950~1951)』의 기밀 지정이 해제되면서 일본의 참전 실체가 공개되었다. 일본은 소해정 부대를 보내 기뢰 제거 등의 군사작전에 참여했고, 군수시설을 전면 가동해 유엔군에 탄약을 공급하는 등 군사적으로 관여했다. 일본 방위연구소 이시마루 야스조 연구원은 전쟁 당시 일본인 8,000여 명이 관여한 것으로 기술했다(石丸安藏, 2013: 46). 한반도 지형에 밝은 옛 일본군 출신들은 미군사령부에 협력해 정보를 제공했고 일부는 선원으로 승선해 병참업무를 담당했다. 미군은 일본의 구 육해군 장교들의 조언을 받아들여 인천상륙작전을 감행했다. 일본 해상보안청의 소해부대는 미국 부대, 한국 부대와 함께 한반도 해역에 설치된 기뢰를 제거하는 소해 임무를 수행했는데, 원산 앞바다 소해 작업 중 기뢰 접촉에 의한 소해정 침몰로 첫 번째 사망자가 나왔다. 사망자 나카타니 사카하로의 유족은 일본의 전쟁으로 사망한 것이니 야스쿠니신사에 합사해 달라고 요청했지만 전쟁 개입을 비밀로 해야 했던 일본정부는 이 요구에 대응하지 않았다. 이후로도 일본의 대형 인양선이 기뢰에 맞아 침몰해 선원 22명이 사망하는 사건이 있었다.

미 국립문서기록관리청에 있는 재일병참사령부의 보고서를 보면, 일본인은 실제로 지상전에까지 투입되었다. 2012년 이 사실을 최초로 학술논문으로 발표한 모리스 스즈키의 연구를 보면 한국군 군복을 지급받고 대전 전투에 참여한 경우, 미군 소속으로 북한에서 중국군과 교전한 경우 등 다양한 참전 사실을 확인할 수 있다(Morris-Suzuki, 2012: 1~19).[30] 2019년 일본 공영방송 NHK는 〈숨겨진 '전쟁 협력': 조선전쟁과 일본인〉이라는 다큐멘터리를 방영했다. 미 국립문서기록관리청의 기밀문건을 다룬 이 프로그램에서 제작진은 보고서에 언급된 일본인들의 신원을 추적했고, 미군 측이 작성한 심문기록을 바탕으로 일본 군인들이 지상전에 참전했다는 사실을 공개했다. 이 다큐를 보완해 NHK 사회부 기자 후지와라 가즈키가 펴낸 논픽션 『한국전쟁에서 싸운 일본인』이 출판되었다(후지와라 가즈키, 2023). 이 책에 의하면 1950년 일본 군인 70명이 미군과 동행하며 실탄을 지급받아 북한군 및 중국군과 교전했고 일부는 전사했다. 이들은 공식적인 전투병이 아니라 통역, 취사병, 잡부 등으로 한국에 갔지만 긴박한 상황에서 전투에 휩쓸리게 되었던 것이다. 일본인 종군 노무자의 존재가 공산 측에 알려지면 미국이 국제정치적으로 난처한 입장에 몰릴 수 있다는 판단하에 이들에 대해서는 철저한 심문이 이루어졌다. 심문기록에 의하면 이들은 전쟁고아 등 경제적 빈곤 때문에 미군기지에서 일하게 된 사람들이었다. 저자 가즈키는 "많은 일본인이 미군에게 구제되었고, 태평양전쟁 중에 깊이 새겨진 '상처'를 품은 채 한국전쟁에 나가는 길을 선택했다"(후지와라 가즈키, 2023: 164)라고 기술했다.

중국군 참전 이후 전황이 긴박해지자 다급해진 미국은 1951년 2월

---

30 이 논문에는 1950년 10월 소련공산당 기관지 ≪프라우다≫가 참전 일본인이 8,000명이라고 보도했다는 내용이 들어 있다.

덜레스 특사를 보내 일본의 재무장을 촉구했다. 당시 일본은 미군정하에 있었으므로 미국 측의 요구에 따라 한국전쟁 수행을 지원하는 것 외에 다른 선택의 여지가 없었다. 미국은 한국전쟁을 계기로 일본을 동아시아에서 공산주의에 대항하는 보루로 삼게 되었고, 1951년 9월 8일 미일 안보조약이 체결되었다. 제2차 세계대전에서 싸웠던 적에서 동맹관계로 뒤바뀐 것이다. 한국전쟁에서 한편이 되어 싸운 것이 그만큼 큰 영향을 미쳤다. 미국의 대일(對日)정책 선회로 샌프란시스코 강화조약과 평화협정이 이루어지면서 일본은 주권국가로서의 위상회복과 아울러 보상협의, 자위권 인정 등 주요 사안을 해결할 수 있었다. 한국전쟁에 참전한 일본인의 희생에 대해 일본정부는 아무런 책임도 지지 않았고 미국 당국은 이들의 존재와 활동을 극비에 부쳤다. 참전 당시 일본 국적을 갖고 있었던 재일조선인들의 존재는 일본정부의 외국인 간주 방침에 따라 철저히 배제되었다. 패전 후 전쟁을 일으키거나 개입하지 않겠다는 '평화헌법' 체제를 구축했던 일본에도, 평화헌법을 강제하면서 이면으로는 일본인을 동원한 미국에도, 한국전쟁을 공산주의와의 대결이자 동족상잔의 비극으로 서사화하는 한국에도 일본인의 참전과 희생은 꺼림칙한 것이었다. 식민지배에 대한 책임이 있고 분단의 단초를 제공한 국가 일본이 한국인을 위해 희생을 치렀다는 것은 받아들이기 어려운 일이었다.

1958년에 출간된 일본 작가 기타 모리오의 소설 『부표』의 시공간적 배경은 한국전쟁에서 중국이 참전한 이후인 1951년 여름부터 12월 말까지의 서울 근교이다. 김포비행장에 미군 복장을 한 일본인 8명이 미군 군용기에서 내리는 장면으로 시작하는 이 소설은 미군이 중국 공군의 교신 정보를 도청할 목적으로 옛 일본군 장교 출신자들과 중국어가 가능한 일본인 민간인을 활용했다는 사실을 가감 없이 드러낸다. 이들은 미국에서 출생한 일본인 2세로 신분을 위장했다. 20대 초반의 주인공 가야마는 흰

옷을 입은 길가의 조선인, 파괴된 한강철교, 폐허가 된 서울 시내를 바라보다가 자신이 한국으로 오게 된 과정을 떠올린다. 이웃나라의 전쟁에 그다지 관심이 없었던 그는 중국군 무선감청을 위해 한국으로 가달라는 요청을 "미군에 관계된 일"로 여기고 별생각 없이 수락했던 것이다.

"중국에 관련된 일입니다. 실은 조선에 가주셨으면 합니다."
"그러면 …… 미군 관계이군요."
상대는 고개를 끄덕였다. 나는 다소 혼란을 느꼈고, 그 후 무감각과 무념무상의 상태로 빠져들었다. 지금까지 너무도 관계가 없었던 세계였기 때문이다. (安田武·有山大五, 1981: 144)

1950년대에 일본에서 출간된 한국전쟁 소설에서 이미 기록했고 최근 연구들이 밝혀냈듯이, 일본인은 직간접적으로 한국전쟁에 참전했다. 그러나 허구와 사실의 교묘한 조합은 역사적 판단을 흐리게 한다. 북한 교과서의 집필의도는 명백하다. '미제와 일제'는 악의 화신이자 억압적 침략자의 표상이다. 일본은 미국과 연합해 한반도를 침략하려는 야욕을 여전히 버리지 않는 군국주의 침탈세력으로 묘사된다.

일본인에 대한 북한 사람들의 대중적 인식에는 미움과 부러움이 섞여 있다. 1959년부터 1984년까지 이루어진 약 9만 3,000명의 재일조선인 북송사업을 통해 가족을 따라 북한으로 간 일본인이 6,000여 명이었고 그중 일본인 처가 2,000여 명이었다. 1990년대까지 북한에서 이른바 '후지산줄기파'로 불리던 재일교포들은 경제적 풍요를 누리며 부러움의 대상이 되었다. 1980년대에 외화벌이에 동원된 북한 사람들은 주로 일본 사람의 먹거리를 마련하기 위해 매년 고사리 채취, 송이버섯 채취, 털게잡이 등에 나서야 했기에 자신이 "'일본 놈의 머슴꾼', '일본 놈의 노예' 같다고 분노하면서 …… 언제면 일본 놈처럼 잘살아볼까"(감희, 2021: 57~58) 부러워하기도 했다. 한국 입국 1년 미만의 북한이탈주민을 대상으로 매년 실시되는 서울대통일평화연구원의 조사에서, 북한이탈주민들은 미국과 일본에 대한 친밀감이 가장 낮았으며 한반도의 통일을 가장 원하지 않는 나라가 일본이라고 생각하는 것으로 나타났다(김병로 외, 2022: 167, 180). 이런 경향은 2008년 조사를 시작한 이래 변동 없이 유지되고 있다.

사회주의 국가들로 보내진 전쟁고아들

5만 명으로 추산되는 북한의 전쟁고아들은 국립시설에 절반 정도 수용되고 나머지 절반가량은 해외기관에 맡겨졌다. 자력으로 전쟁고아 문제를 해결하기 어렵다고 판단한 북한정부의 결정이었다. 당시의 냉전 분위기에서 동유럽 국가들은 한국전쟁이 미국의 침략으로 발발했다고 규정하면서 "계급투쟁을 함께하는 형제의 의무"라는 표현을 써가며 북한에 대한 지원을 호소하는 대규모 군중집회를 벌였다. 그들은 전쟁기간에 의료진을 비롯한 비전투 인력과 지원 물자를 제공했을 뿐 아니라, 전후 북한 재건을 위해 상당 규모의 인력과 물자를 추가로 지원했다. 예를 들어 동독은 함흥시 재건을, 체코는 기계공장 건설을, 불가리아는 직물공장 건설을 맡는 식으로 역할을 분담했다. 당시 소련과 중국, 동유럽 국가들의 지원은 북한 경제가 비교적 빠른 속도로 복구될 수 있었던 원동력이었다. 북한의 전쟁고아를 받아들인 것도 이와 같은 맥락에서였다. "얼마 전에 형제 나라들에서 우리 전재고아[31]들을 양육해 주겠다고 하면서 그들을 보

---

31 북한에서는 '전재고아', 즉 '전쟁에서 재난을 당해 고아가 된 아이'라는 명칭을 사용한다. '전

한국전쟁 시기에 해외로 위탁된 북한 전쟁고아 현황

국가명	인원수	연령대	입국일	귀국일	체류기간
중국	20,000명	-	1952.10	1958.6~9	6년
폴란드	1,400명	7~15세	1951.11: 200명 1953.7: 1,200명	1959.8	6~8년
헝가리	400명	10~14세	1951.11: 200명 1953.5: 200명	1957.1~7	4~6년
루마니아	1,800명	7~13세	1952.4	1959.8	7년
불가리아	500명	7~14세	1952.6: 200명 1953.9: 300명	1960.1	7~8년
몽골	197명	3~7세	1952.9	1959.5~1960.5	7년
동독	600명	-	1952.4	-	-
체코슬로바키아	200명	-	1952.5	1959.8	7년

자료: 오미영(2021)의 표를 바탕으로 강채연의 자료를 추가해 수정했다(오미영, 2021: 22; 강채연, 2021: 136). 단, 인원수 추정은 연구자마다 조금씩 다르다. 강채연은 이해성(2014), 김종숙(2014), 손춘일(2015), 션즈화(2017), 오미영(2019) 등의 연구를 종합해 북한의 해외위탁 전쟁고아 수를 2만 8,900명으로 추산한다.

내달라고 했습니다. …… 적들에게 희생된 그 아이들의 부모를 생각하면 그들을 한 명도 다른 나라에 보내고 싶지 않"[32]다고 하면서도, 북한은 1952년부터 중국에 2만 명, 몽골에 197명을 보냈고, 루마니아, 폴란드, 불가리아, 헝가리, 체코슬로바키아, 동독 등 동유럽 사회주의 국가에 위탁교육 명목으로 5,000명 정도를 보냈다. 해외위탁된 고아 대부분은 "조국해방전쟁에서 희생된 인민군 장병 및 빨찌산들과 애국렬사들의 유자녀"였다.[33]

'재고아'는 남한에서도 사용되었던 용어이지만 지금은 쓰이지 않는다.

32 김일성, 「전쟁 원호 사업은 여맹원들의 중요한 임무」, 1951.8.15., 『김일성 저작집』 6(평양: 조선로동당출판사, 1980), 450쪽.

33 1951년 1월 13일 내각결정 제192호, 1951년 2월 11일 교육성 규칙 제1호, 1951년 8월 30일 내각결정 제197호에 의해 북한의 전쟁고아들은 7개의 신분으로 나뉘었고, 신분유형별로 수

김일성은 이들을 떠나보내면서 "가능한 한 최대로 많이 배워야 하며 더욱더 많이 익혀야 한다. 왜냐하면 너희들은 이곳(북한)으로 돌아와서 사랑하는 우리 조국을 건설해야 할 것이기 때문"(이해성, 2014: 108)이라고 당부했다. 1956년 6월 1일부터 7월 19일까지 전후복구자금 원조를 요청하기 위해 사회주의 국가들을 순방할 때 김일성 일행은 위탁 고아들을 방문해 이들에 대한 특별한 관심과 배려를 표현했다.

> 멀리서 자동차가 보였다. 아이들은 "김일성 만세!"를 외쳤다. 차들이 멈춰섰다. 김일성이 활짝 웃으며 자동차에서 내렸다. 교사들이 아이들에게 미리 경고를 했지만, 아이들은 "김일성 장군님!"을 외치며 그에게로 달려갔다. 어떤 아이는 울면서 "아버지!"라고 외쳤다. 김일성은 바로 아이들과 하나가 되었다. 그는 아이들 머리를 하나하나 쓰다듬으면서 그동안 어떻게 지냈는지 아프지는 않았는지 공부는 잘하고 있는지 물으면서 아이들의 눈물을 닦아주었다. (김소영, 2014: 36~37)[34]

그러나 원조를 얻어내려던 김일성의 순방은 기대했던 성과를 거두지 못했다. 북한은 1958년 8월 종파사건을 계기로 중국과 갈등이 생겼고 소련이 개인숭배를 배격하면서 소련과도 갈등을 빚었다. 북한 학생들이 헝가리 혁명[35]을 직간접으로 경험하고 일부가 혁명에 도움을 제공한 데 대

용·보육·교육정책이 차등적으로 적용되었다(강채연, 2021: 137).
34 이 논문에 의하면 바실카 니키포로바는 불가리아에서 북한 전쟁고아들을 돌보는 일을 했고 불가리아의 '조선 어머니'로 불리던 인물이었다. 2009년 출간된 그의 자서전 『김일성의 코리아와 함께 한 60년』에는 김일성이 불가리아 반캬에 있는 김일성 학교를 방문했던 당시의 광경이 묘사되어 있다.
35 1953년 스탈린 사후 흐루쇼프가 집권하자 스탈린 체제를 청산하는 분위기에서 동유럽에 자유화 바람이 불었다. 1953년 동베를린의 반소·반공 봉기와 1956년 폴란드의 노동자 봉기에 이어, 헝가리에서도 1956년 10월 23일 대학생들을 중심으로 시위가 시작되었다. 시민들이

한 우려가 제기되고 북한정부가 중소분쟁[36]의 여파로 동유럽 국가들과의 관계를 재설정해야 한다고 판단함에 따라, 전쟁고아들은 1957년부터 시작해 1959년 초부터 1960년 초까지 약 1년에 걸쳐 북 당국에 의해 전원 송환되었다. 일부는 전쟁고아 송환을 1958년 천리마운동과 연관시켜 북한의 노동력 동원을 위한 조치로 간주하지만, 그보다는 국내외 정세로 인해 불가피하게 이루어진 측면이 있다(윤석준, 2012: 231~232).

갑작스러운 본국 소환으로 정들었던 사람들과 헤어지는 아픔을 겪은 고아들의 사연은 대중매체에서 먼저 다뤄졌다. 성장기의 짧지 않은 기간을 그곳에서 보냈던 아이들에게 이별은 대체로 가혹한 것이었다. 가장 비극적인 사례는 동유럽 연인과 사랑에 빠져 결혼하거나 아이를 낳은 북한 전쟁고아 또는 이들의 인솔교사들이었다. 당시 남한에는 이런 사실이 거의 알려지지 않았고 북한 전쟁고아들이 해외로 끌려가서 노역을 하고 있다는 식으로 보도되었는데,[37] 실제로 전쟁고아들이 주요 산업 단위의 재

합류하면서 시위는 무장투쟁으로 변질되었고 헝가리 공산정권이 물러나며 개혁조치가 시작되었다. 이 과정에서 헝가리 국민들의 투쟁에 북한 사람들이 개입한 것으로 알려졌다. 초머 모세(Csoma Mózes)의 저서에 의하면 헝가리에서 유학 중이던 북한 유학생들이 소련군 탱크의 진입을 막기 위해 도로에 비누칠을 하는 아이디어를 주고 기관총을 비롯한 무기 사용법을 가르쳐주는 등 시민군을 도와주었다(모세, 2013). 이에 소련은 무력진압을 결정하고 11월 4일 6만여 대군을 동원해 헝가리를 침공했고 헝가리의 혁명은 실패로 끝났다.

36 스탈린 사후 1956년 소련공산당 제20차 대회에서 흐루쇼프 서기장이 '스탈린 격하'와 '평화공존론' 주장을 펼치면서, 국제공산주의 운동에 대한 소련과 중국의 노선 차이로 갈등과 주도권 다툼이 시작된 사건이다. 당시 소련은 서방과의 평화공존을 통해 미국과의 긴장 완화를 도모하려고 했고, 이에 대해 중국은 소련이 공산주의 혁명운동의 의지를 약화시킨다고 비판했다. 1957년 세계공산당대회에 참석한 마오쩌둥은 소련의 평화공존 노선을 반대하는 입장을 명확히 하면서 중소 간 이념분쟁이 격화되었다. 1958년 소련이 중국에 대해 약속했던 경제원조를 철회하고 대만해협 위기와 인도 국경분쟁에서 중국 편을 들어주지 않자, 1964년 4월 중국공산당 제9차 전당대회에서는 소련을 중국의 제1의 적으로 간주하는 '반소주의'가 채택되었다.

37 1958년 5월 7일자 ≪동아일보≫ 3면에는 "중공에 끌려 노역 '북한의 고아' 만오천명"이라는 기사가 실렸다. 원문은 다음과 같다. "[동경6일발UPI동양] 중공의 신화사통신은 6일 한국전쟁으로 집을 잃은 15,000명 이상의 한국 아동이 아직도 중공 내에 있다고 보도했다. 동통

건노동에 참여한 것은 귀국한 이후였다. 전쟁고아들은 북한 경제와 사회주의 건설에서 핵심적인 역할을 담당했고, 귀국자들 다수는 이른바 '해외파'로서 정부 고위직에 진출하거나 교수로 임용되기도 했다.

폴란드는 북한 전쟁고아를 돌보고 있다는 사실을 정권 홍보에 적극 활용해 소설 등 다양한 자료를 발행했다. 그중 1955년 마리안 브란디스가 쓴 청소년 소설 『다시 찾은 어린 시절의 집』은 북한 고아들의 생활을 상세하게 다루고 있어서 기록적 가치가 높다. 2006년에는 〈김귀덕(Kim Ki Dok)〉이라는 다큐멘터리도 방영되었다.[38] 북한 전쟁고아 김귀덕은 본국 귀환 전 1955년 백혈병으로 사망해 폴란드 땅에 묻힌 13세의 여자아이였다. 이 다큐멘터리는 우연히 낯선 이름의 묘비를 발견하고 배경을 추적했던 폴란드 기자 욜란타 크리소바타가 제작한 것이다. 영상에는 폴란드 프와코비체 고아원으로 보내진 한국의 전쟁고아들과 그들을 헌신적인 사랑으로 보살펴준 교사들의 이야기, 북한으로 돌아간 후 아이들이 처한 곤경과 폴란드를 그리워하며 보낸 편지들, 44년이 흐른 후 학교로 변신한 고아원을 방문한 그곳 출신 북한 외교관들의 소회가 담겨 있다. 영상을 제작했던 폴란드 기자는 『천사의 날개』(2013)라는 실화소설도 출간했다.[39] 폴란드를 비롯해 불가리아, 몽골, 헝가리 등지에서 발굴된 자료들에 의하면, 북한 고아들을 받아들였던 사회주의 국가들은 대부분 성심껏 아이들을 돌보고 정성을 다해 교육시켰던 것으로 보인다. 고령의 교사들 중에는 아

신은 봉천발신의 기사를 인용해 15,620명의 한국전쟁 고아가 '오늘날 중국 인민의 따뜻한 보호 밑에 행복된 생활을 하고 있다'고 보도했다. 동통신은 또한 한국전쟁 중 중공으로 보내어졌던 다른 7,000명의 한국 고아들은 고향으로 송환되었다고 말했다."(《동아일보》, 1958. 5. 7)

38 https://www.youtube.com/watch?v=rIy2rITbqOo(검색일: 2024. 8. 19)
39 Jolanta Krysowata and Patrick Yoka, *Skrzydło anioła: Historia tajnego ośrodka dla koreańskich sierot*(Świat Książki: 2013).

직도 아이들을 그리워하고 아이들이 부르던 「아리랑」과 같은 노래를 기억하는 사람도 있었다.

코리아 민족이 이미 천 년 전부터 불러왔던 오래된 민요 '아리랑'은 정말로 아름답다. 그 미학의 본질은 오래된 과거와 현재의 시간들이 자연스럽게 연결되고 있다는 점에 있다. 아리랑은 세월의 흐름과 더불어 끊임없이 변형되고, 새롭게 창작되어서 오늘에 이르고 있다. 여러 세기에 걸쳐 유구한 역사가 보태지면서 고유한 가사가 생겨나고, 멜로디가 만들어진 것이다. 지금 이 순간에도 전투가 벌어지고 있는 코리아의 평원, 물결이 넘실대는 강가와 인적이 드문 산마루에서는 전쟁의 화염 속에서도 새로운 아리랑이 울려 퍼지고 있다. 외세의 침략으로 발발된 전쟁을 한탄하는 비극적이고도 영웅적인 아리랑이. "아리랑 아리랑, 아라리요, 아리랑 고개를 넘어간다……."(최성은, 2014: 132)

고아들이 순차적으로 귀국함에 따라 북한 당국은 미취학 아동을 위한 애육원과 6~9세 아동을 위한 초등학원을 세우는 한편, 기존 만경대유자녀학원을 증원하고, 나진, 남포, 평양, 해주, 함흥, 양덕, 곽산, 사리원 등지에 유자녀학원을 개원했다. 내부적으로 무상교육 체계를 갖춰가면서 한편으로는 남한 측에 "의탁할 곳 없이 류랑하는 고아들"[40]을 구제하기 위한 쌀, 직물, 신발 등의 물자와 위탁교육 제공을 제안하기까지 했다. 이것은 여전히 해외 입양에 의존하는 남한정부와 달리, 북한은 자력으로 고아들을 거두는 '참다운 인민주권국가'로서 우위에 있다는 자신감과 체제선

---

40 김일성, 「내각결정 제96호(1958. 8. 21) 미제 강점하에 신음하는 남반부 실업자들과 류랑고 아들을 구제할 데 대해」, 『조선중앙년감』(평양: 조선중앙통신사, 1959), 68~69쪽.

전의 일환이었다. 당시 북한의 선전은 상당히 효과적이었다. 실제로 1956년 9월 2일 북한으로 넘어가려던 월남민 학생 2명과 혼혈아동이 검거되었는데 그들은 "북한에 가면 얼마든지 공부할 수 있다"는 선전에 넘어갔던 것으로 밝혀졌다. 그러나 선전과 실상은 달랐다. 전쟁고아들의 운명은 부모의 '성분'에 따라 크게 엇갈렸기 때문이다. 한국전쟁기에 북한군 지휘관, 당과 행정기관 간부였던 사람들의 자녀는 간부로 양성되어 북한정권에 기용되었으나, 한국군 또는 부역자들의 자녀는 탄광, 광산이나 교화소 및 정치범 수용소에 강제 이송되었다.

1992년 6월 22일 MBC는 독일 크로노스사로부터 폴란드에 거주하는 북한 전쟁고아의 생활상을 입수해 뉴스 보도영상으로 내보냈다. 2004년 6월 23일 KBS 수요기획에서는 〈미르초유, 나의 남편은 조정호입니다〉라는 프로그램을 통해 루마니아에 고아들을 인솔해 왔던 북한 교사 조정호가 루마니아 교사 조르제타 미르초유과 결혼하고 한평생 이산가족으로 살았던 사연이 전해졌다. 1957년에 결혼한 미르초유는 2년 후 남편을 따라 평양에 갔다가 아이 치료를 위해 1962년 루마니아로 일시 귀국했는데 이후 북한 입국이 불허되었고 남편은 탄광으로 보내졌다. 그나마 유지되었던 편지 교환도 1996년이 마지막이었다. 2008년 6월 25일에는 대구MBC에서 다큐멘터리 〈몽골로 간 북한 전쟁고아〉가 전파를 탔다. 이 프로그램은 몽골 국립영화제작소에 소장된 당시 북한 고아들의 동영상, 고아원에서 일했던 몽골인 교사, 조리사, 의사들의 증언을 토대로 북한 전쟁고아들의 사연을 담았다. 이어서 2018년에는 추상미 감독의 〈폴란드로 간 아이들〉, 2020년에는 김덕영 감독의 〈김일성의 아이들〉이 각각 영화로 제작되었다. 폴란드 기자의 소설 『천사의 날개』에 기반한 스토리텔링의 감성으로 접근한 〈폴란드로 간 아이들〉에 비해, 〈김일성의 아이들〉은 동유럽 5개국의 기록을 찾아 제작한 다큐멘터리 성격의 영화였다.

남한에서 제작된 다큐와 영화에서는 북한의 해외위탁 사실이 그 자체로 해석되기보다 자국이 돌보지 못해서 외국에 떠넘겼고 '김일성 장군의 노래'를 부르게 하고 사상교육을 시켰으며 그런 대로 북한보다 나은 환경에 적응해 살고 있는 아이들을 억지로 귀환시켜 가슴 아픈 이별을 해야 했다는 식의 서사로 구현되었다. 어느 정도 사실이긴 하지만 그게 전부는 아니다. 북한 아이들은 확실히 외국에서 행복한 시간을 보냈던 것으로 보이기 때문이다. 동유럽 사회주의 '형제국'으로 간 북한 전쟁고아들은 국제사회주의의 친선과 연대의 상징으로 부각되는 존재였다. 반면 남한의 고아 정책은 해외 입양과 고아원 수용, 그리고 개별 유엔군이나 외원단체의 지원에 주로 의존했다. 북한은 남북한 전쟁고아의 정책과 실천 방식을 비교하며 사회주의 체제의 우월성을 강조하거나 내부결속을 다지는 수단으로 삼았다. 자신들의 온정주의적 실천에 비해 남한은 전쟁고아를 방기했으며, 전쟁 중에 생겨난 수많은 혼혈 아이들은 그들의 조국과 제국주의 종주국 모두에게서 버림받았다고 선전했던 것이다. 이러한 선전에 맞서야 했던 남한에서는 방어적으로 북한의 전쟁고아 정책을 평가 절하했다. 남한 언론매체로는 처음으로 북한의 전쟁고아 해외위탁 사실을 소개한 1992년 6월 22일자 MBC 뉴스는 "북한은 그동안 남한이 전쟁고아들을 미국에 팔아넘겼다고 모략 비난해 왔습니다만 북한도 전쟁의 와중에서 생길 수밖에 없는 고아들을 동구권 국가들로 보낼 수밖에 없었습니다"[41]라면서 폴란드로 간 북한 아이들의 영상을 내보냈다. 전쟁고아 정책은 이처럼 체제경쟁을 위한 대북 심리전의 대상으로 정치화되었다 (공임순, 2021: 173).

---

41 https://imnews.imbc.com/replay/1992/nwdesk/article/1917561_30556.html(검색일: 2024.8.16)

북한의 이산가족

남한에서는 '북한 출신' 월남자가 배제되지 않았으나, 북한에서는 월북자라도 '남조선 출신'이면 배제 대상이었다. 자원해서이든 억지로이든 전쟁의 비극 속에 북으로 갔던 많은 사람들의 삶은 순탄치 못했다. 1958년 8월부터 '불순분자'를 가려내고 '반혁명적 요소'를 제거하기 위해 출신성분을 구분하는 계급화 정책에 따라 200만 명에 달하는 월남자 가족과 전쟁 중 반공단체 가담자 및 그 가족, 40만 명의 남한 출신 월북자 및 납북자와 그 가족은 소위 '복잡한 군중'으로 분류되었다.[42] 일부는 산간내륙으로 강제이주되거나 노동교화소행, 처형 및 구속 등의 조치를 당하기도 했다. 출신성분은 한번 기록되면 변경될 수 없었고 노동당 입당심사, 고등교육 진학, 장학생 선발 등 사회적 지위 성취의 가장 중요한 기준이었다.

2023년 통일부에서 펴낸 「2023 북한인권보고서」는 북한이탈주민 508명의 증언을 바탕으로 일부 월남자와 월북자 가족이 겪은 차별과 배제의 실상을 공개했다(통일부, 2023: 51). 차별이 일률적으로 이루어졌던 것은 아니며 차별의 정도도 저마다 달랐다. 월남자 가족은 '당일꾼', '법일꾼'으로 일하는 것이 불가능했고 '행정일꾼'으로 일하는 것만 가능했다. 군관학교나 보위대학 등에 입학하고 싶었지만 가족·친척 중 월남자가 있어 진학할 수 없었다는 진술도 있었다. 북한에서 월북자는 남한에서 거주하다가 전쟁 중에 북한으로 간 사람, 해방 전 중국에서 북으로 갔으나 남

---

[42] 북한은 주민들을 3대 계층(핵심·동요·적대 또는 핵심·기본·복잡)으로 분류했다. '복잡한 군중'에는 의거입북자, 월남자 가족, 종교인, 친일파 가족, 간첩 가족, 인민군대 입대기피자 등이 포함된다. 1991년 개편된 제도에는 3대 계층, 25개 성분, 56개 부류가 존재하는 것으로 알려졌다. 1990년대 중반 고난의 행군 이후 가장 하층인 복잡군중에 대한 시선이 다소 완화되는 기미가 있지만, 성분에 기초한 신분제 공동체를 와해할 만큼 정치적 성격을 가진 신흥계급이 형성되고 있다는 조짐은 아직 없다(홍찬숙, 2021: 305).

한에 가족이나 친인척이 있는 사람, 한국전쟁 전후 자진 월북한 사람을 포괄한다. 월북자와 그 가족도 '당일꾼', 군 관련 직장 근무, 특정 대학 입학 등이 어려웠다는 진술이 있었다. 또한 이산가족 상봉행사를 통해 남한의 가족과 만나고 난 뒤 자녀들까지 감시와 차별을 받았다는 사례들도 수집되었다.

할아버지가 6·25전쟁 때 월남자입니다. 2000년경 우연히 부대에서 관리하는 제 문건을 보았습니다. 문건에는 할아버지 형제가 월남하였다고 적혀 있었습니다. 그래서 대학에 진학할 수 없었습니다. 군사복무 중에 김책공대에 추천을 받았고, 평양에 있는 대학에 추천을 받고 입학시험을 보았으나 뚜렷한 이유 없이 두 번 모두 탈락했습니다. (월남자 가족)(통일부, 2023: 443)

금강산호텔에서 남한의 고모를 만났습니다. 사실 저는 당시 보안원이 찾아왔을 때 남한에 고모가 있다는 사실도 몰랐습니다. 6·25전쟁 당시 아버지는 후퇴하다가 북쪽으로 오게 되었고 당시 고모는 이미 남쪽으로 시집을 간 상태라서 헤어지게 되었다고 들었습니다. 이산가족 상봉행사 후부터 담당보안원들이 수시로 저희 집에 찾아와 못살게 굴고, 인민반에서도 감시를 하였습니다. 저의 오빠는 군전기사업소에 다니고 있었는데, 이산가족을 찾은 지 열흘가량 후 해고되었습니다. (월북자 가족)(통일부, 2023: 444)

가족이 살았는지 죽었는지도 모르는 채로 영영 생이별을 겪어야 했던 수많은 사례는 적대적인 장기 분단으로 귀결된 이 전쟁이 가족과 친족 공동체를 심각하게 훼손했다는 사실을 보여준다. 해방 후 북한은 친일경력자, 대지주, 대자본가, 기독교인 등에 대해 가혹한 처벌[43]과 적대행위를 했고 월남인 유가족도 가족이탈 미신고로 처벌했지만, 전시 월남에 대해서는 소수를 제외하고는 '실향사민'으로 분류했다. 북한은 전시 월남에 대해, 전쟁기에 '반동단체'를 조직해 주민학살에 가담하거나 첩보행위를 한 '반혁명분자'와 '그들에 의해 끌려간 인민'이라는 두 가지 층위로 구분했다. 1952년 1월 2일 정전회담에서는 "월남 피난민 500만 명"[44]을 유엔군이 강제로 납치해 갔다고 주장하기도 했다. 전쟁기에 반동행위를 하고 월남한 경우, 그 유가족은 피해자 가족으로부터 사적 보복을 당할 위협에 처했다. 이로 인한 사회적 불안정과 정권 취약화를 우려한 북한 당국은 적극적으로 '반동'의 편에 서지 않은 사람에 대해서는 관용을 베푸는 것을 원칙으로 삼았다. 이와 같은 북한의 인식과 정책은 비교적 확고하고 일관성 있게 유지된 것으로 보인다(김귀옥, 2001: 143). 따라서 전시 월북은 정치적 선택의 결과이고 월남은 단순 피난의 결과로 나타난 것으로 볼 때, 일정한 시기에 한해서는 이산가족 문제에서 북한의 주장이 현실에 가까울 수도 있다.

가족 이산 문제는 남과 북이 공통으로 겪은 어려움이었지만, 이산가족 문제에 대한 북한 당국의 대처는 남한에 비해 훨씬 정치적이었다. 북한은 '동요계층'을 관리하기 위해 이산가족 현황을 잘 정리해 놓은 것으로 알려졌지만, 이산가족 문제를 인도주의적 차원으로 접근하지 않았다. 이산가족 상봉에 대한 대가를 남측에 요구하는가 하면, 정치적 고려에 따라 상봉 승인과 중단을 되풀이해 왔다.[45] 2023년 말 '적대적 두 국가'론을

---

43 당시 '북조선토지개혁에 대한 법령'에 따라 5정보 이상을 소유한 지주와 민족반역자는 징역, 토지와 재산 무상몰수에 처해졌으며, 죄과가 중한 경우 사형까지 가능했다.
44 1955년 남한 인구 센서스에 따르면 전쟁 중 월남 규모는 45만 2,188명이고, 전쟁 전 28만 3,313명을 합하면 총 73만 5,501명으로 되어 있다. 김귀옥은 과소보고분 20%를 고려해 월남 규모를 약 100만 명으로 추산한다. 이 숫자는 북한이 주장하는 500만 명과는 큰 차이를 보인다(김귀옥, 2007: 1021).

선언한 후로는 2020년까지 그나마 이어졌던 서신교환의 가능성마저 사라졌다.

북한에서 이산가족을 다룬 작품들은 1990년대에 주로 발표되었는데, 이전과 달리 미제국주의 비판이나 체제 우월성 강조는 약화되고 이산의 아픔 자체에 주목하는 특징이 발견된다(이용수, 2021: 12). 김명익의 『림진강』(1990), 림종상의 『쇠찌르레기』(1990), 남대현의 『상봉』(1992)에서 이산의 고통은 분단의 비극으로 그려지는데, 이러한 시각은 남한 소설과도 일맥상통한다.

김명익의 『림진강』은 남편과 다섯 살 아이를 보내고 나서 임진강이 군사분계선이 되어버리는 바람에 다시 못 만나게 된 어머니의 깊은 한을 그려낸다. 유복녀로 태어난 딸이 도시로 가자고 해도 좀처럼 옛 마을을 떠나지 못하는 어머니는 "나라가 통일되어 저 림진강 나룻길이 열리면 고령이 되었을 네 아버지와 마흔이 넘은, 아이 원 세월두, 우리 만복이가 벌써 그렇게 되었구나, 네 오빠가 제일 선참으로 건너올 게다"라며 눈물을 흘린다(김명익, 1990). 남대현의 『상봉』은 경북 안동 출생으로 일본에 갔다가 1963년 월북한 남대현 작가 자신의 배경이 녹아 있는 소설이다. 남에서 살다가 월북한 주인공 재호는 태풍으로 조난당해 북측에 의해 구조된 남한 대양호 선원들을 취재하러 갔다가 '송영태'라는 동네 친구를 만나게 된다. 그들은 감격의 조우를 하지만 곧 작별해야 한다. 영태는 "이렇게 만났는데 또 헤여져야 하다니? 재호! 우린 왜 이렇게 살아야 하나, 엉? 북에 있던 내가 남에서 살고 남에 있던 자네가 북에 있으면서도 서로 오가지도 못

---

45 일례로, 2006년 7월 5일 북한의 미사일 시험발사로 인해 남측의 쌀과 비료 지원이 유보되자 북측은 그해 8월로 합의되었던 특별 화상상봉을 취소하고 금강산면회소 건설공사를 전면 중단했다. 적대적 남북관계의 현실로 인해 정치적·군사적 변수에 따라 이산가족 상봉은 거듭 제약을 당했다.

하니 말일세. 그래 우리가 무슨 죄를 지었다고……" 하면서 한탄한다(남대현, 1999: 228, 231).

림종상의 『쇠찌르레기』는 북한의 대표적인 조류학자 원홍구 박사와 남한의 조류학계 권위자인 원병오 경희대 교수가 쇠찌르레기를 매개로 소통한 실화를 바탕으로, 원 씨 삼대의 이산의 비극을 다루는 소설이다(≪조선일보≫, 2007.3.29). 원홍구 박사 부부는 한국전쟁이 발발하자 두 딸과 함께 북에 남고 세 아들만 남으로 피신시켰는데 잠시 전화를 피하자는 것이 영영 생이별이 되고 말았다. 부친을 이어 조류학자가 된 원병오 교수는 1963년 서울 홍릉에서 잡은 북방 쇠찌르레기 100마리의 발에 링을 달아 날려 보냈는데 그중 한 마리가 휴전선을 넘어 평양으로 날아갔고, 2년 후 당시 북한과학원 생물학연구소장이었던 부친 원 씨에 의해 세계조류보호협회 아시아지역본부인 동경연구소에 보고되었다는 소식을 듣게 되었다. 새가 부자를 다시 이어준 셈이다. 이들은 러시아와 폴란드의 학자들을 통해 간접적으로 서신을 주고받았으나 파장을 우려해 극비에 부쳤다. 부친은 1970년에 작고했고, 원 교수는 2002년에야 부친 묘소를 찾을 수 있었다. 소설은 이산의 아픔을 강조하면서 통일의 당위성을 강조하는 것으로 귀결된다. 새들은 자유롭게 휴전선을 넘나드는데 가족의 왕래는 봉쇄된 현실은 답답하기만 하다. "제 나라 제 땅을 밟고 제 고향에서 살고 있는 새를 보러가야 하는데 분계선이 무엇이기에 내 앞길을 막는단 말이냐! …… 아, 비통쿠나, 국경 없이 나드는 새가 나를 부르고 있는데 조류학자인 내가……"(림종상, 1999: 169, 181)와 같은 표현에서 아들을 만날 수 없는 아버지의 비통함이 표현된다. 원 박사는 통일이 되는 날 자신과 아들, 손자의 연구를 합쳐 『조선조류지』를 내라는 유언을 남김으로써, 아들에 대한 그리움을 통일에 대한 염원으로 승화시킨다.

남과 북의 이산가족에 집중해 온 남한과 달리, 북한은 재일조선인을 비롯해 미주동포 등 해외동포의 이산가족 문제에 더 비중을 두어왔다. 북한은 초기에 해외동포를 제국주의의 희생자로 간주해 왔고 1970년대 이후로는 민족 통일운동의 주체이자 북한을 지지하는 세력 집단으로 인식하는 시각을 보여왔다(한성훈, 2023: 207). 1963년 10월에 채택된 국적법에서는 해외동포를 자국민으로 규정함으로써[46] '귀국' 재일조선인에게 조선 국적을 부여하고 재일조선인 가족의 방북을 격려했다. 남한과의 체제 경쟁 상황에서 일본과 재일조선인 사회의 지지를 얻기 위해서였다. 이 정책은 1970년대를 거치면서 일본 외 지역의 해외동포까지 적극 포용하는 정책으로 확대되었다. 1979년 4월 평양에서 열린 제35회 세계탁구선수권대회에 초청된 북미주지역 언론인으로 캐나다 동포 전충림이 방북하면서 해외동포 이산가족 찾기 사업이 시작되었다. 이후 해외동포 조국방문단의 방북이 폭발적으로 늘어나면서 1994년까지 10년 동안 북한의 가족을 만난 해외동포가 5,000여 명에 이르렀다(허은경, 2016: 128). 해외동포의 지원과 투자를 이끌어내기 위해 1984년 합작회사 경영법을 제정하기도 하고, 재미동포를 발판 삼아 미국과의 관계 개선을 도모하기도 했다. 해외동포의 조국 방문과 이산가족 교류는 고립된 북한의 현실에서 취할 수 있는 정치적·경제적 자구책이었을 테지만, 장기간의 대북제재와 팬데믹을 거치면서 더 이상 이전과 같은 효과를 얻기는 어려워졌다.

2022년 2월 최고인민회의에서 채택된 '해외동포권익옹호법'은 북한 법규 최초로 '권익'이라는 용어를 사용해 이목을 끌었다. 이 법은 해외동포의 범위를 확대해 민족 특수성을 더욱 부각시켰다. 그러나 2023년 말 '적

---

46 최고인민회의 상임위원회 정령 제242호로 채택, '조선민주주의인민공화국 국적법'(1963. 10. 9). 동법 제2조에 의하면, "공화국 창건 이전에 조선의 국적을 소유했던 조선인과 그의 자녀로서 그 국적을 포기하지 않은 자, 다른 나라 공민 또는 무국적자로 있다가 합법적 절차로 공화국 국적을 취득한 자"를 공민으로 규정하고 있다.

대적 두 국가론'이 공식화된 만큼, 북한은 해외동포의 역할을 민족통일보다는 경제협력과 국제사회에서의 북한 지지에 국한시킬 가능성이 높다.

전쟁기억은 핵개발의 원동력

북한체제의 면면을 살펴보면 한국전쟁의 트라우마 기억을 근간으로 형성된 기형적인 구조가 눈에 띤다. 북한에서 한국전쟁은 미제국주의와 북한사회주의가 대결해 북한이 승리한, 이른바 '조국해방전쟁'이다. 전쟁을 승리로 이끈 결정적인 요인은 항일투사 김일성의 탁월한 영도력이기 때문에, 향후 미제와의 전쟁이 재발할 경우 승리하기 위해서는 김일성의 혁명적 가계를 계승해야 한다는 것이 북한정권의 세습논리이다. 주체사상, 핵개발, 강제수용소, 종교탄압 등 북한사회의 과도한 내부통제에 대해 국제사회가 문제를 제기할 때 북한이 보이는 획일적·기계적인 반응 역시 자기방어를 위해 과거 경험을 현재적으로 소환하는 양태로 간주될 수 있다. 김병로는 북한사회가 한국전쟁의 충격으로 인해 폐쇄적인 전시사회체제를 형성했으며, 그것이 선군체제로 진화하고 있다고 보았다(김병로, 2016: 7). 전쟁과 폭력적 경험이라는 토양에 뿌리를 둔 선군체제는 북한이 지하갱도와 땅굴 파기에 집착한 데서 보듯이 '집단자폐'적 특징을 가지고 있다는 것이다. 김병로는 북한사회가 외부 세계를 적으로 인식해 위협을 느끼고 자기 세계에 몰입하면서 정체성을 갖는 현상을 관찰하고 이를 사회적 고립과 행동장애를 유발하는 자폐의 증상과 동일시했다. '조국해방전쟁'은 주요 도시와 산업시설 파괴, 막대한 인명손실, 이산가족 양산이라는 참담한 결과를 가져왔다. 승리한 전쟁이라는 선전과 교육으로 인해 전쟁을 경험하지 않은 북한 주민들에게서는 직접적인 전쟁 트라우마가 드러나지 않는 것처럼 보이지만, 북한의 사회구조 자체는 전쟁 경험의 집단 트라우마에 의해 형성되었다고 봐야 한다.

그러나 이처럼 고도의 적개심을 지속적으로 유발시키려면 사회적 에너지가 엄청나게 소모된다. 북한의 국가권력이 시간경과에 따른 자연적 치유를 유보하고 원한과 증오를 유지·강화하는 과정은 트라우마 자체만큼이나 정신적 고갈과 피폐, 황폐화를 불러왔을 가능성이 높다. 북한 출신 상담학 박사인 김경숙은 북한 사람들이 폭력적인 생태환경에서 일생 동안 반복적으로 트라우마 사건에 내몰리면서, 자아 손상으로 인해 자신과 세상, 신에 대한 신뢰가 파괴되어 있고 의미 있는 세계질서에 대한 원형적 도식이 파괴되어 있는 상태라고 진단했다(전우택 외, 2018: 212). 다수 탈북민에게서 나타나는 성격 변형은 그들이 경험해야 했던 트라우마에 기인한 것이다. 이처럼 트라우마와 공포를 집단주의적 일체화로 구현한 북한은 미국뿐 아니라 남한, 러시아, 중국, 일본 등 한반도 주변 국가들에 대해서도 자신의 생존을 위협하는 적대세력으로 인식하는 민족중심 정서를 내부적으로 갖고 있다.

오늘날의 북한사회를 형성하는 공식적인 집단기억은 네 가지로 나누어볼 수 있다(박한식·강국진, 2018: 64~65). 첫째는 김일성 주석과 연관되는 역사적 사건으로, 일제강점기의 경험과 항일운동에 대한 기억이다. 북한체제의 뿌리는 동북항일연군 또는 조선인민혁명군의 경험에 연원을 두고 있다. '조선민주주의인민공화국'의 정통성은 일제 통치라는 엄혹한 시련에 맞서 싸운 기억에서 발원한 것이다. 둘째는 분단의 기억으로, 북한 정권 수립은 친일파 축출과 외세 배격의 필연적인 결과로 간주된다. 남쪽에서는 미군정의 비호 아래 이승만 정부와 친일세력이 득세해 정권을 잡았으나 북쪽에서는 김일성 등 항일혁명가 세력이 소군정의 지원하에 정권을 잡았다는 것이다. 셋째는 전쟁의 기억이다. 북한지역에 집중된 공습으로 인해 전 국토가 황폐화되었고 가족을 잃지 않은 집이 거의 없을 정도로 막대한 인명피해를 입었다. 북한 입장에서는 이러한 고통을 겪으면서도 결국 그 땅을 지켜냈다는 것이 철저한 민족주의를 고착시켰다. 넷째는 중국과 소련 간 대립의 기억이다. 북한으로서는 중국과 소련 사이에 갈등이 고조될 때 어느 한쪽을 편들 수 없었다. 답은 등거리 외교였다. 북한은 양측을 오가며 지원을 받아냈고 이 경험을 바탕으로 생존능력을 키웠다.

북한은 자존심을 매우 중시하고, 흡수통일에 대한 두려움이 크고, 미국 및 일본과의 관계 정상화를 바란다. 이 같은 북한의 속내를 알려면 이러한 역사적 경험들이 어떻게 집단의식을 형성했는지 이해해야 할 것이다. 과도하게 자존심을 내세우고 허세를 부리는 것처럼 보이는 북한의 이면에는 엄청나게 벌어진 남북의 국력 격차에 위축되고 외교적으로도 고립되어 갈수록 수세에 몰리는 북한의 현실이 자리하고 있다.

북한의 핵개발도 다양한 맥락에서 살펴보아야 한다. 공포 그 자체였던 미군의 공습을 경험한 북한은 미국의 선제공격과 핵공격에 대한 방어기제로 자체 핵무기를 개발했다. 한국전쟁 당시 미군의 폭격 트라우마를 겪은 북한 사람들은 미군기가 핵무기를 투하할지도 모른다는 극한의 공포에 시달렸다. 1950년 12월 15일부터 24일까지 함흥시 흥남부두에서 미군이 철수할 때 구름떼처럼 몰려들었던 피란민들은 미군이 후퇴한 후 원자탄을 떨어뜨린다는 소문 탓에 온통 겁에 질려 있었다. 그들의 두려움은 근거 없는 것이 아니었다. 실제로 미 육군부는 1951년 9월 중국군이 개입하자, 유사시 북한지역과 중국, 구소련을 핵무기로 공격하는 '허드슨 항구 작전(Operation Hudson Harbor)'을 실행에 옮길 준비를 했다. 군사적으로 핵무기 사용 옵션이 필요하다는 견해가 비등했지만 해리 트루먼 미국 대통령은 결국 이를 승인하지 않았고 핵무기 사용을 주장했던 더글러스 맥아더 사령관은 해임되었다.

1964년 10월 중국이 첫 번째 핵실험에 성공했을 때 마오쩌둥은 "어차 피 써먹지 못할 물건이다. 미국이나 소련이 우리가 핵보유국이라는 것만 인정하면 된다"라고 말했다. 김일성의 인식도 그와 유사했을 가능성이 높 다. 일본군에 맞서 힘겹게 투쟁했던 김일성으로서는 그토록 강력해 보이 던 일본군이 원자탄 두 방에 더할 나위 없이 무력하게 굴복하는 모습이 매 우 인상적이었을 것이다. 그러므로 김 씨 일가가 3대째 핵무기 개발에 집 착하는 이유는 무엇보다도 그것이 미국 핵무기의 위협으로부터 자신들을 지켜줄 것이라 믿는 안보 논리에 있다고 보는 것이 타당하다. 이러한 인식 이 비합리적인 것은 아니다. 실제로 1955년 1월 아서 래드포드 미 합참의 장은 서울을 방문해 "필요하다면 북한의 어떤 새로운 침략이든 막기 위해 핵무기를 사용할 준비가 되어 있다"라고 발언했다(해리슨, 2003: 311~312). 한반도에는 1957년 12월 말부터 1958년 1월까지 약 150개의 핵탄두가 배 치되었고 1967년에는 그 숫자가 최고 수준에 달해 약 950개로 늘어났다 (Kristensen and Norris, 2017: 350). 북한은 1961년 구소련과 군사동맹을 체결하면서 핵우산을 보장받았다. 그러나 1990년 구소련이 한국과의 국 교 수립을 통보하자, 북한은 '조소상호원조조약' 파기를 선언하고 이에 따 른 자구수단으로 핵무기 개발과 함께 1985년에 가입했던 핵확산금지조약 (NPT) 탈퇴 의도를 밝혔다. 구소련이 제공하던 핵우산이 사라졌으니 자체 적으로 핵개발에 나설 수밖에 없다는 것이었다. 한반도 남쪽에서는 냉전 종식에 따른 미-소 간의 합의로 1991년 전술핵 철수가 이루어지고 한국정 부가 1991년 12월 18일 '핵 부재 선언'을 했지만, 북한의 핵위협이 증가하 면서 남한에서 전술핵 재배치 요구가 계속 점화되고 있다.[47]

---

[47] 언론인 조갑제 전 ≪월간조선≫ 대표는 2010년부터 전술핵 재배치 또는 자체 핵무장을 주장 했고, 2016년 새누리당 원유철 원내대표, 노재봉·이한동 전 총리를 포함한 원로 236명도 전 술핵 재배치를 촉구했다. 2017년 홍준표 자유한국당 후보는 대선 공약으로 전술핵 재배치

2002년 부시 대통령이 북한을 '악의 축(axis of evil)'의 하나로 지목하면서 북한은 국제사회에서 비정상적인 나라로 낙인찍혔다. 리비아의 독재자 카다피는 2003년 12월 미국의 경제제재 해제와 관계 정상화 약속을 받고 핵개발을 포기했다가 내전이 발발하면서 결국 2011년 반군에게 처형되었다. 당시 미국은 반군을 적극 지원했다. 2013년 3월 31일 김정은이 조선노동당 중앙위원회 전원회의에서 "제국주의자들의 압력과 회유에 못 이겨 이미 있던 전쟁 억제력마저 포기했다가 종당에는 침략의 희생물이 되고 만 중동 지역 나라들의 교훈을 절대로 잊지 말아야 한다"라고 말한 것은 섣불리 핵무기를 포기했다가는 카다피처럼 될 수 있다는 불안감을 드러낸다(<KBS 뉴스>, 2013.4.18). 이런 상황에서 핵이 북한정권의 입장에서는 생명줄이나 다름없다는 것을 이해하고 그 지점에서부터 해결책을 모색할 필요가 있다. 한반도의 핵문제는 한국전쟁이 지금도 지속되고 있음을 경고하는 신호등이다.

단일한 공식기억이 무너질 때

북한사회에 한국전쟁에 관해 단일한 공식기억만 존재한다는 것은 양날의 검이다. 북한의 선전선동은 사회질서 유지 시스템으로 작동하며 사회주의적 의례로서 일상화된 것으로 보이지만, 인민의 내면까지 지배하기는 어렵다. 더구나 공식기억의 상당 부분이 거짓으로 밝혀진다면 세계관의 기초부터 무너질 가능성이 높다. 탈북작가 림일은 "리승만 괴뢰도당

를 제시했다. 그러나 국민들은 자체 핵무장을 더 선호하는 것으로 보인다. 2024년 2월 한국최종현학술원에서 발표한 여론조사에 의하면 '미 전술핵 재배치'에 16.2%, '독자적 핵개발'에 72.8%가 찬성했다(《연합뉴스》, 2024.2.5).

이 미군과 함께 침략 공격을 개시했다"는 교육을 받으면서, 남쪽이 진짜 북진공격을 했다면 북측이 조금이라도 밀렸을 텐데 그런 일은 없었고 개전하자마자 북측의 반격으로 사흘 만에 서울까지 밀고 내려간 데 대해 큰 의문을 가졌다고 기술한다(림일, 2017: 168). 탈북민의 역사적 인식에 대한 연구에 따르면, 북한에 있을 때는 한국전쟁을 "미제와 남조선괴뢰들의 침략전쟁"으로 교육받았지만, 남한에 와서는 대중매체나 지인의 영향 등으로 한국전쟁 명칭이나 개시국가에 대한 인식이 바뀌는 것으로 나타났다. 그러나 전쟁의 성격 등 심층적인 요인에 대해서는 인식변화의 정도가 유의미하지 않아서 올바른 근현대사 교육이 꼭 필요한 실정이다(오태봉, 2012: 82~84).

한반도가 통일되고 나면 과거사 청산은 중요한 이슈가 될 것이다. 북한의 지휘부가 자행한 불법행위는 어떻게 처리할 것인지, 불법행위로 인해 피해를 입은 남북한 사람들에게 어떻게 배보상할 것인지, 화합과 통합을 위해 어떤 조치를 취할 것인지 수많은 문제가 산적해 있다. 민주화 이후 남한에서는 전쟁기 민간인 학살을 비롯한 국가폭력 피해사건을 조사하는 공식기구로서 진실화해위원회가 출범해 2005년부터 2010년까지 1기 활동을, 그리고 2020년부터 5년간 2기 활동을 진행해 왔다. 과거사를 청산하는 방식으로는 진상규명, 가해자 처벌, 배상과 보상, 화해 권고 등 회복적 정의 개념을 기반으로 한 수단이 선택되었다. 국가의 불법행위 사실이 밝혀지고 미흡하나마 명예회복도 이루어졌지만 너무 오랜 시간이 지난 탓에 진실규명에 어려움이 많았다. 그 외에도 조사권이 강제력이 없어서 실효성이 떨어지고 배상과 보상의 형평성 문제로 갈등이 빚어졌으며 위원회 내부의 시각 차이로 인해 논란이 불거지는 등 여러 가지 문제점이 나타났다. 그럼에도 비록 한시적인 활동으로나마 남한에서 과거사 청산을 시도한 경험은 귀중한 유산이 될 것이다.

체제전환에 따른 전환기 정의(transitional justice)를 구현하는 문제는 독일과 남아공을 비롯한 세계 각국의 사례에서 보듯이 반드시 거쳐야 할 관문이다. 하지만 사회적 혼란을 방지하기 위해 일정 기간 유보되어야 할 수도 있다. 중요한 것은 과거사 청산의 목적이 미래지향적이어야 한다는 것이다. 무엇을 기억할 것인지, 무엇을 덮어두거나 망각할 것인지, 그 기준은 무엇인지에 대해 고민해야 할 것이다.

독일 베를린 거리를 걷다 보면 '걸려 넘어지게 하는 돌'이라는 뜻의 슈톨퍼슈타인(Stolperstein)을 곳곳에서 볼 수 있다. 나치에 의해 희생된 사람들을 기억하기 위한 프로젝트로, 희생자들이 마지막으로 끌려간 집 앞의 바닥에 희생자의 이름과 생년월일, 추방되거나 사망한 연도가 새겨진 가로세로 10센티미터 크기의 작은 동판을 설치한 것이다. 2,771개의 추모비로 이루어진 홀로코스트 기념공원도 있다. 이것들은 일상에서 만나는 기념물로, 기억을 환기시키는 방법이다. 우리도 희생자들의 삶과 죽음을 모두 기억하고 추모하는 기억 문화를 활성화해 보편적 인권의 가치를 사회에 각인시킬 필요가 있다.

2017년 개관한 경기도 파주의 국립6·25전쟁납북자기념관이 좋은 사례가 될 것이다. 나는 이곳을 2023년과 2024년에 방문했는데, 가족사진에서 가장인 아버지의 자리가 하얀 여백으로 사라진 사진 한 장이 오래도록 기억에 남았다. 전시를 해설하던 학예사는 처음 근무를 시작했을 때 매일 찾아오던 할아버지 이야기를 들려주었다. 할아버지는 가장의 모습이 사라진 사진을 가리키며 엄마 품에 있던 아기가 바로 자신이라고 말했고, 지루한 해설을 외우기에 여념이 없었던 젊은 학예사는 충격을 받은 나머지 펑펑 울어버렸다고 했다. 전시관 2층의 '기억의 방'은 납북자 이름을 새긴 명패가 벽면을 가득 채우고 있다. 할아버지가 납북자였던 어떤 사람은 경기도민 기자단으로 기사를 쓰느라 시큰둥한 마음으로 이곳을 방문했다가 명패에서 할아버지 이름을 발견한 순간 눈물이 났다고 고백했다.[48] 사람들을 기억하고 가족들의 고통과 슬픔에 공감하는 기억 방식은 누구도 해치지 않으면서 평화를 염원하게 한다.

---

48 박솔이, "[경기도민기자단] 잊혀졌던 기억의 실마리를 찾아가다: 국립6·25전쟁납북자기념관"(2021. 6. 17), https://blog.naver.com/gyeonggi_gov/222401341739(검색일: 2024. 12. 27)

제8장

함께 살아갈 한반도

한반도의 미래를 위해 우리는 한국전쟁을 어떻게 기억해야 할 것인가. 보수 냉전 이데올로기인 반공은 실제로 인간에 대한 증오로 나타났고, 반공 논리를 극복하고자 했던 1980년대 진보의 통일운동도 인간을 이분법으로 나누는 경향에서 벗어나지 못했다는 것이 진보적 지식인이었던 홍세화의 자기성찰적 비판이었다. 그는 망명자로서 프랑스에서 지내는 동안 프랑스 사회를 지배하는 '톨레랑스(tolerance)'의 가치를 체험했다. '당신의 정치적·종교적 신념과 행동이 존중받기를 바란다면 우선 남의 정치적·종교적 신념과 행동을 존중하라'는 것이 톨레랑스의 출발점이다. 프랑스 시민사회가 이 정신에 깊이 동의하기 때문에 프랑스에는 좌파 공산당부터 극우 국민전선에 이르기까지 다양한 정치적 스펙트럼의 정당이 공존하고 있다. 오직 하나의 이념만이 강제되었던 군사독재정권 시기에 낯선 땅에서 이방인으로 살아야 했던 그가 가장 목마르게 갈망한 것은 한국사회에서 톨레랑스의 배움과 실천이 실현되는 것이었다.

전쟁은 그 자체로 사람들을 극한상황으로 내몰고 인간의 바닥을 보게 하는 경험이다. 그런데 전쟁의 공포와 인공 치하의 경험이 혼합되면서 한국에서 공산주의는 치명적인 전염병과 같은 절대악으로 간주되었다. 멸공과 승공, 반공의 구호가 전국을 뒤덮었고, 1960년대 초반까지는 공산주의에 대한 어떤 체계적인 연구 노력도 시도되지 않았다. 교육과 언론매체의 영향으로 반공의 자기검열이 내면화된 대다수 한국인들은 공산주의를 부자유, 비도덕, 비인간, 문명파괴의 동의어로 인식했고, 반공을 자유, 도덕, 인간, 문명수호의 보루로 인식했다. 반공주의는 "단순한 북한 공산주의에 대한 비판이나 거부가 아니고 한국사회의 억압적이고 불평등한 질서를 정당화하고 보호하고 그것을 재생산하는 데 결정적으로 기여하고 있는 생체권력"(권혁범·임지현 외, 2000: 55~61)이 되었다. 그 권력을 제도적으로 뒷받침한 것은 '국가의 안전을 위태롭게 하는 반국가활동을 규제함으로써 국가의 안전과 국민의 생존 및 자유를 확보함을 목적으로'('국가보안법' 제1조) 1948년 12월에 제정된 '국가보안법'이었다. '국가보안법'의 입법 동기 자체가 여순반란사건의 충격으로 인한 것이었고 국가 형성기에는 치안질서를 유지하고 북한의 위협에 대비하는 것이 가장 중요했으므로 법 제정 자체를 문제 삼기는 어렵다. 그러나 이 법은 권위주의 정권 하에서 정부를 비판하는 행위를 처벌하는 용도로 과도하게 적용된다는 비판을 받아왔고 현재도 폐지 논쟁이 진행 중이다. 분단이라는 현실로 인해 남북화해와 통일이라는 정치적 목적과 국가안전보장이라는 이 법의 목적이 상충되는 것이다.

문화적 기억의 변천

일본에 거주하는 조선인 작가로서 ≪마이니치신문≫ 특파원을 지낸 장혁주는 한국전쟁을 취재한 기록을 바탕으로 『아, 조선』(1952)과 『무궁화』(1954)라는 저서를 출간했는데, 이 두 책은 남과 북 어느 편에도 서지 않는, 보기 드물게 객관적인 시각을 유지한다. 일본어 글쓰기와 일본 매체 출판이라는 특이한 조건으로 인해 한국정부의 검열에서 자유로웠기에 『아, 조선』에서는 북한뿐 아니라 남한 이승만 정권의 무능과 부패한 실상도 직설적으로 비판하는가 하면, 『무궁화』에서는 남과 북의 대립을 지양했던 중도파 정치가 집안의 몰락을 애도하기도 한다.[1] 우익세력의 첨병이

---

1 그러나 일본인으로 귀화한 장혁주는 친일 작가라는 비판에서 자유롭지 못하다. 또한 한국전

었던 경찰에 대해서는 다음과 같이 묘사한다.

> 우익사상을 가진 경찰관들도 두 가지 형태가 있다. 그 하나가 북한에서 쫓겨온 서북청년단이고, 또 하나는 종전 직후 좌익으로부터 박해 받아온 구 총독부의 경관들로서, 이 사람들은 정권 담당자가 반일정책에서 반공으로 바꾼 것을 잘 이용하여 경찰관으로 복귀한 뒤 빨갱이 사냥에 수완을 발휘해 …… 그 사람들도 나라를 위하는 마음에는 변함이 없을 것이라고 생각하자 정신이 혼란스러워졌다. 협상파든 공산정권이든 또 우익이든 모두 자신들이야말로 진정한 애국자라고 믿고 있다. '국가'라는 것은 도대체 무엇일까? 그 국가를 위해서 사람을 증오하고 살해하고 싸우지 않으면 안 되는 것일까?(장혁주, 2018: 54, 82, 83)

문화계는 대항기억의 표출에 대해 시대에 따라 다른 금기수준을 적용받아 왔다. 정치적으로 엄혹했던 군사독재 시절, 한국사회에서 대항기억은 주로 소설의 형식을 빌려 표출되기 시작했다. '국가보안법'의 압력이 극심했던 1970년대와 1980년대에 '이적' 표현으로 간주된 작품들은 검열과 삭제, 금서 지정, 간첩 혐의에 이르기까지 다양한 형태의 탄압을 겪었다. 이른바 '불온서적'을 돌려가며 읽고 토론하다가 들키면 끌려가던 시절이었다. 표현의 자유는 1987년 민주화를 계기로 찾아왔다. 이른바 '빨치산 문학'으로 분류되는 이병주의 『지리산』과 조정래의 『태백산맥』이 각각 1985년, 1989년에 완간되었다. 1988년 출간된 이태의 『남부군』은 빨치산

쟁기에 일본이 미국의 요청으로 한일 간의 바닷길 기뢰 제거를 위해 소해부대 인원 8,000명을 투입한 사실 등을 감안하면 장혁주식의 중립 표방은 경제적으로나 군사적으로 이미 깊숙이 개입한 일본이 결코 남의 전쟁에 휘둘리지 않겠다는 전시중립과 평화를 표방한 모순적 표명에 지나지 않는다는 시각도 있다(장세진, 2019: 72).

이 이데올로기의 희생자라는 대항기억을 종군기자로서의 시각으로 서술한 수기인데, 1990년에 영화로도 제작되었다. 1990년에는 빨치산이었던 본인 부모의 이야기를 바탕으로 쓴 실록인 정지아의 『빨치산의 딸』이 출간되었다. 전남도당 조직부부장을 지낸 아버지와 남부군 정치지도원이었던 어머니의 기억을 채록한 이 책은 큰 반향을 불러일으켰는데, 발간 한 달 만에 판매금지가 되고 작가는 '국가보안법' 위반 혐의로 불구속기소되는 우여곡절을 겪다가 2005년에야 재발간될 수 있었다. 소설가인 이병주나 조정래와 달리, 이태와 정지아는 "이 기록 속에 나오는 장면 하나하나는 주고받은 말 한마디까지 조그만 에누리도 보태지 않았다"라거나(이태, 1988: 16), "소설의 형식을 띠기는 했지만 모든 것은 철저하게 사실적인 증언에 의거했다"(정지아, 2005: 391)라고 말해 증언의 전달자로서의 신뢰성을 강조한다. 그럼에도 기술한 모든 기억의 담지자가 아닌 그들의 증언이 얼마나 신뢰할 만한 것인지에 대해서는 논란의 여지가 있다.[2] 진실에 기반한 이런 대항기억의 저작들은 '공산주의자는 박멸되어야 할 적이자 악마'라는 시각만 존재했던 반공 일변도의 공식기억에 균열을 내기 시작했다.

　1978년 발표된 현기영의 『순이삼촌』은 제주4·3사건을 피해자의 시각에서 다룬 최초의 작품이다. 제주 출신의 현기영은 이 사건을 알려야 한다는 책무의식으로, 북촌리 학살 현장에서 기적적으로 살아났으나 피해의식과 신경쇠약에 시달리다가 결국은 목숨을 끊고 마는 순이 삼촌 이야기를 통해 30년간 은폐되었던 제주4·3의 진실을 고발했다. 당시 이 소설집은 판매금지되고 작가는 군 정보기관에 끌려가 고문당하고 수형생활까지 했으나, 1987년 민주화와 더불어 해금되어 지금까지 대표적인 제주

2　이태의 증언이 의문과 검증의 여지를 남겨놓고 있다는 학문적인 분석에 대해서는 정한식(1988: 16~21) 참조.

4·3 문학으로 자리를 지키고 있다. 김원일은 거창 양민학살사건을 다룬 1987년 작품 『겨울 골짜기』라는 소설에서 민중 역시 단순한 피해자가 아니며 사회주의라는 상상의 질서를 자기 것으로 받아들이고 그것을 확대재생산하는 데 기여했다는 비판적인 시각을 제시한다(김원일, 2004). 작가의 말에 의하면 이 작품은 20%의 사실과 80%의 허구로 구성되었다. 팔로군 부대 소속으로 산사람(빨치산)이 된 동생 문한득은 고향 거창 사건 때 폭발로 팔다리를 잃었고 형 문한돌은 군경에 의한 학살이 자행되는 와중에 아내의 출산 덕에 겨우 살아남는다는 내용이다. 작가 자신은 부친이 월북해 오랜 세월 부친을 원망했으나 20대 초반 이념의 선택은 당사자 자신의 문제일 뿐 남이 이를 비판할 수 없다는 쪽으로 생각을 선회했다고 고백한다. 당시 좌익은 인민의 국가에 목숨을 걸면서도 정작 민중의 현존과 염원은 무시했으며, 자신들의 목표와 열정에 감화되지 않는 민중을 가혹하게 탄압하는 존재로 묘사되었다. 이른바 양민이라는 존재도 무고한 희생자라기보다는 살기 위해 무엇이든 해야 했던 보통 사람으로서 거짓말, 배신, 밀고, 폭력과 무관하지 않다. 가해자가 전적으로 악한 것도 아니고, 피해자가 전적으로 선한 것도 아니다. 의도하지 않은 가해자도 있고, 방관자도 있고, 적극적으로 돕는 사람도 있다. 가해와 피해 사이의 스펙트럼은 생각보다 넓고 다양하고 복잡하다. 한국에서 이 스펙트럼이 중요한 이유는 사회적 인정과 이에 따른 명예회복, 법적 배·보상 문제까지 두루 연결되어 있기 때문이다.

 2001년 출간된 황석영의 『손님』은 북한 황해도 신천에서 동네 주민들 사이에 벌어졌던 학살의 비극과 그로 인한 트라우마를 다뤘다는 점에서 또 다른 대항기억의 존재를 부각시켰다. 북한에서는 미제국주의자들에 의한 대표적인 학살로 계속해서 선전되고 있는 신천학살사건의 진상은 문학적 프리즘을 통해서 비로소 세상에 공개되었다. 신천학살의 진실이 기독교와 공산당으로 분열된 민족 내부의 학살극이었다는 사실을 밝힘으로써 역사적 기억을 소환해 현대적 비극으로 기억하게 한 것은 문학의 사회적 기여라고 할 수 있다. 또한 그동안 문학작품에서 거의 다뤄지지 않았던 주제, 즉 한국전쟁으로 인한 상처를 어떻게 치유하고 화해를 도모할 수 있느냐 하는 문제를 정면으로 제기했다는 점에서도 이 작품의 문제의식은 선구적이라고 할 수 있다. 황석영 작가는 "아직도 한반도에 남아 있는 전쟁의 상흔과 냉전의 유령들을 한판 굿으로 잠재우고 화해와 상생의 새 세기를 시작하자는 것이 작자의 본뜻"(황석영, 2001: 262)이라고 밝히고 있다.

치유를 위한 기억의 재구성

역사적 집단 트라우마가 치유되지 못하고 외상기억이 계속 재현되는 주된 이유는 그것이 정치적으로 이용되기 때문이다. 트라우마는 이성보다는 감정과 본능의 차원에서 작동된다. 또한 외상기억은 문화적 기억으로 만들어져서 집단 무의식에 고착화되기 때문에 확증편향에 편승하려는 정치인들에게는 유용한 소재가 될 수 있다. 기억과 정치의 관계는 매우 가깝다.

기억은 사회화 과정을 거쳐 다음 세대로 전해지고, 폭력의 순환은 전승된 증오의 기억이 지속적으로 보강되면서 영속한다. 그러므로 기억과 정치를 연결하는 것은 대량 학살의 수수께끼를 푸는 하나의 열쇠이다. …… 과거에 행해진 것을 현재에 말하는 것은 과거를 어떻게 보는지를 결정할 뿐 아니라 미래의 행위에도 영향을 끼칠 것이다. 그러므로 기억은 분명히 정치 현상이며, 가능한 한 가장 중요한 정치적 이해의 측면에서 분석될 필요가 있다. …… 사건을 경험하는 방식은 당사자가 느끼는 감정과 감각, 자기가 동일시하는 집단의 영향을 받는다. 개인의 기억은 감정과 집단 경험을 통과하며 걸러진다. 종교, 계급, 가족관계는 모두 기억의 해석 방법을 구성한다. 요컨대 기억은 사회적 현상이다. (허시, 2009: 22~37)

기억을 통제하는 것은 정치권력의 한 유형이다. 허버트 허시는 "대부분의 국가는 특히 자국의 과거 행동이 도덕적으로 정당화될 수 없는 것으로 비칠 때 솔직한 자기 인식을 피하려고 한다"(허시, 2009: 59)라고 지적했다. 역사적 증거를 위조하거나 과잉 단순화하거나 사건 발생 자체를 부인하는 일부 집단의 행위는 학술적 논쟁을 목표로 하지 않는다. 정치적으로 조작하고, 기억을 억압·통제하며, 이를 통해 역사를 재구성하려는 동일한 목적을 갖는다. 일본의 역사교과서 왜곡이 대표적이다.

역사는 역사가의 관점을 떠나 기술될 수 없으므로 엄정한 의미에서 객관적이고 중립적인 역사란 존재하지 않는다고 할 수 있다. 역사가 개인의 편향성을 최대한 극복하기 위해서는 다양한 시각과 가치관을 반영하는 역사가 필요하다. 역사가 과거와 현재 사이의 대화라는 말은 "과거가 현재에 비추어질 때에만 이해될 수 있고, 현재도 과거에 비추어질 때에만 완전히 이해될 수 있다"는 의미이다. 즉, 과거에 비해 달라진 현재의 가치관이 과거를 해석하는 준거이기 때문에, 사회가 지향하는 목적을 위해서는 과거의 역사를 재구성할 수 있다고 보는 것이다. 역사의 진보성을 믿었던 E. H. 카는 "역사란 과거 사건들과 서서히 등장하고 있는 미래의 목적들 사이의 대화"(Carr, 1961)라고 하면서, 어떤 사회가 이상적인 미래사회인가에 대한 이해가 과거를 올바르게 해석하는 열쇠라고 보았다. 마찬가지로 미국에서 '실천적 지식인'의 표상으로 일컬어지는 역사학자이자 사회운동가 하워드 진 역시 "인간적 가치, 인도적 가치, 형제애와 자매애, 평화, 정의, 평등의 가치를 높이는 것이 역사 서술에서 적극적으로 공표해야 할 가치"(진, 2002: 298)라고 단언한다. 예를 들어 과거사를 다룰 때 어떤 용어를 사용할 것인지가 논란이 되는 경우가 많다. 이에 대해 전우택은 용어와 단어를 선택하는 핵심 가치와 원칙은 '치유'를 위한 것이어야 한다고 말한다(전우택·박명림, 2019: 73). 우리 사회에서 진보, 보수, 친북, 친미, 종북, 종미 등의 용어는 정치적 목적으로 자의적으로 왜곡되어 사용되어 왔다는 것이다. 김회권 역시 우리가 구성할 미래의 이상사회는 "평화와 자유, 그리고 평등이 잘 조화된 사회"라고 하면서, 이를 위해 역사를 운명처럼 받아들이거나 환경의 지배를 당하지 말고 능동적인 학습행위와 정치행위, 그리고 문화창조를 통해 스스로 사회환경을 개선해 나가야 한다고 강조한다(김회권, 2015: 328~329).

기억의 치유는 자신과 타자 안의 선과 악을 동시에 바라보는 데서 시작된다. 가해자와 악행자가 전적으로 악한 것도 아니고, 피해자와 희생자가 전적으로 선한 것도 아니다. 상대의 악이 나의 선을 보장해 주지 않는다. 불의하고 악한 편에 맞서 싸우는 사람이 반드시 의롭고 선하다고 단정할 수는 없다. 선을 수호하고 악을 근절한다는 대의명분을 내세운 전쟁이라도 결과적으로 더 큰 악을 불러온다는 것을 세계 전쟁사는 증명하고 있다.[3]

따라서 치유를 위해 악행의 기억을 재구성하려면 먼저 보편적 악에 대한 선행인식이 요구된다. 가해자의 악만 문제가 되는 것이 아니다. 방관자 또는 동조자도 자신의 안일함 또는 두려움의 굴레에 갇혀 현실적인 악의 실재를 자신과 무관하다고 여기면서 외면할 수 있다. 2024년 개봉한 조너선 글레이저 감독의 영화 <존 오브 인터레스트>는 아우슈비츠수용소 옆 관사에 살고 있는 독일군 장교 가족의 일상을 묘사하는데, 그 가족

---

[3] 반전주의자 하워드 진은 전쟁이 아무것도 해결해 주지 않으며 좋은 사람마저 나쁜 사람으로 바꿔놓는 절대악으로서 모든 사람을 타락시킨다고 단언한다.

은 바로 옆 철조망 너머 들리는 비명소리를 무시한 채 고소한 빵 맛을 음미하며 세계의 비극을 외면한다. 독일군 장교 부인들이 유대인 죄수들에게서 징발한 물품을 가져와 서로 사이좋게 나눠 갖는 것, 이것이 방조자의 무도함이다. 전쟁은 이와 같은 형태의 '평범한 악'을 양산하는 한편, 피해자뿐 아니라 가해자까지 '악의 희생자'로 전락시킨다. 평범한 사람들이 악에 동참해 가해자가 되었던 비극적인 기억은 희생자로 자처하는 기억 왜곡으로는 결코 극복될 수 없다.

피해자가 보복에 나서면서 가해자가 되는 일들이 반복되다 보면 가해자와 피해자를 정확하게 구분하는 것이 어려워진다. 여기에 더해, 국가와 사회집단이 형성하는 공식기억의 '피해자 담론' 지향성이 작동한다. 남아프리카공화국의 아파르트헤이트나 독일의 홀로코스트는 가해자와 피해자가 명확히 구분되는 것 같지만, 내부를 들여다보면 매우 복잡한 상황이 전개된다. 몇 가지 예를 살펴보자.

- 남아공의 첫 흑인 대통령이었던 넬슨 만델라(Nelson Mandela, 1918~2013)의 부인 위니 만델라(Winnie Mandela, 1936~2018)는 인종차별에 맞서 싸운 투사였다. 위니는 1980년대 중반 이후 테러를 서슴지 않을 만큼 난폭해졌다. 이로 인해 1990년 2월 석방된 넬슨과 6년 만에 이혼한 뒤, 넬슨 정부하에서 폭력과 살인교사, 공금횡령 등의 혐의로 기소되어 벌금과 실형을 살았고, 데즈먼드 투투(Desmond Tutu) 주교가 이끄는 진실화해위원회의 심판대에 서기도 했다. 위니 만델라를 비롯한 다수의 남아프리카 피해자는 악에 맞서 싸우는 과정에서 가해자로서 악의 일부가 되어갔다.

- 홀로코스트 희생자들은 이스라엘 국가를 건설한 시오니스트들에

의해 오랫동안 '시온주의의 배신자'로만 규정되었을 뿐 희생자로 인정받지 못했다. 영웅적 시온주의가 홀로코스트의 희생자로 무게중심을 이동하게 된 계기는 국제적 이목을 집중시킨 1961년 아이히만 재판이었다. 홀로코스트 생존자들의 증언이 언론에 보도되어 전 세계적으로 그들의 고통에 공감하는 분위기가 형성된 후에야 이스라엘은 비로소 자국의 존재이유를 도덕적으로 정당화하는 근거로 홀로코스트를 기억하게 되었다. 그러나 홀로코스트에 대해 유대인은 아무런 책임이 없었을까? 한나 아렌트는 2,000년 세월을 디아스포라로 살아왔던 유대인들이 자신이 속한 지역사회에서 '공적 책임'을 회피했다고 지적한다(아렌트, 2006: 113). 당시 아렌트의 주장은 '희생자의 교만'을 갖고 있던 유대인 사회에 큰 파문과 반발을 불러일으켰으나, 독립국가를 수립한 이후 이스라엘이 팔레스타인들을 핍박하는 것을 보면 그들의 희생을 속죄양 이론으로 설명하는 것은 부적절하다는 사실을 부인하기 어렵다.

- 폴란드계 유대인을 가장 많이 학살한 주체는 나치가 아니고 이웃 폴란드인이었지만, 폴란드의 공식기억은 자신들이 나치에 의해 가장 큰 피해를 입은 국가라는 데 머물러 있다.

- 태평양전쟁을 일으킨 일본은 전쟁 책임을 져야 하는 전범국가임에도 히로시마와 나가사키에 세워진 원폭기념관을 통해 처참한 피해양상을 강조하며 자국을 전쟁 피해자의 이미지로 각인시키고 있다. 의사이자 가톨릭 신자인 피폭자 나가이 다카시(永井隆, 1908~1951)는 원폭 희생자들을 "제2차 세계대전 당시 모든 민족의 죄를 씻기 위해 희생의 제단 위에 자신의 몸을 산 채로 바친 순결한 양"에 비유했다(임

지현, 2019: 103). 일본인들에게 히로시마와 나가사키의 기억은 난징 대학살이나 일본군 위안부, 포로학대, 생체실험 등 일본군이 저지른 잔학행위의 기억을 덮고도 남을 만한 희생의 기억이 되었다.

유럽을 포함해 분쟁이 장기화된 세계 어느 지역에서나 가해자가 피해자가 되고, 피해자가 가해자가 되는 일들이 반복되고 있다. 양심적으로 편안하고 유리한 희생자의 자리를 선점하기 위한 기억전쟁도 계속되고 있다. 한국전쟁뿐 아니라 제주4·3사건이나 5·18광주민주화운동을 비롯한 한국 현대사의 주요 사건들이 한국전쟁의 여파와 직간접적으로 관련되면서, 후체험 세대에서도 가해와 피해의 경계를 넘나드는 일들이 계속되고 있다. 거대한 사회적 트라우마로 인해 가해자나 피해자나 방관자나 후체험 세대까지 모두 기억의 치유가 필요한 상황인 것이다.

다행스러운 것은, 기억은 본디 미래지향적이라는 사실이다. 개인과 집단의 기억이 제대로 기능하지 못할 때, 즉 외상 사건에 고착화될 때 트라우마 반응이 나타나고 삶의 질이 저하된다. 병적 사고가 만연한 사회는 상처를 거듭 재생해 트라우마 치유를 방해한다. 개인적 트라우마를 치유하기 위한 재기억은 외상 경험을 떠올리되 안전한 환경에서 경험하게 함으로써 그에 따르는 생리적 흥분을 조절하는 자기조절 능력을 강화시키는 것이다. 전환기 정의를 구현하는 절차에서 기억화는 피해자의 인권침해를 인정하고 배상하는 단계의 중요한 요소로, 기억 보존을 위한 박물관 설립, 사건이나 날짜 기념 제정, 교과서와 공영방송에서의 정확한 진술 등이 기억화에 포함된다. 그러나 잊지 않는 것만으로 트라우마가 치유된다고 할 수는 없다. 기억하기가 단순한 출발점이 될 수는 있지만, 기억은 인간적이고 정당하며 평화로운 미래를 세우기 위한 토대가 되어야 한다(허시, 2009: 71). 이를 위해서는 올바르게 기억하기 위한 공동체적 노력과 전사회적으로 통용되는 담론의 형성이 필요하며, 정부의 공식기억과 피해자들의 대항기억은 더 높은 가치와의 재연결을 목표로 통합된 역사를 구성해야 한다. 우리가 추구해야 할 더 높은 가치란 무엇인가? 우선 진실, 정의, 화해, 연합의 가치를 생각해 볼 수 있을 것이다.

진실과 정의의 추구

우리가 추구해야 할 첫 번째 가치는 진실이다. 올바르게 기억하는 것은 진실과 불가분의 관계에 있다. 문제는 진실이 무엇인가에 대해 사람마다 다른 기억을 갖고 있을 수 있다는 점이다. 사람들은 대체로 자신의 욕구나 필요 때문에 기억을 윤색하는 경향이 있다. 우리 대부분은 남에게 이야기를 들려줄 때 약간의 과장과 윤색, 불리한 사실 감추기에 능숙하며, 거듭해서 말하다 보면 그것이 사실인 것으로 스스로도 믿어버리는 경향이 있다. 특히 올바른 기억이 자신에게 위해를 끼칠지도 모른다고 여겨질 때 인간의 뇌에서는 생존을 위한 기억 지우기가 벌어질 수 있다. 이른바 심인성 기억상실 또는 해리성 기억장애이다. 이것은 스트레스나 충격적인 사건에 대한 기억 재생에 장애가 발생하는 증상을 가리키는 용어이다. 개인의 기억이든 집단의 기억이든 기억을 재생할 때 허구가 실재를 몰아내는 것은 흔한 일이다. 따라서 진실한 기억을 추구하는 것은 쉽게 달성하기 어려운 목표가 될 수 있다.

고대 그리스 시대부터 진실의 본질은 중요한 철학적 주제였다. 진실에 대한 가장 오래된 논쟁은 절대주의자와 상대주의자의 관점이 다른 데서 빚어졌다. 절대주의자는 절대적인 객관적 진실이 있다고 보았고 상대주의자는 진실이 주관적이며 사람마다 다르다고 주장했다. 예를 들어 아리스토텔레스는 논리학 저서 『범주론』에서 "어떤 진술이 참인지 거짓인지는 상황이 실제로 그러한지 아닌지에 따라 결정된다"라고 말했다. 사실에 대응하는 것이 곧 진실이라는 의미이다. 그는 세상에는 진실들로 구성된 객관적 사실이 존재하며, 그 사실을 왜곡하지 않고 정확히 표현하는 게 바로 진실이라고 보았다. 그러나 진실이 과연 그렇게 자명하기만 할까? 과거에 있었던 어떤 사건에 대해 이와 관련된 사람들의 기억이 똑같이 일치할 확률이 얼마나 될까?

자신이 비교적 정확하게 기억한다고 생각했던 사건이 현장에 있었던 다른 사람(들)에 의해 잘못된 것으로 밝혀지는 경우도 많다. 미국 심리학자 엘리자베스 로프터스는 어떤 경험에 대해 잘못된 정보가 제공되면 사람들은 자신의 기억을 왜곡하거나 혼동하거나 조작할 수 있다고 주장했다(Loftus and Pickrell, 1995: 720~725). 로프터스가 수행한 '쇼핑몰에서 길을 잃다'라는 실험의 결과는 놀라웠다. 연구팀은 피실험자에게 그가 어릴 적 쇼핑몰에서 길을 잃은 적이 있다는 가짜 정보를 제시했는데, 피실험자는 점점 더 그 기억에 살을 붙여 세부묘사를 하고 확신도 강해지는 모습을 보여주었던 것이다. 2023년 11월 서울중앙지법 형사소송에서는 교회 신도인 세 자매에게 가짜 기억을 주입해 친부를 성폭행 혐의로 허위 고소하도록 유도한 교회 장로에게 실형이 선고되었다(≪연합뉴스≫, 2023.11.16). 재판부는 피고인이 암시와 유도, 집요한 질문을 통해 원하는 답을 듣는 과정을 반복하면서 허구의 기억을 주입한 점을 인정했다. 이처럼 가짜 기억을 주입하는 것이 가능하다는 사실은 기억의 가소성을 극대치로 부각시켜서 '정직한 증인에 의한 거짓 증언'의 가능성을 경고한다. 이 때문에 형사소송 법정에서는 반드시 증거에 의해서만 사실 인정을 허용한다는 증거재판주의 원칙을 채택하고 있다.[4] 이는 인간 기억의 취약성을 인정하고 인간의 기억을 재판의 보조적인 역할로 국한시킨다는 의미로 이해할 수 있다.

그러나 증거가 완전히 사라져서 객관적 실체를 알아낼 방도가 없다면 어떤 기억을 진실로 받아들여야 할까? 객관적 진실은 원래 존재하지 않는 것일까? 진실이 전달되는 과정은 어떠한가? 역사는 결국 승자의 기록이라는 말은 과거 역사 서술에서 보통 사람들의 시각이나 역할이 배제된 것을 비판하는 시각에서 나온 것이다. 그래서 마르크스주의 역사학자 에릭 홉스봄은 왕과 귀족이 아닌 평민의 기억을 바탕으로 '아래로부터의 역사'를 구성하려고 시도했다. 그렇다고 해서 약자의 진실이 반드시 강자의 진실보다 더 올바르다는 법은 없다. 그래서 하버마스는 진실의 핵심은 사회적 합의에 있다는 절충안을 제시한다. 자유와 평등이 보장된 상황에서 어떤 사안에 대한 모든 정보가 공유되고 이에 대한 공정한 토론을 거쳐 합의가 이루어질 때 그것을 진실로 간주하자는 것이다. 합의가 이루어지는 공간으로서의 공론장은 기본적으로 개방성과 접근가능성을 갖추어야 한다는 것이 그의 주장이다(Habermas, 1989: 141). 다만 하버마스의 초기 이론체계는 자유민주주의 사회의 백인 중산층 남성 위주로 지나치게 규범적이라는 비판을 받았고 그 후 많은 수정과 보완을 촉발했다. 오늘날 민주주의 사회의 공론장은 주변인들과 타자들, 소외계층이 참여할 수 있는 공간으로 확대될 필요가 있다. 집단기억이 역사·사회·정치에 미친 영향을 연구한 제프리 올릭은 공론장과 기억의 관계를 다음과 같이 말한다.

기억이 공론장에, 그리고 거꾸로 공론장이 기억에 얼마나 중요한지 알아차

---

4   '형사소송법' 제307조 ① 사실의 인정은 증거에 의해야 한다. ② 범죄사실의 인정은 합리적인 의심이 없는 정도의 증명에 이르러야 한다. [시행 2024. 2. 13] [법률 제20265호, 2024. 2. 13, 일부개정] https://www.law.go.kr/LSW/lsLawLinkInfo.do?lsJoLnkSeq=900028249&chrClsCd=010202(검색일: 2024. 5. 8)

리기란 어렵지 않다. …… 노동이 훨씬 분화된 도시 공간에서 공통성의 끈은 훨씬 덜 분명하며 많은 노력과 개념작업을 요구한다. 따라서 기억은 공공사안이 되었다. …… 집단기억의 문제는 복잡한 사회, 적어도 민주사회에서의 집단정체성의 문제와 일치한다. 이러한 기억의 수집이 일어나는 곳이 공론장이다. 공론장에서 사적인 기억과 공적인 기억은 새로운 방식으로 만나며 경합을 벌인다. (올릭, 2011: 307~308)

한국전쟁 기억의 1차적 공론장은 학계이다. 학계의 논의는 교육계와 대중문화, 기념물로 재생산되는 근거를 제공하기 때문이다. 일례로 교과서의 경우, 저자들은 학계의 다양한 학설을 종합적으로 반영해 균형 있게 서술하려는 목표를 가진다. 그렇다면 한국전쟁의 진실은 무엇인가? 한국전쟁이 남한에서는 남침과 동족상잔의 비극으로 기억되지만 북한에서는 북침에 맞선 응징적 정의와 '남조선 괴뢰의 해방'이라는 의미로 기억되고 있다. 이처럼 대비되는 인식의 간극은 한국전쟁에 대한 증거자료로 그 격차를 좁혀갈 수 있다. 우선적으로 전쟁의 기원과 성격에 대한 역사적 기록, 전쟁 피해와 이산가족 규모, 민간인 학살 문제, 간첩 사건들에 대한 진실을 추적함으로써 편향적인 인식을 바로잡을 필요가 있다. 전쟁기억을 재구성하는 것도 사회적 합의의 관점에서 진실을 추구하는 것이 합리적일 것이다. 사실에 대한 진술은 관찰을 통해 반증될 수 있지만, 반복되는 관찰에도 반증되지 않는 한 잠정적으로 진실이라고 받아들일 수 있는 것이다. 다수의 사람이 꼭 일치하지는 않지만 비슷한 이야기를 한다면 이를 재구성했을 때 드러나는 '종합적 진실'이라는 원칙을 받아들여야 한다. 종합적 진실은 단순한 부분적 진실의 합이 아니다. 각각의 부분적 진실이 퍼즐 조각처럼 모이면 더 완전한 그림이 되는 것은 맞지만, 조각을 구성하는 방식이 왜곡 없이 정확해야 한다는 전제조건이 충족되어야 한다. 진실은 맥락과 관점으로부터 영향을 받을 수 있으므로, 종합적인 진실은 객관적 실재에 완전히 도달하지 못하더라도 지속적으로 접근하는 역동적인 방식으로 추구되어야 할 것이다. 결국 진실이 무엇인가라는 질문은 철학과 윤리, 신학적 차원의 질문이기도 하다.

한국전쟁 연구의 전반적인 흐름에 대해서는 국방부 연구자들을 비롯해, 김명섭, 김영호, 이완범, 정병준, 신복룡, 김태우 등의 연구가 있고, 한국전쟁 60주년에 맞춰 기획된 기광서 등 역사학자들의 연구결과물도 있다.[5] 전쟁의 기원, 주체, 전개에 대한 정치적·군사적 연구에서 출발해 2000년 이후 사회사적·인문학적 연구에 이르기까지, 한국전쟁 관련 연구는 그 폭과 깊이에서 장족의 발전을 이루었다. 그럼에도 여전히 세부적인 영역에서는 연구할 주제들이 많이 남아 있다. 여전히 한국전쟁에 관해서는 기록자료가 부재하거나 부실하며, 전쟁의 상대인 북측 자료를 확보할 수 없거나 확보하더라도 신뢰하기 어렵다는 문제가 있다. 그럼에도 그동안의 폭넓고 심도 있는 연구들을 통해 대다수 연구자가 합의에 이른 진실들이 있다. 이를테면 전쟁의 발발 주체가 누구인가와 같은 문제들이 그러하다. 이처럼 한국전쟁의 진상규명은 주류 학자들에 의해 수용되는 수준의 근사치적 객관성을 담보할 수밖에 없다. 따라서 먼저 전통주의와 수정주의, 그리고 양자를 넘어서려는 노력으로 대변되는 분단사 연구의 흐름을 개관하면서, 학계에서 보편적으로 인정되는 학설을 사회적 합의

---

5 김명섭, 「냉전의 종식과 연구의 열전」, 『탈냉전시대 한국전쟁의 재조명』(백산, 2000); 김영호, 「한국전쟁 연구의 향후 과제와 전망」, 『탈냉전시대 한국전쟁의 재조명』(백산, 2000); 국방부 군산편찬연구소, 『6·25전쟁 연구경향 및 사료해제』(정문사문화주식회사, 2009); 이완범, 「한국전쟁 연구 50년과 과제」, ≪경제와 사회≫ 제46집(2000); 이완범, 「한국 국내의 6·25전쟁 연구동향」, ≪군사≫ 제55집(2005); 정병준, 『한국전쟁: 38선 충돌과 전쟁의 형성』(돌베개, 2006); 신복룡, 『한국분단사 연구 1943~1953』(한울, 2006); 김태우, 「한국전쟁 연구 동향의 변화와 과제, 1950~2015」, ≪한국사학사학보≫ 제32집(2015); 정병준·기광서 외, 『역사학의 시선으로 읽는 한국전쟁』(휴머니스트, 2010).

에 따른 객관적 사실로 취하는 것이 순서일 것이다. 진실한 기억은 객관적 사실에 기초해야 한다. 그것은 응보적 정의와 회복적 정의를 구현하기 위한 전제조건이다.

한국전쟁을 경험한 세대의 기억은 오랫동안 권위주의, 식민지 유산, 냉전의 영향 아래 국내적 맥락에서만 구조화되어 오고 전통주의 시각으로 형성되어 온 경향이 있었다. 그러나 1990년대 후반에 들어서면서 미시적 수준의 분석이 시도되기 시작했고, 사회적 기억 연구가 그 흐름 속에서 부상하기 시작했다. 한국에서 사회적 기억 연구의 기폭제가 된 것은 5·18 민주화운동 및 일본군 위안부 문제 해결을 위한 여성운동이었다. 사회적 기억은 체험자의 구술로 확보되는 개인적 차원을 갖고 있다. 자신의 목소리를 낼 기회를 얻지 못했던 소외집단의 구술채록을 통해 구술사는 역사의 영역으로 편입되었고, 이 패러다임은 한국전쟁을 비롯한 민간인 학살 영역으로 확대되었다. 집합기억의 측면에서 볼 때, 한국전쟁에 관한 기억 연구는 동아시아적 맥락과 국제관계적 맥락에 의거해 공공기억 재구성에 초점을 맞추는 추세를 보이고 있다(정근식, 2013: 347). 이 전쟁의 기억은 남북한은 물론 유엔군으로 참전했던 나라들 사이에도 공유되어 있을 뿐만 아니라, '미국에 대항해 북한을 돕는다'는 이른바 '항미원조' 명분으로 참전한 중국과 반공포로들이 귀환한 대만에도 존재하고 있기 때문이다. 동아시아에서 혁명과 전쟁은 국가 형성과 긴밀하게 관련되어 있어서, 이에 관한 사회적 기억은 국가에 의해 독점되거나 강력한 통제의 대상이 되었다. 전쟁기억의 변화는 탈냉전과 민주화로 촉발되었다. 그 변화는 군사적 기억에서 민간인들의 체험적 기억으로 초점이 이동하는 현상, 그리고 기억의 국가독점이 해체되면서 시민사회 공론장에서 평화론으로 수렴되는 현상으로 나타나고 있다. 한국전쟁을 직접 체험한 세대는 점점 사라지고 있다. 이제는 자신의 경험을 말해줄 세대도, 용서를 구하고 용서를 해야 할 주체도 소멸하고 있다. 이런 상황에서 진상규명이 어떤 의미가 있는지는 당대가 아닌 후세대가 판단하고 결정해야 할 문제이다. 법적 과거사 청산 절차에서 진상규명은 현실적으로 가해자 처벌, 피해자 명예회복, 피해보상 등의 문제를 풀어가는 근거가 된다. 그러나 법적 책임을 밝히는 것이 진상규명의 최종목표는 아니다. 진실한 기억은 정의를 추구해야 한다.

1기 진실화해위원회 상임위원이었던 김동춘은 자신의 저서에서 진실과 기억으로 충분한가라는 질문을 던진다. 그는 자신들이 '진실'에 대해 너무 큰 기대를 했고, 진실이 밝혀지면 다음 단계의 과정은 별 무리 없이 쉽게 진행될 거라고 낙관했으나 실제로는 그렇지 않았다고 말한다. 그는 진실화해위원회가 가해자의 책임을 제대로 묻지 못했던 것이 최대의 실패였다고 평가하면서, "진실은 반드시 정의로 나아가야 한다. 우리는 과거사라는 말 대신에 정의라는 표현을 썼어야 했다"고 고백한다(김동춘, 2013: 406). 냉전이 끝날 무렵부터 전 세계적으로 역사의 부정의를 수정하고 정의를 회복하려는 움직임이 도처에서 목격되었다. 나치 학살 피해자, 일본군 성노예 피해자와 강제징용자, 남아공 아파르트헤이트 피해자, 미국의 아메리칸 인디언, 호주의 에보리진, 뉴질랜드의 마오리 등 억압과 배제, 차별을 경험한 다양한 집단에서 윤리와 정의의 요구가 폭발했다. 역사적 부정의는 윤리적으로 매우 중요하며, 연루된 피해자와 가해자 모두 윤리적 주체로서 응답해야 하는 문제이다. 과거의 행위는 윤리적으로 현재의 책임과 연결되기 때문이다.

정의구현이 가능하려면 일반적으로 가해자와 피해자가 명확히 구분되어야 한다. 그러나 전쟁과 같은 상황에서 수많은 피해자가 돌이켜 가해자가 되었다는 것도 피할 수 없는 진실이다. 전쟁의 폭력성은 그 목적 자체의 정당성을 파괴한다(박명림, 2002: 24~26). 국가에 의한 민간인 학살 문제와 관련해서는 전쟁 당사자 국가들 모두가 그 책임에서 자유롭지 못하다. 전쟁 초 남한정부에 의해 학살된 보도연맹 가입자들 가운데 좌익경력이 없는 양민이 많았던 것이 그 한 예이다. 한국전쟁에 대한 정의로운 기억은 이처럼 이념을 초월한 균형 잡힌 역사인식에 기초한다.

회복적 정의

트라우마 회복에서도 정의의 원리가 작동한다. 회복적 정의란 부정의가 파괴한 관계를 복구하는 것으로, 복구의 결과는 '올바른 관계'이다. 올바른 관계란 곧 화해를 가리키며, 화해의 조건은 용서이다. 용서는 망각하는 것이 아니라 기억하는 것이고, 기억에 동반되는 과거의 고통에 대한 집착과 자책감, 분노와 수치심으로부터 자신을 해방시키는 것이다. 남아공 진실화해위원회의 의장을 맡았던 데즈먼드 투투 대주교는 역사에서 피로 물든 보복과 재보복의 악순환을 끊어야 한다고 하면서, 그 길이 응보적 정의를 넘어 회복적 정의로, 용서의 자리로 가는 것이라고 말한다. 그가 보기에 "용서 없이는 미래도 없기 때문"이다(투투, 2009). 2002월 1월 세계 평화의 날 연설에서 교황 요한 바오로 2세가 "정의 없는 평화는 없다. 용서 없는 정의도 없다"는 말을 남긴 것도 같은 맥락일 것이다.[6]

1992년 『트라우마』에서 사회적 트라우마 이론을 제시한 주디스 허먼은 외상 경험자가 트라우마를 극복하고 사회적으로 통합되기 위한 과정으로 3단계의 절차를 제안했다(Herman, 1998: 98). 첫째, 안전을 확보하

---

6 John Paul II, "No peace without justice, No justice without forgiveness", Message for the World Day of Peace(Jan. 1, 2002), http://www.vatican.va/content/john-paul-ii/en/messages/peace/documents/hf_jp-ii_mes_20011211_xxxv-world-day-for-peace.html(검색일: 2024.9.13)

고 인식하는 단계, 둘째, 외상기억을 애도하고 자신의 삶으로 통합시키는 단계, 마지막으로 파괴된 인간관계를 다시 회복하고 공동체와 연결되는 단계이다. 그런데 그는 2023년에 펴낸 저서 『진실과 회복』에서 회복의 네 번째 단계에 대해 이야기한다. 안정화, 재기억, 재연결의 3단계만으로는 충분하지 않다는 것이다.

> 회복에는 네 번째 단계도 있는 게 아닐까, 그 마지막 단계는 정의가 아닐까 하는 생각을 찬찬히 하게 된 것은 최근의 일이다. 트라우마가 정말 사회문제라면 회복은 개인 차원에 머무는 문제가 아니다. 폭행하고 착취하는 가해자만 트라우마를 야기하는 게 아니다. 가학에 공모하거나, 그 내용을 알고 싶지 않아하거나, 피해자를 비난하는 모든 방관자들의 방관적 대응 또는 무대응이 한층 더 심한 상처를 주는 경우가 많다. 종속되거나 소외된 사람들을 해치는 범죄를 정당화하고 용인하고 비가시화하는 사회의 폭력 생태계를 이루는 요소들 중 하나가 그런 상처들이다. 근원적 불의에 기인하는 것이 트라우마라면, 더 넓은 공동체 차원에서 불의를 바로잡기 위해 모종의 조치를 취하는 것이 온전한 치유의 조건이다. (허먼, 2024: 9~10)

허먼이 말하는 것은 회복적 정의이다. 그는 이 책에서, 진실에 대해 공개적으로 인정하는 것이 정의의 출발점이어야 하며, 생존자에게는 진실을 통과해 회복에 이르는 과정, 곧 윤리 공동체로부터 인정받고 옹호받고 사죄받고 보상받는 과정이 필요하다고 강조한다. 윤리 공동체는 폭력과 착취가 자행되는 것을 막을 수 없었던 사회구조를 쇄신하려는 노력을 보여주어야 한다. 공동체가 이 과정을 완수했을 때 비로소 공동체와 생존자 사이의 망가진 관계가 치유되고 신뢰가 회복되고 더 나은 정의가 이루어진다는 것이다.

기억하는 목적이 처벌인가, 화해인가

프랑스 철학자 폴 리쾨르에 의하면, 기억은 텍스트로 쓰인 역사로 형상화되는 과정에서 망각의 위험에 직면한다. 정당한 기억이 소멸되는 순간 정당한 역사도 사라지기 때문에, 망각에 맞서 악행의 기억을 소환해야 한다. 리쾨르는 국가에 의해 남발되는 사면 제도의 부정의함을 의식하고 사면에 앞서 진정한 용서가 어떠한 과정을 통해 펼쳐져야 하는지를 연구했다. 그는 용서를 요청하고 베푸는 것을 과거의 참상에 대한 망각에 저항하는 정의로운 역사 서술의 방식으로 이해했다. 미국의 윤리학자 도널드 슈라이버는 개인적 차원 또는 종교윤리에 머물렀던 용서의 영역을 국제 정치로까지 확대하고 있다(Shriver, 1995). 그는 과거 악행에 대한 기억이 보복의 악순환을 불러일으킨다는 점에서, 용서는 망각이 아니라 기억에서부터 그리고 잘잘못을 가리는 윤리적 판단에서부터 시작해야 하고, 가해자들에 대한 처벌을 포기할 것을 요구하지는 않지만 복수를 포기할 것을 요구하는 것, 적의 인간성을 이해하는 것이 중요하다고 말한다. 용서할 만한 것을 용서한다면 용서라는 개념 자체가 무의미해진다. 자크 데리다의 말처럼 "용서는 오직 용서할 수 없는 것을 용서하는 것이다"(Derrida, 2005). 용서의 핵심은 기억을 도덕적으로 판단하는 데 있다. 망각하는 것이 아니라 "기억하고 용서"하는 것이다.

그렇다면 정치 영역에서의 용서는 어떤 식으로 구현될 수 있는가? 미국의 정치철학자 한나 아렌트가 보기에 정치적 용서는 특정한 역사적 배경에서 새로운 정치 공간이 열리는 데 필수적이었다. 용서의 가장 큰 기능은 과거에 했던 행위의 올가미에서 벗어나 새로운 시작을 가능하게 하는 것이었다.

그러나 역사에서 모든 종말이 반드시 새로운 시작을 포함한다는 것은 여전히 진리로 남아 있다. 이러한 시작은 약속이며, 그 종말이 항상 만들어내는 유일한 "메시지"이다. 시작은, 그것이 역사적 사건이 되기 전에, 인간이 가진 으뜸가는 능력이다. 정치적으로는 인간의 자유와 동일한 것이다. Initium ut esset homo creatus est, 즉 "태초가 존재하기 위해 인간이 창조되었다"고 아우구스티누스는 말했다.[7] 이 태초는 모든 새로운 탄생에 의해 보장된다. 실로 각 사람은 누구나 새로운 시작인 것이다. (Arendt, 1968: 478~479)

아렌트가 생각한 용서는 "보복의 잔인한 자동운동에서 해방시키는" 기적을 행하는 인간의 능력이었다(Arendt, 1965: 222). 용서는 개인적 차원에서 이루어지는 것이지만 반드시 개인에게 국한되는 것은 아니다. 다만, 아렌트는 나치 전체주의 체제를 용서해야만 새롭게 시작할 수 있다고 보지는 않았다. 절대악은 극복해야 할 대상이지 용서할 수 있는 대상이 아니기 때문이다. 악은 악인과 분리되어야 한다. 악인에 대한 용서는 궁극적으로 악을 극복하는 방법이 될 수 있다. 용서는 관계의 회복을 가져오고 화해를 가능하게 함으로써 회복적 정의를 구현한다. 회복적 정의의 궁극적인 목표는 가해자와 피해자의 관계를 회복하는 것이다.

에이브러햄 링컨은 "적을 제대로 제거하는 방법은 그의 친구가 되는 것이다(Do I not destroy my enemies when I make them my friends?)"[8]라는 역설적인 말을 남겼다. 미국은 1861년부터 1865년까지 4년간의 남북전쟁으로 62만 명의 전사자가 발생했다. 그러나 링컨은 전후 대사면을

---

7   아렌트가 즐겨 쓴 이 라틴어 표현은 아우구스티누스의 저서 『하나님의 도성』 제12권 20장에 나온다.
8   https://www.goodreads.com/quotes/10667-do-i-not-destroy-my-enemies-when-i-make-them(검색일: 2025.3.13)

실시해 반역자를 처벌하지 않음으로써 대통합의 기초를 놓았다. 이로써 1776년 건국된 미국은 1865년 연방으로 재통합되면서 비로소 진정한 국가로서 새롭게 출발하게 되었다. 그러나 내전의 상처는 쉽게 아물지 않았다. 재건기 미국의 역사학자들은 갈등과 분열을 치유하기 위해 하나의 미국, 하나의 국민국가 이상을 구현하기 위한 역사적 해석을 시도했다. 갈등과 분쟁의 기억을 잠정적으로 상실 또는 망각하는 방식을 통해 과거의 경험을 화합의 과정으로 서술하려는 노력은 인종주의를 수용하는 결과를 가져왔다(양홍석, 2019: 295~296). 1861년 노예제를 고수하며 합중국을 탈퇴한 미 남부지역 11개 주가 결성했던 남북연합은 인종차별의 상징으로 간주되었는데, 그 잔재를 청산하는 작업은 2020년대에도 계속 진행되고 있다.[9] 퓰리처상을 받은 마거릿 미첼의 소설 『바람과 함께 사라지다』는 1936년 출간되었고 1939년 동명의 영화로 아카데미상 10개 부문을 휩쓸었다. 그러나 이 영화에서 "기사도"가 살아 있던 땅으로 칭송되는 남부는 실상 노예들의 희생과 고통 없이는 유지될 수 없는 곳이었다. 이제 이 소설은 2023년 최신판 서두에 트라우마를 자극할 수 있다는 내용의 경고문을 포함하게 되었다. 출판사는 경고문에 "용납할 수 없는 관행, 인종차별적이고 고정관념적인 묘사, 문제가 되는 주제, 언어, 이미지 등이 포함되어 있다. 독자들에게 이 소설이 쓰일 당시 만연했던, 이 소설의 역사적 배경에 따른 상처를 주거나 실제로 해로운 문구와 용어가 있을 수 있음을 경고하고자 한다"라는 내용을 포함시켰고, 경고문 뒤에는 이 작품의 인종차별적 요소를 설명하는 에세이까지 추가했다(≪경향신문≫, 2023.4.2).[10]

---

9   2021년 9월 8일 남부연합 총사령관으로 추앙받아 온 로버트 리 장군의 동상이 131년 만에 철거되었다. 미 국방부는 2023년 1월 5일 남부연합 이름을 딴 육군기지의 명칭을 바꾸는 작업을 시작해, 2024년 1월까지 남부연합군을 기념하는 거리, 기지, 조형물 등 1,100여 개 장소와 품목의 이름을 바꾸거나 철거했다.

10   OTT로 재개봉되는 영화에도 다음과 같은 경고문이 실렸다. "〈바람과 함께 사라지다〉는

인종차별의 정점을 찍었던 남아프리카공화국의 아파르트헤이트 역시 여전히 어두운 그늘을 드리우고 있다. 1948년부터 1994년까지 백인정권이 유색인에 대해 실시한 인종분리 정책으로 인해 흑인들은 모든 분야에서 차별을 겪었다. 인종 간 혼인도 금지되었고, 인종별 거주지역이 분리되었으며, 유색인들은 거주와 이동, 직업 선택의 자유가 제한되었다. 남아공 인구의 80%를 차지하는 흑인들의 저항은 폭력적으로 진압되었다. 악명 높은 인종차별로 남아공은 국제사회에서 고립되었다. 아파르트헤이트가 한계에 다다르자 남아공은 1990년 흑인 저항운동의 상징인 넬슨 만델라를 석방했고 1992년 백인만을 대상으로 한 국민투표를 실시해 아파르트헤이트를 폐지했다. 1994년 최초의 흑인 대통령으로 당선된 넬슨 만델라는 보복을 지양하고 과거청산과 국민통합이라는 시급한 과제를 해결하고자 노력했다. 이에 따라 설치된 진실과화해위원회는 진상규명과 피해보상, 조건부 사면을 골자로 하는 활동을 추진했다. 가해자의 경우 진실을 밝히는 조건으로 사면 신청을 받았는데, 최종보고서에 의하면 7,112명이 신청했고 그중 12%인 849건이 최종 사면 결정을 받았다. 당시 위원장을 맡은 데즈먼드 투투 대주교는 1984년 노벨평화상을 수상한 인물로, 종교적인 '용서'를 정치적인 '화해'의 개념으로 확장시키는 데 크게 기여했다는 평가를 받았다. 진실과화해위원회의 활동에 대해서는 찬사와 비판이 동시에 존재한다. 무엇보다 정의구현보다 진상규명에만 주력했다는 비판이 끝까지 따라다녔다. 그러나 위원회의 운영이 당시 보복의 악순

당대의 산물로서, 안타깝게도 미국사회에서 일반적이었던 인종적·민족적 편견을 그려냅니다. 이러한 인종차별적 묘사는 당시에도 잘못된 것이었고, 오늘날에도 잘못된 것입니다. 좀 더 정당하고 공평하며 포용적인 미래를 만들려면 우리는 먼저 우리의 역사를 인정하고 이해해야 합니다." 신대륙을 발견한 콜럼버스도 당시 원주민을 탄압하고 학살을 주도했다는 재평가를 받으면서 백인 우월주의 상징으로 받아들여지고 있다. 미 전역에 세워졌던 콜럼버스 동상들은 속속 철거되고 있다.

환을 막고 상대적으로 짧은 시간에 남아공이 새로운 미래로 나아갈 수 있도록 토대를 마련했다는 것은 분명한 사실이다. 남아공 사례는 지금까지도 세계 여러 나라의 과거사 청산에 커다란 영향을 미치고 있다. 그러나 아파르트헤이트가 종식된 이후에도 대다수 흑인의 삶의 질은 크게 개선되지 않았고 사회 곳곳에는 여전히 인종차별의 흔적이 깊이 남아 있다. 높은 실업률과 빈부격차, 세계에서 가장 높은 강간율 등의 지표는 아파르트헤이트 체제가 남긴 부정적인 유산이다.

스페인은 1977년 내전과 독재의 불행한 과거를 덮어버리자는 '망각협정'을 채택한 역사를 가지고 있다. 1936~1939년 벌어진 스페인 내전 이후 쿠데타로 집권한 '유럽의 마지막 파시스트' 프랑코는 1975년 사망할 때까지 30년 넘게 철권통치를 실시했다. 저항세력을 극심하게 탄압했고, 국민들의 해외탈출을 법적으로 금지했으며, 줄잡아 20만 명이 수용소와 감옥에서 처형되거나 강제노역으로 사망했다. 그러나 프랑코 사후에도 그 추종세력은 여전히 권력의 중심부에 있었다. 망각협정은 극단적 분열을 겪고 있던 '두 개의 스페인'을 하나로 통합하기 위해 민주 스페인 건설에 전념하자는 취지로 좌파와 우파가 합의한 결과로 맺어진 것이었다. 내전 트라우마에 시달리던 국민들은 프랑코 세력의 처벌로 발생할 혼란을 두려워한 나머지 망각협정을 묵인했다. 사면법의 핵심은 '1976년 12월 15일까지 저질러진 모든 정치적 의도를 가진 행위는, 그로 인해 어떤 결과가 초래되었는지에 관계없이 모두 사면 대상에 포함시킨다'는 조항이었다. 가해자의 죄를 묻지 않고 피해자의 망각을 강요하는 법이었다. 프랑코는 계속 추앙되었고 정권의 하수인들도 대부분 처벌을 면했다. 이로 인해 한때 스페인의 과거사 청산은 실패했다는 평가를 받았다. 그러나 1990년대 말부터 망각을 깨뜨리고 기억을 회복하려는 움직임이 본격화되었다. 이는 내전이나 프랑코 시대를 경험하지 않은 새로운 세대가 사회의 주역으로 등장하면서 과거 문제를 두려움 없이 직시하게 되고, 가해자 처벌을 마땅히 수용하는 정치문화가 출현하고, 좌파 야당들이 과거사 문제를 제기하고, 시민사회가 압력을 행사하는 등의 요인이 복합적으로 작용한 결과였다(김원중, 2010: 194). 프랑코 정권의 희생자 유족들은 진상규명과 집단매장지 발굴을 줄기차게 요구해 왔다. 내전 실종자는 10만 명으로 추산되었지만 당시 발굴된 유해는 500구에 불과한 상황이었다. 희생자들은 자유와 민주주의를 위해 투쟁하다가 피해를 입은 사람들이라는 인식이 공식적으로 확산되었고, 스페인 정부는 2007년 '역사기억법'을 제정해 집단매장지 발굴과 배·보상, 화해와 위령사업을 진행하고 독재 상징물을 철거하기 시작했다. 2019년에는 프랑코의 유해가 국립묘역인 '망자들의 계곡'에서 이장되었다. 피해자 보상에 치중한 스페인 사례는 가해자 단죄 없는 과거사 청산의 한계를 보여주지만, 한편으로는 기억의 목적이 처벌인지 화해인지 깊이 생각해 볼 필요가 있음을 일깨워준다.

미국의 남북전쟁이나 남아공의 아파르트헤이트, 스페인 독재 종식 이후 오랜 세월에 걸쳐 역사적 잔재가 청산되는 과정을 살펴보면, 한국전쟁, 4·3, 5·18의 상처를 치유하는 데도 오랜 시간이 걸릴 것이라고 예측할 수 있다. 골이 깊은 증오와 대립을 완화하고 극복하는 데는 용서와 화해의 리더십이 중요하다. 유신정권에서 극심한 핍박을 당하고 전두환 정권에서 사형판결까지 받았던 김대중은 대통령 당선 이후 보복을 지양하고 화해통합의 정치를 펼쳤다. 그는 1999년 박정희 대통령 기념관 건립을 지원하는 결단을 내렸다.

나는 박정희 대통령에게 혹독한 탄압을 받았습니다. 내가 죽지 않고 이렇게 살아 있는 것이 기적이라고 할 수 있을 정도로 고난의 시간을 보냈어요. 이렇게 엄청난 고통을 받은 당사자이기 때문에 정치보복의 악순환을 끊고 화해와 통합의 시대를 열 수 있는 가장 적임자라고 판단했습니다. 내가 이러한 결단을 할 때 국민들 마음속에 있는 원한과 증오의 어두운 잔재를 없앨 수 있다고 생각했습니다. 이제까지 그러한 대통합의 시대를 열어본 적이 없었기 때문에 내가 그 일을 해야 한다는 사명감을 갖기도 했습니다. 그래서 박정희 대통령 기념관 건립에 대한 지원을 결단한 것입니다. (김대중, 2024: 620~621)

가해자 단죄를 통한 과거사 청산은 선명하고 역사적 정의에 더 부합한 것으로 보이기 쉽다. 그러나 현실적으로는 역사인식과 이해관계 등에서 선명하게 구분할 수 없는 모호한 회색지대가 널리 분포해 있다. 그래서 대화와 타협이 필요한 것이고 그것이 곧 정치인이 할 일이다.[11] 김대중은 독재로 인한 고통을 처벌과 보복이 아니라 민주주의를 발전시키는 것으로 해결해야 한다고 생각했으며, 피해자의 상처를 치유하기 위해서는 그들이 이 사회에서 살아갈 수 있도록 물질적으로 보상하는 것까지 이루어져야 하고 그러기 위해서 민주화가 되어야 한다고 말한다.

춘향이의 한은 이 도령을 만나는 것으로 풀어졌지 변 사또에게 보복하는 것으로 풀어지지 않아요. 흥부의 한은 부자가 되어 배부르게 먹고살 수 있게 되면서 해소되었지 자기를 박대한 놀부에게 보복하는 것으로 해결된 것이 아니에요. 이렇게 한이라는 것은 자신의 고통스러운 현실의 원인을 제거하고 바꾸면서 해결되는 것이지 누구에게 보복하는 것으로 해결되는 것이 아닙니다. (김대중, 2024: 455)

---

11 김대중은 항상 정치인은 서생적 문제의식과 상인적 현실감각을 함께 가져야 한다고 강조했다.

박명림은 불의를 제거하기 이전에라도 용서와 화해가 실현되어야 하는 이유에 대해, 용서와 화해가 없다면 '피해' 이후에도 남은 삶이 '가해'가 지배하는 '2차 피해' 또는 '항구 피해'에 묶여 있어야 하기 때문이라고 하면서, "피해와 단절하고 자아를 회복하기 위해 나를 파괴한 악의 사슬고리를 끊어야" 한다고 강조했다(전우택·박명림, 2019: 338). 화해를 위한 기억의 선행조건은 용서이다. 용서는 복수를 포기하는 것이며, 가해자의 인간적 속성을 인정하는 것이다. 새롭게 하고 함께 살아가기로 결단하는 것이다. 용서 없는 화해는 불가능할 뿐 아니라 정의의 요구를 무시할 위험성이 있다.

전우택은 타인의 악에 대해 침묵하고 눈감아주고 참는 것은 용서가 아니며, 두려움 속에서 보복을 비굴하게 포기하는 것도 용서가 아니라고 말한다(전우택 외, 2018: xviii~xix). 그가 보기에 용서란, 첫째, 자기 안의 악을 인정함으로써 타인의 악을 이해하는 것이다. 둘째, 피해자 내부의 무너진 자존심과 신념체계를 다시 세움으로써 이루어진다. 셋째, 깨진 관계를 회복하기 위한 의지적 결단 행위이다. 전우택은 남한 입장에서 북한을 용서하지 못할 이유가 많지만 역으로 북한 입장에서도 남한을 용서하지 못할 이유가 많을 수 있다고 말한다. 그가 추론하는 북한의 논리는 다음과 같다.

북한이 보기에, 해방이 되고 난 후 남한에서는 친일파들이 청산되지 않았다. 그래서 일제강점기 친일파들이 그대로 다시 남한의 권력과 돈을 가지고 남한 인민들을 지배하게 되었다. 이것은 민족 앞에서 영원히 씻을 수 없는 죄가 되었고, 남한이라는 사회 전체의 타락한 더러움을 보여주는 근본적이고 대표적인 모습이 되었다. …… 전쟁 시 미국의 폭격과 미군들의 만행은 북한 주민들에게 큰 고통을 주었다. …… 전쟁이 끝난 후에도 남한은 미군이 계속 남한에 주둔하도록 함으로써 미국의 식민지가 되었다. 그리고 그것이 한반도에 극단적인 군사적 긴장을 만들어냈다. …… 남한은 비굴하게 미국에 붙어서 번 돈들로 인하여 북한보다 더 잘살게 되었다는 그 사실을 근거로, 마치 자신들이 그동안 옳은 길을 걸어왔다고 착각을 하고 북한을 향해 매우 건방진 태도를 가지고 있다. (전우택 외, 2018: xv~xvi)

그러나 북한의 주장이 이해되는 측면이 있다고 해서 역사적 정의에 대한 인식 없이 북한에 대한 용서를 쉽게 말해서는 안 된다. 특히 전쟁을 직접 경험하지 못한 남한 세대는 경제적 절대우위를 점유하고 있는 강자의 입장에서 북한을 용서하는 문제를 피상적으로 말할 수도 있다. 이제는 전쟁 체험 세대가 퇴진하면서 용서와 화해의 개인적 차원도 사라져가고 있다. 북한을 용서하고 화해하는 문제에 대해 진지하게 고민하고 성찰해야 할 동력을 상실하면서, 한국사회는 역사를 통해 교훈을 배울 수 있는 기회를 놓치고, 또 다른 형태의 폭력에 대처할 수 있는 능력과 성숙함을 갖출 수 없게 될지도 모른다.

가해자를 처벌할 수 없는 상황에서 가해자를 용서한다는 것은 공허하고 허망한 것일 수 있다. 영화 <밀양>(2007)의 원작인 이청준의 2002년 작품 『벌레 이야기』는 상호 공감과 신뢰 구축이 이루어지지 않은 상태에서 일방적으로 제공되는 용서가 얼마나 위태로운지를 보여준다. 소설에서는 아들을 죽인 살인범을 용서하겠다고 찾아간 엄마가 등장한다. 그런데 막상 그 살인범은 자신은 이미 하나님의 용서를 받았다며 평안을 누리고 있다. 이에 충격을 받고 분노한 엄마는 반항적으로 스스로를 망가뜨리고 만다.

책 서두에 나는 북한을 용서한다고 말하는 탈북민들에 대해 이야기했다. 그들의 용서는 개인적 차원에서 이루어진 것이지만, 다분히 감정적이고 무의미하게 느껴질 수 있다. 그럼에도 용서한다는, 용서를 구한다는 그들의 고백은 울림이 있다. 적어도 증오와 보복의 굴레에서 빠져나오기 위한 최초의 용기 있는 시도가 될 수 있기 때문이다.

한반도의 적대적 분단은 정치적 견해를 달리하는 상대방의 존재를 부인하고 제거하려는 공격적 담론이 끊임없이 재생산되는 환경을 조성하고 있다. 북한보다 먼저 민주화를 성취한 한국사회에서부터 정치적 반대파를 공격하는 '빨갱이 담론'이 사라져야 한다. 그리고 보상 조치, 위령 사업, 제도적 화해 조치 등을 시행해 관계회복과 화해를 추구해야 할 것이다. 그 엄혹한 시대를 살아내야 했던 사람들에게 함부로 정죄의 잣대를 들이댈 게 아니라, 모두가 피해자였다는 인식이 필요하다. 정치적 안정과 경제적 복지는 전쟁 트라우마를 치유하는 데 필수적이다. 한국사회에서 전쟁이 남긴 짙은 그늘은 가해자, 피해자, 방조자 모두 트라우마 기억에서 풀려나지 못하도록 붙잡고 있다. 진실을 인정하는 단계에서부터 고의적인 역사왜곡이 난무하는 현실이다. 보편적 시민성은 올바른 집단기억을 만들고 전파하는 책임을 부담한다. 김대중이 쉽고 명쾌하게 말한 것처럼, 피해자의 한은 고통스러운 현실의 원인을 제거하고 현실을 바꾸어야 풀리는 것이다. 이재승은 매슬로의 욕구계층이론을 재구성해 도덕의식의 발전과 정치체제의 변혁을 통해 화해에 이르는 과정을 제시한다(이재승, 2014: 188~190).[12] 즉, 용서의 개인적 차원과 정치적 차원이 조화를 이루

---

12 심리학자 에이브러햄 매슬로(Abraham Maslow)에 의하면 인간의 욕구는 중요도에 따라 낮은 수준의 욕구에서 높은 수준의 욕구로 일련의 위계 구조를 형성한다. 삶 자체를 유지하기 위한 생리적 요구가 가장 하위계층에 있고, 이어서 안전에 대한 욕구, 소속감과 애정에 대한 욕구, 존중받으려는 욕구, 자아를 실현하려는 욕구, 그리고 자아를 초월하려는 욕구가 최상위에 있다. 1943년 처음 발표될 때는 5단계였으나 1969년 자아 초월 욕구를 추가해 6단계가 되었고, 매슬로 사후 1990년 그의 제자들이 존중 욕구와 자아실현 욕구 사이에 인지적 욕구와 심미적 욕구를 추가해 8단계로 만들었다. 욕구계층이론은 비판도 받고 있고 한계도 뚜렷하지만, 이어지는 수많은 이론의 시초가 되었다는 점에서 가치가 있으며, 지금도 교육학, 간호학 등 여러 학문 분야에서 중요하게 다뤄진다.

어야 화해로 이어진다는 것이다. 그 주체는 국가권력의 근본적인 변혁을 추구하는 시민들이다. 결국 인권이 보장되는 성숙한 민주사회를 만들어야 영속적인 화해가 가능하다.

한반도 평화로 가는 길

사회학적으로는 평화를 이해하는 두 가지 관점이 있다. '소극적 평화론'과 '적극적 평화론'이 그것이다. 평화를 전쟁 부재의 상태로 보는 소극적 평화론은 군사력에 의한 억지적 평화를 용인한다는 점에서 정의구현을 무시하는 측면이 있다. 이에 비해 요한 갈퉁으로 대표되는 적극적 평화론자들은 구조적 폭력을 해소함으로써 이루어지는 평화를 지속가능한 인류공영의 조건으로 본다. "평화적 수단에 의한 평화"를 주창한 갈퉁이 "평화란 비폭력적이고 창의적으로 나타나는 갈등의 변형"(Galtung, 1996: 9)[13]이라고 했을 때, 그는 갈등의 제거를 의미한 게 아니라 갈등의 비폭력적 표현이 가능한 상태를 지향했던 것으로 보인다. 그가 '구조'의 문제를 제기한 것은 평화학이 발전하는 중요한 계기가 되었다. 갈퉁이 전개한 평화학은 오늘날 국제분쟁연구, 전략연구, 그리고 평화문화, 평화교육, 실

---

13 갈퉁은 폭력, 궁핍, 억압, 환경오염을 현 시대의 4대 위기로 규정하고, 여기에서 파생되는 갈등과 위기를 비폭력적으로 해소하기 위한 수단을 마련할 것을 촉구했다. 예컨대 전쟁이 인간 본성에서 나오는 것이 아니라 경제적 불평등을 비롯한 가치박탈에서 비롯되므로 욕구충족과 복지실현이 전쟁 가능성을 제거할 수 있다고 보는 기능주의적 관점이 대표적이다. 이와 같은 시각의 기원은 공화정과 자유 국가들의 연방체제에 기초한 국제법을 통해 항구적 평화를 구축할 것을 주장한 임마누엘 칸트에게로 거슬러 올라간다(『영구평화론』, 이한구 옮김, 파주: 서광사, 2008). 1795년 처음 발표된 이 책에서, 칸트는 '국가 간의 영구평화를 위한 예비조항'을 통해, 국가 간 적대행위의 종식을 뜻하는 평화가 어떻게 이루어져야 하는지 설명하고 평화 상태를 구축하기 위한 법적 장치에 대해 논의했다. 칸트의 영구평화론은 국제연맹과 국제연합의 이념적 근거가 되었다.

증사례연구, 나아가 역사 및 종교 연구 등의 다양한 분야를 망라하고 있다. 평화학에서는 목표로서의 평화뿐 아니라 과정과 수단으로서의 평화도 중시한다. 목적이 수단을 정당화할 수 없으므로 평화를 위한 전쟁은 모순이며 용인될 수 없다고 주장한다. 그러나 적극적 평화론은 전쟁 부재로서의 소극적 평화가 지닌 현실적 중요성을 간과했다는 비판을 받고 있다. 갈퉁의 구조적 폭력론 역시 지나치게 단선적이고 이분법적이라는 지적을 받기도 했다(Boulding, 1977: 75~86). 그럼에도 갈퉁이 평화 유지, 평화 조성, 평화 구축을 위한 적극적인 노력의 동기부여자로서 전 세계적으로 끼친 영향은 결코 과소평가될 수 없다. 무엇보다 12세의 어린 나이에 아버지가 나치에 체포되는 것을 경험한 갈퉁이 평화학자로서 이론을 전개하는 데 그치지 않고 전 세계 분쟁현장을 찾아다니면서 중재자 역할을 하고 현장조사를 바탕으로 평화학의 체계와 내용을 계속해서 발전시켜 온 것은 적극적 평화론의 실천적 가치를 증거한다.[14] 이와 같은 맥락에서, 1978년 UN 제33차 총회 보고서에서는 "정의롭고 지속가능한 평화의 수립과 유지 및 강화"라는 표현을 사용해, 평화가 단순히 폭력의 부재 상태가 아닌, 가치지향적이고 적극적인 행동을 요구하는 인류 공동의 목표임을 명시하기도 했다.[15]

평화는 영적·신학적 개념이기도 하다. 평화협정을 체결하는 것으로 평화가 이루어지는 것이 아니다. 평화는 사람들의 관계회복에서 이루어지며 관계회복은 화해의 여정에서 도출된다. 화해가 값을 치르고 얻어진다는 점에서, 평화란 그저 수동적으로 주어지는 것이 아니며 대가지불이

---

14 갈퉁은 한반도 문제에 많은 관심을 가지고 한국을 여러 차례 방문했으며, 1972년 한반도 문제에 관해 첫 논문을 발표하기도 했다(Galtung, 1972: 345~360).
15 A/33/45, "UN General Assembly 33rd Sessions: Resolutions and Decisions, 19 September-21 December 1978," 56.

따르는 정의구현과 연관되어 있음을 알 수 있다. 구약성서에 따르면 화해의 장소에서는 "사랑과 진실이 만나고 정의는 평화와 서로 입을 맞추"(시편 85편 10절, 새번역)는 일이 일어난다. 니카라과, 소말리아, 북아일랜드 등의 분쟁지역에서 갈등과 중재 전문가로 오랫동안 사역해 온 존 폴 레더락에 따르면, 사랑은 정치적 사면과 면책의 형태로 나타나며, 진실은 진상규명을 목적으로 하는 진실위원회의 형태로 구현된다(레더락, 2010: 26~28). 정의는 재판과 처벌을 통해 개인적 책임을 수용하도록 요구한다. 평화는 이 모든 과정에서 첫째로는 협상이 가능한 상황을 만들도록 돕는 역할을 하고, 둘째로는 협상의 결과로 나타나서 진실과 자비가 들어설 수 있는 무대를 조성한다. 레더락은 자신이 원수를 '창조'했던 경험을 털어놓으면서, 그 메커니즘을 다음과 같이 설명한다. 첫째, 자신과 타자를 분리한다. 둘째, 타자에 비해 자신이 우월하다고 여긴다. 셋째, 분리와 우월의식은 상대를 비인간화하게 만든다. 이러한 비인간화를 극복하려면 반드시 타자의 존엄성을 인정해야 한다. 원수를 대화가 가능한 상호적 존재로 인식하는 것은 갈등 해결의 기초가 될 수 있다(Helmick, 2008: 29).

올바르게 기억하기

개신교 신학자 미로슬라브 볼프는 『기억의 종말』이라는 책에서 기억에 대한 종교적 성찰을 시도한다. 이 책은 그가 1984년 유고슬라비아 군대에 강제징집되어 감시당하고 심문당했던 경험을 토대로 피해자로서의 자신이 그 사건을 어떻게 기억할 것인지 고민하면서 쓴 책이다. 그는 화해를 위한 기억의 선용을 강조하는데, 여기에서 화해란 회개와 용서를 통해 적대적 타자를 위한 공간을 창출하고 포용하는 것을 의미한다. 기억 자체보다 올바르게 기억하는 것이 중요한데, 볼프에 의하면 올바르게 기억한 다는 것은 진실하고 정의롭게, 타자를 해치지 않으면서 피해자를 치유하기 위해, 그리고 화해를 추구하기 위해 기억한다는 의미이다.

볼프는 먼저 엘리 위젤의 주장, 즉 "구원은 오직 기억 속에서만 발견된다"(Wiesel, 1990: 201)는 것에서 논의를 시작한다. 아우슈비츠 생존자로서, 미국의 저명한 작가이자 교수이고 노벨평화상 수상자이기도 한 위젤은 기억의 망각과 폭력에 대한 저항을 평생 주제로 삼아 홀로코스트의 참상을 알리고 각인시키는 데 헌신했다.[16] 볼프는 기억이 개인을 치유하고 폭력을 없애는 데 도움이 된다는 위젤의 주장을 수긍하는 한편, 악행의 기억 자체에 고통과 고난이 연루되어 있고 때로는 그 기억으로 내몰린 피해자들이 다른 이들에게 고통을 줄 수도 있다는 점에서 기억이 '방패와 칼'의 양가적 기능을 갖고 있다는 관점을 제기한다. 과거 폭력의 기억은 당시의 고통과 공포를 지금 여기로 소환하기 쉽기 때문이다(McNally, 2003: 32). 그뿐 아니라 볼프에 의하면, "피해자들은 바로 그들의 기억 때문에 가해자가 된다. 기억이라는 보호의 방패는 폭력의 칼로 쉽사리 탈바꿈한다"(볼프, 2022: 55). 기억 자체는 약이 되기도 하고 독이 되기도 한다는 것이다. 기억이 구원으로 연결되려면 기억하는 행위나 내용 자체보다도 그 기억을 가지고 무엇을 하느냐가 중요하다.

볼프는 악행의 기억에 실제적 위험이 뒤따를 수 있다고 경고한다(볼

---

16 위젤은 유대인뿐 아니라 전 세계 억압받는 사람들을 대변했으나, 유대 민족주의가 개입된 이스라엘의 레바논 전쟁과 학살, 팔레스타인 자치지구 포위와 공격 등에 대해서는 침묵했다는 비판을 받는다. 그는 악행을 저지하는 방향으로 기억할 것을 요구했지만, 자아의 연장선상에서 동족이 가해자의 입장이 되었을 때 악행을 어떻게 기억할 것인지에 대해서는 혼란을 겪은 것으로 보인다. 또한 위젤은 1992~1995년 유고슬라비아 전쟁 중에 벌어진 보스니아 내전에서 기억 때문에 벌어지는 비극을 목도한 후 이렇게 말했다. "이 고난의 땅에서 문제는 바로 기억이라는 것을 알게 되었다. 부모와 형제, 조부모에게 일어난 일을 기억하기 때문에 서로를 증오하고 있으니 말이다."

프, 2022: 61). 기억함으로써 타자를 학대하고 자신을 배신할 수 있기 때문이다. 그러므로 기억을 어떻게 사용해야 사람들을 치료하고 결속하고 공동의 번영을 촉진할 수 있을지 고민해야 한다. 기억이 구원이 되려면 개인적 치유와 연결되어야 하는 것이다(볼프, 2022: 47). 그러기 위해서는 먼저 트라우마 경험을 기억하고, 그 기억을 인생사라는 더 넓은 장에 통합해야 한다. 트라우마를 기억하는 것은 치료의 전제조건이며, 피해자가 기억에 대해 수행하는 해석 작업은 치료의 수단이다. 기억이 구원이 되는 두 번째 방법은 진실을 인정하는 것이다. 진실하고 정의로운 기억만이 구원을 가져온다. 세 번째 방법은 피해자들과 연대하는 것이다.[17] 네 번째로, 피해자를 추가적 폭력으로부터 보호하는 것이 기억이 가질 수 있는 구원의 기능이다. 피해자들은 바로 기억 때문에 가해자가 될 위험이 있기 때문이다. 고통스러운 기억으로 인해 원한과 증오를 계속 품고 놓지 않는다면 기억은 부정적으로 사용되는 것이며, 이로써 기억이 추가적 폭력을 행사하게 되는 것이다.

올바로 기억하는 것에서 중요한 것은 우선적으로 '진실성'이다. 우리는 보통 우리가 아는 대로 최대한 사실에 가깝게 과거의 사건을 떠올리는 것을 기억이라고 생각한다. 그러나 앞서 살펴보았듯이, 우리의 기억은 자주 왜곡되거나 윤색되고 심지어 환상이나 상상을 기억으로 착각하기까지 한다. 일례로 '거짓기억증후군'이라는 용어는 사실이 아닌데도 본인은 옳

---

17 피해자들의 연대를 전 지구화의 맥락에서 바라본 권윤경의 분석은 시사점이 있다. 그는 각종 기억이 국경을 넘나들며 초국가적 기억의 네트워크가 형성되는 양상이 나타나고 있다고 진단했다. "개별 전쟁과 폭력의 기억들은 서로를 참조하고, 초국가적 기억의 틀 속에서 스스로의 기억을 재정의하고, 다른 집단들의 기억을 자신의 것으로 전유하게 되었다. 동시에 억압된 기억들은 국경을 초월한 시민사회조직들과 연대함으로써 기존의 침묵을 승인하고 있던 민족주의적, 국가주의적 기억의 틀에 도전할 수 있는 새로운 공론장을 획득했다."(권윤경, 2015: 372)

다고 믿는 증상을 가리키는데, 주로 트라우마적 경험이 그 사람의 정체성과 상호관계의 중심에 자리 잡는 경우에 나타난다. 심리적 외상을 입은 후에 기억이 의식과 해리(解離)되는 기억상실 증상의 경우, 기억은 아예 무의식 속에 가라앉게 된다(김정호, 1996: 92). 하지만 이처럼 기억이 언제나 주관적이고 제한적일 수밖에 없음을 인정한다고 해서, 진실하게 기억해야 할 우리의 도덕적 책임이 면제되는 것은 아니다. 기억은 정의실현의 도구가 될 수 있기 때문이다. 진실하게 기억함으로써 정의를 실천할 의무는 악행이 저질러지고 누군가 피해를 입었을 때 가장 강력하게 요구된다.

그러나 진실하게 기억하는 일이 실제로 가능하기는 한 것일까? 볼프는 시공간에 갇혀 있고 특정 관점을 배제할 수 없는 우리에게는 진실한 기억이 불가능하며, 우리는 다만 진실하게 기억할 의무를 잠정적으로 이행할 수 있을 뿐이라고 말한다(볼프, 2022: 91). 그는 진실하게 기억하는 것이 사랑하는 마음으로 이웃에 대해 좋게 이야기함으로써 사람들 사이의 관계를 유지하고 치유해야 한다는 더 큰 의무의 일부라고 말한다(볼프, 2022: 95). 그러므로 악행을 덮어주거나 잊기 위해서는 먼저 악행을 진실하게 기억해야 하며, 그 최종 목표는 가해자의 회개, 용서, 변화를, 그리고 가해자와 피해자 사이의 화해를 끌어내는 데 있다.

폴 리쾨르는 그의 저서 『기억, 역사, 망각』에서 기억의 두 가지 측면을 이야기한다(Ricoeur, 2004: 4). 하나는 수동적 기억으로, 별다른 노력 없이 그저 의식의 표면으로 불쑥 떠오르는 것이다. 또 하나는 능동적 기억으로, 기억하고 싶은 내용을 의도적으로 저장하고 필요 시 특정 기억을 인출해 내는 것이다. 우리는 악행을 기억하기만 하는 게 아니라 그 기억을 '사용'하기 때문에, 우리가 기억하는 내용은 우리의 행위에 깊은 영향을 준다. 악행의 기억은 선하게 쓰일 수도 있고 악하게 쓰일 수도 있는 이중적 잠재성을 갖고 있다. 진실하게 기억하는 것은 기억을 정당하게 사용하게 하고,

기억이 오용되지 못하게 제약한다. 과거 기억의 억압이나 왜곡은 진정한 치유를 방해한다. 억압된 기억은 무의식으로 저장되어 있다가 건강한 정신기능을 방해하기 때문이다. 리쾨르의 표현처럼 "기억의 의무는 기억을 통해서 자신이 아니라 타자를 향해 정의를 행하는 것"(Ricoeur, 2004: 89)이다. 우리의 기억은 실제와 상상의 혼합물일 가능성이 높지만, 최대한 사실에 가깝게 기억해야 한다는 도덕적 책임감이 진실하게 기억하고 증언할 것을 요구한다. 그 책임감은 궁극적으로 악행을 가한 자와 당한 자 간에 정의로운 심판이 이루어져야 한다는 정의감에서 비롯되는 것이다. 진실한 기억은 정의구현의 요구를 충족시킬 뿐 아니라, 과거의 악행이 더 이상 현재의 삶에 악한 영향력을 행사하지 못하도록 차단하고 관계의 회복과 화해의 길로 나아갈 수 있는 기초가 된다.

올바르게 기억하는 것은 치유를 위해 기억하는 것이다. 진실한 기억은 상대방의 악뿐 아니라 자신의 악과 실수, 결함까지도 왜곡이나 은폐 없이 정직하게 대면하는 것이며, 이로써 자신에 대한 용서와 타자에 대한 용서의 필요성을 인식하게 된다. 원수라고 여겼던 상대방 역시 피해자임을 깨달았을 때 상대방의 입장에서 과거의 기억을 재구성할 수 있는 공평하고 성숙한 인식 수준에 도달할 수 있다. 또한 올바르게 기억하는 것은 미래지향적이고 화해지향적으로 기억하는 것이다. 볼프는 과거 악행의 기억이 우리의 현재와 미래에 미치는 부작용을 최소화하고 추가적 피해를 방지하기 위한 미래지향적이고 화해지향적인 노력을 강조한다. 미래의 이상적인 화해와 평화를 도모하도록 도와주는 기억을 선별해 기억하라는 것이다. 미래지향적이고 화해지향적인 기억은 진실한 기억과 모순되지 않으며 치유를 위한 기억의 목적과도 부합한다.

볼프가 제안한 기억법은 트라우마 치유를 위한 하나의 출발점이 될 수 있다. 미국 이스턴 메노나이트 대학교의 STAR 프로그램은 트라우마 치유를 위해 마련되었다. 피해자가 가해자와의 고리를 끊어내고 자신의 상처에 대해 충분히 슬퍼하는 인정의 과정, 그리고 기억을 살려서 근본적인 원인을 생각해 보고 상대를 이해하려고 애쓰며 가해자와의 공존을 선택하는 재연결의 과정에서 용서가 개입된다. 트라우마를 자신과 집단의 정체성으로 통합하면서 가해자와의 관계 회복과 화해가 이루어진다. 용서와 별개로 가해자는 필요 시 법적 처벌을 받아야 한다. 중요한 것은 정의가 이루어지기 전에 용서를 선택한다는 것이다. 그리고 트라우마 경험자가 안전을 확보하고 기억을 재구성하고 자신이 당한 고난의 의미를 발견하고 더 높은 가치와 재연결될 수 있다면 외상후 성장도 가능하다.

공동체적 기억 치유

집단기억은 그 집단의 정체성을 형성한다. 또한 기억은 기념문화를 통해 전수된다. 최근 뇌과학의 연구결과를 보면, 기억이 단순히 과거 사실의 재생이 아니라는 사실이 밝혀지고 있다. 기억은 역사적 사실보다 더 중요하다. 우리는 사실에 반응하는 게 아니라 기억에 반응하기 때문이다. 중요한 것은 사실보다도 사실에 대한 내 반응과 내 생각이 기억을 만들어 낸다는 것이다. 과거의 기억이 고통스럽다면 그 이유는 의미가 해석되지 않아서이다.

적대적 분단을 낳은 전쟁, 남과 북뿐 아니라 17개국의 젊은이들도 참여한 전쟁, 군인뿐 아니라 민간인들도 그토록 죽고 다친 전쟁, 온 땅이 황폐해졌던 그 전쟁은 어떤 의미를 지니고 있을까? 일제강점으로 큰 고통을 겪은 이 땅에 왜 또 전쟁이 일어나야 했을까? 집단기억은 교육과 문화에 의해 달라질 수 있기 때문에 우리가 이 전쟁에 어떤 의미를 부여하고 이

전쟁을 어떻게 해석하느냐가 중요하다. 과거의 사건은 이미 일어났고 바꿀 수 없지만 그 과거 사건을 다루고 대응하는 자세와 태도는 우리가 선택하고 결정할 수 있다.

역사적 화해를 만들어가기 위해 전남 영암 구림마을과 제주 하귀리의 주민들이 공동체를 복원하고자 노력했던 것은 시민사회 차원에서 의미 있는 시도였다. 두 사례를 살펴보자.

구림마을은 여섯 성씨를 중심으로 강한 사족집단이 형성되었던 지역으로, 공동체 의식이 강하고 민족운동이 활발해 '좌익마을'로 낙인찍혔다. 신분과 빈부격차에 따른 누적된 갈등이 내재되어 있었던 구림마을에서는 지와목 방화사건, 포위사건, 주암 학살사건 등 수차례에서 걸쳐 민간인 학살이 벌어졌다. 영암지역의 6·25 피해자는 7,175명으로, 전남지역 4만 3,511명의 16%를 차지했다. 초기에 보도연맹원들이 집단희생되자 유가족의 억울함과 분통함은 인민군 점령기에 경찰 및 우익 관련자, 기독교인들을 대상으로 보복학살을 하는 것으로 이어졌다. 무안·목포로 이어지는 길목에 자리하고 있어 공비토벌작전의 전초기지이자 월출산을 경유해 금정면으로 입산하는 빨치산의 전초기지 역할을 했던 지리적 요건도 영향을 미쳤고, 1950년 12월 중순까지 미수복 상태로 남아 있었기에 경찰이 심리적 압박감 때문에 무리한 작전을 실시한 탓도 있었다.

전쟁의 상처는 전면적이고 복합적이었다. 사족공동체인 구림지역의 위상이 하락했고, 경쟁관계에 있던 인근 마을들과의 관계도 재편되었다. 무엇보다 주민들 간의 불신과 반목을 덮은 채로 오랜 세월 침묵의 시간을 보내야 했다. 그동안에는 1976년 10월 지와목 방화사건 희생자 28인 순절비 건립, 2000년 기독교인 순교비 건립 등 국가적 정당성을 위협하지 않는 한도 내에서 기념이 이루어졌다. 그러다가 민주화운동과 과거청산의 성과가 지역단위에서도 나타나면서 군경에 의한 희생을 밝히고 명예를 회복해야 한다는 목소리가 구림 출향민들을 중심으로 분출되기 시작했다. 그들의 적극적인 제안으로 구림지편찬위원회가 결성되어 2년 6개월 만인 2006년 4월『호남명촌 구림: 비둘기 숲에 깃든 공동체』라는 마을역사책이 발간되었다. 책 발간을 계기로 희생자들의 넋을 위로하는 위령탑 건립이 추진되었고, 2006년 11월 18일 첫 합동위령제가 실시되었다. 좌우익에 의한 희생자가 모두 발생한 마을은 전국적으로 셀 수 없을 정도로 많지만 이들 양측 희생자를 '함께', 그것도 외부기관의 지원 없이 마을 주민들이 '자발적'으로 위로한 행사는 구림마을의 합동위령제가 6·25전쟁 이후 첫 사례였다(≪영암신문≫, 2006.12.5). 희생자라는 개념이 국가권력에 의해 희생된 무고한 '양민'이라는 개념을 넘어, 가해자와 피해자의 구분을 없애고 약소국으로서 어쩔 수 없이 냉전적 역사의 틈바구니에서 스러진 이들로 확장된 것이다(최정기·양라윤, 2010: 80). 누구에 의해서이든, 어떤 이유에서이든, 죽은 사람과 남은 사람 모두가 피해를 입었다. 상처 입은 사람들끼리 서로 보듬는 과정에 참여한 이들은 화해자로서의 새로운 정체성을 자각했다. 다음은 한국전쟁피해자유족 영암군 회장을 지낸 신중재의 고백이다.

2017년 1월부터 매주 토요일, 상담 요청이 있는 마을을 돌며 200여 분의 희생자 유족들을 만나 68년 전, 차마 입에 담기 어려운 한국전쟁의 가슴 아픈 사연들을 접했다. …… 어느 날은 덕진면 한 마을회관에 20여 명의 동네 분들이 모였다. 한국전쟁 당시 공권력에 의해 보도연맹에 가입했다는 명복으로 내 삼촌을 죽음으로 몰아세운 사실, 그의 형이라고 민간인 내 아버님을 총살한 이야기, 우리 가족들이 당했던 고통들을 털어 놓았다. 그리고 8년 전 진실규명으로 명예를 회복시켜 드리고 3여 년 동안 법정싸움 끝에 승소하여 배상받았던 일들을 설명했다. …… 희생자 가족들은 연좌제 때문에 벌벌 떨며 숨소리조차 죽이며 살았다. 한국전쟁이 나한테만 큰 아픔인 줄 알았는데, 여러 유족을 만나다 보니 나보다 더 참혹한 시련을 당하신 분들이 많음을 새삼 알게 되었다. …… 한국전쟁 희생자들의 진실을 규명하고 명예를 회복하는 일에 미력한 힘이지만 최선을 다하고 싶다. (≪영암신문≫, 2018. 11. 11)

구림마을과 유사한 치유와 화해의 과정은 4·3을 겪은 제주 하귀리에서도 이루어졌다. 제주4.3 당시 희생당한 민간인은 제주도민의 10%에 해당하는 약 2만 5,000~3만 명이었다. 민간인 피해자 가운데 80% 이상이 군인, 경찰, 서북청년회로 이루어진 토벌대, 즉 국가권력에 의해 희생되었다(제주4·3사건 진상규명 및 희생자 명예회복위원회, 2003: 373). 초토화 작전 시기에 하귀리 내에서 일어난 10건의 학살사건에 의해 173명 이상이 죽었는데, 그중 3명은 무장대에 의해 피살되었다. 학살과 보복학살이 이어지면서, 이 기간에 하귀리 사람들과 무장대 간의 유대관계가 깨졌다. 4·3 시기 전체적으로 하귀리 주민의 11%인 320명이 희생되었는데, 그중 20대와 30대의 비율이 55%로 제주 전체 평균보다 훨씬 높았다. 젊은이들이 사라진 하귀리는 활력을 잃었고 사람들은 트라우마와 연좌제에 시달렸다. 연좌제의 사슬에서 벗어나고자 행정명칭을 하귀1구는 동귀리, 하귀2구는 귀일리로 바꾸기도 했지만, 깊은 상처는 서로를 불신하게 만들었고 마을은 공동체성을 상실했다.

변화는 1987년 6월 민주항쟁[18]을 계기로 찾아왔다. 민주항쟁의 승리

---

18 전두환 대통령의 '4·13호헌조치' 발표 이후, 그해 6월 10일을 정점으로 20여 일 동안 전국적으로 확산된 민주화운동이다. 5월 18일 천주교정의구현전국사제단의 공식성명을 통해 박종철 고문치사사건이 조작·은폐되었다는 사실이 밝혀지면서 국민의 분노가 전국으로 급속히 확산되었다. 1987년 6월 9일에는 연세대학교 정문 앞에서 시위를 벌이던 이한열이 경찰이 쏜 최루탄에 맞아 숨지는 사건이 일어났다. 6월 24일 전두환과 김영삼의 여야 영수회담이 결

에 용기를 얻은 주민들은 하귀리에 사회주의 독립운동가가 많아서 4·3 때 더 큰 피해를 입었지만 그럼에도 항일과 남한 단독선거 거부의 역사가 수치스러운 것이 아님을 기억하고 그 사실을 말로 표현하기 시작했다. 그들이 겪은 수난의 역사는 곧 항쟁의 역사이기도 했다. 타지로 나갔던 사람들과 마을에 남아 있던 사람들은 마을을 일으켜 세우자는 데 의견을 모았다. 그들은 1990년 하귀발전협의회를 조직해 위령공원 건립을 위한 기금을 조성했고, 4·3 희생자, 일제강점기 독립운동가, 한국전쟁과 베트남전쟁 때 죽은 호국영령들을 한 곳에 모시기로 계획을 세웠다. 영모원 건립에는 무장대의 기습으로 가족을 잃은 이들도 힘을 보탰다. 1995년에는 마을 이름을 다시 원래 이름으로 환원했다. 관의 지원 없이 주민들 스스로 트라우마를 치유하는 과정을 시작했던 것이다(하명실, 2017: 54). 이는 2003년 「제주4·3사건진상조사보고서」가 채택되고 노무현 대통령이 국가폭력에 희생된 제주도민들에게 사과하는 담화문을 발표하기 전에 일어났던 일이다.

    화해와 상생 모델을 대표하는 애월읍 하귀리의 합동위령시설 영모원은 4·3 이후 해체된 하귀리의 공동체를 회복하기 위해 2003년 마을 주민들이 건립한 추모와 기념의 공간이다. 영모원을 조성한 이후 마을 분위기는 화합적으로 바뀌었다. 청년회, 부녀회 등 마을의 자치조직을 통해 공원을 관리하고, 음력 1월 3일에는 전 주민이 참석해 위령제를 지낸다. 4·3 문제를 둘러싸고 반목과 갈등이 가장 심했던 전직 경찰조직(경우회)과 희생자 유족조직(유족회)은 '화해·상생 선언' 이래 매년 충혼묘지와 평화공원을 공동참배·공동헌화·공동분향하고 있다. 하귀리 이후로도 상가리, 장

렬되자, 6월 26일 국민운동본부는 '국민평화대행진'을 강행했다. 전국 34개 도시와 4개 군에서 130여만 명의 시민과 학생들이 경찰의 원천봉쇄 방침에도 불구하고 거리로 쏟아져 나왔다. 이날의 평화대행진은 당시 민주화투쟁의 열기를 한군데로 집약시킨 결과물이었고, 결국 전두환 정권은 직선제 개헌과 제반 민주화조치 시행을 약속하는 '6·29선언'을 발표하게 되었다(자료: 한국학중앙연구원 한국민족문화대백과사전).

전리 등에서 유족회와 경우회가 화해하는 사례가 계속 나오고 있다. 박명림은 제주 하귀리 사례가 아래로부터의 화해, 주체적·자발적 화해의 경이로운 경지를 보여준, 세계 역사에서도 매우 드문 사례라고 높이 평가한다(≪뉴스앤조이≫, 2018.4.10). 하귀의 정신(혼)을 기리며 4·3 희생자의 영령을 순국지사 및 호국영령과 함께 추모함으로써 하귀리 사람들은 인권을 바탕으로 하는 평화공존의 길을 연 것이다(하명실, 2017: 54). 이것은 하귀리가 4·3과 전쟁에 대한 화해적 기억 재구성을 통해 트라우마 치유를 향해 전진하고 있다는 의미로 해석된다. 영모원이라는 집단적 기념공간은 바로 그 구심점이 되고 있다.

한편 구림마을이나 하귀리 사례가 보편적으로 적용되기보다는 시민사회 영역에서나 적용 가능하다는 지적도 있다. 최호근은 하귀리 모델이 친밀한 대면공동체에서나 작동되는 것으로, 법적·정치적 책임을 물어야 하는 국가 단위에서는 진실과 정의가 우선되어야 한다고 강조한다(최호근, 2019: 96~98). 더 이상 가해자와 피해자를 구별하지 않겠다는 하귀리 주민들의 결정은 미래지향적인 것이지만, 그와 같은 결정이 이루어지기까지 두 세대가 넘는 세월이 경과해야 했다. 상처가 깊을수록 치유에 오랜 시간이 걸릴 것으로 예상하는 것이 마땅하다. 그러나 구림마을과 하귀리 사례는 가해자를 사실상 또 다른 형태의 피해자로 바라보는 인식의 중요성을 실증했다는 점에서, 비록 예외적인 사례이긴 하지만, 사회적 기억 구성에 참고할 만한 사례임은 분명하다.

기억의 화해

화해는 상대의 인간됨을 긍정하는 것에서 시작할 수 있다. 인간은 악한 본성도 있지만 선한 본성도 있다. 온통 악이 지배하는 듯한 세상에서 오로지 선만 추구하고 선한 행동만 할 수 있는 사람은 없다. 화해는 이러한 인간의 연약함을 인정하는 데서 비롯된다.

치유는 누구한테도 말하지 못했던 자신의 경험을 사람들 앞에서 말하면서 시작된다.

> 대체 어떤 얼굴로 그 일을 회상해야 하는지. 다른 사람들은 어떻게든 할 수 있을지 몰라도 …… 나는 아니야. 눈물부터 쏟아져. 하지만 반드시, 꼭 이야기해야 해. 우리가 겪은 일이 헛되이 사라지면 안 되니까. 사람들에게 알려야 하니까. 이 세상 어딘가에 우리의 비명소리가 남아 있어야 하니까. 우리의 그 피맺힌 통곡이……. [타마라 스테파노브나 움냐기나(근위대 하사, 위생사관)의 고백](알렉시예비치, 2015: 552)

독소전쟁에 참전했던 이 여성은 전쟁만으로도 충분히 힘들었는데 전쟁 후에 사회적으로 버림받는 또 한 번의 고통을 겪어야 했다. 당시의 광경이 생생하게 떠올라 온몸이 떨리고 가슴이 먹먹해지면서도 여성들은 이야기를 계속했고 누군가가 진지하게 귀 기울여주는 데서 위안을 얻는다고 말했다. 분단과 전쟁의 비극 속에서 그토록 증오의 대상이 되어야 했던 그 공산주의자는 누구였던가?

> 사랑하는 우리 아버지는 공산주의자였어. 숭고한 삶을 사셨지. …… 아버지는 늘 이렇게 말씀하셨어. '글쎄, 소비에트 정권이 없었다면 이 아빠는 어떻게 됐을까. 아마 가난뱅이로 살았겠지. 부유한 지주 밑에서 노예처럼 살았을 거야. 소비에트 정권은 아빠한테 모든 걸 주었단다. 공부도 하게 해주고, 그래서 아빠가 이렇게 엔지니어가 되어 다리도 건설하는 거잖니. 아

빠는 조국에 정말 많은 빚을 졌어. …… 진심으로 하는 말인데, 그들은 선
량하고 정직한 사람들이었어. 스탈린이나 레닌을 믿은 게 아니라 공산주
의 사상을 믿었지. 나중에 사람들이 이름 붙인 것처럼 인간의 얼굴을 한 사
회주의를 믿은 거야. 모든 사람들을 위한 행복. 한 사람 한 사람을 위한 행
복. 바로 그걸 믿었어.'[타마라 루키야노브라 토로프(사병, 건설기술병)의
고백](알렉시예비치, 2015: 316~317)

이런 유형의 기억 재구성은 남북 간의 화해라는 역사적 공동선을 위
해 필수적이다. 황석영이 소설에서 북한에 남아 있던 류요섭 목사 형수의
입을 빌려 표현했듯이, 그것은 "죄를 없애가며 살아가는" 성숙의 과정일
것이다.

내 평생을 생각해 봤디. 모던 것이 다 사람얼 좋게 할라구 나왔넌데 어째
기렇게 서루 미워했을꼬 하구 말이우. 일본사람두 기렇게 미워하던 않았
을 게라. 난 혼자 여게 죄인으루 남아선……. 딸아이들 벤벤히 멕이지 못
해 잃구 저거 하나 남은 걸 데리구 살멘서 늘 생각해서요. 하나님두 죄가
있다구 말이디. …… 입 다물구 그런 천불지옥이 벌어지는 걸 내레다보구
만 게셨으니 하나님두 죄가 있다구 생각해 왔디. 기러다가 요새 와선 생각
이 달라졌어요. 나 성경얼 못 본 디 오래돼요. 거이 닞어뿌렸디. 하디만 욥
은 생각나. …… 사람이 원체가 인생에 고난언 타고나는 게라. 성님이 죽
인 사람덜두 다아 영혼이 있대서. 그이덜 사탄이 아니래서. (그이들을 죽
인 내 남편) 류요한이두 사탄이 아니래서. 믿음이 삐뚜레졌디. 나넌 이제
서야 하나님언 죄가 없다고 알디. …… 세상이 죄루 가득 차두 사람이 없애
가멘 살아야디. (황석영, 2001: 152~153)

과거를 기억하는 것은 비극을 겪은 사람들과 함께 슬퍼하고 그들의 아픔에 공감하는 것이다. 그리고 인권과 정의가 보장되는 세상을 만들어 가기 위해서는 우리의 공감 범위가 국가를 넘어서야 한다(김동춘, 2013: 439). 평화를 위한 사회화와 기억의 전수는 학살 예방의 필수조건이다(권귀숙, 2006: 19).[19] 4·3사건에서도 영화 <쉰들러 리스트>[20]처럼 평범한 사람들의 타인에 대한 배려가 결과적으로 많은 인명을 구해낸 미담들이 있으나, 피해가 강조된 나머지 상대적으로 사적 기억에서 망각되고 세대 간 전수가 단절되는 경우가 많았다.

역사적 트라우마를 치유하는 데에는 수세대에 걸친 오랜 시간이 소요된다. 집단기억은 문화적 기억으로 전승되기 때문에 문화기억, 즉 기념문화를 바꾸려는 노력이 필요하다. 우리는 과거에 얽매여 살아서는 안 되고 현재와 미래를 향해 나아가야 하기 때문이다. 한국전쟁은 진실하고 정의롭게, 타자를 해치지 않고 치유하기 위해, 그리고 화해를 추구하기 위해 기억되어야 한다. 대항기억의 존재는 남한이 피해자라고 해서 결코 정의로웠던 것은 아님을 깨우쳐준다. 따라서 기억의 화해적 재구성에 대해 다음과 같은 방향성이 제안될 수 있다.

첫째, 한국전쟁은 단지 이념 전쟁이었던 것이 아니다. 이 전쟁을 동족 상잔의 비극이라는 민족적 맥락에서뿐 아니라 동아시아와 국제적 맥락에서도 고찰하는 것은 전쟁의 책임을 상대편에게 일방적으로 전가하는 '정죄' 의식을 순화시켜 준다. 한국전쟁의 동기는 '민족국가 형성'에 있었다. 공산주의는 그 수단으로 사용되었을 뿐, 그 시대상황과 국제적 흐름에서

---

19 이러한 사례에 관한 보고는 제주KBS 다큐멘터리 <화해를 넘어 상생으로>(2005.4.1), <제주의 소리>(2005.3.30~4.5) 참조.
20 1993년 미국계 유대인 스티븐 스필버그(Steven Spielberg) 감독이 호주 작가 토머스 케닐리(Thomas Keneally)의 원작 소설을 바탕으로 제작한 영화로, 1,100명의 폴란드 유대인의 목숨을 구한 나치 사업가 오스카 쉰들러(Oscar Schindler)의 행적을 다루었다.

한반도라고 예외가 될 수는 없었다. 희생자 규모가 컸던 것을 공산주의자의 잔인성 탓으로만 돌리는 것은 온당하지 않다. 한국사회에 누적된 내부적 모순이 폭발하면서 공동체 단위로 가해자와 피해자를 가리기 어려울 정도로 상호보복이 대거 이어진 것이 학살 피해의 상당 부분을 차지했다.

둘째, 한국전쟁은 남북한 모두에게 막대한 피해와 트라우마를 남긴 대재난이었다. 피해 규모가 더 컸던 점을 감안하면 북한은 전쟁을 일으킨 응분의 대가를 치른 것이며, 남북 양쪽 다 이산의 아픔을 겪고 있다. 오랜 세월 독재세습정권 아래에서 자유를 빼앗기고 인권이 유린된 것까지 감안하면 북한 사람들이 겪은 고통은 훨씬 더 크다. 상대의 입장에서 헤아려 보는 역지사지의 발상이 필요하다.

셋째, 비록 지도부의 잘못된 결정으로 촉발된 전쟁이었지만 그 과정에서 희생된 양민과 군인은 같은 동포요 형제요 하나의 겨레라는 의식의 전환이 필요하다. 갈수록 민족주의적 통일담론이 약화되어 가는 것은 사실이지만, 통일의 당위성을 직관적으로 설득하는 것은 여전히 한민족이라는 의식이다. 민족주의적 자각은 통일에 대한 강한 신념을 갖게 한다. 많은 사람들이 북한이탈주민을 만난 이후로 통일문제에 관심을 갖게 되었다고 말한다. 통일이 인간의 얼굴로 다가올 때, 통일은 비로소 개인적 차원의 의미를 갖는다. 다만, 우리 사회에 이주민이 급격히 증가하면서 순혈주의적 민족주의 가치로는 새로운 사회현상을 수용하지 못하는 한계를 보이고 있다. 따라서 민족주의와 다문화주의를 어떻게 조율할 것인지를 고민해야 한다.

넷째, 한국전쟁이 비참한 결과만 가져온 것은 아니다. 이 전쟁으로 말미암아 세계질서가 개편되었고 이 전쟁은 전 세계적으로 자유민주주의의 우위를 확립하는 데 기여했다. 식민지배를 겪은 한반도에서 독립적인 정치체제를 갖춘 두 개의 국가가 탄생했고, 그중 하나는 선진국의 반열에 올라섰다. 북한은 낙후된 나라가 되었지만 적어도 내전이 벌어지거나 무질서와 혼란이 지배하는 일은 없었다. 우리 가운데 많은 사람들이 악한 독재라도 무질서보다 낫다는 신념으로 독재정권에 순응했던 과거를 갖고 있다. 북한의 가장 큰 문제는 전체주의 독재로 인해 자유와 인권이 지속적으로 침해되고 있다는 것이다. 남한도 민주화운동으로 군부독재가 무너지지 않았다면 심각한 인권침해가 지속되었을 가능성이 높다.

다섯째, 한국전쟁의 비극은 중층적이고 복합적인 역사적 트라우마를 남겼다. 통계 수치로 환산되지 않는 수없이 많은 귀중한 생명이 스러져갔다. 참전 군인과 경찰, 연합군 외국인, 포로, 빨치산, 전쟁미망인, 미군계 윤락여성, 전쟁고아, 혼혈아, 피학살자 유족, 납북 피해자와 그 가족, 억류자, 비정규군과 북파공작원, 납남자, 재일조선인, 기독교인을 비롯한 각 집단의 피해 양상도 다양했다. 소수의 예외는 있겠지만 대부분의 보통 사람들은 생존을 위해 눈물겨운 사투를 벌여야 했다. 전쟁과 공산화의 공포는 지금까지도 망령처럼 배회하면서 이성적인 판단을 마비시키고 있다. 인간의 존엄성을 파괴하는 전쟁의 기억은 평화를 위해 보존되어야 하며, 다시는 전쟁이 없어야 한다는 결연한 의지로 연계되어야 한다.

한국전쟁은 한반도의 거대한 트라우마였고 남과 북은 여전히 그 기억에 매몰되어 생존경쟁을 위해 상대를 비인간화하고 이로써 자신이 비인간화되는 오류를 범하고 있다. 이념적 선과 악의 이분법으로 타자를 비인간화하고 이로써 그 자신이 비인간화되는 것, 인간의 존엄성을 부정하고 스스로 생존경쟁의 동물적 차원으로 격하되는 환경조건을 조성하는 것이 근원적인 사회악이다. 화해적 재기억은 이러한 근원적 사회악을 극복하려는 노력의 연장선상에 있으며, 트라우마 치유의 두 가지 접근법, 즉 '개인 치유'와 '사회적 대응'을 위해 실행될 수 있다. 남과 북의 집합기억은 자비와 진실, 정의와 평화라는 인류의 보편적인 가치를 추구하는 방향으로 재구조화되어야 한다. 그 목적은 보편 가치에 재연결하는 과정을 통해 한반도 트라우마를 치유하는 것인데, 그 핵심에는 용서와 화해가 있다. 또한 시민사회 중심으로 한반도 평화와 통일을 지향하는 문화적 기억의 생산과 유통을 더욱 확산할 필요가 있다. 궁극적으로 남과 북의 기억은 보편적 가치체계의 구조화와 제도화로 구현되어야 한다. 그때라야 비로소 한국전쟁의 재기억은 역사 화해로 승화될 수 있을 것이다.

기억의 화해적 재구성을 통해 한국전쟁 트라우마를 치유할 수 있는 가능성을 모색하는 작업은 역사 바로 잡기나 과거사 청산과는 질적으로 구별된다. 기억의 화해적 재구성은 개인과 공동체의 내적 변화에 초점을 두고 있기 때문이다. 정확하고 공평한 진실이 화해의 기초가 되어야 하는 것은 분명하지만, 과거 사실을 밝혀내서 이른바 '기억전쟁'에 동참하는 것은 이 책의 지향점이 아니다. 과거의 역사는 복구 불가능하다. 하지만 과거의 기억을 재구성하는 것은 미래를 위한 현재 과제로 실천 가능하다. 해방과 전쟁 이전까지는 유구한 세월 동안 하나의 국가로 기능해 왔던 한반도에서, 남과 북이 서로의 상처를 감싸주고 덮어주는 화해의 과정은 전쟁 트라우마 치유와 기억의 재구성으로 시작될 수 있다. 또한 한국전쟁의 최대 피해 집단 중의 하나인 한국 개신교회는 '상처 입은 치유자'(Nouwen, 1972)로서 화해의 주체가 될 수 있다.

그러므로 이 책에서 제안하는 전쟁기억의 화해적 재구성은 사회적 공동선이라고 할 수 있는 갈등완화, 치유와 화해, 관계회복, 사회통합, 평화를 지향하는 의도적인 작업이 될 것이다. 공동선은 공과 사를 아우르는 개념으로, 개인을 배제하거나 전체만 우선시하지 않는다. 개인의 필요도 충족하고 공적인 통합과 질서도 담보하는 공동선의 조화로운 지점은 탐욕적인 자본주의나 전체주의적 국가통제 양극단에는 없다(송용원, 2017: 58). 법의 통치 외에 누구의 지배도 받지 않는 개인적 자유를 누리기 위해서는 각 사람이 공동체 구성원으로서의 덕성을 갖추고 시민의 공적 책임을 다해야 한다. 한반도 평화와 통일은 대한민국 민주공화국의 시민들이 함께 지향해야 할 공동선이다. 통일을 이루는 데 필요한 역량을 갖추기 위해서는 공화주의의 주요 가치인 공동선에 대한 확고한 인식과 이를 실현하기 위한 자발적 참여를 가능케 하는 시민적 덕성이 요구된다(차승주, 2024: 108). 공동체의 역사를 미래지향적으로 기념하고 기억하는 것은 그러한 덕성과 의무감을 일깨우는 데 효과적으로 이바지할 것이다.

다음 세대를 위하여

21세기 한국사회의 전망은 불투명하기만 하다. 신자유주의적 구조화가 심화되면서 경쟁은 더욱 치열해지고 경기침체가 고착화되고 있어 미래에 대한 불안이 고조되고 있다. 1981년에 시작되어 5년마다 실시되는 '세계가치관조사'는 세계 80여 개국 사람들의 사회적·정치적·경제적·종교적·문화적 가치관을 파악하는 연구이다. 2023년 9월 영국 킹스칼리지 런던의 정책연구소가 세계 주요국 설문조사를 거쳐 발표한 보고서 「일에 대한 세계의 생각」을 보면, '열심히 일하면 결국 대체로 더 잘살게 된다'는 명제에 동의하는 한국인 응답자의 비율은 16%에 불과했다(≪연합뉴스≫, 2023.9.7). 이는 이 항목에서 설문조사 결과가 공개된 18개국 가운데 가장 낮은 수치였다. 또한 입소스가 2024년 발표한 「세계 행복 2024 보고서」에 의하면, 한국은 48%만이 행복하다고 답해 30개 조사 국가 중 헝가리와 더불어 행복감을 느끼는 정도가 가장 낮았다.[21] '모든 부분에서

---

[21] IPSOS, 「세계 행복 2024 보고서」(2024.3.18), https://www.ipsos.com/ko-kr/2024nyeon

전반적으로 행복하다'는 한국인의 응답은 2011년 71%에서 대폭 줄어들었다. 경쟁과 비교 문화는 삶의 만족도를 낮추고 사람들로 하여금 불행하다고 느끼게 하는데, 이는 낮은 출산율과도 직접적인 상관관계가 있다. 2021년과 2025년 넷플릭스에서 공전의 흥행을 기록한 드라마 〈오징어 게임〉은 각박한 한국의 경쟁적인 현실을 반영하고 있다.

최근 들어 한국사회의 이념갈등, 집단극화, 확증편향 현상 등을 우려하는 목소리가 높다. 그러나 실증 연구결과에 따르면 최근 진행되는 정서적 양극화는 강성 유권자들이 주도하고 있으며, 이러한 변화는 당파성이 없거나 약한 유권자들에게서는 나타나지 않는다(강우창·이준호, 2024: 18). 즉, 강한 진보성향이나 강한 보수성향을 가진 유권자의 비중은 큰 차이가 없지만 강한 이념성향을 가진 유권자들이 점점 더 높은 수준의 정서적 양극화를 경험하고 있는 것이다. 이는 온오프라인에서 강성 유권자들의 정치적 의사표현이 갈수록 과격해지는 현상과 일맥상통한다. 정치 지도자들 차원에서는 이념적 양극화가 심해지고 있지만 유권자들의 평균적인 정서적 태도는 크게 달라지지 않았다. 문제는 이념갈등이 심하지 않은데 심하다고 느끼는 착시현상이다. 실질적 양극화가 아니라 인식된 양극화가 높게 나타나는 것이다.

한반도 전역을 피로 물들인 비극적인 전쟁이 끝난 지 70년이 넘는 세월이 흘렀다. 직접 체험 세대가 스러져가는 이 시점에서 이제는 이 나라가 어디로 가야 할지 진지하게 성찰하고 질문해야 한다. 한국사회가 극단적이고 치명적인 이념분쟁을 극복하고 북한 사람들이 자유와 인권, 민주주의를 누릴 수 있는 유일한 방법은 평화로운 통일뿐이다. 통일은 어쩌면 생

-ipsos-segye-haengbog-bogoseo(검색일: 2025. 2. 20). 입소스(IPSOS)는 전 세계에서 가장 큰 여론조사 기업 중 하나로 90개국에서 비즈니스를 운영하고 있다.

각보다 빨리 이루어질 수 있다.

한강 작가는 2024년 노벨문학상 수상 소감에서, 자신이 『소년이 온다』를 집필하는 내내 갖고 있었던 질문들을 이렇게 표현한다.

이 소설(『소년이 온다』)을 쓰는 일을 더 이상 진척할 수 없겠다고 거의 체념했을 때 한 젊은 야학 교사의 일기를 읽었다. 1980년 오월 당시 광주에서 군인들이 잠시 물러간 뒤 열흘 동안 이루어졌던 시민자치의 절대공동체에 참여했으며, 군인들이 되돌아오기로 예고된 새벽까지 도청 옆 YWCA에 남아 있다 살해되었던, 수줍은 성격의 조용한 사람이었다는 박용준은 마지막 밤에 이렇게 썼다. "하느님, 왜 저에게는 양심이 있어 이렇게 저를 찌르고 아프게 하는 것입니까? 저는 살고 싶습니다."

그 문장들을 읽은 순간, 한강은 이 소설이 어느 쪽으로 가야 하는지 벼락처럼 알게 되었다고 한다. 두 개의 질문을 이렇게 거꾸로 뒤집어야 한다는 것도 깨닫게 되었다고 한다.

과거가 현재를 도울 수 있는가?
죽은 자가 산 자를 구할 수 있는가?

과거가 현재를 도우려면, 죽은 자가 산 자를 구하려면, 우리는 올바르게 기억해야 한다. 5·18의 기억이 12·3 계엄을 막아냈듯이 말이다. 따라서 한강의 질문에 대한 답은 "우리의 양심에 달려 있다"가 될 것이다. 기억이 구원이 되도록 해야 할 의무는 산 자에게 있다. 한반도의 기억은 곧 한반도인들의 정체성이다. 우리는 어떤 정체성을 다음 세대에 물려주기 원하는가?

참고문헌

1. 단행본

감희. 2021. 『북한 사람 이해하기』. 파주: 한울아카데미.
강만길. 1999. 『20세기 우리역사』. 서울: 창비.
강수돌·홀거 하이데(Holger Heide). 2018. 『중독의 시대: 대한민국은 포스트 트라우마 중독 사회다』. 고양: 개마고원.
강인철. 2007. 『한국의 개신교와 반공주의』. 서울: 중심.
강정구 외. 2001. 『남북간 대립사회체제의 동요와 새로운 갈등구조의 이해』. 서울: 한울.
_____. 2003. 『전쟁과 집단학살』. 한국전쟁전후 민간인학살 진상규명 범국민위원회.
강진호. 2013. 『현대소설과 분단의 트라우마』. 서울: 소명출판.
강철환. 2005. 『수용소의 노래』. 서울: 시대정신.
곽사진. 2014. 「식민주의와 트라우마 정당화 과정이 미군계 혼혈인에게 미친 영향」. 김동춘 외. 『트라우마로 읽는 대한민국』. 고양: 역사비평사.
국방부 군사편찬연구소. 2001. 『소련 군사고문단장 라주바예프의 6·25전쟁 보고서 제1호』.
국사편찬위원회. 1996. 『북한관계사료집』 25.
_____. 2006. 『비전향장기수 구술 1: 최하종』. 국사편찬위원회.
권귀숙. 2006. 『기억의 정치: 대량학살의 사회적 기억과 역사적 진실』. 서울: 문학과지성사.
권정생. 2012. 『몽실 언니』. 파주: 창비.
권헌익. 2020. 『전쟁과 가족』. 정소영 옮김. 파주: 창비.
권혁범·임지현 외. 2000. 『우리 안의 파시즘』. 서울: 삼인.
기광서. 2018. 『북한 국가의 형성과 소련』. 서울: 선인.
김귀옥. 2019. 『그곳에 한국군 위안부가 있었다』. 서울: 선인.
김대중. 2024. 『김대중 육성 회고록』. 파주: 한길사.
김동춘. 2006. 『전쟁과 사회』. 파주: 돌베개.
_____. 2013. 『이것은 기억과의 전쟁이다』. 파주: 사계절.
김명익. 1990. 「림진강」. 미주민족문화예술인협의회 엮음. 『통일예술』 창간호. 도서출판 광주.
김명희. 2022. 「오월과 함께 살아가기: 5·18목격자의 인권침해 경험과 집단트라우마」. 김명희 외. 『5·18 다시 쓰기』. 파주: 오월의봄.
김병로. 2016. 『북한, 조선으로 다시 읽다』. 서울: 서울대학교출판문화원.
김병진. 2013. 『보안사: 어느 조작 간첩의 보안사 근무기』. 서울: 이매진.
김병훈. 2019. 「길동무들」. 남원진 편저. 『북한문학은 없다』. 서울: 경진.
김병희. 1982. 『한경직 목사』. 서울: 규장문화사.
김상근. 2007. 『믿음은 행동이다』. 서울: 지성과실천사.
김상웅. 2014. 『약산 김원봉 평전』. 서울: 시대의창.

김성민 외. 2012. 『코리언의 민족 정체성』. 서울: 선인.
김성민. 2023. 『통일인문학』. 서울: 건국대학교출판부.
김성칠. 2009. 『역사 앞에서』. 파주: 창비.
김성호. 2022. 『북파공작원의 진실』. 서울: 가을밤.
김소진. 2002. 『신풍근 배커리 약사』. 서울: 문학동네.
김양선. 1956. 『한국기독교해방10년사』. 서울: 대한예수교장로회.
김원일. 2004. 『겨울 골짜기』. 서울: 이룸.
김재용. 2000. 『분단구조와 북한문학』. 서울: 소명출판.
김창진·박갑룡. 2020. 『전쟁고아와 국가의 책무』. 서울: 문운당.
김태우. 2013. 『폭격: 미공군의 공중폭격 기록으로 읽는 한국전쟁』. 서울: 창작과비평사.
_____. 2021. 『냉전의 마녀들』. 파주: 창비.
김하기. 1990. 『살아있는 무덤』. 서울: 창작과비평사.
김학준. 2010. 『한국전쟁: 원인·과정·휴전·영향』. 서울: 박영사.
김행복. 1996. 『한국전쟁의 포로』. 국방조사연구소.
_____. 2015. 『반공포로 석방과 휴전협상』. 파주: 백년동안.
김희권. 2015. 「E. H. 카의 ≪역사란 무엇인가≫」. 김경집 외. 『질문하는 십대를 위한 고전 콘서트』. 서울: 꿈결.
나운몽. 1986. 『살기도 싫고 죽기도 싫었다』. 서울: 애향숙 출판부.
남대현. 1999. 「상봉」. 김재홍·홍용희 편저. 『그날이 오늘이라면』. 서울: 청동거울.
남원진 편저. 2019. 『북한문학은 없다』. 서울: 경진.
동예렘. 2019. 『돌아오라 돌아오라 나에게로 돌아오라』. 서울: 창조와 지식.
리북명. 2019. 「노동일가」. 남원진 편저. 『북한문학은 없다』. 서울: 경진.
림일. 2017. 『나는 김일성이 고맙다』. 서울: 바이북스.
림종상. 1999. 「쇠찌르레기」. 김재홍·홍용희 편저. 『그날이 오늘이라면』. 서울: 청동거울.
박동찬. 2014. 『통계로 본 6·25전쟁』. 대전: 국군인쇄창.
박명림. 1996. 『한국전쟁의 발발과 기원 I, II』. 파주: 나남출판.
_____. 2002. 『한국 1950: 전쟁과 평화』. 파주: 나남출판.
박완서. 2005. 『엄마의 말뚝』. 파주: 창비.
_____. 2006. 『배반의 여름』. 파주: 문학동네.
박찬승. 2010. 『마을로 간 한국전쟁』. 파주: 돌베개.
박한식·강국진. 2018. 『선을 넘어 생각한다』. 서울: 부키.
반디. 2017. 『고발』. 파주: 다산책방.
백선엽. 2010. 『내가 물러서면 나를 쏴라』. 서울: 중앙일보사.
백지운. 2023. 『항미원조: 중국인들의 한국전쟁』. 파주: 창비.
백학순. 2010. 『북한 권력의 역사』. 파주: 한울아카데미.
손영목. 2006. 『거제도 1 폭풍』. 서울: 동서문화사.
신동흔·김경섭·김정은·김종군·박경열·박현숙·심우장·정진아. 2016. 『한국전쟁 체험담 연구: 상처와 치유』. 서울: 박이정.
신복룡. 2001. 『한국분단사연구 1943~1953』. 서울: 한울.

안용준. 1962. 『산돌 손양원 목사 설교집 상』. 서울: 경천애인사.
양영희. 2022. 『카메라를 끄고 씁니다』. 인예니 옮김. 서울: 마음산책.
양주동. 1995. 『양주동 전집』. 서울: 동국대학교출판부.
양창삼. 2012. 『조선을 섬긴 행복』. 서울: 서빙더피플.
오세희. 2000. 『65포로수용소』. 대구: 만인사.
오제도 외. 1951. 「서문」. 『적화삼삭구인집』. 국제보도연맹.
오혜선. 2023. 『런던에서 온 평양 여자』. 서울: 더미라클.
유선영. 2017. 『식민지 트라우마』. 서울: 푸른역사.
윤이상·루이제 린저. 2017. 『상처 입은 용』. 서울: 알에이치코리아.
윤인진. 2008. 『코리언 디아스포라』. 서울: 고려대학교 출판부.
윤정란. 2015. 『한국전쟁과 기독교』. 파주: 한울.
이성복 외. 2011. 『6·25전쟁 참전수기 III』. 대한민국 6·25참전 유공자회.
이성봉. 1993. 『말로 못하면 죽음으로』. 서울: 생명의 말씀사.
이신철. 2010. 「6·25남북전쟁시기 이북지역에서의 민간인 학살」. 정용욱 외. 『역사학의 시선으로 읽는 한국전쟁』. 서울: 휴머니스트.
이임하. 2010. 『전쟁미망인, 한국현대사의 침묵을 깨다』. 서울: 책과함께.
이재경·윤택림·조영주·함인희·이성숙·김양선·김귀옥·김연주·서숙. 2013. 『여성(들)이 기억하는 전쟁과 분단』. 홍천: 아르케.
이재승. 2014. 「화해의 문법─시민사회가 희망이다」. 『트라우마로 읽는 대한민국』. 고양: 역사비평사.
이정현. 2021. 『한국전쟁과 타자의 텍스트』. 서울: 삶창.
이창건. 2005. 『KLO의 한국전 비사』. 서울: 지성사.
이태. 1988. 『남부군 上』. 서울: 두레.
_____. 2014. 『남부군』. 서울: 두레.
이향규. 2019. 『영국 청년 마이클의 한국전쟁』. 파주: 창비.
이활남. 1958. 『혈혼의 전선』. 재일교포학도의용군자립동지회. 계문사.
임지현. 2016. 『역사를 어떻게 할 것인가』. 고양: 영신사.
_____. 2019. 『기억전쟁: 가해자는 어떻게 피해자가 되었는가』. 서울: 휴머니스트.
임철우. 2004. 『백년여관』. 서울: 한겨레신문사.
임현수. 2019. 『내가 누구를 두려워하리요』. 서울: 규장.
전우택 외. 2018. 『용서와 화해에 대한 성찰』. 서울: 명인문화사.
_____. 2021. 『평화와 반평화』(한반도평화연구원 총서 16). 서울: 박영사.
전우택. 2007. 『사람의 통일, 땅의 통일』. 서울: 연세대학교출판부.
전우택·박명림. 2019. 『트라우마와 사회치유』. 고양: 역사비평사.
정병준. 2006. 『한국전쟁: 38선 충돌과 전쟁의 형성』. 파주: 돌베개.
정용욱 외. 2010. 『역사학의 시선으로 읽는 한국전쟁』. 서울: 휴머니스트.
정지아. 2005. 『빨치산의 딸 I, II』. 고양: 필맥.
_____. 2022. 『아버지의 해방일지』. 파주: 창비.
정충량. 1959. 『정충량 평론집』. 서울: 고시학회.

주영복. 1991. 『내가 겪은 조선전쟁 II』. 서울: 고려원.
최장집. 2006. 『민주주의의 민주화』. 서울: 후마니타스.
최호근. 2019. 『기념의 미래』. 서울: 고려대학교출판문화원.
한강. 2014. 『소년이 온다』. 파주: 창비.
_____. 2021. 『작별하지 않는다』. 파주: 문학동네.
한경직. 2009. 『한경직 목사 설교집 1권』. 서울: 한경직 목사 기념사업회.
한림대학교 아시아문화연구소. 2000. 『한국전쟁기 삐라』. 춘천: 한림대학교출판부.
한완상. 2013. 『한반도는 아프다』. 파주: 한울.
한화룡. 2021. 『빨인가 이마인가(1925-26년 허시모 사건의 진실』. 서울: 포앤북스.
현기영. 2019. 『순이삼촌』. 파주: 창비.
홍세화. 2003. 『나는 빠리의 택시운전사』. 서울: 창작과비평사.
황건. 2019. 「불타는 섬」. 남원진 편저. 『북한문학은 없다』. 서울: 경진.
황석영. 2001. 『손님』. 서울: 창작과비평사.
황석영·이재의·전용호. 2017. 『죽음을 넘어 시대의 어둠을 넘어』. 파주: 창비.

그린블랫, 스티븐(Steven Greenblatt). 2020. 『폭군』. 이종인 옮김. 서울: 로크미디어.
기번, 에드워드(Edward Gibbon). 2008. 『로마제국 쇠망사』. 송은주 외 옮김. 서울: 민음사.
누스바움, 마사(Martha Nussbaum). 2020. 『타인에 대한 연민』. 임현경 옮김. 서울: 알에이치코리아.
데 메스키타(Bruce Bueno de Mesquita)·스미스(Alastair Smith). 2012. 『독재자의 핸드북』. 이미숙 옮김. 서울: 웅진지식인하우스.
두란, 모레노(Moreno Durán). 2015. 『맘브루』. 송병선 옮김. 파주: 문학동네.
라카프라, 도미니크(Dominick LaCapra). 2008. 『치유의 역사학으로』. 육영수 외 엮음. 서울: 푸른역사.
란코프, 안드레이(Andrei Lankov). 1995. 『소련의 자료로 본 북한현대정치사』. 김광린 옮김. 서울: 오름.
_____. 2014. 『소련공산당과 북한 문제: 소련공산당 정치국 결정서(1945~1952)』. 전현수 옮김. 대구: 경북대학교출판부.
레더락, 존 폴(John Paul Lederach). 2010. 『화해를 향한 여정』. 유선금 옮김. 춘천: Korea Anabaptist Press.
레비, 프리모(Primo Levi). 2014. 『가라앉은 자와 구조된 자』. 이소영 옮김. 파주: 돌베개.
로스너, 엘리자베스(Elizabeth Rosner). 2021. 『생존자 카페』. 서정아 옮김. 서울: 글항아리.
모니어(Hannah Monyer)·게스만(Martin Gessmann). 2017. 『기억은 미래를 향한다』. 전대호 옮김. 서울: 문예출판사.
모세, 초머(Csoma Mózes). 2013. 『헝가리 부다페스트로!: 1959년 헝가리 혁명과 북한 유학생들』. 파주: 지문당.
밧슨, 덴질(Denzil Batson). 2016. 『끝나지 않은 전쟁』. 길재섭 옮김. 서울: 다밋.
배, 케네스(Kenneth Bae). 2016. 『잊지 않았다』. 정성묵 옮김. 서울: 두란노서원.
볼프, 미로슬라브(Miroslav Volf). 2022. 『기억의 종말』. 홍종락 옮김. 서울: IVP.

브레히트, 베르톨트(Bertolt Brecht). 1999. 『살아남은 자의 슬픔』. 김광규 옮김. 서울: 한마당.
샹틀루, 모리스(Maurice Chanteloup). 1953. 『북한포로수용소』. 강영수 옮김. 동아문화사.
슈미트, 카를(Carl Schmitt). 2012. 『정치적인 것의 개념』. 김효전 외 옮김. 파주: 살림.
아렌트, 한나(Hanna Arendt). 2006. 『예루살렘의 아이히만』. 김선욱 옮김. 파주: 한길사.
아스만, 알레이다(Aleida Assmann). 2011. 『기억의 공간』. 변학수·채연숙 옮김. 서울: 그린비.
알렉산더, 제프리(Jeffrey Alexander). 2007. 『사회적 삶의 의미』. 박선웅 옮김. 파주: 한울.
알렉시예비치, 스베틀라나(Svetlana Alexievich). 2015. 『전쟁은 여자의 얼굴을 하지 않았다』. 박은정 옮김. 파주: 문학동네.
어거스틴, S. T.(Aurelius Augustinus). 1991. 『참회록』. 오병학·임근선 옮김. 서울: 예찬사.
오버도퍼, 돈(Don Oberdorfer). 2002. 『두 개의 한국』. 이종길 옮김. 서울: 길산.
오웰, 조지(George Orwell). 2022. 『1984』. 정희성 옮김. 서울: 민음사.
올릭, 제프리(Jeffrey Olick). 2011. 『기억의 지도』. 강경이 옮김. 서울: 옥당.
와다 하루키(和田春樹). 2002. 『북조선: 유격대국가에서 정규군국가로』. 서동만·남기정 옮김. 파주: 돌베개.
＿＿＿. 2014. 『북한현대사』. 남기정 옮김. 파주: 창비.
이민진(Min Jin Lee). 2018. 『파친코』. 이미정 옮김. 파주: 문학사상.
이창래(Chang Rae Lee). 2013. 『생존자』. 정영목 옮김. 서울: 알에이치코리아.
장혁주. 2018. 『무궁화』. 장세진 옮김. 서울: 소명.
진, 하워드(Howard Zinn). 2002. 『달리는 기차 위에 중립은 없다』. 유강은 옮김. 서울: 이후.
＿＿＿. 2013. 『역사를 기억하라』. 윤태준 옮김. 파주: 오월의봄.
천잉전(陳映眞). 2011. 『충효공원』. 주재희 옮김. 서울: 문학과지성사.
카, E. H.(Edward Hallet Carr). 2015. 『역사란 무엇인가』. 김택현 옮김. 서울: 까치.
커밍스, 브루스(Bruce Cumings). 1986. 『한국전쟁의 기원·上』. 김주환 옮김. 서울: 청사.
＿＿＿. 2017. 『브루스 커밍스의 한국전쟁』. 조행복 옮김. 서울: 현실문화.
켈드, 케네스(Kenneth Keld). 2021. 『후크고지의 영웅들』. 정광제·김용필 옮김. 인천: 타임라인.
크로스비, 필립(Philip Crosbie). 2003. 『기나긴 겨울: 한 선교 사제의 한국전쟁 포로 수기』. 허종열 옮김. 서울: 가톨릭출판사.
키건, 존(John Keegan). 2005. 『전쟁의 얼굴』. 정병선 옮김. 파주: 지호.
투투, 데즈먼드[투투, 데스몬드(Desmond Mpilo Tutu)]. 2009. 『용서 없이 미래 없다』. 홍종락 옮김. 서울: 홍성사.
파이필드, 애나(Anna Fifield). 2019. 『김정은 평전: 마지막 계승자』. 이기동 옮김. 서울: 프리뷰.
푸코, 미셸(Michel Foucault). 2015. 『사회를 보호해야 한다: 콜레주드프랑스 강의 1975-76』. 김상운 옮김. 서울: 난장.
하진(Hajin). 2008. 『전쟁 쓰레기』. 왕은철 옮김. 서울: 시공사.

해리슨, 셀리그(Selig Harrison). 2003. 『셀리그 해리슨의 코리안 엔드게임』. 이홍동 외 옮김. 서울: 삼인.
허먼, 주디스(Judith Herman). 2022. 『트라우마』. 최현정 옮김. 파주: 사람의집.
_____. 2024. 『진실과 회복』. 김정아 옮김. 파주: 북하우스.
허시, 허버트(Herbert Hirsch). 2009. 『제노사이드와 기억의 정치』. 강성현 옮김. 서울: 책세상.
호네트, 악셀(Axel Honneth). 2011. 『인정투쟁: 사회적 갈등의 도덕적 형식론』. 문성훈 외 옮김. 서울: 사월의책.
홉스, 토마스(Thomas Hobbes). 2008. 『리바이어던』. 진석용 옮김. 파주: 나남.
후지와라 가즈키(藤原和樹). 2023. 『한국전쟁에서 싸운 일본인: 일급비밀 공개로 드러난 일본인의 한국전쟁 참전 기록』. 박용준 옮김. 서울: 소명출판.
히긴스, 마거릿(Marguerite Higgins). 2009. 『자유를 위한 희생』. 이현표 옮김. 파주: 코러스.

Acemoglu, Daron and James A. Robinson. 2012. *Why nations fail: The origins of power, prosperity and poverty*. London: Profile.
Agamben, Giorgio. 1998. *Homo Sacer: Sovereign Power and Bare Life*. California: Standford University Press.
Alexander, Ingrid and Sabine Luck. 2016. *Ahnen auf die Couch: Den Generation-Code[R] entschlusseln und vererbte Wunden heilen*. Scorpio Verlag.
Alexander, Jeffrey et al. 2004. *Cultural Trauma and Collective Identity*. University of California Press.
Arendt, Hannah. 1964. *Eichmann in Jerusalem: A Report on the Banality of Evil*. New York: Penguin Books.
_____. 1965. *On Revolution*. New York: The Viking Press.
_____. 1968. *The Origins of Totalitarianism*. New York: Harcourt Brace Jovanovich Publishers.
Assmann, Aleida. 2008. "Canon and Archive." A. Erll and A. Nunning(eds.) *Cultural Memory Studies: An International and Interdisciplinary Handbook*. New York: Walter de Gruyter.
Bauman, Zygmunt. 2009. *Liquid Fear*. Cambridge: Polity Press.
Beiner, Guy. 2018. *Forgetful Remembrance: Social Forgetting and Vernacular Historiography of a Rebellion in Ulster*. Oxford University Press.
De Mesquita, Bruce Bueno, Alastair Smith, Randolph M. Silverson, and Janes D. Morrow. 2004. *The Logic of Political Survival*. Cambridge: The MIT Press.
Dean, Chuck. 2000. *Nam Vet*. Seattle, WA: WordSmith Publishing.
Dean, General William F. and William L. Worden. 1954. *General Dean's Story*. New York: VikingPress.
Derrida, J. 2005. *Pardonner: l'impardonnable et l'imprescriptible*. L'Herne.

Engelhardt, Tom. 2007. *The End of Victory Culture: Cold War America and the Disillusioning of a Generation*. Amherst: Univ. of Massachusetts Press.

Erikson, Kai. 1976. *Everything in Its Path: Destruction of Community in the Buffalo Creek Flood*. New York: Simon and Schuster.

Frankl, Victor. 2006. *Man's Search for Meaning*. MA: Beacon Press [orig. 1946 in German].

Galtung, Johan. 1996. *Peace by Peaceful Means*. London: Sage Publications.

Giddens, Anthony. 1981. *A Contemporary Critique of Historical Materialism*. London: Macmillan.

Habermas, Jurgen. 1989. *The Structural Transformation of the Public Sphere: An Inquiry into a Category of Bourgeois Society*. Thomas Burger(trans.). Cambridge: Polity [orig. 1962 in German].

Halbwachs, Maurice. 1980. *The Collective Memory*. F. Ditter and Ditter(trans.). New York: Harper Colophon [orig. 1925].

Herman, Judith L. 1992. *Trauma and Recovery: The Aftermath of Violence From Domestic Abuse to Political Terror*. New York: Basic Books.

Hirsch, Herbert. 1995. *Genocide and the Politics of Memory*. Chapel Hill: The University of North Carolina Press.

Hobsbawm, Eric. 1995. *Age of Extremes: The Short Twentieth Century, 1914-1991*. London: Abacus.

Jenkins, Charles. 2008. *The Reluctant Communist: My Desertion Court-Martial, and Forty-year Imprisonment in North Korea*. University of California Press.

Kant, Immanuel. 1939. *Perpetual peace*. Columbia University Press [orig. 1795 in German].

Kim, Eleana J. 2020. *Adopted territory: Transnational Korean adoptees and the politics of belonging*. Duke University Press.

Kim, Elizabeth. 2000. *Ten Thousand Sorrows: The Extraordinary Journey of a Korean War Orphan*. New York: Doubleday.

Kirby, Dianne(ed.). 2003. *Religion and the Cold War*. University College London.

Klein, Christina. 2003. *Cold War Orientalism: Asia in the Middlebrow Imagination, 1945-1961*. Berkeley University of California Press.

Kolk, Van der. 2014. *The Body Keeps the Score: Brain, Mind, and Body in the Healing of Trauma*. New York: Penguin Books.

Kovel, Joel. 1994. *Red Hunting in the Promised Land: Anticommunism and the Making of America*. New York: Basic Books.

Kulka, R. A., William Schlenger et al. 1990. *Trauma and the Vietnam War generation: Report of findings from the National Vietnam Veterans Readjustment Study*. New York: Brunner/Mazel.

Laub, D. 1995. "Truth and Testimony: The Process and The Struggle." *Trauma:*

Explorations in Memory. Cathy Caruth(ed.). Baltimore: Johns Hopkins UP.
Lewin, Kurt. 1948. *Resolving Social Conflicts: Selected Papers on Group Dynamics*. New York: Harper & Bros..
Margalit, Avishai. 2002. *The ethics of memory*. Harvard University Press.
Martin, Michael. 2001. "Out of the Past: Episodic Recall as Retained Acquaintance." *Time and Memory: Issues in Philosophy and Psychology*. Oxford: Oxford University Press.
McNally, Richard J. 2003. *Remembering Trauma*. Cambridge, MA.: Belknap Press.
Meinong, Alexis. 1973. "Toward an Epistemological Assessment of Memory." *Empirical Knowledge: Readings from Contemporary Sources*. Englewood Cliffs, New Jersey: Prentice Hall.
Neisser, Ulric(ed.). 1982. *Memory Observed: Remembering in Natural Contexts*. San Francisco: W. H. Freeman.
Nora, Pierre. 1989. *Les Lieux de Mémoire*. Paris: Gallimard.
Nouwen, Henry J. M. 1972. *The Wounded Healer: Ministry in Contemporary Society*. New York: Doubleday.
Ricoeur, Paul. 2004. *Memory, History, Forgetting*. Kathleen Blamey and David Pellauer(trans.). Chicago: University of Chicago Press.
Schacter, Daniel. 1997. *Searching for Memory*. New York: Basic Books.
Schutz, Barry M. and Robert O. Slater. 1990. *Revolution and Political Change in the Third World*. London: Adanmantine Press.
Shriver, Donald. 1995. *An Ethic for Enemies: Forgiveness in Politics*. New York: Oxford University Press.
Tedeschi, Richard and Lawrence Calhoun. 1995. *Trauma and Transformation*. Sage.
Tilly, Charles. 1986. "War Making and State Making as Organized Crime." Peter Evans et al.(ed.) *Bringing the State Back in*. Cambridge: Cambridge University Press.
_____. 1990. *Coercion, Capital, and European States A.D. 990~1990*. Oxford: Blackwell.
Weathersby, Kathryn. 1993. *Soviet Aims in Korea and the Origins of the Korean War, 1945-1950: New Evidence from Russian Archives*. Working Paper No. 8, Cold War International History Project. Washington, DC: Woodrow Wilson International Center for Scholars.
Weber, Max. 1948. "Politics as a Vocation." H. H. Gerth and C. W. Mills(eds.). *From Max Weber*. Oxford: Oxford Univ. Press.
Wiesel, Elie. 1990. *From the Kingdom of Memory: Reminiscences*. New York: Summit.
Wilde, Oscar. 2013 [1888]. *The Selfish Giant*. New York: Sky Pony Press.
Wolynn, Mark. 2017. *It Didn't Start with You: How Inherited Family Trauma Shapes Who We Are and How to End the Cycle*. Penguin.
Wueste, Daniel. E. 1994. "Role moralities and the problem of conflicting obligations."

Professional Ethics and Social Responsibility. Lanham: Rowman & Littlefield.

武田晴人. 2020. "戦後日本の経済復興と朝鮮戦争."『朝鮮戦争と戦後日本』. 東京: 現代史料出版.
北杜夫. 1958. "浮漂." ≪文芸首都≫ 27(9). 東京: 文芸首都社.
石丸安蔵. 2013. "朝鮮戦争と日本の関わり: 忘れ去られた海上輸送."『朝鮮戦争と日本』. 防衛研究所.
安田武·有山大五 編. 1981.『近代戦争文学』. 国書刊行会.
月刊イオ編集部. 2022.『新版 日本の中の外国人学校』. 東京: 明石書店.

2. 북한 원전

강철. 2013. 「맑은 시내 흐르는 곳」.『조선문학 7』. 평양: 문예출판사.
강홍수 외. 2003.『위대한 수령 김일성원수님 혁명력사 고등중학교 제4학년용』. 평양: 교육도서출판사.
김병철. 2015.『미제의 조선침략일지』. 평양: 과학백과사전출판사.
김보행. 1982.『녀당원』. 평양: 문예출판사.
김일성. 1946.『김일성전집』4권. 평양: 조선로동당출판사.
_____. 1953a.『김일성 선집』제3권. 평양: 조선로동당출판사.
_____. 1953b.『김일성 선집』제4권. 평양: 조선로동당출판사.
_____. 1980.『김일성 저작집』제5권, 제6권, 제9권. 평양: 조선로동당출판사.
_____. 1982.『김일성 저작집 18. 1964.1~1964.12』. 평양: 조선로동당출판사.
_____. 1992.『세기와 더불어』제2권. 평양: 조선로동당출판사.
_____. 1995.『김일성 전집 12』. 평양: 조선로동당출판사.
_____. 1996.『김일성 저작집 44. 1992.12~1994.7』. 평양: 조선로동당출판사.
김정일. 1992.『주체문학론』. 평양: 조선로동당출판사.
_____. 2012.『김정일 전집』제2권. 평양: 조선로동당출판사.
김찬홍. 1957. 「미국비행사와 그의 세균부대」.『아동문학 제7호』. 평양: 조선작가동맹출판사.
리기영. 1954. 「강안마을」.『조선문학 8』. 평양: 조선작가동맹출판사.
리철권. 2007. 「조국해방전쟁시기 미제의 세균전을 짓부시기 위한 우리 인민의 투쟁」.『력사과학 3』. 평양: 과학백과사전출판사.
박득준·김적봉 엮음. 1987.『조선통사 下』. 평양: 사회과학출판사.
원영수·윤금철·김영범. 2010.『침략과 범죄의 력사』. 평양: 평양출판사.
윤기덕. 1991.『수령형상문학』. 평양: 문예출판사.
윤세평. 1960. 「한설야와 그의 문학」.『현대작가론 2』. 평양: 조선작가동맹출판사.
전장길. 2004.『국어: 초급중학교 제1학년』. 평양: 교육도서출판사.
정기종. 1992.『조선의 힘』. 평양: 문예출판사.
조선민주주의인민공화국 사회과학원 문학연구소. 1959.『조선문학통사 下』. 평양: 과학원출판사.
조선인민군 총정치국. 1951. 『전투원들에게 주는 노래집』 2권.
한상유 외. 2000. 『공산주의도덕: 고등중학교 제3학년용』. 평양: 교육도서출판사.
한설야. 1960. 『한설야선집 8』. 평양: 조선작가동맹출판사.
함덕일. 1987. 『조국해방전쟁시기 음악예술』. 평양: 사회과학출판사.
허성철. 2002. 『미제와 일제의 조선침략죄행(1930~1990년대): 중학교 6』. 평양: 교육도서출판사.
황건. 1952. 『불타는 섬』. 평양: 문화전선사.
『조선중앙년감 1951-1952』. 1952. 평양: 조선중앙통신사.
『조선중앙년감 1959』. 1959. 평양: 조선중앙통신사.
『조선중앙년감 下 1950』. 1950. 평양: 조선로동당출판사.
≪조쏘문화≫. 1949. 5. "민족문화발전의 새단계: 조쏘협정에 관련하여."
≪로동신문≫. 1957. 1. 9. "우리나라 로동 운동에서 종파가 끼친 해독성."
_____. 2023. 5. 15. "극악한 인간도살자의 반인륜적 범죄."
_____. 2024. 3. 9. "무고한 사람들의 붉은 피가 하나의 지층을 이룬 땅."

3. 연구 논문

강우창·이준호. 2024. 「오인과 과장 사이: 한국 유권자의 정서적 양극화에 대한 종단 분석 (2000년~2022년)」. ≪한국정치학회보≫ 제58집 1호, 7~32쪽.
강인철. 2008. 「남한의 월남 개신교인들: 반공주의와 민주주의에 미친 차별적 영향」. ≪종교문화비평≫ 제13집, 131~156쪽.
_____. 2021. 「한국전쟁과 천주교 반공주의: 역사적 변동과 비판적 성찰」. ≪교회사학≫ 제19호, 281~320쪽.
강진호. 2004. 「한국 반공주의의 소설·사회학적 기능」. ≪한국언어문학≫ 제52집, 313~343쪽.
강채연. 2021. 「1950년대 북한의 전쟁고아정책: 혼돈의 시기, 그 너머」. ≪한국동북아논총≫ 제26권 1호, 131~152쪽.
강혜석. 2019. 「북한의 민족건설과 두 개의 '민족론': '통일론'과의 긴장을 중심으로」. ≪한국정치학회보≫ 제53집 1호, 127~155쪽.
공임순. 2021. 「1958년 북한 발(發) '고아 구제' 담화와 남한/일본에서의 북한행 역진: 한국전쟁과 고아 심리/선전전 ①」. ≪상허학보≫ 제61호, 133~181쪽.
공준환. 2015. 「한국전쟁기 민간인 피해조사의 사회학적 연구」. 서울대학교 석사학위논문.
구본경. 2020. 「북한이탈주민의 '함께살이' 목회상담 연구: 한국인의 역사적 집단 트라우마를 중심으로」. 이화여대 박사학위논문.
권오국. 2024. 「북한의 대남 심리전 사례연구: 2016년 살포된 '삐라'를 중심으로」. ≪정치정보연구≫ 제27권 1호, 31~61쪽.
권윤경. 2015. 「기억의 경쟁에서 기억의 연대로: 홀로코스트와 프랑스 탈식민화 기억의 다방향적 접합」.《역사비평》 제113호, 370~397쪽.
권채린. 2016. 「한국전쟁기 외국인 참전 수기 연구」.《어문론총》 제68집, 109~132쪽.
권혁태. 2007. 「'재일조선인'과 한국사회: 한국사회는 재일조선인을 어떻게 '표상'해왔는가」.《역사비평》 제78집, 234~267쪽.
기광서. 2002. 「해방 후 소련의 대한반도정책과 스티코프의 활동」.《중소연구》 제26권 1호, 161~192쪽.
_____. 2007. 「한국전 개입에 나타난 스탈린의 역할 실상」.《군사》 제63집, 87~112쪽.
_____. 2019. 「한국전쟁 개시 이후 남한 정계인사들의 월북·납북에 관한 고찰」.《통일문제연구》 제31권 1호, 1~36쪽.
_____. 2020. 「전쟁 시기 남한 정치인들의 월북, 납북」.《기독교사상》 제738집, 11~20쪽.
김귀옥. 2001. 「북한은 이산가족 문제를 어떻게 인식해왔을까」.《경제와 사회》 제49집, 135~136쪽.
_____. 2010a. 「냉전시대의 경계에 선 사람들: 월남자·월북자·납북자」.《황해문화》 제67권 2호, 46~68쪽.
_____. 2010b. 「분단과 전쟁의 디아스포라: 재일조선인 문제를 중심으로」.《역사비평》 제91집, 53~93쪽.
_____. 2012. 「한국전쟁기 한국군에 의한 성폭력의 유형과 함의」.《구술사연구》 제3권 2호, 7~37쪽.
김동춘. 2012. 「'간첩 만들기'의 전쟁정치: 지배질서로서 유신체제」.《민주사회와 정책연구》 제21집, 146~174쪽.
김명섭. 2016. 「6·25전쟁 연구동향과 전망」.《군사》 제100호, 229~260쪽.
김명희. 2021. 「5·18 집단트라우마 연구방법론과 새로운 진단 기준: 과거 청산의 과학사회학을 향하여」.《경제와 사회》 제130호, 347~391쪽.
김문정. 2007. 「해방기 북한 단편 소설에 투영된 소련 이미지 연구」.《비교문학》 제42호, 71~90쪽.
김민선. 2017. 「생물화학무기와 침묵의 기억들」.《동악어문학》 제71집, 49~82쪽.
김병로. 2000. 「한국전쟁의 인적 손실과 북한 계급정책의 변화」.《통일정책연구》 제9권 1호, 219~242쪽.
김보미. 2014. 「미군정기 정치적 의사소통 구조와 여론조사」.《사회와 역사》 제103집, 279~321쪽.
김상덕. 2022. 「정의로운 평화 개념의 이론적 고찰」.《한국기독교신학논총》 제124집, 169~202쪽.
김상숙. 2021. 「한국전쟁 전후 여성 민간인 학살과 전시 성폭력 : 1기 진실화해위원회 보고서 기록을 중심으로」.《사회와 역사》 제131집, 61~100쪽.
김석웅. 2021. 「5·18민주화운동 유가족 1세대 및 2세대의 집단트라우마」.《민주주의와 인권》 제21권 3호, 97~143쪽.
김성호. 1991. 「농지개혁연구」.《국사관논총》 제25집, 177~214쪽.
김소영. 2014. 「바실카 니키포로바의 회고록으로 본 6·25전쟁 발발 직후 북한과 불가리아의 협력관계」.《중동유럽한국학회지》 제15집, 21~48쪽.

김신약. 2019. 「한국 개신교의 제주4·3사건 인식 연구」. 장로회신학대학원 석사학위논문.
김아람. 2023. 「납북귀환어부와 그 가족의 복합적·장기적 피해와 회복 문제」. ≪개념과소통≫ 제32집, 73~110쪽.
김엘림. 2021. 「6·25전쟁기 여성의 참전과 그들의 전쟁 경험: 페미니스트 안보연구의 접근」. 서울대학교 석사학위논문.
김왕식. 1994. 「미군정 경찰의 정치적 위상」. ≪한국문화연구원논총≫ 제65권 1-2호, 201~229쪽.
김원중. 2010. 「역사기억법(2007)과 스페인의 과거사 청산 노력에 대하여」. ≪이베로아메리카연구≫ 제21권 1호, 193~220쪽.
김은정. 2012. 「석윤기의 『시대의 탄생』과 『전사들』에 나타난 한국전쟁 수용양상」. ≪국제어문≫ 제54집, 503~533쪽.
_____. 2013. 「삐라와 문학의 공통감각: 한국전쟁기 북한 삐라를 중심으로」. ≪국제어문≫ 제59집, 293~320쪽.
_____. 2021. 「사회주의적 불멸과 영생: 북한의 총서 『불멸의 력사』, 『불멸의 향도』, 『불멸의 려정』과 수령형상문학 『우리의 하늘』을 중심으로」. ≪세계문학비교연구≫ 제77집, 5~30쪽.
김정호. 1996. 「기억과 의식」. ≪인지과학≫ 제7권 3호, 81~113쪽.
김종군. 2018. 「분단체제 속 국가폭력과 분단 트라우마의 혼재: 속초지역의 사례」. ≪통일인문학≫ 제74집, 5~37쪽.
김종민. 1998. 「제주4·3항쟁: 대규모 민중학살의 진상」. ≪역사비평≫ 제41집, 27~52쪽.
김주경. 2023. 「갈등유형이 갈등인식에 미치는 영향요인에 관한 연구: 정치이념의 조절효과를 중심으로」. ≪분쟁해결연구≫ 제21권 1호, 5~34쪽.
김주용. 2021. 「1920년 간도 한인(조선인) 제노사이드에 동원된 한인 경찰」. ≪지방사와 지방문화≫ 제24권 2호, 31~64쪽.
김진욱·허재영. 2018. 「인정을 위한 저항: 태극기집회의 감정동학」. ≪한국정치학회보≫ 제52권 2호, 53~80쪽.
김진환. 2011. 「빨치산, 역사의 격랑에 선 사람」. ≪역사비평≫ 제94집, 298~328쪽.
김태우. 2010. 「한국전쟁 초기 미 공군의 북한지역 공중폭격」. ≪한국민족운동사연구≫ 제64집, 359~400쪽.
_____. 2015. 「한국전쟁 연구 동향의 변화와 과제, 1950~2015」. ≪한국사학사학보≫ 제32권, 325~364쪽.
_____. 2023. 「한국전쟁기 조지프 니덤의 세균전 국제과학조사단 참여동기와 주요 역할」. ≪의사학≫ 제32권 3호, 1005~1041쪽.
김필남. 2012. 「1950년대 국민국가 만들기와 상이군인의 '몸'」. ≪한국문학논총≫ 제60집, 323~347쪽.
나상철. 2019. 「한국전쟁기 공산군의 유엔군 포로 관리와 성격」. ≪군사연구≫ 제148호, 143~178쪽.
민혜숙. 2009. 「영화 <실미도>의 대중성 연구」. ≪현대문학이론연구≫ 제37집, 289~310쪽.
박명림. 1995. 「누가 한국전쟁을 시작하였는가?」. ≪한국정치학회보≫ 제28권 2호, 81~132쪽.

_____. 2006. 「한국전쟁, 6·25 용어 사용과 기억방식에 관한 단상」. ≪역사비평≫ 제74집, 321~328쪽.

박영실. 2018. 「중국인민지원군, 가장 사랑스러운 사람들?」. ≪내일을 여는 역사≫ 제71·72 합본호, 228~242쪽.

박은영. 2007. 「한국전쟁 관련 교과서 비교 분석: 남·북한, 미국, 중국 교과서를 중심으로」. 경희대학교 교육대학원 석사학위논문.

박종현. 2021. 「6·25전쟁 시기 한국경찰의 역할과 호국정신」. ≪정신전력연구≫ 제66집, 147~193쪽.

박형준. 2020. 「로동신문을 통해 본 김일성 시기 북한의 대미 인식 연구」. ≪세계지역연구논총≫ 제38권 4호, 103~136쪽.

박효선. 2022. 「제대군인에 대한 사회적 존중과 예우 관련 정책의 필요성과 확산방안」. ≪한국보훈논총≫ 제21권 4호, 157~184쪽.

반병률. 2013. 「여운형의 활동을 통해 본 상해지역 초기 한인공산주의 조직의 형성과 변천에 대한 재해석, 1919~1921」. ≪한국독립운동사연구≫ 제45집, 193~252쪽.

백민정. 2018. 「대전 지역 6·25전쟁 체험담의 유형별 특성과 존재 양상」. ≪어문연구≫ 제95집, 121~161쪽.

서선경. 2021. 「김정은 시기 북한당국이 억류한 한국 국적자 6인 송환방안 연구」. 연세대학교 석사학위논문.

성강현. 2016. 「거제도포로수용소의 9·17폭동 연구」. ≪한국민족운동사연구≫ 제86집, 201~240쪽.

성동민. 2004. 「남북한 전시소설 연구: 스토리 유형을 중심으로」. 동국대학교 박사학위논문.

션즈화(沈志華). 2000. 「중국의 한국전쟁 참전결정에 대한 평가: 50년 후 한국전쟁 역사에 대한 고찰과 회고」. ≪신아세아≫ 제7권 2호, 86~110쪽.

_____. 2023. 「동상이몽: 한국전쟁 시기 중국과 북한의 동맹관계」. ≪한국과 국제정치≫ 제39권 1호, 205~230쪽.

소현숙. 2018. 「전쟁고아들이 겪은 전후: 1950년대 전쟁고아 실태와 사회적 대책」. ≪한국근현대사연구≫ 제84집 1호, 321~351쪽.

손석춘. 2015. 「영화 <월미도>와 소설 <불타는 섬>의 서사적 효과」. ≪문학치료연구≫ 제37호, 203~228쪽.

손호철. 1990. 「한국전쟁과 이데올로기 지형: 국가, 지배연합, 이데올로기」. ≪한국과 국제정치≫ 제6권 2호, 1~27쪽.

송용원. 2017. 「프로테스탄트 공동선을 찾아서」. ≪장신논단≫ 제49권 1호, 37~63쪽.

안교성. 2017. 「한국기독교의 평화담론의 유형과 발전에 관한 연구: 동북아시아의 지역적 맥락을 중심으로」. ≪장신논단≫ 제49권1호, 197~223쪽.

양현혜. 2024a. 「한경직의 '퓨리턴적 신앙'과 정치의식 연구」. ≪신학사상≫ 제204집, 241~285쪽.

_____. 2024b. 「한국 개신교의 전쟁 인식 및 대응에 관한 유형론적 연구: '15년 전쟁, 한국전쟁, 베트남전쟁을 중심으로」. ≪종교연구≫ 제84권 1호, 39~74쪽.

양홍석. 2019. 「지역주의에서 인종주의로」. ≪세계역사와 문화연구≫ 제52집, 269~301쪽.

여현철. 2018. 「전시 납북자 가족의 생애사 연구: 납북자 가족의 피해 경험을 중심으로」. 고려대학교 대학원 박사학위논문.

오미영. 2021. 「북한신문에 나타난 북한 전쟁고아의 해외양육에 관한 연구」. ≪평화통일연구≫ 제3호, 15~39쪽.

오태봉. 2012. 「북한이탈주민의 6·25전쟁에 관한 인식: 입남후 변화와 정책적 제언을 중심으로」. 연세대학교 석사학위논문.

오태영. 2023. 「한국전쟁과 여성 포로 표상의 젠더 정치」. ≪현대문학의연구≫ 제81집, 49~98쪽.

옥창준. 2024. 「'잊힌 전쟁'과 '알려지지 않은 전쟁' 사이에서 - 미국 학계의 한국전쟁 연구 동향과 미국 한국학」. ≪한국사학사학보≫ 제50집, 115~147쪽.

우성민. 2022. 「'동북공정' 전후 중국 역사교과서의 한국사 인식과 서술 변화에 대한 검토」. ≪동북아역사논총≫ 제78집, 7~90쪽.

유서현. 2020. 「한국전쟁과 '빨치산 전쟁'」. ≪한국현대문학연구≫ 제61집, 43~77쪽.

유임하. 2013. 「'전승 60주년'과 북한문학의 표정」. ≪돈암어문학≫ 제26집, 7~35쪽.

윤석준. 2012. 「잊혀진 아이들을 기억하기: 동유럽으로 간 북한의 전쟁고아들」. ≪내일을 여는 역사≫ 제74집, 226~235쪽.

윤은석. 2019. 「전쟁 영웅에서 어둠의 영웅으로, 그리고 다시 국가의 영웅으로: 상이군인 이천석 목사를 중심으로」. ≪ACTS 신학저널≫ 제40집, 101~139쪽.

윤인선. 2018. 「한국전쟁 외국인 선교사 수기 연구: 전쟁 중 종교를 통한 타자 만들기와 타자들의 공동체」. ≪문학과 종교≫ 제23집, 131~150쪽.

윤철홍. 2019. 「통일 후 북한의 소유제도 재편 방향」. ≪법학논총≫ 제44집, 53~90쪽.

윤충로. 2009. 「구술을 통해 본 베트남전쟁: 참전군인의 전쟁경험과 기억을 중심으로」. ≪사회과학연구≫ 제17권 1호, 228~263쪽.

이경은. 2017. 「국제입양에 있어서 아동권리의 국제법적 보호」. 서울대학교 박사학위논문.

이나영. 2022. 「김학순의 공개증언과 일본의 시민운동: 말하는 자와 듣는 자가 만들어낸 파장」. ≪젠더와 문화≫ 제15권 1호, 109~145쪽.

이령경. 2003. 「한국전쟁 전후 좌익 관련 여성유족의 경험 연구」. 성공회대학교 석사학위논문.

이삼성. 2013. 「한국전쟁과 내전: 세 가지 내전 개념의 구분」. ≪한국정치학회보≫ 제47권 5호, 297~319쪽.

이선우. 2024. 「전후 '반공포로'의 탄생과 남한 정착의 실상」. ≪사림≫ 제88집, 33~74쪽.

이성근. 1985. 「해방직후 미군정치하의 여론동향에 관한 분석」. ≪국제정치논총≫ 제25집, 119~131쪽.

이수정. 2010. 「국가 판타지와 가족의 굴레: 월북자 가족의 남한 국민되기」. ≪비교문화연구≫ 제16권 1호, 163~193쪽.

이신철. 2003. 「6·25남북전쟁 미귀환 국군포로 문제의 시론적 고찰」. ≪사림≫ 제20집, 87~125쪽.

_____. 2004. 「6·25 남북전쟁시기 이북지역에서의 민간인 학살」. ≪역사와현실≫ 제54집, 131~170쪽.

_____. 2006. 「월북과 납북」. ≪역사비평≫ 제75호, 296~304쪽.
이영미. 2016. 「북한의 역사교육과 문학교육의 내적 상관성」. ≪국제어문≫ 제68집, 189~209쪽.
이용수. 2021. 「남북 이산가족 문제에 대한 코리언의 문학적 상상력과 치유의 길」. ≪통일인문학≫ 제88집, 5~42쪽.
이임하. 2000. 「한국전쟁이 여성생활에 미친 영향: 1950년대 '전쟁 미망인'의 삶을 중심으로」. ≪역사연구≫ 제8집, 9~55쪽.
이재훈. 2019. 「새로운 시각으로 보는 북한사, 북소관계: 기광서 저. 『북한 국가의 형성과 소련』」. ≪군사≫ 제111호, 291~304쪽.
이정현. 2016. 「타자의 시선으로 재현한 한국전쟁 서사화 양상 연구: 하진, 모레모 두란, 제임스 설터의 소설을 중심으로」. ≪어문논집≫ 제68집, 203~227쪽.
이하나. 2017. 「북한 '반간첩영화'에 나타난 냉전 이미지와 냉전형 인간」. ≪현대북한연구≫ 제20권 2호, 38~92쪽.
이해성. 2014. 「폴란드에 남겨진 북한 전쟁고아의 자취를 찾아서」. ≪중동유럽한국학회지≫ 제15집, 99~129쪽.
이해영. 2004. 「칼 슈미트의 정치사상: '정치적인 것'의 개념을 중심으로」. ≪21세기정치학회보≫ 제14권 2호, 1~25쪽.
이현진. 2013. 「분단의 표상, 간첩: 2000년대 간첩영화의 간첩 재현 양상」. ≪씨네포럼≫ 제17호, 73~104쪽.
이혜연. 2018. 「한국사회에서 '빨갱이 담론'의 형성과 의미 변화」. 한양대학교 석사학위논문.
임세화. 2016. 「'포로'라는 이념: 한국전쟁 '포로서사'와 '자기구성'의 가능성」. ≪상허학보≫ 제46집, 63~116쪽.
임종명. 2016. 「지리산 지구 빨치산 전쟁 시기 신문 지면의 빨치산 여성성 표상」. ≪역사학연구≫ 제61집, 191~226쪽.
장도경·김영석·황정남·주은우. 2021. 「민간 대북전단의 목적과 효과 연구」. ≪통일정책연구≫ 제30권 2호, 29~57쪽.
장세진. 2012. 「트랜스내셔널리즘, (불)가능 그리고 재일조선인이라는 예외상태: 재일조선인의 한국전쟁 관련 텍스트를 중심으로」. ≪동방학지≫ 제157집, 37~77쪽.
_____. 2019. 「기지의 '평화'와 전장의 글쓰기: 장혁주의 한국전쟁 관련 텍스트(1951~1954)를 중심으로」. ≪대동문화연구≫ 제107집, 55~88쪽.
장신. 2009. 「조선총독부의 경찰 인사와 조선인 경찰」. ≪역사문제연구≫ 제13권 2호, 145~183쪽.
전강수. 2010. 「평등지권과 농지개혁 그리고 조봉암」. ≪역사비평≫ 제91집, 298~328쪽.
전순영. 2020. 「한국전쟁기억의 화해적 재구성 연구」. 숭실대학교 박사학위논문.
_____. 2024. 「북한이탈주민의 관점으로 본 북한 시민사회의 실태」. ≪통일과평화≫ 제16권 1호, 261~298쪽.
전순영·김완기. 2020. 「트라우마 기억의 관점에서 분석한 보수 기독교인들의 태극기집회 참여 현상」. ≪기독교사회윤리≫ 제48집, 257~282쪽.
전영선. 2015. 「북한 문학에 나타난 역사 인식」. ≪현대사광장≫ 제6집, 30~51쪽.

전예목. 2021. 「6·25전쟁 시기 '세균전'설 제기 과정과 내막」. ≪군사≫ 제120호, 1~42쪽.

전정길. 1998. 「베트남전쟁에 대한 한국 개신교회의 입장과 활동」. 목원대학교 신학대학원 석사학위논문.

정근식. 2013. 「한국에서의 사회적 기억 연구의 궤적: 다중적 이행과 지구사적 맥락에서」. ≪민주주의와 인권≫ 제13권 2호, 347~394쪽.

정미경·김승용. 2018. 「한국 전쟁 참전 군인들의 전쟁과 삶에 대한 의미」. ≪비판사회정책≫ 제58집, 243~278쪽.

정병준. 2004. 「한국전쟁 초기 국민보도연맹원 예비검속·학살사건의 배경과 구조」. ≪역사와 현실≫ 제54집, 91~130쪽.

_____. 2019. 「최인훈의 『광장』과 중립국행 76인의 포로」. ≪역사비평≫ 제126집, 88~104쪽.

_____. 2022. 「공포와 관용: 한국전쟁기 부역자처벌의 이중성과 그 유산」. ≪역사와현실≫ 제123집, 337~390쪽.

정은숙. 2013. 「엘리자베스 김의 『만 가지 슬픔』에 나타난 혼혈입양인의 국가적·인종적 비체화」. ≪영어영문학≫ 제59권 1호, 123~148쪽.

정은이. 2009. 「재일조선인 귀국자의 삶을 통해서 본 북한체제의 재조명: 재일탈북자의 증언을 중심으로」. ≪아세아연구≫ 제137집, 189~227쪽.

정은진·김성우·이상은. 2021. 「언론에 노출된 대남삐라 사진의 영향 분석: 정서적·인지적 반응을 중심으로」. ≪한국사진학회지≫ 제47집, 101~115쪽.

정진아. 2013. 「한국전쟁기 좌익피해담의 재구성: 국가의 공식기억에 대한 도전」. ≪통일인문학≫ 제56집, 7~34쪽.

정한식. 1988. 「빨치산, 그 개인적 경험과 집단적 삶의 괴리: 이태 〈남부군〉」. ≪한국역사연구회회보≫ 제1집, 16~21쪽.

정호기. 2004. 「한국 과거청산의 성과와 전망: 과거청산 관련 국가기구의 활동을 중심으로」. ≪역사비평≫ 제69집, 238~261쪽.

제성호. 2008. 「남북정상회담과 국군포로·납북자 문제」. ≪전략연구≫ 제15권 1호, 143~179쪽.

_____. 2020. 「북한의 한국·외국인 강제 억류 실태와 대응책」. ≪북한≫ 제580호, 46~52쪽.

조성훈. 1997. 「한국전쟁 중 공산측의 유엔군 포로정책에 대한 연구」. ≪한국근현대사연구≫ 제6집, 217~266쪽.

조수룡. 2019. 「구소련 자료로 재구축한 북한의 국가 형성사: 기광서. 『북한 국가의 형성과 소련』」. ≪역사와현실≫ 제114호, 363~372쪽.

조영경. 2022. 「바진 소설 『단원』과의 서사비교를 통한 영화 〈영웅아녀〉의 이데올로기 탐색: 등장인물의 비중변화를 중심으로」. ≪중국문학연구≫ 제86호, 75~99쪽.

조항례. 2015. 「'내 생애 최고였던 빨치산 시절' 변숙현의 생애구술사」. 성공회대학교 석사학위논문.

조홍윤. 2020. 「터키 한국전쟁 참전용사 구술생애담에 나타난 한국인, 그 약자의 형상」. ≪한국학≫ 제43권 4호, 285~309쪽.

차승기. 2010. 「식민지 트라우마의 현재성」. ≪황해문화≫ 제68호, 10~25쪽.

차승주. 2011. 「남북한 교과서의 '한국전쟁' 관련 내용 비교 연구」. ≪북한학연구≫ 제7권 2호, 103~135쪽.
_____. 2024. 「통일교육의 정치철학적 기초: 공화주의를 중심으로」. ≪문화와 정치≫ 제11권 3호, 85~112쪽.
최성은. 2014. 「폴란드 사회주의리얼리즘 소설에 반영된 한국전쟁과 한국의 이미지」. ≪동유럽발칸연구≫ 제38권 2호, 113~152쪽.
최연실. 2007. 「남북이산가족의 적응에 관한 질적 고찰」. ≪가정과삶의질연구≫ 제25권 1호, 183~207쪽.
최윤철. 2023. 「한국전쟁에 동원된 일본의 활동 고찰」. ≪한일군사문화연구≫ 제37집, 94~118쪽.
최정기·양라윤. 2010. 「어떤 화해: 가해와 피해를 넘어서: 전남 영암군 구림마을의 경우」. ≪황해문화≫ 제67집, 69~85쪽.
최태육. 2015. 「남북분단과 6·25전쟁 시기(1945-1953) 민간인 집단희생과 한국기독교의 관계 연구」. 목원대학교 대학원 박사학위 논문.
테사 모리스-스즈키. 2011. 「북한행 엑서더스를 다시 생각한다」. ≪일본비평≫ 제4집, 186~203쪽.
하명실. 2017. 「제주도 하귀마을의 4·3경험과 치유과정 연구」. 제주대학교 석사학위논문.
한규무. 2005. 「허시모 사건의 경위와 성격」. ≪한국기독교와 역사≫ 제23호, 5~24쪽.
한모니까. 2013. 「'봉기'와 '학살'의 간극: 황해도 신천사건」. ≪이화사학연구≫ 제46집, 97~137쪽.
한성훈. 2023. 「북한의 해외동포정책 변화 과정」. ≪현대북한연구≫ 제26권 1호, 175~221쪽.
한홍구. 2008. 「대한민국, 1948년과 2008년」. ≪황해문화≫ 제60집, 10~31쪽.
허은경. 2016. 「북한의 재미동포정책 연구: 1973~1994」. 북한대학원대학교 박사학위논문.
홍순애. 2022. 「냉전의 기억, 한국전쟁기 북한 포로수용소 외국인 포로수기」. ≪현대문학이론연구≫ 제88집, 205~231쪽.
홍찬숙. 2021. 「사회이론의 관점에서 본 북한의 사회불평등」. ≪통일과평화≫ 제13권 2호, 279~322쪽.

Alexander, Jeffrey C. 2004. "Toward a Theory of Cultural Trauma." *Cultural Trauma and Collective Identity* 76/4: 620~639.
Assmann, Jan and John Czaplicka. 1995. "Collective Memory and Cultural Identity." *New German Critique* 65: 125~133.
Bjorck, J. P., W. Cuthbertson, J. W. Thurman and Y. S. Lee. 2001. "Ethnicity, Coping, and Distress Among Korean Americans, Filipino Americans, and Caucasian Americans." *The Journal of Social Psychology* 141: 421~442.
Boulding, Kenneth. 1977. "Twelve Friendly Quarrels with Johan Galtung." *Journal of Peace Research* 14/1: 75~86.
Bryant-Davis, Thema and Eunice C. Wong. 2013. "Faith to Move Mountains: Religious

Coping, Spirituality and Interpersonal Trauma Recovery." *American Psychologist* 68/8: 675~684.

Chung, M. Y., I. Suh, D. K. Kim and I. J. Jeong. 2005. "Prevalence of posttraumatic stress disorder in Korean veterans and an analysis of associated variables." *Psychiatry Investigation* 2: 8~17.

Dombo, Eileen A., Cathleen Gray and Barbara P. Early. 2013. "The trauma of moral injury: Beyond the battlefield." *Journal of Religion & Spirituality in Social Work, Social Thought* 32/3: 197~210.

Downes, Alexander B. 2007. "Introduction: modern insurgency and counterinsurgency in comparative perspective." *Civil Wars* 9/4: 313~323.

Drescher, Kent D. et al. 2011. "An exploration of the viability and usefulness of the construct of moral injury in war veterans." *Traumatology* 17/1: 8~13.

Galtung, Johan. 1972. "Divided Nations as a Process: One State, Two States, and In-Between: The Case of Korea." *Journal of Peace Research* 9/4: 345~360.

Gauthier, Brandon K. 2015. "A Tortured Relic: The Lasting Legacy of the Korean War and Portrayals of 'North Korea' in the US Media, 1953~1962." *Journal of American-East Asian Relations* 22/4: 343~367.

Helmick, Raymond C. 2008. "Seeing the Image of God in Others: Key to the Transformation of Conflicts." *Human Development* 29/2: 24~29.

Herman, Judith. 1998. "Recovery from psychological trauma." *Psychiatry and Clinical Neurosciences* 52/1: S98~S103.

Hirsch, Marianne. 2008. "The Generation of Postmemory." *Poetics Today* 29/1: 103~128.

Krieg, Anthea. 2009. "The Experience of Collective Trauma in Australian Indigenous Communities." *Australasian Psychiatry* 17: S28~S32.

Kristensen, Hans M. and Robert S. Norris. 2017. "A history of US nuclear weapons in South Korea." *Bulletin of the Atomic Scientists* 73/6: 349~357.

LaCapra, Dominick. 1999. "Trauma, Absence, Loss." *Critical Inquiry* 25/4: 696~727.

Leitenberg, Milton. 2016. "A Chinese admission of false Korean War allegations of biological weapon use by the United States." *Asian Perspective* 40/1: 131~146.

Lipton, Bruce H. 2001. "Nature, Nurture and Human Development." *Journal of Prenatal and Perinatal Psychology and Health* 16: 167~180.

Litz, Brett, Nathan Stein, Eileen Delaney, Leslie Lebowitz, William P. Nash, Caroline Silva and Shira Maguen. 2009. "Moral injury and moral repair in war veterans: A preliminary model and intervention strategy." *Clinical Psychology Review* 29/8: 695~706.

Loftus, Elizabeth F. and Jacqueline E. Pickrell. 1995. "The formation of false memories." *Psychiatric Annals* 25/12: 720~725.

Maguen, Shira, Brandon Nichter, Sonya B. Norman and Robert H. Pietrzak. 2023.

"Moral Injury and Substance use Disorders among US Combat Veterans: Results from the 2019-2020 National Health and Resilience in Veterans Study." *Psychological Medicine* 53/4: 1364~1370.

Morris-Suzuki, Tessa. 2012. "Post-War Warriors: Japanese Combatants in the Korean War." *The Asia- Pacific Journal* 10: 1~19.

Park, C. L. and S. Folkman. 1997. "Meaning in the Context of Stress and Coping." *Review of General Psychology* 1/2: 115~144.

Pennebaker, James W. 1989. "Confession, Inhibition, and Disease." *Advances in Experimental Social Psychology* 22: 211~244.

Shay, Jonathan. 1991. "Learning about combat stress from Homer's Iliad." *Journal of Traumatic Stress* 4/4: 561~579.

Smith, Hillary L., Berta J. Summers, Kirsten H. Dillon and Jesse R. Cougle. 2016. "Is worst-event trauma type related to PTSD symptom presentation and associated features?" *Journal of Anxiety Disorders* 38: 55~61.

Steger, Michael F. and Patricia Frazier. 2005. "Meaning in Life: One Link in the Chain from Religiousness to Well-being." *Journal of Counseling Psychology* 52/4: 574~582.

Van Alphen, Ernst. 2006. "Second-Generation Testimony, Transmission of Trauma, and Postmemory." *Poetics Today* 27/2: 473~488.

Weathersby, Kathryn. 1998. "Deceiving the deceivers: Moskow, Beijing, Pyongyang and the allegations of bacteriological weapons use in Korea." *Cold War International History Project Bulletin* 11: 176~185.

Yehuda, Rachel and Linda M. Bierer. 2007. "Transgenerational Transmission of Cortisol and PTSD Risk." *Progress in Brain Research* 167: 121~135.

Young, Charles S. 2015. "Name, Rank, and Serial Number: Korean War POWs and politics of limited war." *Journal of American History* 102/1: 294~295.

馬國正. 2007. 「反共・恐共・恐國？韓戰來台志願軍戰俘問題之研究」. 國立中正大學歷史學系究所碩士論文.

徐宏寬. 2016. 「〈不願/不能回家的戰俘〉 韓戰反共義士/志願軍戰俘來台經驗敘事分析」. 南革大學碩士論文.

4. 자료집과 보고서

6·25전쟁납북피해진상규명및납북피해자명예회복위원회. 2017. 「6·25전쟁 납북피해 진상조사보고서」. 서울: 6·25전쟁납북피해진상규명및납북피해자명예회복위원회.

공군본부. 2012. 『6·25 전쟁사료정보 3: 극동공군주간정보종합』.

곽윤경 외. 2023. 「사회통합 실태진단 및 대응방안(X): 공정성과 갈등 인식」. 세종: 한국보건

사회연구원.
국가보훈처. 2019. 「2019년 6·25 참전 유공자 발굴 사업 보고서」.
국방부. 1999. 「국군포로 문제: 실상과 대책」.
김귀옥. 2007. 「남북 이산가족의 현실과 통일의 미래」. 『한국사회학회 사회학대회 논문집』.
김명혁. 2014. 「부산총회 이후 WCC의 영성: 자연계에 대한 이해」. 『기독교학술원 제21회 영성포럼』 자료집(2014. 5. 2).
김병로·김학재·송원준·조동준·최은영·이정철. 2022. 「김정은 집권 10년 북한주민 통일의식」. 서울대학교 통일평화연구원.
남정옥. 2016. 「6·25전범재판의 필요성과 북한의 전범 혐의」. 『아무도 처벌받지 않은 6·25전쟁, 전범은 누구인가?』 포럼 자료집(2016. 6. 23). 서울: 자유경제원.
대통령기록관. 『대통령 이승만 박사 담화집』(연설일: 1956. 11. 24).
대한적십자사. 1976. 『이산가족백서』.
문화방송 시사제작국. 2002. 「<망각의 기억: 황해도 신천 사건> 제작보고서」.
박명수 외. 2021. 「한국전쟁 전후 기독교 탄압과 학살 연구 보고서」. 서울: 진실·화해를위한과거사정리위원회, 서울신학대학교 현대기독교역사연구소.
엄상윤. 2010. 「대북정책을 둘러싼 남남갈등 해소방안 연구보고서」. 세종연구소.
유엔 북한인권조사위원회. 2014. 『유엔 북한인권조사위원회 보고서』.
이금순. 2003. 「인권사안으로서의 납북자 문제」. 『납북자 관련 인권문제와 해결방안』 포럼 자료집(2003. 1. 19). 서울: 국가인권위원회.
전영선. 2020. "'민족제일'에서 '국가제일'로: '우리국가제일주의'의 의미와 전망." ≪KDI북한경제리뷰≫(2020년 7월호)
전우택·박명림 외. 2016. 「통일준비를 위한 남남갈등 극복방안 연구: 제주4·3사건 사례를 중심으로」. 『연세대산학협력단 정책연구용역 결과보고서』.
정기원·김만지. 1993. 「우리나라 입양의 실태분석」. 한국보건사회연구원.
제주4·3사건 진상규명 및 희생자 명예회복위원회. 2003. 『제주4·3사건 진상조사보고서』.
중국사회과학원(CASS). 2014. 『아시아·태평양지역 발전 보고서』.
진실화해위원회. 2023. 「전남 영광 국민보도연맹 및 예비검속 사건」.
통일부. 2023. 「2023 북한인권보고서」.

A/33/45. 1978. UN General Assembly 33rd Sessions: Resolutions and Decisions, 19 September-21 December 1978.
Cloitre, Marylene, et al. 2012. "The ISTSS Expert Consensus Treatment Guidelines for Complex PTSD in Adults." Nov. 5, 2012.
Department of State. 1952~1953. "Intelligence Report No. 5961, 14 Jul 1952, SN. 223; Intelligence Report No. 6345, Jul 1953, MFSN. 628."
Futrell, Robert. 1983. "The United States Air Force in Korea, 1950-1953." Office of Air Force History. United States Air Force.
Needham, Joseph. 1952. "ISC Report of the International Scientific Commission for the Investigation of the Facts Concerning Bacterial Warfare in Korea and

China."
United Nations Human Rights Council. 2014. "Report of the commission of inquiry on human rights in the Democratic People's Republic of Korea - A/HRC/25/63."
Wilson Center. 1952. "Record of a Conversation between Stalin, Kim Il Sung, Pak Heon-yeong, Zhou Enlai, and Peng Dehuai."
中国社会科学院. 2014.「亚太地区发展报告」.

5. 신문, 잡지 및 기타 자료

〈BBC뉴스코리아〉. 2023. 7. 27. "북한에 수십 년 간 버려진 국군 포로들."
〈KBS 뉴스〉. 2013. 4. 18. "북, 리비아 사태 교훈 강조 … "핵무장만이 살 길"."
_____. 2020. 6. 25. "전쟁에 뛰어든 소녀들…참전 여군을 만나다."
_____. 2022. 8. 10. ""납치돼 눈 떠보니 남한"…66년 만에 드러난 진실."
_____. 2024. 1. 16. "김정은, 헌법 개정 지시… '대한민국 제1적대국·한반도 점령' 명기." https://news.kbs.co.kr/news/pc/view/view.do?ncd=7866890(검색일: 2024. 3. 6)
_____. 2024. 12. 3. "[전문] 윤석열 대통령 비상계엄 선포 담화." https://news.kbs.co.kr/news/pc/view/view.do?ncd=8121937(검색일: 2025. 2. 5)
〈KBS다큐〉. 2013. 7. 25. "63년의 그리움, 내 딸 미요코: 한국전쟁 참전 후 일본으로 돌아가지 못한 재일학도의용군, 딸을 찾아나서다." https://www.youtube.com/watch?v=JEo7TaUqavw(검색일: 2024. 10. 31)
_____. 2015. 6. 27. "6·25특집 다큐공감: 그 겨울의 바다는 추웠다." https://www.youtube.com/watch?v=RELFPaopPA8(검색일: 2025. 1. 17)
≪NK조선≫. 2005. 2. 2. "북, '다람이와 고슴도치' 후속편 제작." https://nk.chosun.com/news/articleView.html?idxno=58520(검색일: 2024. 10. 23)
_____. 2019. 6. 24. "트럼프가 석방시킨 김동철 박사." https://nk.chosun.com/news/articleView.html?idxno=174211(검색일: 2024. 11. 22)
≪SPN서울평양뉴스≫. 2023. 1. 27. "통일부, '민족공동체통일방안' 30년 만에 수정… '남북합의이행 점검위' 구성." https://www.spnews.co.kr/news/articleView.html?idxno=60973(검색일: 2023. 7. 14)
≪가톨릭신문≫. 2022. 11. 29. "가톨릭신자 절반가량이 '통일 필요성' 공감." https://www.catholictimes.org/article/202211290145532(검색일: 2025. 2. 20)
≪경남도민일보≫. 2024. 12. 4. "'계엄군 트라우마' 민주화운동 세대 몸서리쳤다." https://www.idomin.com/news/articleView.html?idxno=925999(검색일: 2025. 2. 5)
≪경향신문≫. 2000. 5. 31. "〈한국전쟁 50년〉(3) 유엔군 포로들의 증언." https://www.nkhr.or.kr/2015/04/08/%EA%B2%BD%ED%96%A5%ED%95%9C%EA%B5%AD%EC%A0%84%EC%9F%81-50%EB%85%843-%EC%9C%A0%EC%97%94%EA%B5%B0-%ED%8F%AC%EB%A1%9C%EB%93%A4%EC%9D%98-%EC%A6%9D%EC%96%B8/(검색일: 2024. 7. 15)

_____. 2020. 2. 17. "'구미 유학생 간첩단' 35년 만에 무죄…반공 독재시대 마무리." https://www.khan.co.kr/article/202002170600005(검색일: 2024. 11. 6)

_____. 2023. 4. 2. "''바람과 함께 사라지다'는 인종차별적' 출판사의 경고." https://www.khan.co.kr/article/202304022050001(검색일: 2025. 2. 10)

_____. 2024. 12. 12. "정신과 의사들 시국선언 '전국민 국가폭력 트라우마 경험 중, 대통령 퇴진해야 치유돼'." https://www.khan.co.kr/article/202412121317001(검색일: 2025. 2. 5)

≪고신뉴스KNC≫. 2023. 11. 1. "통일의 출발점은 '용서'에서 시작된다." https://www.kosinnews.com/news/articleView.html?idxno=29411(검색일: 2025. 6. 26)

≪국민일보≫. 2014. 6. 27. "6·25전쟁 숨은 영웅 동키부대원 70%가 기독교인이었다." https://www.kmib.co.kr/article/view.asp?arcid=0008458151(검색일: 2024. 7. 25)

_____. 2025. 1. 26. "일타강사 '부정선거' 주장에… 초등생끼리 '빨갱이' 싸워." https://www.kmib.co.kr/article/view.asp?arcid=1737877927(검색일: 2025. 2. 7)

≪기독공보≫. 1966. 9. 3. "임마누엘 군대." https://archives.or.kr(검색일: 2024. 7. 21)

≪뉴스1≫. 2024. 10. 25. "북중 이상기류 속 중국 '74년 전 북한군과 항미원조 승리 쟁취'." https://www.news1.kr/world/northeast-asia/5579499(검색일: 2024. 12. 24)

≪뉴스앤조이≫. 2018. 4. 10. "[4·3과 그리스도인] 박명림 교수 인터뷰② 서북 빼앗긴 한국 기독교도 분단 최대 피해자…'반공주의 내려놓고 참회와 평화로'." https://www.newsnjoy.or.kr/news/articleView.html?idxno=217114(검색일: 2024. 7. 21)

≪뉴스타파≫. 2017. 7. 27. "탈북자들의 개미지옥 '국정원 중앙합동신문센터'." https://www.newstapa.org/article/arQMG(검색일: 2024. 11. 6)

≪데일리안≫. 2010. 7. 4. "6·25 전쟁사 한 줄도 안 올라간 여군 참전사: 80 넘은 여노병 혼자 사비 털어 협회 운영." https://www.dailian.co.kr/news/view/210517(검색일: 2024. 7. 8)

≪동아일보≫. 1958. 5. 7. "중공에 끌려 노역 '북한의 고아' 만오천명." https://www.donga.com/archive/newslibrary/view?ymd=19580507&mode=19580507/0004406916/1(검색일: 2024. 8. 14)

≪매일경제≫. 2024. 8. 23. "일본 야구 심장에서 한국어 교가 6번…고시엔 우승 '이 학교' 학생 수가." https://www.mk.co.kr/news/world/11099957(검색일: 2024. 10. 31)

≪문화일보≫. 2004. 1. 15. "어민도 북파공작 동원." https://www.munhwa.com/news/view.html?no=2004011501301253030020(검색일: 2024. 6. 24)

≪시사저널≫. 1990. 6. 17. "소설은 결국 '현실'이었다: 『광장』의 삶을 선택한 전쟁포로 주영복씨와 작가 최인훈씨의 만남." https://www.sisajournal.com/news/articleView.html?idxno=109338(검색일: 2024. 7. 15)

≪연합기독신보≫. 1966. 2. 6. "대공평화론에 대한 한국 개신교회의 입장."

≪연합뉴스≫. 2013. 10. 11. "최근 10년간 간첩 49명 구속…42% 위장 탈북자." https://www.yna.co.kr/view/AKR20131010220100001(검색일: 2025. 7. 21)

_____. 2019. 6. 25. "美 초중고 '한국전쟁 교재' 첫 발간…일선교사 1만5천 명에 배포." https://www.yna.co.kr/view/AKR20190625003600072(검색일: 2025. 7. 21)

_____. 2020. 10. 25. "[르포] 중국 '항미원조' 기념전 가보니…'남침'은 쏙 뺐다." https://www.yna.co.kr/view/AKR20201025055000083(검색일: 2025. 7. 21)

_____. 2022. 12. 15. "한국 학생도 다니는 재일 조선학교 지원에 한국정부 나서야." https://www.yna.co.kr/view/AKR20221215150500371(검색일: 2024. 10. 31)

_____. 2023. 11. 16. "세자매 신도에 '아빠가 성폭행' 거짓기억 주입한 장로 징역 4년." https://www.yna.co.kr/view/AKR20231116063800004(검색일: 2024. 5. 8)

_____. 2023. 6. 26. "6·25 참전용사에 쪽지 받은 한동훈…"동지 생각하면 눈물이"." https://www.yna.co.kr/view/AKR20230626135100004(검색일: 2025. 7. 21)

_____. 2023. 6. 28. "납북귀환어부 국가가 책임져야"… 피해보상 특별법 추진위 발족." https://www.yna.co.kr/view/AKR20230628133800062(검색일: 2025. 1. 15)

_____. 2023. 9. 7. "열심히 일하면 잘살까…한국인 16%만 '그렇다' 세계 꼴찌권." https://www.yna.co.kr/view/AKR20230907115000009(검색일: 2025. 2. 20)

_____. 2024. 2. 5. "북핵 인식 여론조사…'국민 91% 북한 비핵화 불가능'." https://m.yonhapnewstv.co.kr/news/MYH20240205020100641(검색일: 2024. 6. 12)

_____. 2024. 4. 5. "미, 북한 22년째 종교자유 특별우려국 지정." https://www.yna.co.kr/view/AKR20240105010800071(검색일: 2024. 9. 2)

≪영암신문≫. 2006. 12. 5. "역사 앞에선 모두가 피해자." https://www.yasinmoon.com/news/articleView.html?idxno=4289(검색일: 2024. 6. 24)

_____. 2018. 11. 11. "진실 규명과 명예 회복." https://www.yasinmoon.com/news/articleView.html?idxno=30594(검색일: 2024. 6. 24)

≪예장뉴스≫. 2018. 4. 1. "제주4·3 사건 화해의 첫 걸음: 기독교회, 화해자 될 수 있나?"(http://www.pck-goodnews.com/news/articleView.html?idxno=2810 검색일 2020. 6. 17)

_____. 2018. 4. 5. "제주4·3과 기독교 혹은 한경직 목사: 큰 걸음으로 멀리 보고 가자."(http://www.pck-goodnews.com/news/articleView.html?idxno=2818 검색일 2020. 6. 17)

≪오마이뉴스≫. 2002. 3. 15. ""우리의 한맺힌 인생을 보상하라" 북파요원들 서울 도심 격렬 시위." https://www.ohmynews.com/NWS_Web/View/at_pg.aspx?CNTN_CD=A0000069236(검색일: 2024. 6. 24)

_____. 2005. 6. 3. "알고 있는 남남자만 대여섯 명 정도." https://www.ohmynews.com/NWS_Web/View/at_pg.aspx?CNTN_CD=A0000259694(검색일: 2024. 6. 26)

_____. 2023. 3. 17. "나 때문에 사돈의 팔촌까지 국가의 제재 받으며 살아." https://www.ohmynews.com/NWS_Web/View/at_pg.aspx?CNTN_CD=A0002906044(검색일: 2024. 6. 25)

≪월간조선≫. 2010. 6. "내 총에 죽은 적군의 눈빛, 지금도 잊히지 않아." 6월호. https://monthly.chosun.com/client/news/viw.asp?nNewsNumb=201006100080(검색일: 2024. 4. 26)

≪이데일리≫. 2008. 4. 10. "데뷔 30년 인순이, 아직 끝나지 않은 '거위의 꿈'." https://m.edaily.co.kr/News/Read?newsId=01184086586374808&mediaCodeNo=258(검색일: 2025. 2. 25)

〈자유아시아방송〉. 2010. 6. 18. "[주성하의 서울살이] 영웅적 패배와 월미도의 영웅들."

https://www.rfa.org/korean/weekly_program/joosungha/brazil_match-06182010104234.html(검색일: 2025. 3. 12)

_____. 2023. 4. 1. "[도명학의 남북문학기행] 분단의 비극이 빚어낸 '전시가요'." https://www.rfa.org/korean/weekly_program/b3c4ba85d559c758-b0a8bd81bb38d559ae30d589/literaturesnk-03282023165330.html(검색일: 2024. 5. 27)

≪전북일보≫ 2023. 9. 6. "'사회주의자일 뿐 vs. 공헌은 인정해야' 불붙은 이념전쟁." https://www.jjan.kr/article/20230906580121(검색일: 2025. 3. 5)

≪제주기독신문≫. 2014. 3. 21. "제주4·3 추념일 제정은 누구를 위한 것인가?" http://www.jejugidok.com/kor/wpbbs/view.php?wpboard=contribution&bno=195(검색일: 2020. 6. 17)

≪조선일보≫. 1952. 6. 22. "태풍 뒤의 거제도: 철조망을 통해서."

_____. 1952. 9. 17. "나는 여자포로였다: 김정윤양 억류 삼년의 감회."

_____. 2001. 6. 25. "[비밀보고서] 北 6·25 작전계획 소련고문단이 지원." https://www.chosun.com/site/data/html_dir/2001/06/25/2001062570348.html(검색일: 2024. 6. 13)

_____. 2007. 3. 29. "남북의 부자 '새박사'." https://biz.chosun.com/site/data/html_dir/2007/03/05/2007030500073.html(검색일: 2024. 8. 20)

≪중앙일보≫. 2010. 11. 17. "대구에서 품은 강군의 꿈. 213): 상이용사의 문제들." https://www.joongang.co.kr/article/4669497(검색일: 2025. 7. 21)

_____. 2010. 5. 14. "백선엽. [6·25 전쟁 60년] 대관령의 중공군. 92) 두 군대의 싸움 방식." https://www.joongang.co.kr/article/4171897(검색일: 2024. 7. 18)

_____. 2023. 7. 6. "압축성장 대한민국, 압축소멸의 길로 들어서는가." https://www.joongang.co.kr/article/25175229#home(검색일: 2023. 7. 7)

≪통일뉴스≫. 2023. 10. 12. "2차 송환 희망, 문일승 장기수 별세." https://www.tongilnews.com/news/articleView.html?idxno=209160(검색일: 2024. 7. 15)

≪한겨레≫. 2024. 6. 1. "'아버지가 나를 기다릴 거 같아서'…북파된 소년은 남쪽으로 돌아왔다." https://www.hani.co.kr/arti/politics/defense/1142988.html(검색일: 2024. 6. 24)

_____. 2024. 9. 4. "국가폭력에 부역한 기독교인의 죄를 고백합니다." https://www.hani.co.kr/arti/society/religious/1157015.html(검색일: 2024. 10. 4)

≪한국일보≫. 2020. 6. 22. "[6·25와 여군] "수원서 서울이 '시쳇길'… 지프차 이동때 온통 피범벅." https://www.hankookilbo.com/News/Read/A2020062111052000551(검색일: 2024. 7. 8)

IPSOS. 2022. "한국에서 문화 갈등은 얼마나 심각할까?" https://www.ipsos.com/ko-kr/culture-wars-in-south-korea(검색일: 2024. 8. 13)

강은지. 2001. 「황석영 장편소설 『손님』의 실제 모델 유태영 목사, '미군의 신천 민간인 학살 부정한 적 없다」. ≪민족21≫ 제6호.

김태광. 1988. "해방 후 최대의 양민참극 '보도연맹' 사건." ≪월간 말≫ 12월호.

≪활천≫ 편집부. 2004. 「현장이야기: 사람들 이야기; 실미도 생존자 양동수 장로: 구산중학교 교감/아현교회 장로」. ≪활천≫ 제605권 4호, 80~83쪽.

샬롬나비. 2019. 6. 20. "한기총 대표회장 전광훈 목사의 문재인 대통령 하야 성명서에 대한 논평서."
한국갤럽. 2023. 6. 23. "6·25 전쟁 발발 연도(1950년). 성인 60%가 정확히 알아."
한국리서치. 2023. 8. 23. "나는 입양에 긍정적, 우리 사회는?"
Bertelsmann Stiftung. 2020. 7. 9. "30 Jahre danach: Ost und West uneins über Deutsche Einheit."

6·25전쟁납북인사가족협의회.
IPSOS. 2024. 세계 행복 보고서.
건국대학교. 한국전쟁체험담 데이터베이스.
국가기록원.
대통령기록관.
보건복지부.
유엔인권최고대표사무소(OHCHR).
통일과나눔재단 아카이브.
한국민족문화대백과.
한국전쟁유족회.
한국현대사료DB FRUS.
Korean War Legacy Foundation.
The Novel Prize.

지은이
전순영

연세대학교 영어영문학과를 졸업하고, 숭실대학교 대학원에서 「한국전쟁 기억의 화해적 재구성 연구」로 기독교통일지도자학 박사학위를 취득했다. 북한, 통일, 탈북민과 관련된 사회학적 연구를 수행하면서, 전환기 정의, 용서와 화해, 트라우마 치유, 갈등전환을 주제로 한 인문학적 연구에 힘써왔다. 현재 숭실평화통일연구원 전문연구원, 한반도평화연구원(KPI) 연구위원, 한하나로연구소 연구원으로 있다.
주요 저서로 『화해 정의 연대』(공저), 『남북의 통합과 인문적 시야』(공저) 등이 있으며, 다수의 논문이 있다.

한울아카데미 2594

한반도의 기억
한국전쟁이 빚어낸 인간의 얼굴들
ⓒ 전순영

지은이　전순영
펴낸이　김종수
펴낸곳　한울엠플러스(주)
편집　신순남

초판 1쇄 인쇄　2025년 8월 12일
초판 1쇄 발행　2025년 9월 5일

주소　10881 경기도 파주시 광인사길 153 한울시소빌딩 3층
전화　031-955-0655
팩스　031-955-0656
홈페이지　www.hanulmplus.kr
등록번호　제406-2015-000143호

Printed in Korea.
ISBN　978-89-460-7594-8 93340(양장)
　　　978-89-460-8392-9 93340(무선)

※ 책값은 겉표지에 표시되어 있습니다.
※ 무선제본 책을 교재로 사용하려면 본사로 연락해 주시기 바랍니다.